Manual del productor audiovisual

Manual del productor audiovisual

José Martínez Abadía
Federico Fernández Díez

Diseño de la colección: Editorial UOC

Primera edición en lengua castellana: diciembre, 2010

Rambla del Poblenou 156, 08018 Barcelona
www.editorialuoc.com

Realización editorial: El Ciervo 96, S.A.
Impresión:

ISBN: 978-84-9788-930-8
Dipósito legal B.

Autores

José Martínez Abadía
Es catedrático de Procesos y Medios de Comunicación en FP, autor y consultor de diversas asignaturas de los estudios de Comunicación Audiovisual de la Universitat Oberta de Catalunya, coordinador de la familia de Imagen y Sonido para el Instituto Nacional de las Cualificaciones (INCUAL) y para el diseño de los títulos de FP en el Ministerio de Educación, profesional de la producción audiovisual y autor de múltiples publicaciones relacionadas con los medios audiovisuales.

Federico Fernández Díez
Doctor en Ciencias de la Educación e investigador del departamento de Proyectos de Ingeniería de la Universidad Politécnica de Cataluña donde dirige una línea de investigación sobre producción audiovisual y multimedia.
Con más de treinta años de investigación, docencia y práctica profesional, es autor de numerosos libros de referencia sobre comunicación audiovisual, guión, lenguaje y producción para cine y TV.

Índice

Presentación

De todos los oficios relacionados con el audiovisual, pocos son tan mal conocidos y mal valorados como los vinculados con la producción. Mirando desde fuera una industria basada en la creatividad como es sin duda la audiovisual, la producción puede llegar a ser vista a veces como de «otro mundo», un obstáculo para el desarrollo de una actividad que todavía es en ocasiones entendida en términos románticos como necesariamente individual, subjetiva, impulsiva y que no tiene que responder a nada ni a nadie más que a sí misma y a su autor. Sin embargo, incluso el arte contemporáneo se ha encargado de desmitificar la noción de autoría individual, llevando al primer plano el trabajo en equipo y la interrelación entre diferentes disciplinas. Desterrando la tópica imagen del productor como el magnate ajeno al mundo artístico ávido de obtener beneficios, la auténtica misión de la producción, como muy bien saben aquellos que se han aventurado en el complejo mundo del audiovisual, es establecer el nexo principal entre el mundo de las ideas y el de la realidad tangible. Son los procesos de producción los que nos permiten materializarlas: y es que quizás sea la producción la auténtica materia de las que están hechos los sueños.

Desde un punto de vista de la divulgación del papel de los múltiples oficios relacionados con la producción, los nombres de José Martínez Abadía y de Federico Fernández merecen una consideración muy especial. Su compromiso con la formación de profesionales del audiovisual se ha trasladado a todos los ámbitos posibles: las escuelas y ciclos formativos, la universidad, los estamentos públicos, las revistas de divulgación, el mundo empresarial... Y a título personal, fueron ellos los que me mostraron, hace más de quince años, no solo la importancia, sino la profunda dimensión creativa que se encuentra en la producción. Leer su libro *La dirección de producción para cine y televisión* (1994) y formarme con ellos cambió mi forma de entender lo que significaba llevar adelante una obra audiovisual, sobre todo en dos puntos clave: observando la atención otorgada a la producción como actividad profesional en las industrias más avanzadas y sobre todo la noción de proyecto, que empapa todas y cada una de las fases y procesos de cualquier producto audiovisual. Por este motivo, cuando tuve la oportunidad, unos años más tarde, de poner en marcha una asignatura de producción en la licenciatura de comunicación audiovisual de la UOC, no tenía dudas sobre con quien quería contar. Y ahora puedo expresar por escrito la satisfacción que me supone presentar este libro, en cierta manera la culminación de una colaboración de casi una década; una década convulsa y apasionante donde el mundo audiovisual ha cambiado radicalmente y con ello, el trabajo de la producción: la tecnología, las ventanas y formas de explotación, la naturaleza estética de los productos, las opciones de consumo, los hábitos del público, los modelos de negocio... Hoy en día, pensar en clave de proyecto, pensar en clave de producción es más importante que nunca. Por este motivo, creo que este libro no puede ser más oportuno.

José Martínez Abadía y Federico Fernández son experimentados divulgadores, formadores, también profesionales, que conocen de primera mano las diferentes tareas vinculadas a la producción desde múltiples puntos de vista, así como también a muchos de sus más destacados exponentes. Este punto de partida es una de las principales virtudes de este libro, que han estructurado fieles a su visión de la labor de la producción como agente presente en todas y cada una de las fases de la obra audiovisual a través de la planificación, la organización y la valoración sistemática, independientemente de presupuestos, formatos o géneros. Esto no significa desatender las particularidades de cada proyecto: un buen productor sabe que una película, un cortometraje, un vídeo educativo, una videocreación, un spot publicitario, una serie o un programa de televisión son retos constantemente nuevos y (casi) irrepetibles. Así, la obra empieza estableciendo el marco general para la producción, ateniendo a cuáles son los procesos propios para llevar a cabo una obra audiovisual, cuáles son las particularidades (y complejidades) de lo que llamamos industria audiovisual y cuáles son las profesiones implicadas en la misma. A continuación, los autores se centran en un momento crítico: el estudio exhaustivo de la viabilidad del proyecto, analizando los requisitos del mismo, sus puntos fuertes y débiles, así como sus posibles formas de producción y posibilidades de financiación. A continuación, el libro nos presenta ya a la producción sobre el terreno, una vez el proyecto ha sido valorado positivamente, siguiendo exhaustivamente los procesos en las diferentes fases del desarrollo del mismo: la preparación, el rodaje, la postproducción y la presentación final.

La fase de preparación suele ser, por su alto nivel organizativo, la más representativa del trabajo de producción. Una buena fase de preparación supone la máxima garantía para hacer realidad el producto final de la mejor manera posible. Aquí es donde se concretan y planifican los aspectos clave: se define el equipo, se ajusta el guión definitivo, se realiza el desglose del mismo para identificar hasta los más mínimos detalles que serán necesarios en el momento del rodaje, se deciden las localizaciones y los decorados, se elige el reparto, se tienen en cuenta todas las cuestiones legales y contractuales y, finalmente, se confecciona el plan de trabajo, la biblia de la organización de la producción y, por supuesto, se elabora el presupuesto definitivo. Pero la labor del productor no finaliza, ni muchísimo menos, en el momento en el que se inicia un rodaje. Partiendo de una buena preparación, la producción asumirá todas las cuestiones vinculadas con la planificación del día a día, actualizando los planes, solucionando los imprevistos inherentes a un proceso en el que intervienen innumerables factores e imponderables, gestionando los equipos y empresas vinculadas. Es aquí cuando adquiere todo su sentido la máxima del productor Jonni Bassiner (a quien conocí a través de Federico): «si no sabes, pregunta; cúbrete siempre y, finalmente, nunca des nada por supuesto.» La mayor parte de la actividad del productor en la fase de postproducción le sitúa alrededor de procesos técnica y artísticamente complejos vinculados al montaje, los efectos visuales, la sonorización, el doblaje y en general todo aquello que proporciona el acabado final a nuestro proyecto. Finalmente, las últimas responsabilidades del productor tienen lugar alrededor de la valoración de los resultados del proyecto en relación a las previsiones, respondiendo ante aquellas personas que han encargado la realización del mismo.

Estoy convencido de que el lector curioso, aunque ajeno al mundo de la producción, encontrará en este libro elementos y sugerencias que le permitirán imaginar hasta qué punto la producción es una parte esencial de la aventura colectiva de la creación audiovisual. Y que aquellos con conocimientos previos en el ámbito audiovisual hallarán en este libro una guía de viaje indispensable para identificar y aplicar las múltiples dimensiones implícitas en un buen trabajo de producción, que es finalmente un buen trabajo en equipo. El trayecto vale mucho la pena.

Antoni Roig

Introducción

Hace mucho, mucho tiempo, los autores de la presente obra escribíamos el libro introductorio *La dirección de producción para cine, vídeo y televisión*, editado por Paidós, que aún continúa reeditándose y sirviendo en su misión de iniciación en los conceptos y técnicas básicas de la producción audiovisual.

Ha transcurrido más de una década y la tecnología ha evolucionado posibilitando la realización de superproducciones antes inimaginables, pero, al tiempo, haciendo accesible la producción de nuevos productos con equipos humanos reducidos y medios tecnológicos accesibles a una gran mayoría, facilitando su realización, con el único límite del talento y la capacidad creativa.

Por otro lado, se amplían sustancialmente los canales de difusión de los productos clásicos y de nuevos y variados productos específicamente creados para ellos. Es preciso, por tanto, actualizar los contenidos y las técnicas recogidas en los manuales de producción para adecuarse al nuevo contexto, eliminando aquello que ha quedado obsoleto e incluyendo el cúmulo de novedades que afectan a los medios, las técnicas, los procesos y, en definitiva, a todos los aspectos implicados en la producción, distribución, exhibición y explotación del extenso y variado elenco de productos que irrumpen en el complejo entramado de la comunicación audiovisual en el siglo XXI.

El nuevo panorama y la rápida evolución del sector exigen una respuesta proactiva que no solo responda a las exigencias del presente sino que prevea y prepare para los retos que, a buen seguro, nos depara el futuro inmediato: la televisión digital e interactiva, Internet, la telefonía móvil como multimedia integral de creación y recepción, y quien sabe cuántas nuevas ventanas de exhibición para tanta variedad de productos.

Las facilidades de producción y la ampliación y diversificación de las ventanas de exhibición ofrecen múltiples oportunidades a los creativos y productores, quienes, y especialmente estos últimos, han de actualizar sus conocimientos y adecuar sus prácticas a las nuevas exigencias del sector. Los cambios afectan al tipo de productos a realizar, a los medios técnicos y los recursos humanos a emplear, a las formulas de financiación, promoción, distribución y explotación de sus productos. Y todo ello, ajustándose a un marco legal diferente y cambiante ya que en muchos aspectos está todavía por desarrollar.

En este contexto, más rico, pero infinitamente más complejo, el papel del productor adquiere aún mayor relevancia y añade más exigencia a la formación y competencia de este profesional, que no solo ha de producir los filmes y programas adecuados al momento presente, sino que ha de diseñar y gestionar también las actividades encaminadas a la consecución de una óptima explotación de los productos.

El productor ha de ser promotor, director y gestor de complejos proyectos de producción y explotación de productos audiovisuales. Ha de estar capacitado, asimismo, para diseñar y coordinar todas las actuaciones encaminadas al mejor posicionamiento de sus productos en el complejo y diverso mercado actual.

Con esta obra pretendemos proporcionar un completo manual para el productor audiovisual y multimedia, para el momento presente y para el futuro, dotándole de técnicas para la promoción, producción y gestión de todo tipo de proyectos audiovisuales y multimedia, abordando de forma completa y sistemática los conocimientos y técnicas que precisa la realización de cada fase del proceso, desde la selección y adaptación del guión, las formulas de financiación, las técnicas de selección de actores y las modalidades de contratación, hasta las técnicas de planificación y programación y las estrategias de difusión y explotación que ya han revolucionado el sistema clásico y que apuntan con fuerza arrolladora hacia el futuro.

José Martínez Abadía
Federico Fernández Díez

Capítulo I

La producción de programas

1. La naturaleza del trabajo de producción

La producción de un programa audiovisual o multimedia es un trabajo complejo que requiere una cuidadosa planificación para que en cada una de las etapas del proceso productivo se alcance el mejor rendimiento. En los medios profesionales se mueven elementos parecidos a los de cualquier rama industrial: *capital, medios* y *trabajo*. Ante un mercado determinado, una empresa productora dirige su obra audiovisual conseguida mediante trabajo y medios técnicos y apoyada por una inversión de capital. Se conjugarán factores de *calidad, plazos* y *coste* de forma similar al planteamiento productivo de cualquier empresa. En este sentido, no existe demasiada diferencia entre el negocio audiovisual o multimedia y cualquier otra actividad comercial.

Dicho esto podría pensarse que el rendimiento del producto se relacionará directamente con el volumen del capital invertido y la calidad y adecuación del programa en el medio, sin embargo es un hecho generalmente admitido que no necesariamente existe relación directa entre las inversiones realizadas en una obra audiovisual y la bondad de su resultado.

No existe norma o criterio para realizar obras audiovisuales de seguro éxito comercial y, en consecuencia, no es posible calcular a priori el valor económico final del producto, ya que la demanda varía en función de una calidad apreciada de forma subjetiva por el espectador.

La fabricación de una obra audiovisual supone el empleo de elevados capitales, cuya posible recuperación, sometida a la explotación comercial, es lenta por ser su consumo de carácter sucesivo.

Por consiguiente:

- La industria audiovisual en general se enfrenta a un nivel de riesgo muy superior a la mayor parte de las producciones de bienes y servicios.

- Es una de las pocas actividades económicas donde el consumidor del producto abona una cantidad uniforme por el visionado, con independencia del coste de producción, del nivel técnico o artístico y de su origen.
- La calidad es un criterio que puede variar y en todo caso no implica éxito de audiencia.
- La producción audiovisual se considera de interés cultural y social, mereciendo protección frente a los productos foráneos.
- Muchos países protegen su industria audiovisual mediante subvenciones económicas automáticas y selectivas con ayudas a la producción, ayudas a la comercialización, con medidas que garanticen la exhibición y con estímulos a la exportación.

1.1. Principales misiones de la producción

Producir un filme cinematográfico, un programa concurso para televisión, un vídeo industrial, un vídeo interactivo, un filme de animación, un producto multimedia o cualquiera de las múltiples variantes de la cada vez más extensa gama de productos audiovisuales existentes sigue, necesariamente, un proceso que pasa por diversas etapas.

Aunque estas fases no puedan ser unificables para un elenco de productos tan variado como el que acoge la industria audiovisual, en todos los casos deberemos dar respuesta a preguntas tales como «qué» es lo que se registrará, «quién» deberá estar presente en cada momento, «dónde» se producirá el registro, «cuándo» tendrá lugar y «cómo» se realizará. También será preciso disponer de recursos económicos para acometer el proyecto e incluso tener ideas de explotación comercial de la producción que faciliten la financiación. Sea cual sea la producción habrá que definir, analizar, diseñar, planificar, programar, financiar, ejecutar y explotar.

De este trabajo se encarga el equipo de producción que adopta diferentes modalidades estructurales y organizativas según la dimensión y las características específicas del programa. No requiere el mismo esfuerzo de planificación una superproducción cinematográfica que una película modesta, un vídeo corporativo o un programa televisivo. También pueden ser distintos los planteamientos de una producción. En ocasiones existe un cliente que solicita resolver un programa a una entidad productora, otras veces alguien presenta una idea de programa a una televisión, o se apuesta por una idea sustentada por una persona física (director de prestigio, productor, actor, guionista, etc.) para cuya realización se buscan medios de financiación, o se produce para uno mismo, entre otras posibilidades.

En todos los casos, el equipo de producción, a lo largo del proceso de producción, deberá plantearse y responder con su trabajo a las siguientes cuestiones:

1. *¿Qué es lo que se quiere producir?* Habrá que partir de la descripción minuciosa del producto audiovisual (contando con un guión detallado).
2. *¿Cuáles son los medios necesarios para poner en marcha el proyecto?* Se determinarán los recursos humanos, técnicos y materiales.
3. *¿Cómo se organizan estos medios? ¿Dónde y cuándo se aplican?* Deberá diseñarse un plan de trabajo detallado que asegure la eficacia organizativa de la producción en el tiempo (de preparación, de registro, de montaje y acabado) y en el espacio (localizaciones, estudios, etc.).
4. *¿Cuánto cuesta la aplicación del plan de trabajo?* Se elaborará un presupuesto que contemple todos los apartados de la producción.
5. *¿Cómo se está efectuando el trabajo?* Será preciso controlar la forma en que se está aplicando el plan propuesto, en los plazos, en la calidad y en los costes.
6. *¿La solución adoptada es óptima?* Un balance nos permitirá detectar los posibles errores susceptibles de mejora para su aplicación en futuros proyectos.
7. Finalmente *habrá que considerar si la orientación respecto al mercado es buena o no*. Un producto audiovisual tiene siempre sobre sí la imprevisibilidad de sus resultados respecto a la satisfacción final de quien nos lo ha encargado o, en múltiples casos, la respuesta del público.

1.2. Complejidad del trabajo de producción

En síntesis, podemos apreciar que en la producción intervienen elementos de muy diferente carácter: *creativos*, relacionados con la originalidad de los guiones y las soluciones de realización adoptadas; de *dirección* y *gestión*, centrados en la organización y programación de las necesidades que plantea la obra; aspectos de *seguimiento* y *control*, para asegurar un perfecto cumplimiento del plan de trabajo o para introducir las rectificaciones oportunas; *económicos*, ligados al mantenimiento de unos costes de producción que no sobrepasen las posibilidades de la entidad promotora; *técnicos*, relacionados con la tecnología y los formatos empleados en su realización e incluso aspectos relacionados con el *mercado*, que afectan al conocimiento de las motivaciones y deseos del cliente y de los espectadores (en el caso de una obra cinematográfica o televisiva).

Se desprende de estas anotaciones que el trabajo de producción es complejo y que no es simplemente una labor de organización alejada de la creatividad y de la expresividad de las obras audiovisuales. De hecho, el productor, con su elección de equipos artísticos y de realización, influye decisivamente sobre la calidad final del programa. Aunque en otros tiempos la imagen del productor era la de una persona preocupada solo por el ajuste y control del gasto, la realidad actual es que forma un tándem fundamental con el realizador o director. Cada vez más se produce una integración positiva entre el trabajo del equipo de producción y el equipo de realización o dirección. El realizador crea dentro de una estructura asignada por el productor y de la conjunción del esfuerzo se beneficia el producto. La delimitación exacta de los dos campos de actuación repercute positivamente sobre el trabajo creativo y sobre la rentabilidad económica del programa.

De todas formas debe decirse que esta tarea es, quizás, la labor más desconocida de la industria audiovisual, aunque su papel es decisivo en la realización de cualquier filme o programa.

Las diferentes etapas que conducen a la elaboración de un proyecto audiovisual permiten hacerse una clara idea de que el trabajo productivo requiere diversidad, competencia (técnica, audiovisual, derecho público y privado, contabilidad, don de gentes, etc.) y, especialmente, meticulosidad en el cumplimiento del trabajo. Puede asegurarse, sin duda, que la producción es *una actividad de síntesis* que reclama un poderoso esfuerzo organizativo.

Por ello, exige conocimientos muy amplios sobre todo el universo audiovisual. Es preciso conocer a los agentes que intervienen en el mercado televisivo y cinematográfico, conocer el funcionamiento de las estructuras productivas de cine, vídeo y televisión y disponer de amplios conocimientos sobre todo lo que las alimenta y las rodea.

1.3. La agenda del productor

Nada mejor para poder dar idea de las actividades ante las que se enfrenta el trabajo de producción que presentar su *agenda,* entendida como su herramienta de contactos, donde anota no solo las direcciones y datos de todos aquellos con los que se relaciona para cumplir con su trabajo, sino también su historial de relaciones, las especificidades de cada contacto empresarial o profesional, sus motivos para elegir unas u otras personas o empresas para diversas tipologías de proyectos, en fin, su historia profesional. La agenda de un productor puede contener, entre otros, datos referidos a:

- Emisoras de televisión y productoras.
- Agentes (de actores, artísticos, literarios, etc.).
- Servicios técnicos a la producción (utileros, decoradores, directores artísticos y de fotografía, maquilladores, montadores, operadores, técnicos de sonido, etc.).
- Servicios artísticos y creativos (actores, guionistas, locutores, músicos, presentadores, realizadores, etc.).
- Empresas de alquiler de equipos.
- Empresas de servicios técnicos (animación, multimedia, grafismo electrónico, decorados, instalaciones, laboratorios, etc.).
- Alquiler de instalaciones (estudios de sonido, salas de montaje y edición, platós, etc.).
- Suministradores de equipamiento (fabricantes, importadores, distribuidores, etc.).
- Distribución de programas (de cine, de televisión, de DVD, etc.).
- Exhibición y venta (empresas exhibidoras, salas de cine, videoclubs, etc.).
- Mayoristas de espacios publicitarios.
- Agencias de publicidad y de patrocinio.
- Estructuras de formación en todas las facetas relacionadas con el mundo audiovisual (interpretación, producción, realización, técnicos, etc.).
- Consultoría en comunicación y medición de audiencias.

El productor se inscribe siempre en un tiempo, una sociedad y unas estructuras industriales determinadas. No siempre se ha trabajado de la misma forma, ni siquiera ahora se trabaja igual en todos los sitios. Ya hemos comentado cómo las dimensiones de la producción o las características especiales de los distintos productos determinan diferentes formas de encarar el trabajo de planificación. De igual forma, las estructuras productivas europeas son también diferentes a las estructuras y a los métodos de trabajo de los Estados Unidos, por ejemplo. Por ello, tiene sentido que el productor sepa cuál ha sido la evolución de la producción a lo largo de la historia de los medios audiovisuales.

Debe conocer, asimismo, la tipología de productos audiovisuales y multimedia desde su particular óptica organizativa, y las profesiones que intervienen en las diferentes producciones.

Todo ello se tratará en esta disciplina como anticipo de lo que constituirá el tronco fundamental de contenidos: la producción ejecutiva. Es decir, la resolución práctica de un programa en las distintas fases detalladas de proyecto, búsqueda de la financiación, preparación, registro, montaje, edición y postproducción, explotación y comercialización.

2. Fases del proceso de producción

Una producción audiovisual pasa, necesariamente, por diferentes fases desde el momento de su gestación hasta su presentación definitiva. En este apartado vamos a exponer en forma sintética un proceso típico de producción de una obra audiovisual presentado desde el interés que tiene para el productor.

En primer lugar, la entidad productora tiene que estudiar el *proyecto audiovisual*. La idea o concepto del producto a realizar puede estar más o menos elaborada. Puede ser un mero esquema de lo que el programa ha de ser, o una sinopsis (breve resumen de la narración), o un guión perfectamente elaborado, o un auténtico proyecto en el que todo está expresado, escrito y listo para producir.

En cualquier caso se parte de un documento descriptivo que define el proyecto y que lo presenta su propio autor o un director creativo encuadrado en una estructura de producción.

La figura del *productor promotor* está en el origen de toda producción audiovisual. Propone, encarga y analiza propuestas y valora estas propuestas en su desarrollo desde la idea al guión literario o técnico dando el visto bueno para iniciar el estudio de viabilidad, o rechazando el trabajo por no adecuarse a las exigencias artísticas o comerciales deseadas.

El productor promotor se implica personalmente y de forma especial en la selección y definición del producto cuya producción solo se iniciará si este se ajusta a sus necesidades, intereses y expectativas. La selección del producto implica una valoración artística del mismo y su definición añade las condiciones de plazo y costo asumibles por el productor. La viabilidad de sus previsiones suele ser estudiada por un *director de producción* y a partir de su análisis el productor promotor podrá realizar una definición de objetivos del proyecto.

El director de producción y su equipo efectuarán la planificación y llevarán a cabo la preparación y programación definitiva del proceso de producción que quedará plasmada en un *plan de trabajo* a partir del cual se guiará la ejecución, fase en la que tomará especial protagonismo la figura del director o realizador y los equipos técnico y artístico, si bien el equipo de producción continuará su labor haciendo posible que todas las actividades se realicen de acuerdo con lo establecido en el plan de trabajo.

2.1. Valoración artística del producto

La *selección del producto* a realizar es la primera y principal misión del productor promotor: el origen de un producto audiovisual o multimedia puede ser una idea original o bien puede ser una adaptación de una novela, de una obra de teatro e incluso de un filme anterior. Los productores buscan ideas y contratan guionistas para que las desarrollen. Analizan y valoran las propuestas de guionistas y directores, compran reservas de derechos de obras de teatro y novelas y, cuando ello es posible, controlan el proceso de elaboración o adaptación de los guiones en todas sus fases para asegurarse de que el producto responde a sus intereses.

Todas las fases de creación de un guión pueden ser valoradas por el productor promotor. En un proceso académico de creación las fases serían las que enumeramos a continuación, subrayando en cada una el interés o actuación probable del productor:

1. *Idea*: todo producto audiovisual tiene su origen en una idea más o menos elaborada. Los productores buscan en ella dos tipos de información, en realidad dos tipos de ideas:
   - La *idea dramática*: es la anécdota o historia con principio, desarrollo y fin que vehicula la idea temática y la desarrolla mediante un caso. La idea dramática se concreta en el argumento o estructura argumental.
   - La *idea temática*: es la tesis de la película y la temática a tratar. Puede ser descriptiva o prescriptiva. Normalmente las obras de ficción dramática suelen ser prescriptivas, es decir tienen un mensaje final que valora una opción de pensamiento y/o actuación, mientras que los

documentales o las películas didácticas suelen ser esencialmente descriptivas.

2. *Sinopsis*: es un relato de cinco a quince páginas que desarrolla toda la trama de la historia de modo que puede analizarse su estructura. Suele incluir también las principales subtramas (historias o relatos que acompañan al relato principal y que normalmente redundan en la ejemplificación de la idea temática).
   La sinopsis es ya el primer instrumento válido para la evaluación desde el punto de vista artístico y suele acompañarse de una descripción de caracteres (personajes protagonistas y principales) así como de elementos de dirección de arte (imágenes de vestuario, ambientes, decisiones escenográficas, vestuario, cromatismo, etc.).
3. *Escaleta y tratamiento*: la escaleta y el tratamiento permiten realizar ya un análisis desde el punto de vista de la producción.
   - La *escaleta* o *continuidad de escenas* es una enumeración ordenada de localizaciones, escenas y situaciones que componen el relato.
   - El *tratamiento* añade a la escaleta los personajes y la descripción detallada de la acción (en muchos países es imprescindible su presentación para poder optar a financiación oficial). A partir de él pueden hacerse los desgloses de las necesidades de producción.
4. *Guión literario*: es un posterior desarrollo del tratamiento al que se han añadido los diálogos definitivos. Es, en sí mismo, una obra literaria, aunque con características propias del lenguaje cinematográfico más que literario que en algunos casos se publica paralelamente en forma de libro dirigido a los aficionados o profesionales de los medios audiovisuales.
5. *Guión técnico*: descripción de los planos que componen las secuencias audiovisuales (lo hace el director o realizador) acompañado, en muchas ocasiones, del *storyboard* o descripción gráfica dibujada del contenido de cada plano. Es frecuente añadir la representación en planta de los espacios y las posiciones de cámara, lo que facilita la evaluación de los requerimientos de producción que precisará el registro definitivo.

El productor puede realizar una *valoración creativa inicial* a partir de la sinopsis, ya que en ella se ofrece una descripción concreta y original del relato con suficiente detalle para valorar el interés de la trama y la estructura narrativa. Es común que además cuente con los *caracteres*, que es una descripción detallada de los personajes protagonistas (física, psicológica e historia pasada del personaje que no se verá en la pantalla) así como con documentación de ambientación.

A partir de la sinopsis se puede valorar la estructura del relato, pudiendo establecerse la adecuación de cada acto y sus puntos de acción al desarrollo narrativo deseado.

Podemos apreciar en el siguiente esquema cómo el productor promotor o el productor ejecutivo participa activamente en el proceso de análisis de la idea al guión literario. En la toma de decisión interviene no solo el resultado de su evaluación a nivel temático y de estructura dramática de la sinopsis argumental o del propio guión literario, sino que también tendrá en cuenta, de forma determinante, la valoración económica que generalmente aporta el director de producción. Si el proyecto sigue adelante y en función de su tamaño y características, intervendrán el *jefe de producción* y los diferentes puestos de responsabilidad que configuran un equipo completo de producción.

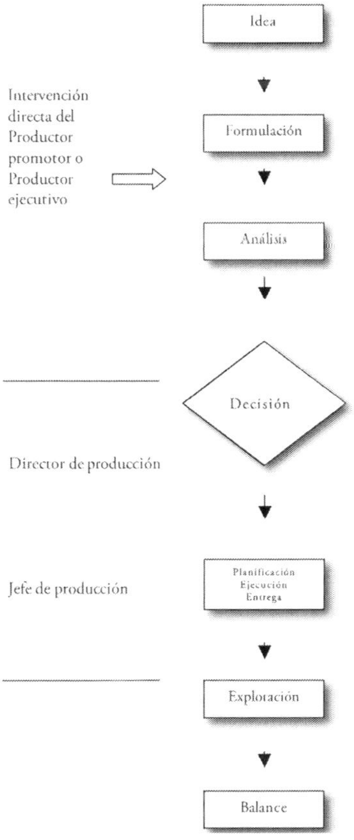

Subrayamos el hecho de que es el productor promotor quien tiene la capacidad de decisión para continuar o no el estudio desde el punto de vista de producción, cosa que solo hará si la valoración temática y dramática de la historia planteada en términos cinematográficos le complace.

Es lógico pensar que en la valoración de ideas y proyectos televisivos de cualquier tipo, desde el planteamiento de un informativo deportivo, un concurso, o un programa de entretenimiento basado en entrevistas y actuaciones musicales, se valorará por parte de los productores ejecutivos de las cadenas, la temática del programa, su estructura de presentación, su oportunidad en términos de gustos de la audiencia y, por supuesto, su valoración económica en aspectos similares a los empleados en la producción de ficción.

2.2. La economía en la viabilidad del proyecto

Si el productor promotor valora positivamente la propuesta creativa, se procede a la realización de un análisis de la viabilidad del proyecto estimando el coste y los plazos de realización, que sirva para tomar la decisión de llevarlo a buen fin o desecharlo definitivamente. Este plan de viabilidad se fundamenta en el estudio que efectúa, como hemos señalado en el punto anterior, un *director de producción* que calcula de forma aproximada, y basándose en su experiencia en proyectos de similares características, el presupuesto preciso para su ejecución práctica.

En este punto participan también los departamentos de programación (en el caso de una entidad televisiva), de comercialización (que analizan las posibilidades de explotación si se realiza) y de finanzas (que tomará buena nota de las necesidades presupuestarias que pueda pasarle el director de producción).

El estudio de viabilidad implica ya una primera planificación para evaluar el tiempo necesario para la ejecución, e implica también una primera estimación del presupuesto a partir de la valoración de los recursos humanos y materiales necesarios.

Esta estimación se realiza *por debajo de la línea*, es decir, considerando los costes estándar de personal y equipo, sin considerar gastos extraordinarios originados como consecuencia del caché particular de los profesionales concretos que finalmente serán contratados.

El director de producción, a partir de los desgloses del guión, podrá deducir los recursos materiales y humanos que serán necesarios y esbozará una primera planificación para valorar el plazo de ejecución. A partir de esos datos elaborará un primer presupuesto.

Considerando estas estimaciones, el promotor, con la ayuda del director de producción realizará los cambios y ajustes que considere necesarios para establecer las condiciones de calidad, plazo y coste que estará dispuesto a asumir. Una vez establecidas las condiciones se entrará en la siguiente fase donde el protagonismo pasará al director de producción y a su equipo.

Si la decisión ha sido positiva se elabora un plan de financiación y se trabajará, si es preciso, en la consecución de fondos para la producción. Normalmente, esta tarea compete a la dirección de la entidad productora así como a su director de finanzas, los cuales habrán de proveer de fondos propios o ajenos el monto económico preciso para la realización del programa.

2.3. Preparación y programación

Conseguidos los fondos, comienza realmente el diseño del proceso de la producción. En este momento es imprescindible contar con un guión literario que servirá de base para su transformación en guión técnico y éste, a su vez, para efectuar el diseño de la producción. Se trata de una fase eminentemente creativa en la que intervienen los guionistas, el realizador, consejeros especializados y asesores creativos según la temática del programa y también, por supuesto, el director de producción.

A continuación se entra de lleno en la labor de programación y preparación detallada donde el protagonismo es del equipo de producción. El resultado final se concretará en el *plan de trabajo* o *plan de producción* para cuya realización habrá sido preciso efectuar múltiples desgloses a partir del guión literario o el técnico, determinar las necesidades de todo tipo inherentes a la ejecución del proyecto, firmar contratos, gestionar permisos. En suma, se realizarán múltiples actividades previas a la redacción de ese plan de trabajo resultado de una extensa y meditada labor de planificación.

La programación o plan de rodaje estará en función de las actividades de preparación, mediante las cuales se contacta y se contrata o adquiere el compromiso de la provisión de personal y medios para unas fechas determinadas, lo que permitirá la asignación fiable de esas fechas a los recursos comprometidos.

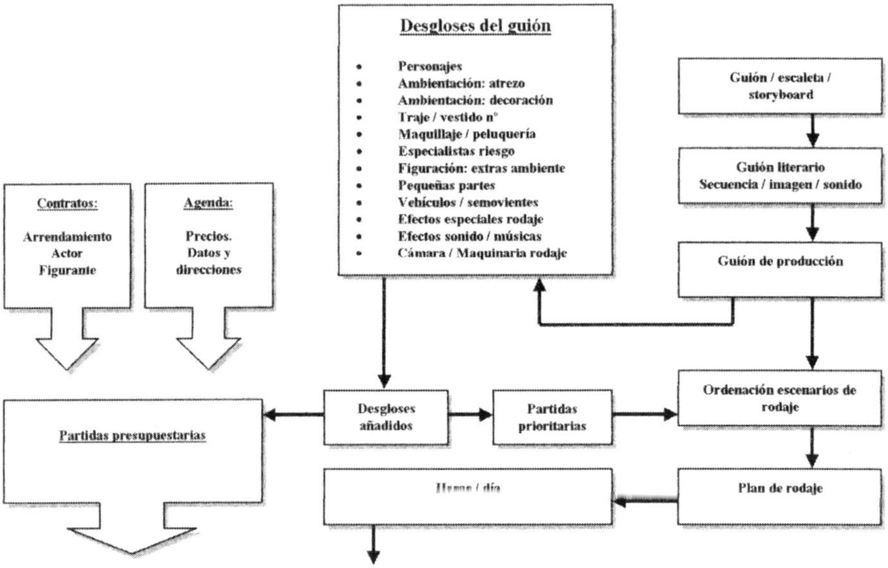

ACTIVIDADES PREVIAS AL REGISTRO

El guión (sea partiendo de un guión literario o mejor de un guión técnico) se convertirá en *guión de producción* después de múltiples operaciones entre las que destaca la operación de *marcaje*, o codificación de todos los aspectos a desglosar. Esta operación se realiza con la intervención principal del ayudante de dirección o de realización que, aunque pertenece al equipo de dirección o realización, es el más importante colaborador del equipo de producción y actúa de puente entre este y el director o realizador.

La operación de marcaje y la extracción de los desgloses se realizan con el empleo de herramientas informáticas y programas específicamente desarrollados a tal efecto.

Tras realizar los desgloses a partir de la información contenida explícitamente en el guión, se traslada este a los diferentes departamentos para que añadan aquellos aspectos que sin ser contemplados en el guión serán igualmente necesarios para la producción.

De acuerdo con el plan de rodaje y con el fin de cumplir lo establecido en él, se contratan profesionales diversos y servicios, se buscan las localizaciones o lugares donde se grabará o rodará, se construyen los decorados, se consuma toda la burocracia y todas las operaciones necesarias para que las fases posteriores se desarrollen con el máximo de planificación y el mínimo de imprevistos.

Es evidente el esfuerzo productivo efectuado en esta fase (la más importante desde el punto de vista del equipo de producción pues de su correcto planteamiento puede depender el ajuste económico del presupuesto). Además de los miembros del equipo de producción es preciso contar con el director o realizador y sus ayudantes, con algunos técnicos, con directores de personal y de recursos humanos, con servicios jurídicos a la hora de las contrataciones, con personal artístico, con empresas subcontratadas y proveedores, etc.

2.4. Fase de ejecución

Una vez disponibles los recursos requeridos para la puesta en marcha del plan de trabajo es posible comenzar *la grabación* o *el rodaje* de la obra. Aquí se demuestra si el esfuerzo de producción ha sido acertado o no. Hay que tener en cuenta que en *el registro* participa un elevado número de personas y que los errores cometidos en el plan de trabajo pueden afectar muy negativamente a la ejecución del proyecto, pues traducidos en términos económicos las cargas pueden ser considerables.

En el trabajo televisivo, la grabación se convierte, con frecuencia, en la última fase si se trabaja en directo y en multicámara, es decir, con varias cámaras a la vez cuyas señales se seleccionan mediante una mesa de mezclas que permite escoger en cada momento la señal de la cámara que se desea que salga en programa. Si es en diferido y después va a haber postproducción, suele registrarse por *bloques de grabación* que luego serán debidamente montados.

A partir del registro tiene lugar el montaje, edición y postproducción del programa. Se trata de darle forma a partir de las imágenes y sonidos disponibles. En esta fase se produce la incorporación de efectos de tipo electrónico, imagen sintética generada por ordenador, trucos cinematográficos, etc.

Como último paso, se procede a la elaboración de la *banda sonora* del programa y a la realización de las mezclas de sonido que una vez complementadas con las imágenes darán lugar a la obtención del *máster definitivo*.

El montaje, tanto en cine como en vídeo, se realiza con *estaciones o sistemas de edición no lineal*. Consiste en el vuelco de las imágenes originales a sistemas informáticos provistos de discos duros de gran capacidad. A partir de esta transformación, la edición se caracteriza por su similitud a la operación de un tratamiento de textos convencional. El acceso a cualquier imagen o sonido es inmediato, pueden hacerse todo tipo de pruebas, efectos, acortamiento o alargamiento del tiempo del programa y, una vez terminado, el producto final puede volcarse a cualquier tipo de formato o sistema de grabación, emisión o distribución.

En esta parte del proceso, el equipo de producción se ocupa, entre otras cosas, del alquiler de salas de montaje, postproducción y sonorización, control de convocatorias y supervisión del montaje. En la producción europea, el realizador o director suele asumir la mayor responsabilidad. En los Estados Unidos solamente los directores consagrados logran el control de esta fase, cuestión que se estipula por contrato. Allí, en la mayor parte de la producción convencional, la responsabilidad de muchas de las decisiones finales recae sobre el productor.

Es habitual que el proceso finalice con la realización de duplicados o copias del máster definitivo para su distribución. También se puede incluir en esta fase la presentación del producto al cliente y el inicio de las actividades de explotación, comercialización y distribución del programa, facetas todas ellas que se escapan del objetivo de este apartado pero que constituyen la base de sostenimiento principal de la industria audiovisual.

El esquema siguiente muestra un proceso válido para estructuras de producción de cine y televisión.

Esquema de un proceso
Típico de producción

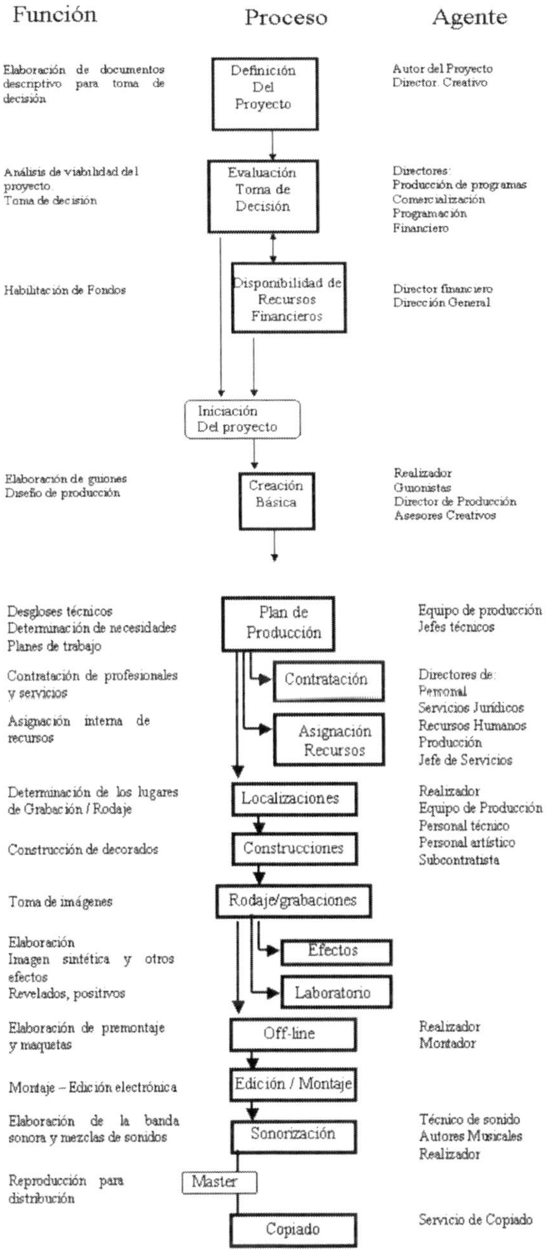

3. Diversidad de programas y producción

La mera clasificación de programas establecida según los contenidos o el público al que va dirigida no aporta datos relevantes para emprender las tareas de producción. El productor precisa de datos sobre los que asentar su trabajo que solo el desarrollo completo de cada proyecto particular puede aportarle con la máxima exactitud. Ello no es obstáculo para establecer el principio general de que ciertos tipos de productos entrañan mayores esfuerzos productivos que otros y que el productor debe tener claro el abanico de posibilidades que el cine, el vídeo, la televisión y la producción multimedia le ofrecen.

Si bien las fases genéricas de la producción son aplicables a la mayoría de los productos, lo cierto es que cada tipo de programa tiene particularidades específicas que el productor debe considerar en cada caso.

Para dar respuesta al preciso conocimiento sobre la tipología de programas y productos audiovisuales presentaremos, en primer lugar, una de las posibles clasificaciones existentes. Para encarar con rigor resolutivo la concreción de un determinado programa expondremos, al final, algunas consideraciones sobre un ejemplo centrado en los programas concurso.

3.1. Tipología de productos audiovisuales

El medio receptor por excelencia de productos audiovisuales es la televisión. Por ello, nos servirá como referencia para establecer una clasificación de los diferentes programas que tienen cabida en su programación. No haremos una distinción entre productos estrictamente cinematográficos (que finalmente acaban pasando también por televisión) y televisivos. En lo que se refiere a la planificación propia de la producción de programas, los distintos productos audiovisuales imponen sistemas de trabajo que, aun partiendo de unas necesidades de resolución comunes, entrañan, no obstante, notables diferencias.

La *programación* de una emisora es el conjunto de piezas audiovisuales que conforman la emisión diaria de un medio de comunicación.

Estas piezas son individuales, sin relación las unas con las otras, pero la programación es un continuum narrativo. Por ello existen pausas e inserciones como *spots* publicitarios, avances de programación y de películas, presentadores que introducen programas, etc. Todo ello para dar continuidad a la emisión.

Hay una fuerte relación entre la programación y el ámbito de la producción, pues de su determinación con la máxima exactitud y antelación dependerá la puesta en marcha de los mecanismos precisos para su realización efectiva.

En la actualidad, el principal activo para el éxito o fracaso de una emisora de televisión radica en su programación. La lucha entablada entre emisoras competidoras por alcanzar las máximas cuotas de audiencia hace que se preste una atención prioritaria a la construcción de una *parrilla de programas* que responda a los intereses de la audiencia. No puede complacerse a todo el mundo, pero, ateniéndose a unos criterios medios de gustos y de disposición de tiempo a lo largo de la jornada, se puede diseñar la programación diaria. Además, la parrilla de cada emisora se construye teniendo muy en cuenta los productos que ofrece la competencia.

Muchos son los criterios que pueden emplearse en la clasificación de productos audiovisuales: la consideración de productos únicos o seriados, su estructura, su contenido y también su cadencia de repetición. A falta de una nomenclatura normalizada, distintos autores han propuesto variadas clasificaciones. Aquí, no obstante, nos hemos basado en la que propone la Unión Europea de Radiodifusión (UER).

1. EDUCATIVOS:
- *Educación de adultos*. Espacios destinados a la alfabetización y a los ámbitos propios de la enseñanza primaria y secundaria.
- *Escolares y preescolares*. Refuerzo o sustitución de la enseñanza que se lleva a cabo en centros de preescolar, primaria y secundaria, adaptados a las edades relacionadas con estos ciclos educativos.
- *Universitarios y post-universitarios*. Actúan en el terreno de la educación superior.

2. GRUPOS ESPECÍFICOS:
- *Niños y adolescentes*. Espacios de entretenimiento dirigidos a los más jóvenes. Acostumbran a contener diferentes secciones o subprogramas. Son franjas en las que se incluyen dibujos animados, concursos que conjugan formación con entretenimiento, series adecuadas a estas edades, etc. Suelen ser programas del tipo contenedor, unidos, muchas veces, por un conductor introductor.
- *Etnias e inmigrantes*. De interés para franjas específicas de la población para el mantenimiento de su identidad cultural y su integración en otras sociedades.

3. RELIGIOSOS:
- *Servicios*. Transmisiones de servicios religiosos de carácter periódico como servicio público para ciudadanos impedidos para su asistencia a los lugares de culto.
- *Confesionales*. Espacios religiosos de claro contenido confesional en los que se aportan reflexiones y debates desde el seno de las diferentes religiones predominantes y existentes en cada país.

4. DEPORTIVOS:
- *Noticias*. Informativos convencionales centrados en el mundo del deporte.
- *Magazines*. Programas tipo revista que desarrollan diferentes temas y en los que a veces se introducen emisiones parciales de deportes. Acostumbran a presentar entrevistas con los protagonistas de los acontecimientos y a incluir también reportajes.
- *Acontecimientos*. Transmisiones en directo de pruebas deportivas de competición individual o por equipos.

5. NOTICIAS:
- *Telediarios*. Programas de información general que incluyen habitualmente todos los temas que pueden constituir noticia, con independencia de su género, intención o ámbito de interés predominante. Con frecuencia, introducen espacios de comentario y de opinión.
- *Resúmenes semanales*. Selección de las noticias más destacadas ocurridas a lo largo de la semana.
- *Especiales informativos*. Espacios informativos no periódicos que se centran con exclusividad en la cobertura de un acontecimiento noticioso de extremo interés. Cuentan, frecuentemente, con el trabajo en directo, la realización de entrevistas, reportajes preparados con anterioridad, etc.
- *Debates informativos*. Diferentes personas opinan sobre un tema que modera un presentador.

6. DIVULGATIVOS Y DE ACTUALIDAD:
- *Actualidad*. Programas cuyo interés predominante es el de aportar mayor cantidad de información al telespectador sobre la vida, personas y acontecimientos noticiosos del momento.
- *Parlamento*. Acercamiento y resumen de la actividad parlamentaria y de sus protagonistas.

- *Magazines*. Programas tipo revista donde se tratan aspectos de actualidad informativa en un sentido general, con distintos géneros y estructura abierta.
- *Reportajes*. Atienden a una temática concreta e intentan profundizar en ella para documentar al telespectador.
- *Ciencias, cultura y humanidades*. Programas cuyo objeto es el de estimular la curiosidad científica, artística o intelectual con la pretensión de enriquecer los conocimientos de la audiencia en estas esferas, sin un sentido didáctico. En ocasiones adoptan la estructura de documental.
- *Ocio y consumo*. Su objetivo es, generalmente, el de aportar ideas, soluciones y estímulos para ocupar mejor el tiempo libre y para mejorar en todos los ámbitos la calidad de vida de los ciudadanos.

7. DRAMÁTICOS:
- *Series*. Productos de ficción con continuidad agrupados por capítulos que adoptan modalidades diferentes como las «series de fórmula», las «series de continuación» o las «miniseries». Aunque muchas veces su soporte es cinematográfico, se conciben y realizan para su exhibición exclusiva por televisión. Adoptan, normalmente, la estructura de trece capítulos o múltiplos de esta cifra, para adaptarse a los trimestres de programación por emisiones semanales.
- *Folletines*. También llamados «culebrones». Suelen ser series de ficción con elevadísimos números de capítulos, de enredo, lacrimosos y sentimentales, de gran simplicidad psicológica. En ellas, la emoción crece, alcanzando un clímax al final de cada capítulo.
- *Obras únicas*. Telefilmes de ficción creados expresamente para ser difundidos a través de la televisión. Su diferencia principal con los largometrajes es que su planificación es televisiva, con un ritmo más ágil y con composición adaptada a las dimensiones de pantalla pequeña.
- *Largometrajes*. Filmes de ficción, de duración convencional, realizados para su exhibición prioritaria en las salas de exhibición cinematográfica.
- *Cortometrajes*. Filmes de corta duración.

8. MUSICALES:
- *Operas, operetas, zarzuelas y música clásica*. Transmisiones de espectáculos propios de estas modalidades musicales.

– *Comedias musicales*. Largometrajes cinematográficos de género donde las situaciones cómicas y narrativas se alternan con canciones, bailes, coreografías, etc.
– *Ballet y danza*. Transmisiones de este tipo de espectáculos.
– *Música ligera*. Transmisiones en las que son frecuentes los concursos musicales o programas dedicados monográficamente a un cantante o grupo musical. Mención aparte merece el «videoclip» que ya es un género característico de los programas musicales.
– *Jazz*. Transmisiones de conciertos o de espectáculos musicales.
– *Folklore*. Programas específicamente dedicados a los bailes, músicas y canciones pertenecientes a la tradición de diferentes culturas.

9. VARIEDADES:
– *Juegos y concursos*. Predomina en estos espacios el carácter lúdico de su realización. En los concursos se ponen dificultades de todo tipo que el concursante debe superar.
– *Emisiones con invitados, talk–shows*. Programa o actuación con entrevistas, charlas, conversaciones telefónicas, llevadas a cabo por el presentador y complementado por otras atracciones.
– *Espectáculos, variedades y programas satíricos*. Programas de entretenimiento que contienen distintas secciones dirigidos, muchas veces, por un presentador estrella. Incluyen actuaciones musicales, entrevistas, concursos y, en ocasiones, la participación del público del plató.

10. OTROS PROGRAMAS:
– *Taurinos*. Programas centrados exclusivamente en este fenómeno.
– *Festejos*. Transmisiones de corridas de toros.
– *Revistas*. Espacios de información general sobre el mundo taurino guiados por un presentador.
– *Loterías*. Transmisión periódica de los sorteos que efectúan las entidades de juegos y apuestas.
– *Derecho de réplica*. Programas en los que se facilita la expresión a personas o entidades que creen haber sido tratadas parcial o injustamente por la emisora.
– *Avances de programación*. Servicios de promoción de la propia cadena que consisten en la emisión de información sobre los programas que van a emitirse en las próximas horas, días o semanas.

- *Promociones de programas*. Espacios publicitarios centrados en la promoción exclusiva de programas de la emisora.

11. PUBLICIDAD:
- *Ordinaria*. Los *spots* o anuncios publicitarios que se intercalan entre los programas, generalmente en bloques. Su duración oscila entre veinte y treinta segundos. Los denominados «publirreportajes» tienen mayor duración.
- *Pases publicitarios profesionales*. Recopilación de *spots* dirigidos a profesionales de los medios. Suelen emitirse en horas no coincidentes con la programación diaria.

12. CARTAS DE AJUSTE Y TRANSICIONES:
- *Cartas*. Ocupan su espacio en la emisión de cualquier ente televisivo. Su función es testimonial para asociar el canal elegido con la emisora a que corresponde. Cumplen también una función técnica al permitir la sintonización de emisoras en horas de no emisión, e incluso para ajustar los controles de brillo, contraste y color de los receptores domésticos.
- *Transiciones*. Breves espacios audiovisuales que sirven para llenar los «negros» o momentos de paso de uno a otro programa. En ellos se concentra un esfuerzo importante en la definición de la identidad corporativa que define y diferencia a las distintas emisoras de televisión.

Tras este repaso clasificatorio no exhaustivo de los diferentes productos que componen la programación general de las cadenas de televisión, no podemos perder de vista que existen muchos otros ámbitos de actuación de la industria audiovisual que nunca se ven ni en las salas de exhibición cinematográfica ni tampoco en la programación de las cadenas televisivas. Nos referimos a otras modalidades audiovisuales que tienen un peso específico importante y en franca expansión en el conjunto de la producción audiovisual. Podemos destacar:
- El *vídeo corporativo* que se integra en una política global de comunicación e imagen en las empresas e instituciones (vídeo institucional).
- Las producciones *didácticas* o *educativas* que se inscriben en el ámbito de la enseñanza convencional, pero también en el mundo industrial como ayuda a la mejora de la capacitación profesional empresarial.
- Las producciones *documentales* o del tipo *reportaje* que se venden como unidades independientes o en relación con la distribución de revistas gráficas o publicaciones.

- El denominado *reportaje social,* con amplia y creciente difusión entre los usos sociales del presente.
- Las producciones *científicas* como soporte a la investigación y a la profundización de técnicas y procesos.
- Las producciones *multimedia audiovisuales interactivas* aplicadas a la formación, el entretenimiento, la información y la presentación de productos.
- Las *producciones específicamente realizadas para su difusión en Internet,* que cumplen con requisitos de tipo técnico y comunicativo relacionado con la calidad de visionado, las dimensiones de la pantalla y las condiciones de recepción del público.
- Las producciones para su recepción en *teléfonos móviles.*
- Y *otras* que se producen como respuesta a necesidades comunicativas de una sociedad en continua transformación.

Se trata, en definitiva, de comprender que cada programa, cada formato y cada fin comunicativo requiere, para la optimización de su rendimiento, de un proceso organizativo para su realización que, manteniendo problemáticas y respuestas específicas, permite la generalización y la agrupación en una lógica productiva.

3.2. Un programa concurso como ejemplo práctico

El productor precisa conocer algunas características del programa a producir desde el mismo instante en que es planteado. Sin ellas, a efectos de producción, la naturaleza cultural, deportiva, musical o científica del programa, apenas aporta datos relevantes.

Vamos a centrarnos, como demostración de lo antedicho, en un ejemplo: los programas concurso.

Hay concursos donde el tema es invariable (*concurso monotemático*) y otros en los que los temas cambian en cada programa.

En estos últimos casos, cambian el hilo conductor y la ambientación, que se construyen a propósito para conseguir la atmósfera del tema del día, pero el espacio de plató y el decorado fundamental (situación de los concursantes, gradas del público, colocación del conductor presentador, etc.) permanecen invariables. Un cambio total afectaría a la imagen de marca y a las referencias corporativas del programa.

Es evidente que en los concursos monotemáticos se simplifican las tareas para la producción, al menos en lo que respecta a la ambientación, que se mantiene invariable.

Una vez que el productor sabe que el concurso es monotemático, sea cual sea su fórmula, podrá prever las necesidades espaciales para toda la serie de programas con solo dar respuesta a tres preguntas:

1. De cuántas partes consta el concurso.
2. Dónde se desarrollan.
3. Qué hacen los concursantes en cada una de ellas.

Despejadas estas tres incógnitas podrá saber el coste aproximado de producción porque ya tiene los datos respecto al grado de complejidad del programa en cuanto a espacio (decorado principal, decorados secundarios, etc.), y tiene la información del espacio que ocupa cada decorado o cada set (espacio de decorado) pues conoce qué hacen los concursantes en cada lugar, si están de pie o sentados, si han de desplazarse o no, si deben resolver pruebas de habilidad, etc. Todo ello permite deducir los metros cuadrados de plató precisos.

Independientemente de que el concurso sea o no monotemático, el productor necesita otros datos para decidir el tipo de producción y el presupuesto final para el programa. Precisa saber si se trata de un programa en *directo* o *grabado* y, si es en directo, conocer su periodicidad.

En este último caso, habrán de enlazarse las partes del concurso en tiempo real y para ello se diseñará un decorado que posibilite el paso fácil de un lugar a otro. Las cámaras tendrán que desplazarse y, si hay público, no tendrá que entorpecerse el campo de visión de la gradería.

Las soluciones serán más simples en un programa grabado. En este caso también influirá decisivamente la periodicidad. Así, si es diario, podemos optar posiblemente por una producción de tipo directo, y si es semanal, por un tipo de producción donde la grabación se haga por bloques.

Puede verse que la clasificación por tema o por público al que se dirige aporta menos información para la producción que saber si se trata de un programa directo o grabado, diario o semanal, con público o sin público, con localizaciones cercanas o lejanas, con actores o sin actores, etc.

La mejor clasificación para el productor será, sin duda, aquella que aporte más información sobre las necesidades de producción.

Capítulo II

La industria audiovisual

1. Nacimiento y evolución de la industria audiovisual

El comienzo de la producción audiovisual se puede situar incluso antes del nacimiento oficial del cine, cuando Edison, en 1893, construye un estudio de rodaje en West Orange (Nueva Jersey) para producir y exhibir las primeras películas de la historia en su aparato de visionado individual, *kinetoscopio*, que funcionaba al introducir unas monedas.

El oficio de productor de los inicios del cine continuaba la tradición del espectáculo y de quienes, desde 1833, explotaron los múltiples aparatos precursores del cinematógrafo. Eran, a la vez, fabricantes, distribuidores y comercializadores de sus productos.

Los hermanos Lumière, inventores del sistema de proyección en pantalla, fueron también productores y exhibidores. La primera exhibición cinematográfica al modo actual se realizó el 28 de diciembre de 1895 en el Salón Indio del Gran Café de Paris, al precio de un franco la entrada.

Sin embargo, ni Edison ni los Lumière creyeron entonces que aquel invento tuviese un gran porvenir comercial.

Charles Pathé, también en Francia, fundó la firma Pathé Frères, y se convirtió en el primer productor en el sentido más actual del término. Organizó un sistema de distribución por alquiler de películas, creó filiales en el extranjero y agrupó en torno a sus propias producciones las de otros independientes gracias a la garantía de su distribución.

La extrema importancia de la producción francesa en aquella época cambió radicalmente con el advenimiento de la Primera Guerra Mundial. La producción se paralizó y hubo que importar producciones americanas. A partir de ese momento comenzó la preponderancia norteamericana en el mercado mundial.

En los Estados Unidos, diez importantes fabricantes de equipos se unieron, en 1908, para formar la Motion Picture Patents Company (MPCC) que aprovechó el monopolio sobre los equipos para imponer el pago de tarifas a productores y exhibidores. La MPCC formó, en 1910, su propia distribuidora, la General Film Company, primera distribuidora a escala nacional que en ese mismo año controlaba prácticamente todo el cine en el país. Su monopolio duró poco pues el gobierno federal demandó al consorcio por violación de la legislación antimonopolista y el mercado se inundó de productoras independientes. El caso más representativo es el de Famous Players–Lasky (posteriormente la Paramount).

El húngaro Adolph Zukor había llegado de Europa muy joven, al igual que Carl Laemmle, Louis B. Mayer, William Fox y los hermanos Warner, todos ellos futuros magnates de la industria cinematográfica.

Zukor comenzó como propietario de algunas salas de exhibición. Pasó luego a la importación de filmes europeos y creó, finalmente, una sociedad de producción independiente, la Famous Players. Esta productora basó su éxito en la creación de estrellas del cine e instituyó la fórmula del *Star System*.

La fusión, en 1916, entre la Famous Player y la Lasky Feature Play Company, permitió a Zukor la integración de producción y distribución que completó con la adquisición de salas pasando a controlar, así, todo el proceso, desde la producción hasta la exhibición. Se constituyó la compañía de producción y distribución más grande del mundo en la que Zukor ocupó la presidencia y su socio Jesse Lasky la vicepresidencia, a cuyo cargo se encontraba la producción.

Siguiendo su estrategia contrataron nuevas estrellas y reunió un equipo de importantes productores y directores, entre ellos Thomas Harper, en cuyas manos cobró gran importancia un género que perdurará hasta nuestros días, el *western*.

El *Studio System*, el *Star System*, el cine de géneros y la fórmula organizativa de la economía cinematográfica que se consolidó en los años veinte del pasado siglo, permitió al cine norteamericano afianzarse aún más con la llegada del cine sonoro. Sus principales beneficiarios absorbieron a sus competidores creándose, así, las grandes compañías cinematográficas (*Majors*), la Paramount, la MGM, la 20th Century Fox, la Warner Bros, y la RKO, a las que hay que añadir tres compañías más pequeñas, la Universal, la Columbia y la United Artist. La época más floreciente de estas empresas es el período que abarca desde 1932 hasta 1948, cuando la Corte Suprema decretó la ilegitimidad de las empresas que unían a la producción la distribución y la exhibición.

En las *Majors*, las figuras clave eran el presidente de la sociedad y el responsable de la producción. Estas personas, generalmente desconocidas para el gran público y olvidadas por los tratadistas e historiadores del cine, ejercieron un enorme poder en la industria cinematográfica.

Las estrellas, los productores, los técnicos e incluso los directores cambiaban, pero los directivos permanecían guiando los destinos de las sociedades que producían películas para la mayor parte del mundo. Hollywood adoptó un sistema industrial de producción basado en una extrema especialización del trabajo.

La llegada de la televisión obligó al cine americano a renovar sus estructuras de producción pero la infraestructura industrial ya estaba establecida y consolidada. La televisión facilitó el florecimiento de productores independientes y la reconversión de las *Majors*, que se afianzaron en el control de la distribución. Ello hizo posible que Hollywood tomase un nuevo impulso en los años setenta del siglo XX, consolidando —incluso con los enormes cambios de accionistas que experimentaron algunas de las principales compañías a partir de la década de los ochenta del pasado siglo— su dominio en el presente panorama internacional.

1.1. La competencia desigual con la industria americana

En Europa, la producción cinematográfica se ha caracterizado históricamente por una estructura muy artesanal en la que se produce una fragmentación muy importante de las sociedades de producción frente a las grandes sociedades de distribución. La tendencia a la concentración del esfuerzo productivo en el interior de las fronteras nacionales, así como la pluralidad de lenguas y de culturas, ha dificultado la creación de una industria capaz de ser competitiva con las productoras norteamericanas. Los intentos que desde las perspectivas de unión económica y política se hacen para levantar la producción audiovisual europea no son suficientes, todavía, para plantar cara al gigante norteamericano. Como explican Fernández y Barco:[1]

> «En la afirmación de que el cine español no compite en igualdad de condiciones con el cine americano se esconde una de las luchas más arduas de la industria cinemato-

1. Fernández Díez, Federico y Barco, Carolina, 2009. *Producción cinematográfica. Del proyecto al producto*. FUNIBER. Díaz de Santos.

gráfica española. Los intereses, de un lado de los distribuidores y los exhibidores y, de otro lado de los productores, están confrontados. Basta con ver la gran cantidad de películas que se estrenan cada fin de semana para entender que la lucha por mantenerse en la cartelera es muy dura, y mientras los productores españoles luchan por seguir manteniendo su película, los distribuidores y exhibidores quieren sustituirla por otra que creen que funcionará mejor.»

Y exponen un ejemplo clarificador:

«Un conocido director de cine español se lamentaba de que su película había sido, irremediablemente, retirada de los cines cuando superaba ya los seis millones de euros de recaudación. La razón era simple: el estreno de la primera parte de *El señor de los anillos* exigía muchas pantallas y garantizaba muchos beneficios, así que se optó por dejar de exhibir en los cines una película que generaba una buena recaudación por otra que seguro iba a ser un bombazo. Esta situación se repite en otros casos y supone un importante perjuicio tanto para los productores españoles como, en general, para el cine español.»

El poderío de la industria audiovisual norteamericana hace que Europa se vea invadida por unos productos que no encuentran competencia en la producción europea, a pesar de las actuaciones proteccionistas de los gobiernos. Desde los inicios del cine hasta la actualidad, el coloso americano se ha adueñado del mercado internacional. Hoy día, Europa desea disminuir este dominio y competir, aplicando el sistema y estrategias del modelo americano, además de manteniendo las medidas proteccionistas de su industria.

1.2. Actuación intervencionista

La colonización cultural impuesta por los Estados Unidos justificada mayoritariamente por sus prácticas de distribución (que de hecho cierran el paso a la comercialización de la producción europea en el mercado estadounidense), sirven de justificación para la intervención proteccionista de los gobiernos europeos sobre el audiovisual. Suelen actuar mediante imposiciones sobre la inversión, que benefician a la producción cinematográfica nacional y europea pero que gravan a las emisoras de televisión. También intervienen y protegen mediante imposiciones de programación y exhibición a las cadenas de televisión y a las distribuidoras y empresas productoras de cine. No obstante, la eficacia de estas medidas no está lo suficientemente compartida por todos los estamentos de la industria audiovisual europea. En ocasiones, el proteccionismo se extiende a la consideración lingüística de las producciones audiovisuales estableciendo, en todos los casos, cupos, de forma que en España, por ejemplo, se establece por ley que los prestadores del servicio de comunicación televisiva de cobertura estatal o autonómica deben reservar a obras europeas el 51% del tiempo de emisión anual de cada canal o conjunto de canales de un mismo prestador, con exclusión del tiempo dedicado a informaciones, manifestaciones deportivas, juegos, publicidad, servicios de teletexto y televenta.

El cine sigue siendo, no obstante, el producto cultural que centra la mayor atención de la administración y sobre el que pivota la legislación sobre la mucho más amplia y diversa producción y oferta de productos y servicios audiovisuales que ha eclosionado con las nuevas tecnologías digitales.

2. Principios económicos de la producción audiovisual

La Ley de Propiedad Intelectual define una obra audiovisual como «las creaciones expresadas mediante una serie e imágenes asociadas, con o sin sonorización incorporada, que estén destinadas esencialmente a ser mostradas a través de aparatos de proyección o por cualquier otro medio de comunicación pública de la imagen y del sonido, con independencia de la naturaleza de los soportes materiales de dichas obras.»

El sector audiovisual es un sector complejo en el que intervienen diversidad de actores e intereses, creadores, productores, distribuidores y exhibidores que desde los inicios, conformaron el esquema clásico de la industria cinematográfica, que establece los sectores de fabricación de producto (producción), distribución, exhibición y consumo

La industria audiovisual ha adquirido hoy una mayor complejidad con la implantación de la tecnología digital, que ha provocado una gran diversificación de la oferta televisiva, el desarrollo imparable de Internet y la telefonía móvil y el desarrollo de productos de gran peso económico como el sector de los videojuegos y servicios de todo tipo que revolucionan las formulas tradicionales de distribución y exhibición del producto audiovisual.

En este punto, es preciso considerar, de entrada, la variada tipología de empresas y de productos audiovisuales existentes que dependen básicamente de:

- Las tecnologías empleadas: cine, vídeo, televisión en sus diferentes modalidades, difusión por Internet, productos multimedia y multimedios, etc.
- La naturaleza del programa: informativos, retransmisiones, concursos, educativos, deportivos, telenovelas, películas, etc.
- La titularidad de la empresa de producción: pública, privada, mixta.
- El modelo de empresa y de explotación de los productos.
- La tipología de proyecto: interno, externo, por iniciativa propia o por encargo.
- Etc.

Y por supuesto, todas las empresas necesitan, siempre, de una financiación para poder realizar cualquier tipo de producto audiovisual.

Existen formas muy variadas de obtener financiación para la puesta en marcha de una empresa, para su continuidad y para la producción de un proyecto en concreto.

- Es muy habitual trabajar por encargo. En este caso, la productora elabora una oferta para un cliente externo, que es aceptada y cubre todos los gastos así como el beneficio empresarial.
- En muchas empresas de televisión pagan los suscriptores, la publicidad, los patrocinadores, y también el Estado mediante aportaciones directas de sus presupuestos o mediante un canon por la posesión, por ejemplo, de aparatos reproductores y de pantallas.
- Otras veces se emplean los recursos propios de la empresa.
- Y otras, como es habitual en el cine, hay que recurrir a la búsqueda de los recursos económicos necesarios para llevar a cabo el proyecto.

Es evidente que ante una gama de posibilidades tan amplia, es difícil la generalización. Vamos a centrar nuestra atención ahora en el cine por su carácter paradigmático respecto a toda la producción audiovisual.

La cinematografía es una de las pocas actividades económicas donde el consumidor del producto abona una cantidad uniforme por el visionado en las salas públicas con independencia del coste de producción de las películas que se ofrecen, de su nivel técnico o artístico y de su origen. El consumidor paga la misma entrada sin importar el coste de producción del producto.

La calidad es un criterio que puede variar. En todo caso, no implica el éxito de taquilla. Las administraciones favorecen con medidas de protección y ayuda a todos los filmes propios y con actuaciones especiales los que consideran de interés para que puedan sobrevivir en el mercado.

2.1. Principios económicos del cine

Antonio Cuevas[2] destaca las siguientes características o principios económicos para este medio:

- El producto nacional es insuficiente, en cantidad y variedad, para cubrir las necesidades de su propio mercado. Aproximadamente el 80% de la producción que pasa por nuestras pantallas es americana.
- Ninguna producción nacional consigue amortizar sus películas únicamente en el mercado propio. Por ello hay que vender a otros países, con el incremento de precios sobre la producción que implica el proceso de doblaje a otra lengua, en el caso de ser necesario.
- Cada película es un prototipo, un modelo, y la consecución de cada unidad de obra supone una inversión de trabajo, tiempo y capitales de tal calibre, que los errores son decisivos. Hay múltiples ejemplos de empresas productoras que se han arruinado con solo una película. La producción de un filme es una apuesta muy seria y arriesgada y puede suponer, si sale mal, la ruina de un productor.
- La realización de una película supone el empleo de elevados capitales cuya posible recuperación, sometida a la explotación comercial, es lenta, por ser su consumo de carácter sucesivo.
- No existe una relación directa entre las inversiones y la bondad de su resultado en términos de audiencia o económicos.
- No existe ninguna norma o criterio para realizar filmes de seguro éxito comercial.

En consecuencia:

- La industria cinematográfica tiene un nivel de riesgo muy superior al de cualquier otra producción de bienes y servicios.
- La producción de películas precisa de una situación excepcional de financiación (elevadas inversiones y lenta recuperación de las mismas).
- El comercio internacional es imprescindible en la actividad cinematográfica (la importación y exportación de películas, es decir, la concurrencia, es absolutamente necesaria).

2. Cuevas, A., 1999. *Economía cinematográfica. La producción y el comercio de películas*. 2ª Edición actualizada a cargo de Ramiro Gómez Bermúdez de Castro, coeditado con Imaginógrafo.

Sin embargo tiene determinadas condiciones favorables como mercancía:

- Posibilidad de visión colectiva de una película (consumo masivo). De hecho se experimenta la teletransmisión cinematográfica según demanda, sin necesidad de llevar físicamente las cintas a los cines.
- Se trata de un producto duradero, sin más limitaciones para su consumo que la pérdida de actualidad.
- Muchas productoras plantean ya los filmes como germen de multiproductos. Incluso se hacen películas para promocionar o vender un producto, y con determinados filmes se procede de manera que sirvan de reclamo de sus futuros productos. Eso está cambiando las formulas de producción.
- Cada película permite obtener tantas copias fieles al original como se precise, y a un precio reducido en relación al coste inicial de producción.
- Fácil transporte: la digitalización del cine reduce los tamaños y pesos de las bobinas cinematográficas hasta límites propios del DVD e incluso su eliminación mediante el empleo de la teletransmisión.

2.2. Jerarquía de medios en la explotación

La explotación del filme se realiza por fases sucesivas de modo que se consiga el máximo beneficio. En primer lugar, el filme se exhibe en las salas comerciales donde puede funcionar adecuadamente o no en términos de número de espectadores.

Después de la exhibición en salas se decide la emisión en televisiones de pago, la explotación en DVD y, finalmente, su pase por las televisiones generalistas, siempre en último lugar.

Habitualmente no se deja explotar un filme en televisión mientras no hayan transcurrido dos años desde su exhibición en las salas de proyección cinematográfica. Los canales de pago tienen prioridad sobre las televisiones generalistas y también las televisiones regionales (autonómicas en España) tienen prioridad sobre las cadenas de ámbito geográfico más amplio.

En los Estados Unidos es común el estreno en DVD a la vez que en el cine, pero en España, normalmente, hay que esperar casi un año para disponer de la versión en DVD.

También se realizan producciones destinadas exclusivamente a ser difundidas en DVD. Suelen ser continuaciones de inferior calidad de filmes de éxito, o producciones de tipo específico, tales como educativas, deportivas y pornográficas, entre otras.

La explotación del producto debe planificarse de forma estratégica y escalonada para mantener el producto vigente y obtener los mayores beneficios. El propietario del derecho de explotación de un filme puede explotarlo de la siguiente forma:

- Exhibirlo en salas durante doce meses.
- Cederlo a una plataforma digital para su explotación por el sistema *pay per view*, por ejemplo, durante un par de meses.
- Cederlo a una televisión de pago durante unos meses más.
- Ceder el derecho de explotación por DVD.
- Cederlo a la televisión por cable.
- Cederlo a la televisión tradicional en abierto.

2.3. Otras modalidades de explotación de la obra audiovisual

Entre otras posibilidades, y teniendo en cuenta la constante evolución que se experimenta en la explotación de productos audiovisuales donde especialmente las posibilidades de Internet marcan la pauta, podemos enumerar algunas como las que siguen:

- Servicio Básico de cable (*Cable TV Service*). Servicios de programación televisiva que se obtienen mediante suscripción y mediante el pago de una cuota.
- Directo al Hogar (*Direct to Home – DTH*). Sistemas de distribución televisiva de recepción por antena parabólica mediante DBS o Direct Broadcast System y mediante MMDS (Multichannel Multipoint Direccional Service Systems).
- Sistema Multipunto de Distribución (*Multipoint Distribution System – MDS*). Es un sistema de distribución de un único canal de programación de TV a lugares determinados.
- Televisión de pago (*Suscription Television – STV*): Transmite señales codificadas por el aire que precisan un decodificador en el lugar de recepción
- Pago por visionado (*pay per view TV*) Los suscriptores pagan según los programas que vean y no según una suscripción mensual.
- Otras modalidades son el *Near video on demand (NVOD)*, que incluye la transmisión de un programa a diferentes horas, el *Video on demand (VOD)*

donde la emisión se hace a cualquier hora, previo pago y la *Televisión Interactiva (TVI)* que integra en el televisor también servicios de ordenador y telecomunicación.

Día a día aparecen nuevas formas de explotación y nuevos formatos tecnológicos, por lo que el productor o la distribuidora que detenta los derechos de distribución tendrán que contratar la exhibición con cada uno de ellos para un territorio concreto y por un tiempo determinado.

Las posibilidades de explotación se han diversificado enormemente sobre todo con las posibilidades que Internet aporta o puede aportar y no solo en su distribución sino, también, en las formas de financiación de la obra audiovisual, lo que permite al productor ampliar sus posibilidades de financiación previa, e incluso, si cuenta con medios y un buen producto, asumir completamente su producción.

3. Los sectores clásicos de la industria audiovisual

Los tres sectores clásicos de la industria audiovisual, producción, distribución y exhibición, son la columna vertebral sobre la que se sustenta el sistema audiovisual en general.

3.1. Sector producción

Es el conjunto de agentes que fabrican el producto audiovisual. Incluye a los creativos (autores), empresas dirigidas específicamente a la producción (productoras de cine y vídeo), empresas de televisión, productoras de animación, empresas multimedia, etc.) y también a la industria auxiliar o empresas de servicios que ofrecen sus servicios y complementan a las empresas productoras (laboratorios, estudios de grabación, salas de postproducción, empresas de grafismo, salas de doblaje y sonorización, empresas de alquiler de equipos, etc.).

La empresa *productora* es el auténtico motor de la producción, sin la cual no existiría el producto audiovisual.

- Asume la labor de promoción y financiación directa de las producciones audiovisuales y por tanto recae sobre ella, en primera instancia, el riesgo empresarial de la producción.
- Orienta y organiza, en primera línea, los oportunos procesos de producción.
- Posee siempre la titularidad de los derechos de explotación comercial de las producciones, que, en su caso, cede para tiempos y territorios determinados a la distribuidora, mediante venta en firme, o a porcentaje (dar la película a distribución) u otros métodos.

3.2. Sector distribución

Dado que el objetivo de todo aquel que produce un programa audiovisual es que el público acceda a su visionado, la distribución se sitúa como un elemento de intermediación entre las empresas productoras y las empresas distribuidoras. En muchas ocasiones, el éxito comercial de un determinado programa no dependerá tanto de su calidad como de una adecuada distribución. Una distribución deficiente puede dar al traste con producciones que a veces triunfan en festivales de renombrado prestigio. Para ello, se confía en el desarrollo de adecuadas estrategias de distribución y potentes lanzamientos publicitarios.

La empresa *distribuidora*.

- Ejerce la labor de intermediación comercial.
- Puede contribuir a la financiación de la película mediante adelantos garantizados de distribución.
- Puede condicionar la orientación del filme al financiar anticipadamente.
- Contribuye a la concesión de créditos bancarios mediante el compromiso de distribución.
- Asume costes de copias de explotación y publicidad de lanzamiento.
- Comercia con los exhibidores la difusión masiva del producto.

Concepción Calvo Herrera[3] recoge los *compromisos y obligaciones del distribuidor* una vez ha adquirido temporalmente los derechos para el lanzamiento de una película. Se refiere a la situación en España, aunque puede ser generalizable a otros países, e indica los siguientes:

3. Calvo Herrera, Concepción, 2009. *Distribución y lanzamiento de una película*. Editorial Zumaque.

1. Es el titular temporal del derecho de reproducción de copia (poder editar un número de copias de la película para cubrir las necesidades del mercado) y del derecho de comunicación pública (mostrar la película al público en el local adecuado). Estos derechos son transmitidos por el productor durante el período de vigencia del contrato de distribución.
2. El distribuidor garantiza una cobertura de base, es decir, puede comprometerse con el productor a estrenar la película en una serie de provincias o comunidades autónomas donde la distribuidora posee organización e infraestructura para llevar a cabo la distribución.
3. Solicita ante el ICAA (Instituto de la Cinematografía y de las Artes Audiovisuales) el certificado de calificación por edades de la película si ésta es extranjera, si es española el certificado de calificación lo solicita el productor. Cada copia estándar de exhibición deberá llevar un cartón donde se especifique la calificación que le ha otorgado el Instituto.
4. Anticipa los costes de publicidad y copias, lo que los americanos llaman *P&A,* gastos que luego descontará del porcentaje correspondiente al productor.
5. Distribuye físicamente las copias en los locales de exhibición.
6. Edita los materiales publicitarios con los elementos matrices facilitados por el productor.
7. Recoge la facturación o parte película de manos del exhibidor y repartirá con el productor la recaudación de taquilla una vez descontados los gastos de publicidad y copias anticipados.
8. Si no distribuye marcas en exclusiva, adquiere los títulos en los mercados internacionales o a través de otras distribuidoras internacionales que actúan en calidad de mayoristas para un mercado territorial concreto.
9. Negocia con el exhibidor las condiciones más ventajosas para la película.
10. Si posee organización suficiente se hará cargo de la distribución en salas y en vídeo y en algunas ocasiones, de la distribución en televisión en otros países, excepto en España y Andorra.

3.3. Sector exhibición

Al igual que la distribución, e incluso en mayor medida, la exhibición se diversifica enormemente. Sin embargo, son las salas de exhibición cinematográficas, en primera instancia, el primer punto de exhibición de la mayoría de las películas con cierta entidad.

En la cadena de explotación de una obra audiovisual, el exhibidor se sitúa al final. Normalmente es un empresario titular de la sala de exhibición.

Las televisiones, Internet y la telefonía móvil son, también, *ventanas de exhibición* de productos audiovisuales, tanto de los cinematográficos como de la cada vez más amplia gama de productos desarrollados específicamente para esos medios.

La distribución de productos audiovisuales en soporte físico (DVD, videojuegos, programas multimedia, etc.) destinados a su venta o alquiler por los usuarios, utiliza los canales comerciales ya establecidos para los productos de consumo así como su ubicación en establecimientos especializados.

La empresa *exhibidora*:

- Adquiere temporalmente el derecho de comunicación pública del distribuidor.
- Hace posible el consumo mediante la disposición de salas equipadas de exhibición (riesgo empresarial).
- Interpreta, en primera instancia, los gustos y deseos del público.
- Adquiere la cesión de derechos a tanto alzado (es decir, una cantidad fija pactada con anterioridad según el aforo de la sala y el número de pases) o a porcentaje (tanto por ciento de la recaudación bruta de taquilla según la cantidad de entradas vendidas, con diferentes modalidades: fijo o con variaciones correctoras).

4. Una mirada al cine español

Los medios audiovisuales han experimentado, desde sus comienzos hasta la actualidad, cambios y transformaciones continuas que afectan a las estructuras de producción, de distribución y exhibición, de transmisión, de consumo, a los modos de producir y a la tipología de sus productos.

Los continuos desarrollos tecnológicos y los cambios sociales han contribuido a organizar y estructurar las actividades clásicas cinematográficas, conformando una industria cambiante, en constante adaptación a los nuevos contextos.

Las nuevas formas de distribución de televisión con distintos contenidos programáticos, la aparición de nuevos soportes (magnetoscopios, DVD,

Internet, informática, productos telemáticos, telefonía móvil, etc.) han conformado un entramado industrial de gran relevancia que mueve cifras económicas muy considerables.

El sector audiovisual experimenta un importante crecimiento y diversificación cuyo alcance solo comenzamos a intuir. Si el entramado clásico de la industria del vídeo y la televisión se estructuró a partir del modelo cinematográfico, en la actualidad se produce tal diversificación en los ámbitos de la producción y de la emisión, difusión y recepción de los contenidos que difícilmente puede hablarse de la existencia de un modelo.

La generalización de la tecnología digital plantea nuevos desafíos y ofrece nuevas oportunidades a la producción audiovisual en Europa y en el mundo. El éxito de la industria de los Estados Unidos muestra la importancia de disponer de una estrategia basada en la integración de las empresas de producción junto con las de distribución.

4.1. La industria del cine en España

A continuación, vamos a centrarnos en la situación de la cinematografía en España, que comparte grandes similitudes con la industria europea. Fernández y Barco,[4] en relación a la situación del sector concluyen:

- *Es un mercado atomizado.* Existe un elevado número de productoras. Estamos frente a un mercado muy disperso con muchas productoras que tienen un nivel bajo de producción. Son pocas las productoras que presentan una fuerte capacidad productiva.
  Y ésta es una tendencia que no varía a lo largo de los años: la mayoría de las productoras españolas solo producen un largometraje anual (los porcentajes se sitúan en cifras cercanas a un ochenta por ciento).
- *De alto riesgo.* La producción audiovisual es considerada una actividad empresarial de elevado riesgo. No hay una película igual a otra, todas son únicas y diferentes. Esto hace que sea muy difícil predecir el éxito de un filme y que haya que esperar a lanzarlo al mercado para conocer el resultado. Algunas películas que cuentan con todos los ingredientes para confiar en que será un éxito a veces resultan un fracaso y, al contrario, películas

4. *Ibíd.*

que parece que pasarán sin pena ni gloria calan fuerte en el público, que las convierte en un bombazo.

A la inseguridad que genera el no saber qué resultados dará el filme se une el hecho de que el productor ostenta unos determinados derechos que, al fin y al cabo, son intangibles. Es cierto que cuando la película esté producida habrá un negativo pero lo importante no es el valor del negativo en sí sino los derechos de explotación sobre el mismo. El productor trabaja en el ámbito de la propiedad intelectual y eso dificulta las relaciones con los inversores y las entidades bancarias que no suelen tener un buen conocimiento del funcionamiento del sector.

Todo esto conlleva la dificultad en la búsqueda de la financiación, en especial para aquellas películas con un fuerte componente cultural. Sin embargo, paradójicamente, existe un aumento constante de la producción.

- *Con un aumento constante de la producción*. Año tras año aumenta el número de producciones españolas y de coproducciones en las que interviene una productora española. Esto puede puede interpretarse como un signo de buena salud del sector de la producción española.

  De ochenta y dos películas producidas en el año 1999, se ha pasado a una cifra superior a las ciento sesenta películas en los últimos años.

- *Con un crecimiento del coste medio de las películas*. Los filmes españoles son, cada vez, más caros. Si en el año 2000 la media de coste de una película rondaba 1.800.000 euros, a partir de 2007 se han sobrepasado los 3 millones de euros. Es evidente que con el transcurso de los años se encarecen los recursos técnicos y humanos necesarios para la producción de un filme. Aunque también existen otras razones para este incremento, siendo la principal la voluntad de los productores de situar sus películas a la altura de las demandas del público, competir en los mercados internacionales y contar con profesionales —tanto técnicos como artísticos— que, pese a suponer un aumento importante del coste de la película, le aportan un valor añadido.

  El referirnos al aumento del coste en función del personal técnico y artístico nos lleva, inevitablemente, a hablar del *Star System* español. Indudablemente, no es comparable con el consolidado *Star System* estadounidense pero, se aprecia una importancia creciente.

  Contar con actores, directores y profesionales con popularidad requiere una inversión muy fuerte en el filme, pero el productor sabe que es una inversión que va a rentabilizar explotando, precisamente, ese valor añadido. Y no solo representan un beneficio para las películas en las que participan, sino para el cine español en su conjunto, por la imagen que proyectan de él y el interés que, por nuestra cinematografía despiertan más allá de nuestras fronteras.

– *Con una cuota de mercado consolidada.* El cine español tiene una cuota de mercado relativamente consolidada que se sitúa en torno al quince por ciento. La cuota de mercado del cine estadounidense se sitúa alrededor del sesenta y ocho por ciento.
Esta consolidación es posible gracias a que tanto la recaudación como el número de espectadores de las películas españolas se mantienen bastante estables, aun teniendo en cuenta las oscilaciones de un año al otro provocadas por un número determinado de películas.
El aumento de la cuota y de la recaudación del cine español no es fruto de la gran mayoría de películas españolas sino mérito de unas cuantas. De esta manera, el éxito de solo unas pocas películas consigue aumentar de manera notable la cuota del cine español.
A la vista de los resultados de esas exitosas películas y de bastantes otras que —sin llegar a estos niveles de éxito— han funcionado muy bien, puede afirmarse que existe un determinado cine español (la mayoría de buena factura y en el que interviene el *Star System*) que gusta y atrae al público español. Laurent Creton afirmaba que «la razón del éxito de una película se explica por la alquimia, la cual genera múltiples intentos de descubrir la piedra filosofal que facilita el encuentro con el público.» Pues bien, algo de cierto hay en ello, no hay que olvidar que el cine va dirigido a las emociones y sentimientos de los espectadores. Pero también es verdad que existen medios para conocer los distintos perfiles de los espectadores y sus gustos. Y el productor debe conocer esos datos aunque no esté, ni mucho menos, obligado a producir en función de ellos. Hacer una película destinada a un público que no encaja con el perfil medio no tiene por qué ser sinónimo de fracaso. Y no lo será, siempre y cuando el productor sea consciente —porque lo ha analizado previamente— de cuál es el *target* de la película que va a producir y haya obrado en consecuencia, tanto en el diseño del proyecto como en su desarrollo, producción y promoción. Todas estas acciones habrán debido estar guiadas en función de ese público potencial.

– *Está subvencionado y protegido.* El Gobierno de España y las diferentes comunidades autónomas conceden ayudas económicas a la industria audiovisual en sus diferentes sectores.

Algunos consideran que las subvenciones deberían eliminarse porque, en lugar de ser un elemento que ayude al cine nacional a ser competitivo, lo hace acomodarse y no estar a la altura de las exigencias del mercado. Otros, por el contrario, opinan que son ayudas que mejoran la competitividad y son imprescindibles para fortalecer el tejido empresarial audiovisual.
La principal es la denominada «cuota de pantalla» consistente en exigir a las salas de exhibición cinematográficas un determinado porcentaje de exhibición de películas comunitarias y españolas.

– *Con gran dependencia de las televisiones.* La industria cinematográfica española tiene una fuerte dependencia de las televisiones. Si éstas dejasen de invertir en el cine español, los productores se verían obligados a cambiar radicalmente el esquema de financiación de las películas a fin de que pudiera seguir existiendo cine español.
La inversión de las televisiones es pues, clave para la supervivencia del cine nacional, constituyendo uno de los pilares fundamentales de su financiación.
Incluso el Preámbulo de la Ley 55/2007 del Cine alude a este hecho, al concebir la producción de cine como contenido básico de la televisión y a ésta como un elemento muy importante en la difusión, promoción y financiación de la cinematografía.
La inversión de las televisiones viene obligada por ley y marca unos porcentajes de inversión en proyectos cinematográficos.
La imposición de esta obligación genera gran polémica ya que no todas las televisiones a las que les es de aplicación están de acuerdo en tener que destinar obligatoriamente parte de sus ingresos de explotación a unos proyectos que, tal vez, no les resultan del todo convincentes. Los productores cinematográficos consideran su implantación imprescindible y aseguran que conlleva un importante paso adelante en la consolidación del sector de la producción en España.

– *Que compite en desigualdad de condiciones.* La hegemonía de las producciones estadounidenses en el mercado audiovisual tanto europeo como mundial es una característica bien conocida de este siglo. Las grandes distribuidoras que operan a nivel mundial son estadounidenses e imponen de forma abrumadora sus catálogos y sus stocks al resto del mundo. Las películas europeas quedan en muchas ocasiones arrinconadas y sin posibilidades de comercialización. Por otro lado, las películas y producciones audiovisuales estadounidenses, llegan a Europa cuando ya han sido explotadas y prácticamente amortizadas en su propio país. Por otro lado, la mayor debilidad de Europa está en la escasa circulación de películas no nacionales, precisamente allí donde la presencia americana es más fuerte.

Algunas de las razones de la hegemonía estadounidense en los mercados audiovisuales europeos y mundiales, especialmente en el sector cinematográfico, ya se han tratado con anterioridad, pero podemos sintetizarlas en las que siguen:

- El hecho de que los productos estadounidenses puedan venderse en condiciones muy competitivas en el mercado mundial porque sus costes de producción generalmente se amortizan en su propio mercado nacional, que es muy amplio y homogéneo.
- Las ventajas para la exportación que ofrece la lengua inglesa.
- Las técnicas estadounidenses de comercialización y publicidad, que son muy eficaces.
- El hecho de que en este siglo, Hollywood haya tenido el acierto de haber sabido crear un tipo de lenguaje audiovisual universal.
- El dinamismo de la industria estadounidense y la calidad de muchos de sus productos y de su comercialización.
- La incapacidad de las industrias audiovisuales de otros países para enfrentarse a este desafío.
- El apoyo firme y constante de sus gobiernos.

– *Depende de su comercialización internacional.* Según datos de la FAPAE (Federación de Asociaciones de Productores Audiovisuales Españoles) extraídos de la consulta directa a las empresas productoras y a los agentes de ventas, las ventas internacionales de la producción audiovisual española están experimentando mejoras cuantitativas aunque están fuertemente concentradas en un número muy reducido de empresas, ya que solo tres empresas suponen casi el 80% de la cifra global de exportación. Como razones fundamentales del aumento de este tipo de ventas se apunta a la creación de grupos de empresas especializados en la exportación, al éxito de nuestro *Star System* y al apoyo del ICEX (Instituto Español de Comercio Exterior) que tiene como finalidad impulsar y facilitar la proyección internacional de las empresas españolas.

Los principales destinos de las ventas internacionales son por este orden: Europa, los Estados Unidos y el mercado latinoamericano.

- *Está pendiente de la innovación tecnológica*. La innovación tecnológica en el cine español está en alza. La Ley 55/2007 recoge que se establezcan medidas para fomentar la innovación y permitan adaptar el sector audiovisual a las nuevas tecnologías.
  El soporte tradicional de trabajo en la industria cinematográfica, el fotoquímico, está siendo sustituido paulatinamente por el soporte digital. Algunos expertos aseguran que ambos formatos serán compatibles en un futuro y que el digital no eliminará al fotoquímico, pero la progresión del digital es espectacular.
  La grabación en vídeo de alta definición presenta ventajas respecto al soporte tradicional, siendo la más importante la facilidad para realizar manipulaciones de imagen, el control *in situ* de la calidad en la toma de imágenes, y las ventajas de postproducción. Su empleo, además, permite un importante ahorro de negativo. Desde el punto de vista de la exhibición, el cine digital supone la eliminación del tiraje de copias en bobinas con miles de metros de celuloide con sus correspondientes dificultades de manipulación y transporte, que son sustituidas por un archivo informático. Además, tras las proyecciones, el fotograma pierde calidad mientras que la película digital no. Las salas de exhibición están adaptándose a pasos de gigante a esta nueva realidad sustituyendo los proyectores tradicionales por los proyectores digitales.
  Es de recalcar, por otra parte, los esfuerzos que se están realizando por parte de cadenas de televisión, productoras de vídeo y cine y empresas exhibidoras, por adaptarse a las exigencias de producción de contenidos cinematográficos y televisivos en alta definición y en 3D (cine, vídeo y televisión en tres dimensiones).
- *Tiene problemas de piratería*. La industria audiovisual española no escapa al problema de la piratería. En la actualidad nadie se atreve a poner en duda la importancia del fenómeno y su traducción en pérdidas económicas para el sector.

4.2. Apuestas de futuro

Algunas propuestas de solución para reforzar el papel de la producción europea frente al gigante norteamericano van, según muchos expertos, en la siguiente dirección:

- Debería destinarse mucho más tiempo y dinero al desarrollo de los guiones y habría que poner fin a la costumbre europea de iniciar la producción a partir de guiones incompletos. Mientras que los productores europeos gastan como promedio un uno por ciento del presupuesto de la película en su concepción, las distribuidoras norteamericanas gastan el diez por ciento de su presupuesto (que ya de por sí es mucho más elevado) en lo mismo.
- Debería mejorarse la formación de productores y ejecutivos para maximizar su rendimiento empresarial y su conocimiento del mercado.
- Debería invertirse más en formación profesional y en reciclaje de productores, directores, guionistas y técnicos, y hacerlo en colaboración entre los países europeos.
- Se necesita una mayor y mejor comercialización. Las compañías norteamericanas suelen gastar hasta un cincuenta por ciento del presupuesto de la película en este capítulo.
- Aunque es obvio que existen limitaciones lingüísticas y culturales a la exportación de producciones europeas, en particular con destino al mercado de América del Norte, no hay motivo para que la reducida presencia actual en los mercados exteriores no aumente. Hay que adoptar una estrategia al respecto y, de nuevo, habrá que tener en cuenta los métodos estadounidenses.
- Convendrá crear estructuras para repartir los riesgos mediante inversiones en paquetes de películas.

Hay motivos, no obstante, para ser moderadamente optimistas. Desde el punto más bajo registrado a principios de la década de 1990, las producciones europeas, especialmente los largometrajes, han protagonizado una vuelta a las pantallas. Las películas europeas han aumentado su cuota de mercado en Francia, España, Italia y Alemania, si bien este aumento se ha debido principalmente al éxito de las películas nacionales en sus mercados internos. También en la televisión, que constituye el núcleo central del mercado, se ha producido un trasvase de audiencia de los programas norteamericanos a los europeos. Mientras que sus efectos actuales son difíciles de cuantificar, parece que los diversos mecanismos de apoyo a la industria audiovisual europea, introducidos a nivel de la unión y nacional en los últimos diez años, han contribuido a este éxito.

Sin embargo, todavía es demasiado pronto para proclamar el resurgir de la industria cinematográfica europea. Es fundamental no dejar que el impulso creado en los últimos años se pierda, como ha ocurrido con frecuencia en el pasado. Por tanto, las actuales estructuras de apoyo deberían actualizarse y mejorarse para lograr la máxima eficacia y rendimiento.

En resumen, la principal consecuencia de la digitalización es la explosión de la demanda de productos audiovisuales. En Europa, se plantea la siguiente cuestión: esta explosión de la demanda de contenidos audiovisuales, especialmente de cine, telefilmes y documentales, ¿será cubierta por material de archivo e importado, o por nuevos programas producidos en Europa?

Si se opta por lo segundo, es absolutamente necesario crear las condiciones que exige la implantación de una industria audiovisual europea competitiva.

Capítulo III

Los profesionales

1. Profesiones en la fase de proyecto y dirección

La realización de programas cinematográficos, televisivos y multimedia es un trabajo de equipo en el que participan un nutrido número de profesionales con muy diferentes características. Las dimensiones de la cadena de televisión, de la productora, e incluso del presupuesto disponible para la producción del programa, determinan la extensión y complejidad del organigrama del personal. Aquí vamos a presentar las funciones profesionales más importantes que intervienen en la construcción de programas, marcando las diferencias, cuando así se precise, entre profesiones televisivas, videográficas y cinematográficas.

Para establecer este catálogo nos hemos centrado, especialmente, en las que guardan una más directa relación con la producción de programas dejando fuera el periodismo informativo, la programación, la conducción y presentación de piezas audiovisuales, las tareas administrativas, documentales, etc., profesiones, todas ellas, que también contribuyen a la realización de programas audiovisuales.

Explicaremos estas funciones enmarcadas en las distintas fases en que se estructura la producción audiovisual:

1. Proyecto y dirección (preproducción).
2. Registro (producción).
3. Montaje y sonorización (postproducción).

1.1. Profesiones en la preproducción

En esta primera fase de realización de un programa es donde se desarrolla el mayor esfuerzo de planificación. Hay dos vertientes diferenciadas. Por una parte, el trabajo relacionado con la *concepción creativa* del programa y, por otra, el que afecta a la *coordinación de los medios* precisos para su realización ejecutiva.

En general, toda obra audiovisual nace desde una persona física o empresa que decide poner en marcha un proyecto. Se constituye así en el «promotor» del mismo y para asegurar su viabilidad precisa de la colaboración de profesionales que lo afianzarán desde diferentes vertientes: creativa, económica, artística, de realización, técnica, etc. En cine, esta responsabilidad primera recae directamente sobre la *entidad promotora* o empresa productora, mientras que en televisión suele decidir el responsable o *jefe de producción* de las diferentes áreas o departamentos en que se estructuran estas corporaciones: informativos, dramáticos, educativos, espectáculos, etc.

En televisión, es habitual que el *responsable de producción de área* busque un *director de programa* sobre el que delega la responsabilidad de su puesta en marcha ejecutiva. El director decide sobre los contenidos, intérpretes, presentadores, y se convierte en la figura que coordina las diferentes aportaciones que convergen en el diseño y realización del programa.

En las obras de ficción, como en cualquier otro tipo de programa planificado y creado con antelación, se precisa del trabajo del *guionista* o del *equipo de guionistas* que, a partir de una idea, original o adaptación de una obra ya existente, la elaboran y construyen un texto que, si convence a una entidad productora, servirá como base fundamental para la puesta en marcha del proyecto y para su transformación en guión técnico antes de su realización definitiva.

Para concentrar la acción narrativa en los diálogos o textos que dicen los actores será precisa, muchas veces, la colaboración de un *dialoguista*.

Una gran parte de producciones de cine, vídeo y televisión requieren *asesores especializados* en muy diferentes temas que aconsejan a los miembros del equipo de dirección, guionista, escenógrafo, actores, etc., para asegurar los detalles que puedan garantizar una mayor fidelidad de la obra al área temática en que son especialistas, y para la que se pide su experta opinión.

Una obra audiovisual es el resultado de la concurrencia de muchos factores. Su éxito o fracaso depende de la oportunidad o genialidad de un guionista, de la apuesta decidida de una empresa que arriesga en el proyecto, de la dirección artística y de realización de un director o realizador, del talento interpretativo de unos actores, de la profesionalidad de un completo equipo de técnicos y creativos, en suma, de una concatenación adecuada de medios técnicos y de personas que se coordinan para alcanzar unos objetivos en un tiempo determinado.

1.2. El equipo de realización

Sobre el *realizador* recaerán todas las decisiones de carácter técnico. En vídeo y televisión es el responsable final de la transformación de un guión en un programa. Partiendo del respeto debido a sus colaboradores, el realizador es, en última instancia, quien decide y a él se le atribuirá en muchos casos el éxito o el fracaso de la efectiva resolución técnica y artística de un programa. Es elegido directamente por el director de programa o, a veces, viene impuesto por decisión del jefe de producción de área, según la disponibilidad de personal o la capacitación específica del propio realizador. El genuino realizador de televisión trabaja casi siempre en directo. Tiene que seguir las secuencias de la obra en continuidad sin tiempo para retocar lo ya grabado. En las retransmisiones en directo lo que sucede ante las cámaras escapa a su control. Cuando se trata de un directo grabado puede efectuar algunos retoques si cuenta con recursos grabados con anterioridad, pero no puede corregir los errores de interpretación de los actores.

Son funciones del realizador, entre otras, la elaboración y planificación del guión técnico, la coordinación y ejecución de los ensayos, la puesta en escena, los rodajes y grabaciones y el montaje, edición y sonorización del programa. El realizador junto con el productor son los únicos responsables del cumplimiento del plan de trabajo.

Las funciones de un realizador que trabaja en soporte vídeo y no en multicámara, se aproximan a las del director de cine dado que la forma de trabajo con una sola cámara es similar al trabajo cinematográfico. En este caso no existe la presión del directo.

En la industria cinematográfica no existe la figura del director de programa y el *director* del filme es elegido directamente por la entidad productora o por el *productor promotor*. Puede afirmarse, con el riesgo que comporta caer en generalizaciones, que el director de cine tiene, en general, mayores competencias creativas y más incidencia en el resultado final de la obra audiovisual que el realizador de televisión. El director de cine tiene una enorme responsabilidad en el éxito o fracaso del filme. Su papel es primordial aunque en algún momento de la historia del cine, el director ha sido considerado como un elemento fácilmente intercambiable.

Podemos decir, recurriendo a una cierta simplificación, que el director de cine es la personificación del trabajo organizado y meticuloso, realizado con tiempo y retocado tantas veces como sea necesario. El director de cine construye el filme plano a plano. Dirige el registro de cada imagen del guión de forma aislada en el tiempo para más tarde efectuar el montaje de forma secuencial. Puede, en ocasiones, permitirse algunas variaciones de un plan de rodaje solo si son sugeridas por su inspiración en el escenario real en que trabaja. El director es siempre responsable de todo lo que ocurre delante de la cámara y todas las personas que intervienen en la actuación o grabación de las secuencias están a sus órdenes.

El trabajo televisivo tiene una polivalencia superior al trabajo cinematográfico que se centra casi con exclusividad en la ficción. En la televisión, el realizador, con frecuencia no controla la puesta en escena, sino que simplemente dirige la toma de imágenes sobre unos hechos que no están bajo su control. Así sucede, por ejemplo, en la respuesta del público en un concurso, o en la emisión de un acontecimiento en directo.

En la coordinación de medios juega un papel decisivo el *ayudante de dirección* cinematográfico o *ayudante de realización* en vídeo y televisión, que se constituye en un eficaz puente entre el equipo de producción y el director o realizador a quien representa. Su función primordial es la de coordinar el trabajo de todos descargando al director o realizador de la preocupación de que tanto el equipo técnico como el artístico esté convenientemente preparado antes del registro. En su trabajo televisivo, el ayudante de realización se sitúa en la sala de control junto al realizador y cronometra tiempos para evitar desfases en el desarrollo del programa. Resta trabajo al realizador, tanto en la fase de preparación como en la grabación.

Realiza el plan de rodaje junto con el director y el jefe de producción. Debe conocer las localizaciones y se encarga de la organización del escenario para que todo esté a punto antes de rodar. Fija las citaciones u horas en las que los actores tienen que estar en el rodaje y es responsable a veces junto al *auxiliar de dirección*, de los movimientos de la figuración. Según el volumen de la producción comparte su trabajo con un *segundo ayudante de realización*.

El segundo ayudante de realización o de dirección trabaja en las oficinas y locales anexos al plató y siempre a las órdenes del primer ayudante. Sus responsabilidades están en la preparación de los actores y la figuración. Elabora la orden de rodaje a partir del plan de rodaje efectuado por el primer ayudante. Coordina las labores de maquillaje y vestuario de los actores y controla los papeles del desglose para informar a los diferentes equipos sobre las necesidades que genera el rodaje.

El *regidor de plató de televisión* es considerado como un ayudante de realización y es el intermediario entre el realizador, situado en la sala de control, y el personal presente en el plató durante la grabación de un programa de televisión. Asiste a los últimos ensayos del programa para conocer todos los movimientos de los que intervienen en escena asegurando su correcta iluminación. Da las órdenes de inicio e interrupción de la acción si el realizador desea transmitir instrucciones personalmente, y dispone de un código gestual para entenderse con el personal del plató. Es responsable de la disciplina y de la organización en el plató mientras se ensaya o graba un programa. Da la entrada y la salida a quienes intervienen en la acción así como al público presente que controla mediante unas señales que previamente tendrá que pactar con ellos.

Recibe órdenes directas del realizador mediante auriculares y recibe instrucciones para todo el personal del plató menos para los cámaras, que también llevan auriculares, y reciben órdenes directas del realizador o de sus ayudantes.

Incluimos en la coordinación de medios la función del *script* o *secretario de rodaje* cuyo cometido principal es el de dar continuidad a la acción y a los diálogos. Se entiende mejor esta función si consideramos que el orden de registro de imágenes y sonidos no tiene relación con el orden de aparición en el programa acabado. Además de asegurar la continuidad o *raccord* entre tomas, anota los cambios de texto que se produzcan, se preocupa del mantenimiento de la apariencia física de los actores entre plano y plano, también del mantenimiento del ritmo de la acción y de los saltos y cambios de luz entre planos consecutivos. Es responsable, también, de la conservación del estado de los elementos y objetos del decorado para que no se produzcan saltos. Realiza diariamente informes de seguimiento de la producción como el parte de producción, el parte de cámara (si no hay un auxiliar de cámara que lo haga), el parte de sonido directo o de referencia (si no hay un ayudante de sonido que se encargue de su realización) y el parte para montaje. En todos estos partes figuran los datos más significativos del rodaje: secuencias y planos rodados, características de los mismos, número y duración de las tomas, metraje útil, códigos de tiempos, etc.

1.3. El equipo de producción

El equipo de producción es el primero que se incorpora a la puesta en marcha de un proyecto y el último que lo abandona. Constituye el control del proyecto en todas sus fases y a la concreción de sus funciones dedicaremos un capítulo específico.

El equipo de producción se ajusta al tamaño y complejidad del programa. En un primer momento, es habitual que la entidad productora, contando con un guión literario o con un esbozo más o menos desarrollado de la idea, encargue a un *director de producción* el estudio del proyecto al objeto de determinar el presupuesto aproximado que requiere su aplicación efectiva.

Una vez aprobado el proyecto se pone en marcha la producción ejecutiva que es un trabajo de coordinación, de previsión y resolución de problemas que facilitan el camino para el buen fin de la obra. La dirección y ejecución de esta tarea se asigna a un *jefe de producción* en cine o vídeo, que trabaja bajo las órdenes del director de producción, o a un *productor* en televisión.

Con la colaboración de un *ayudante de producción* y de otros *auxiliares*, el equipo de producción confecciona el desglose del guión, mantiene reuniones con el director, el realizador y los técnicos, localiza decorados, negocia el reparto y las cláusulas de los contratos de todo el personal que interviene, gestiona materiales y servicios, solicita permisos y ayudas presupuestarias, etc. Resuelve problemas de tipo económico y artístico y diseña, como resultado de su trabajo de planificación y en íntima colaboración con la dirección, el *plan de trabajo*, donde minuciosamente se recogen las actividades que se llevarán a cabo en las fases de registro y montaje. Efectúa, también, la valoración presupuestaria preventiva de la producción y cierra el balance económico y de gestión del programa.

1.4. La escenografía

Los decorados en plató o los escenarios naturales tienen que ser construidos, vestidos y adornados con los objetos que intervienen en la acción. También los actores tienen que ser vestidos y caracterizados. Todo ello se conoce con el término de ambientación donde el máximo responsable, que incluimos en la etapa de preparación, es el *director artístico* también llamado *escenógrafo*, cuya función es la de crear, en estrecha relación con el director, realizador y productor, la puesta en escena total y plástica de un programa, coordinando todos los elementos que intervienen en la escenografía. Se sitúa al frente de un gremio de oficios de la construcción y decoración adaptada a las características de la industria audiovisual.

Su principal función es la localización de escenarios y la realización del proyecto de decorado. En ocasiones se justifica la construcción de una maqueta del decorado. En esta escala reducida puede planificar el decorado teniendo en cuenta las necesidades dictadas por el realizador o director, y junto con el director de fotografía, estudiar las zonas útiles del decorado según la iluminación y ángulos de cámara previstos.

El *ayudante del director artístico* materializa en planos de arquitectura los diseños en planta y perspectiva de los proyectos de decoración que le entrega el director artístico. Le ayuda también en el control de ejecución de las órdenes de trabajo para la construcción, montaje y ambientación de los escenarios.

PROFESIONES EN LA FASE DE PROYECTO Y DIRECCIÓN		
CINE / VÍDEO	COMÚN	TELEVISIÓN
Productor ejecutivo Director de producción Jefe de producción Ayudante de producción Auxiliar de producción Director / Realizador Ayudante de dirección / realización 2º Ayudante de dirección / realización Auxiliar de dirección / realización Script o secretario de rodaje	Guionista Equipo de guionistas Dialoguista Asesores especializados Director artístico o escenógrafo Ayudante del director artístico o escenógrafo	Director de producción de área Director de programa Productor Ayudante de producción Auxiliar de producción Realizador Ayudante de realización Regidor

2. Profesiones en la fase de rodaje- grabación

En esta fase continúa presente el equipo responsable de la concepción del producto y la coordinación de medios, que contrasta, en la realidad, el funcionamiento de lo planeado. El grueso del personal lo forma el equipo técnico, que tiene la responsabilidad ejecutiva del rodaje o registro de imágenes y sonidos, y la interpretación, es decir, los actores protagonistas del programa.

2.1. Equipo de cámara e iluminación

Una de las funciones técnicas que mayor reconocimiento ha conseguido en el cine y también en el vídeo, es la de *director de fotografía* cuya responsabilidad principal es la de asegurar una calidad máxima de la imagen tomada por la cámara. En relación con el director y el escenógrafo decide sobre la elección de la emulsión, el tono fotográfico adecuado, la definición de los parámetros de brillo, contraste de la imagen y cromatismo, la respuesta de las cámaras de vídeo para la captación de imagen en resolución estándar o en alta definición, la disposición de la iluminación idónea para conseguir los fines expresivos que la obra busca, etc. Su formación clásica ha sido básicamente fotográfica, influida por la iluminación propia de las artes escénicas, y desde la introducción creciente del vídeo en los ámbitos publicitarios y como soporte de grabación en el cine, precisa de una fuerte competencia en medios electrónicos aplicados a la captación, registro y manipulación de la imagen. Es el responsable de la continuidad visual de la imagen registrada, del denominado *raccord* de luz. Para conseguirlo se apoya, sobre todo, en la iluminación artificial, los filtros y su conocimiento de la iluminación puesto al servicio de mantener una coherencia entre la luz aplicada y las fuentes de luz presentes en la escena.

En cine y en vídeo, el director de fotografía controla la cámara y todo lo que se sitúa ante ella. En televisión, el *iluminador jefe* proyecta, dispone y controla el tratamiento de la iluminación pero no así las cámaras, que son controladas en todos sus parámetros técnicos desde el control de cámaras. La labor del director de fotografía en el cine clásico comienza en la elección de la emulsión y acaba en el etalonaje de la película o igualación del color en todos los planos para la construcción de la copia definitiva del filme. En general, el director de fotografía no se ocupa del encuadre, decisión que corresponde al director y cuya ejecución se reserva al *operador de cámara*. Este profesional selecciona el encuadre y se ocupa de poner en marcha y detener la cámara, efectuando las evoluciones y movimientos precisos para cada toma en particular, asegurando que no se produzca ningún fallo técnico durante la operación.

En algunos rodajes ligeros, el director de fotografía hace el trabajo del cámara, pero en las producciones más complejas se añade al trabajo de la cámara cinematográfica una nueva figura profesional: el *primer ayudante de operador* o *foquista*. Tiene la responsabilidad de mantener el enfoque, rectificándolo, si es preciso, en el desplazamiento de la cámara, según el diafragma de trabajo elegido y según la óptica, cuyo movimiento también regula. Se encarga, asimismo, de velar por la limpieza de la cámara y los objetivos para preservar la calidad del negativo original o de la imagen captada por la cámara de vídeo.

En televisión, el trabajo de cámara, por lo que respecta a su operación, se encuentra tipificado en categorías laborales que dan cuenta de su profesionalidad. Existen, en algunas corporaciones, clasificaciones tales como *primer cámara, segundo cámara, cámara auxiliar* y *cámara de ENG* o *ayudante de reportero gráfico*, responsable de la toma de imagen y sonido que opera la cámara al servicio de un reportero o periodista. Puede apreciarse el escalonamiento profesional en que se divide la profesión. Siempre siguiendo las instrucciones del realizador, el primer cámara es el operador más completo, capaz de tomar imágenes mediante cualquier medio mecánico (grúas, *travelling, steadicam* u otros estativos de cámara, si es un cámara especializado en esta técnica que requiere un ayudante, etc.), mientras que las categorías inferiores trabajan exclusivamente con pedestal o trípode o, en el caso de ENG, muchas veces es «cámara al hombro» más preocupados por obtener las imágenes que se necesitan para el noticiario que por la calidad de las mismas.

El *fotógrafo de escenas, o foto fija,* realiza fotografías durante el rodaje. Hace uso de una cámara fotográfica caracterizada por ofrecer una calidad superior a la que se obtendría directamente del fotograma de cine o del *frame* de vídeo. La mayor parte de estas imágenes se emplean en la publicidad del filme o programa y en la realización del *Cómo se hizo* o *Making off.*

Siguiendo las pautas que marca el director de fotografía y el iluminador, el *eléctrico* tiene a su cargo la instalación, montaje y conexión de las fuentes luminosas que confieren la atmósfera del programa. Las dimensiones de la producción imponen la presencia de ayudantes que resuelvan con efectividad los problemas de luminotecnia. Ligada a esta función se encuentra la figura del *conductor de grupo* o *grupista,* profesional que tiene a su cargo la conducción del camión del grupo electrógeno y su mantenimiento.

En todo rodaje o grabación de una cierta entidad es preciso contar con la figura del *maquinista,* profesional que se encarga de múltiples funciones como la de instalar, colocar y manipular la cámara y sus accesorios. Dirige por control remoto o empuja la grúa o el carro del *travelling* para la realización de los movimientos de cámara precisos; asiste al ayudante de cámara; monta y desmonta practicables, altillos, palios, plataformas. Se encarga también de pequeñas tareas complementarias, como dibujar marcas de tiza en el suelo que dirigen la trayectoria de la cámara o que sitúan la posición y movimientos de los personajes. En muchas producciones es el encargado de dar la claqueta.

2.2. Control de imagen y sonido

El *técnico de control de imagen*, también llamado a veces *técnico electrónico*, actúa desde el pupitre de control de telecámaras para asegurar una respuesta uniforme de las diferentes cámaras del plató respecto del cromatismo, contraste, diafragma y otros aspectos de captación de imagen. Se apoya, para ello, en equipos electrónicos de control como el monitor forma de onda y el vectorscopio.

El *mezclador* es el profesional que selecciona, mezcla o sobreimpresiona las imágenes proporcionadas por las fuentes de imagen, siguiendo las instrucciones del realizador.

La componente sonora del medio audiovisual exige una profesionalización específica que mantiene similitudes y diferencias apreciables entre el cine, el vídeo y la televisión. Igual que en la imagen, existen perfiles profesionales muy diferenciados entre la operación de toma de imágenes y su montaje, también en el sonido se distingue entre toma de sonido y postproducción sonora.

En estos medios es preciso establecer, de entrada, las diferentes modalidades de toma de sonido que pueden producirse. El sonido puede ser directo cuando se utiliza, tal como se ha grabado, en el montaje final, o puede ser de referencia cuando lo único que pretendemos es recoger los diálogos de los personajes que servirán como muestra de lo que efectivamente han pronunciado en el posterior doblaje o postsincronización.

En la producción cinematográfica es más frecuente la recurrencia a la postsincronización que en el medio televisivo. Las características de rapidez que marcan el trabajo en televisión imponen como forma de trabajo casi estandarizada la utilización del sonido directo.

En cualquier caso, las profesiones del sonido han de dar respuesta adecuada a la diferente problemática que se plantea para recoger, con la máxima calidad, un sonido directo. El *ingeniero de sonido* debe estudiar minuciosamente el guión técnico para situar los micrófonos de características concretas de captación en los lugares oportunos sin que sean recogidos por la cámara.

En ocasiones será preciso valerse de la colaboración de un *jirafista* que utiliza la jirafa, un soporte con ruedas y brazo giratorio de longitud y angulación variable, en el extremo del cual se sitúa el micrófono. Necesita, para ello, conocer las características técnicas de cada tipo de micrófono y evitar que éste entre en el encuadre tomado por la cámara.

En el trabajo televisivo en directo se precisa la colaboración del *microfonista*, especialista en el uso e instalación de micrófonos que el ingeniero, llamado también *operador de sonido en vídeo*, se ocupará de ajustar, regular y mezclar con las diferentes fuentes de sonido que conformen la banda musical del programa. El ingeniero de sonido juega también un papel decisivo en el trabajo de post-producción sonoro, fase posterior al registro.

La base electrónica de la televisión obliga a toda emisora a disponer de un departamento de diseño y mantenimiento técnico que tiene la triple función de asegurar los equipamientos electrónicos precisos para desarrollar la labor de registro, postproducción y emisión de cualquier tipo de programa, mantener en buen estado el material y diseñar las redes y configuraciones más adecuadas para optimizar el uso de los equipamientos. En esta labor trabajan, en distintos escalones, ingenieros de telecomunicación o de electrónica, técnicos especialistas y auxiliares, operadores, etc. Es preciso contar, asimismo, con el *jefe técnico del estudio* o *jefe técnico de la unidad móvil de televisión*, persona responsable de las calidades técnicas obtenidas; con el *personal de montaje de videofrecuencia y de audiofrecuencia* en estudio o en unidad móvil; con *técnicos de despliegue de unidades móviles* y, si la señal de televisión ha de ser transmitida hasta el centro de control de la cadena, con *técnicos de despliegue de enlaces de televisión*.

2.3. La escenografía, la ambientación y la caracterización

La realidad tridimensional queda reducida a una representación bidimensional en el cuadro de la pantalla de proyección o en el receptor televisivo. Esta ventana se convierte en un escenario en el que se suceden representaciones que, si no están basadas en la realidad más objetiva, requieren crear un espacio escénico y un ambiente que reproduzca el lugar imaginario en que se desarrolla la acción. Esta tarea, que está muy relacionada con la puesta en escena del programa es, como hemos anticipado, responsabilidad de la dirección artística de un filme o programa y constituye la escenografía del mismo.

Son variadas las profesiones que intervienen en el mundo audiovisual y que tienen como objetivo crear ambientes que se correspondan con las precisiones dramáticas y expresivas del guión y de su argumento. Tanto si se trata de una película de ficción, como de un concurso, o de un informativo, habrá que crear una atmósfera que dé credibilidad a la acción o a los acontecimientos representados en la pantalla.

El *jefe de atrezo* o *ambientador* se encarga de disfrazar un escenario preexistente o de vestir uno construido de acuerdo con el proyecto del director artístico. Interpreta el clima concebido por el escenógrafo o decorador y elige la utilería, tapicería, mobiliario, jardinería y atrezo general del programa. Dispone en su lugar los cortinajes, adornos y ornamentación, y vela, en el plató, porque en el rodaje estén todos los objetos precisos para la acción, manteniendo el aspecto exacto que dé el máximo verismo y credibilidad posible. Tiene particular atención con los accesorios y complementos que utilizan los actores y su responsabilidad se extiende a la consecución de los mismos, a su contratación para usarlos, y a su devolución posterior.

Cada día es más frecuente la introducción de efectos especiales realizados con técnicas de infografía para la construcción de decorados. Su máximo exponente es la denominada escenografía virtual. El *infografista* o *grafista informático* es el responsable de traducir a realidad virtual las pretensiones del director artístico.

En la resolución de la escenografía intervienen, además, otros profesionales como el *maquetista*, que reproduce a escala partes del decorado que luego se insertan en la toma de imágenes merced a un fenómeno óptico. El *forillista* encargado de pintar los fondos o forillos que representan calles, plazas, paisajes, fondos de decorado, etc. Los encargados de *efectos especiales*, profesionales que simulan y crean todo tipo de ambientes climatológicos y que construyen ingenios automáticos apoyados en su conocimiento de técnicas muy variadas como la mecánica, la electrónica, la química y la informática.

En esta cadena de la ambientación trabajan diferentes profesiones entre las que destaca la figura del *constructor jefe* o responsable de la construcción de los decorados en cada escenario y de su desmantelamiento, que tiene responsabilidades sobre los distintos gremios implicados en la construcción de un decorado: carpinteros, pintores, jardineros, tapiceros, fontaneros, electricistas, escayolistas modeladores, peones de construcción, etc.

Los especialistas en vestuario son el *figurinista* o *encargado de vestuario* y el *jefe de sastrería*. El primero es el encargado de diseñar el vestuario de los actores y de la figuración de cada escena según la especificidad del guión. Es un experto conocedor de la historia del traje y del vestido y tiene que coordinar su trabajo con maquilladores y peluqueros. El jefe de sastrería coordina la confección del vestuario y es el jefe de los *sastres*, profesionales encargados de la confección del vestuario de los actores según los patrones diseñados por el figurinista.

La caracterización, el maquillaje y la peluquería sirven como ayuda en la creación externa de los personajes adecuando su físico a las exigencias dramáticas del papel interpretado.

El *caracterizador* estudia el maquillaje y la peluquería que mejor se adecua a cada personaje. A veces recurre a la profunda transformación de los rasgos del actor modificando totalmente su aspecto externo. El *maquillador* ejecuta las propuestas del caracterizador tanto si se procede a una caracterización radical del personaje como si se trata de efectuar un maquillaje de fondo que sirve para restituir los colores propios de la piel que, por efecto de la iluminación del estudio, sufren una cierta alteración. También se utiliza el maquillaje en su forma más convencional, en la modalidad correctora, con el único objeto de tapar arrugas, ojeras, o para disimular pequeñas imperfecciones de la piel.

El *peluquero* se ocupa del peinado o despeinado de los actores así como de los accesorios que modifican el cabello natural del actor tal como pelucas y tintes. Su trabajo está estrechamente relacionado con el maquillador y el figurinista.

En muchas producciones con presupuesto limitado, especialmente en vídeo, se recurre a la figura del *estilista* que cubre los apartados referentes a vestuario, peluquería y maquillaje.

En este apartado podemos introducir las profesiones relacionadas con el campo de los efectos especiales. Los técnicos encargados de su realización dependen del director artístico que es el encargado de organizar este trabajo que cubre los tradicionales efectos de niebla, fuego, lluvia, viento, heridas con sangre, rotura de barandas y sillas y, especialmente, el uso de armas de fuego. Al frente de este equipo se sitúa el *jefe de efectos especiales de rodaje* que coordina y supervisa el trabajo de los técnicos que intervienen en la preparación y rodaje de los efectos especiales. En línea descendente se sitúa su *ayudante* o ayudantes, *auxiliar* o auxiliares y el *armero*, persona responsable de todos los efectos especiales que tengan que ver con las armas: revólveres, pistolas, fusiles, bombas, cañones, etc. La función del armero es diferente a la del *maestro de armas* que suele actuar como jefe de los especialistas y debe cuidar de su seguridad. Es el responsable de montar las peleas de los actores siguiendo las instrucciones del director.

2.4. El personal artístico

En la interpretación, el actor, elemento humano de la puesta en escena, transmite sensaciones que conectan con el espectador para provocar un proceso de identificación.

Según los estilos y las épocas, el actor ha interpretado el imaginario colectivo en todas las artes escénicas. En la historia del cine la interpretación ha experimentado tendencias distintas que han utilizado siempre su enorme potencial identificador para crear personajes que arrastraran al público.

En las obras de cine y de televisión aparecen distintos tipos de personajes. Los *actores protagonistas* son aquellos cuyo papel es parte esencial en la historia que se narra hasta tal punto que la acción se vertebra sobre ellos. Su protagonismo hace que estén presentes en la mayor parte de secuencias de la obra audiovisual. En la televisión ocupan un papel similar los *presentadores* y los *locutores*, protagonistas estrellas que conducen un programa.

En otro nivel se sitúan los *actores principales* que son aquellos que tienen un papel importante en el filme o programa, pero no esencial para su desarrollo. En la televisión pueden equipararse a los *colaboradores de programas*, profesionales que cobran por prestar su colaboración en el programa en entrevistas y debates, por ejemplo. Suelen ser personas especializadas e importantes para el programa pero no esenciales para su desarrollo dado que pueden ser sustituidos con relativa facilidad por otras personas.

Los *actores secundarios* son actores con un papel de cierta relevancia en el reparto del filme. Su existencia está justificada por la acción dramática y sus papeles están subordinados y puestos al servicio y para complemento de los actores protagonistas y principales. A veces forman parte importante de la narración y no podrían suprimirse sin afectar decisivamente al argumento del filme.

Las *pequeñas partes* son personas, no siempre actores profesionales, que tienen una parte mínima en la acción con un diálogo o intervención verbal muy limitada. Así, por ejemplo, el dependiente de un comercio con quien un actor interactúa en un momento concreto. También son llamados *figurantes con frase*. Su intervención limitada no significa que no haya que prestar una atención suficiente a su apariencia y vestuario.

Los tradicionalmente denominados *extras* o *figurantes* son las personas que hacen de comparsa, sin ningún papel interpretativo, que rellenan los escenarios de rodaje acentuando la credibilidad y la espectacularidad de la escena. Se trata de simples elementos ambientales incorporados a la obra audiovisual que no hablan, solo figuran. Dependen normalmente del ayudante de dirección o realización que es quien coordina su acción, sus movimientos y vestuario, y según las características y el alcance de la producción pueden actuar en número variable, desde unos pocos hasta verdaderas multitudes (pensemos en las espectaculares superproducciones de Hollywood que emplean centenares e incluso miles de figurantes completamente vestidos y adaptados a diferentes épocas históricas). En los programas de televisión juegan un papel similar los *invitados* en debates, entrevistas y tertulias. También hay que contar con el *público* en concursos, magazines, shows, etc., que contribuye a la creación de un clima adecuado para el programa y cuya participación se busca con alguna frecuencia.

En torno a la interpretación, y desde el punto de vista de la producción, merece la pena resaltar la figura del *director de reparto*, que investiga en la búsqueda de los actores que van a intervenir en una película. Su labor adquiere mayor relieve en aquellas producciones que exigen caras nuevas, edades o físicos determinados que no se pueden encontrar en el vivero del que disponen los *agentes*. El papel de estos últimos es buscar y negociar contratos para los actores que representan. También hay agentes que representan a otros profesionales de los medios como guionistas, directores, montadores, cámaras, etc.

Los *especialistas de riesgo* o *dobles de acción* son profesionales especializados en la realización de escenas de acción o dificultad que requieren de una especial habilidad y que cobran más o menos en función del riesgo que corren. Estos especialistas sustituyen a los actores en las escenas peligrosas, por lo que es importante la caracterización, el maquillaje y el vestuario que se emplea con ellos ya que tienen que reforzar el parecido físico con el actor que doblan. También existen los *especialistas en variedades*, personas que protagonizan actividades que requieren de una habilidad especial como malabaristas o magos, y que no corren riesgos.

En ocasiones se recurre a *dobles de rodaje*, personas que sustituyen al actor en escenas donde se requiere una constitución similar pero donde la cara no es visible. Así en planos generales lejanos, de espaldas o pilotando aviones, por ejemplo. Si se cuenta con ellos en el rodaje muchas veces cumplen la función de *dobles de luces*, sustituyendo a los actores durante el tedioso proceso de ajuste de la iluminación antes del rodaje. A veces se emplean *dobles de desnudo* o personas que sustituyen al actor en escenas en que sale desnudo, por diferentes razones. En todos los casos estos dobles deberán tener un cuerpo similar al del actor, tanto en las formas como en el color de la piel.

El *marionetista*, en su acepción clásica, domina el arte de mover muñecos mediante hilos o alambres pero por extensión es quien mueve un muñeco u objeto, bien sea desde el interior del mismo o a distancia mediante cualquier tipo de técnicas: electrónicas, mecánicas, hidroneumáticas, etc.

En las producciones y comedias musicales, el *coreógrafo* diseña y determina las evoluciones y modalidades del baile, sus movimientos y el ajuste a un ritmo y tiempo acordes con la música. Estos profesionales provienen del mundo de la danza y se integran sobre todo en este tipo de filmes. En la televisión ocupan un puesto consolidado dada la tendencia existente a la introducción de números musicales y bailables. Con estos profesionales trabajan *bailarines, patinadores* sobre hielo o sobre ruedas, y en ocasiones *cantantes, coros en escena, orquestas*, etc.

2.5. Otros profesionales

En muchos filmes que incluyen escenas de exteriores, de acción, explosivos, peleas, etc., es usual recurrir a una *segunda unidad de rodaje* o segundo equipo de cámaras al mando de un *director de segunda unidad*, que se encarga de la dirección de este tipo de secuencias. A veces se trata, tan solo, de una duplicación de cámaras para la toma desde diferentes ángulos de secuencias complicadas e irrepetibles, pero es frecuente que el trabajo de segunda unidad se desarrolle paralelamente en otros escenarios, quedando el director principal reservado a la dirección de actores y a la realización de escenas más intimistas y psicológicas. En este caso se duplican todas las funciones inherentes al funcionamiento de una unidad de rodaje, es decir: *jefe de producción, operador de cámara, ayudante de dirección, ayudante de producción, maquillador, peluquero*, etc. Todos ellos con la coletilla, para su clasificación, «de segunda unidad».

Los *instructores* son personas especializadas en determinadas habilidades que enseñan a los actores hasta que estos consigan un dominio de la actividad suficiente para dar credibilidad al personaje que representan. Los *profesores de diálogos extranjeros*, son expertos en una lengua que instruyen a determinados actores para la consecución de una perfecta articulación de los diálogos en otro idioma

Hay que mencionar también a los profesionales encargados del cuidado de los semovientes o animales vivos y de la conducción de vehículos a motor o de tracción animal que tienen que funcionar en escena. Se llaman semovientes a los personajes o cosas que se mueven por sí mismo, como los animales, y a su cargo se encuentra un *encargado de semovientes y vehículos* que cuida de la disposición para el rodaje de los animales y de los vehículos que tienen que funcionar en escena. Alrededor de esta función se sitúan otras profesiones muy especializadas como el encargado de la cuadra o *cuadrero*, el encargado de las riendas y atavíos de los animales o *ramalero*, el que se ocupa de animales que requieren una especial atención o *cuidador de animales*, el *carrero*, encargado de la disponibilidad y cuidado de los aparejos de los carruajes y de su conducción, el *adiestrador*, que enseña a un animal para hacerle actuar en el rodaje, el *veterinario*, que cuida la salud de los animales, el conductor de vehículos en escena o responsable del mantenimiento y de la conducción en escena de los vehículos que tienen que funcionar en el rodaje, etc.

La importancia creciente de la logística en las grandes producciones hace aconsejable en muchos casos la contratación de un coordinador o *capitán de transportes*. Este profesional es el responsable de la elaboración de las órdenes de transporte donde se optimiza la combinación de *conductores* y vehículos disponibles para resolver las necesidades de cada jornada.

En las producciones audiovisuales de cierta entidad es preciso contar, por razones legales o de seguridad, con personas que no están implicadas en actividades específicas de la producción como el *personal sanitario, guardas de seguridad, peones, asistentes de limpieza*, etc.

Con todas estas aportaciones especializadas y con otras más no nombradas en este apartado se consigue transmitir a los espectadores la sensación de realidad y crear la magia connatural a la esencia del cine y la televisión.

PROFESIONES EN LA FASE DE RODAJE O GRABACIÓN		
EQUIPO DE CÁMARA, ILUMINACIÓN Y SONIDO		
CINE / VÍDEO	COMÚN	TELEVISIÓN
Director de fotografía	Eléctrico	Iluminador Jefe
Operador de cámara	Grupista	Primer cámara
Foquista	Maquinista	Segundo cámara
Foto fija	Ingeniero de sonido	Cámara auxiliar
Cámara (en vídeo)	Jirafista	Cámara de ENG
	Microfonista	Técnico de control de imagen
		Mezclador
		Jefe técnico estudio
		Jefe técnico de unidad móvil
		Montadores videofrecuencia
		Montadores audiofrecuencia
		Técnico de despliegue de unidad móvil
		Técnico de enlaces de televisión

ESCENOGRAFÍA, AMBIENTACIÓN Y CARACTERIZACIÓN		
CINE / VÍDEO	COMÚN	TELEVISIÓN
	Ambientador Infografista Maquetista Forillista Técnico de efectos especiales Constructor jefe Figurinista Sastre Caracterizador Maquillador Peluquero Estilista Jefe de efectos especiales de rodaje Armero Maestro de armas	
PERSONAL ARTÍSTICO		
CINE / VÍDEO	COMÚN	TELEVISIÓN
	Actores protagonistas Actores principales Actores secundarios Pequeñas partes Figurantes con frase Extra o figurante Director de reparto Agentes Especialistas de riesgo Especialistas de variedades Dobles de rodaje Dobles de luces Dobles de desnudo Marionetista Coreógrafo: bailarines, patinadores, cantantes, coros, orquestas, etc.	Presentadores Locutores Colaboradores de programa Invitados Público

OTROS PROFESIONALES		
CINE / VÍDEO	COMÚN	TELEVISIÓN
Director, jefe de producción, operador de cámara, ayudante de dirección, ayudante de producción, maquillador, peluquero, etc., de segunda unidad	Instructores Profesores de diálogos Encargados de semovientes y vehículos Cuadrero Ramalero Adiestrador Conductor de vehículos en escena Jefe o capitán de transportes Personal sanitario Otros	

3. Profesiones en la fase de montaje y sonorización

En esta tercera fase el personal se reduce a unos pocos con la responsabilidad de dar forma definitiva al programa. La presencia del equipo de concepción del producto y de coordinación de medios es mínima. Es el protagonismo de los especialistas de montaje y sonorización así como de aquellos intérpretes que participan en las tareas de doblaje.

3.1. El montaje de imagen y sonido

El montaje en cine se entiende vulgarmente como la operación física de unir trozos escogidos de película cinematográfica para componer la copia definitiva. Por extensión, se aplica este término al de edición electrónica en los sistemas de vídeo.

Aun cuando las diferencias tecnológicas entre los medios audiovisuales de base fotográfica y los de base electrónica son muy importantes, especialmente en lo que a operación de equipos compete, estas diferencias casi pueden obviarse por lo que se refiere al ordenamiento expresivo de los planos para dar forma comunicativa al programa audiovisual. El trabajo de montaje, salvadas las distancias operativas, es básicamente similar.

El *montador* efectúa una tarea de sustracción. Se enfrenta a una enorme cantidad de secuencias registradas que debe combinar y descartar para crear un producto comprensible, lógico, con sentido, y con un ritmo que solo se manifiesta al final de su trabajo.

Existe una diferencia apreciable entre el trabajo del montador que actúa con criterio propio, creativo, siguiendo las instrucciones generales del director o realizador y el *ayudante del montador* que se encarga de las operaciones mecánicas y materiales. Son muchas las actividades que competen a este último: desglose, empalme, ordenamiento, etiquetado e identificación de los materiales, preparación de colas de arranque de los rollos, recuperación y archivo de material de imagen y sonido, corte, etc. Tareas, todas ellas, de colaboración y ayuda al especialista montador.

La especificidad videográfica y televisiva impone una clasificación similar aunque se emplea, más que en el cine, la fusión entre realizador y montador concentrada en la persona del realizador. La continua evolución tecnológica que se produce en el medio televisivo obliga a introducir toda clase de equipos y de nuevas tecnologías aplicadas al montaje, uso de ordenadores, de controladores automáticos de edición, de sistemas de edición *off line*, generadores de efectos digitales, etc. No olvidemos, por otra parte, que en la genuina realización televisiva «en vivo y en directo», no existe el proceso de postproducción, puesto que la selección de las tomas emitidas las realiza el mezclador siguiendo las órdenes del realizador.

En el vídeo y la televisión existe un escalonamiento de formatos y configuraciones que marcan el estatus profesional del *encargado de montaje*, persona que garantiza tanto por sus conocimientos técnicos como artísticos una edición eficaz, o del *operador montador*. Este último, cuyo perfil es más operativo que el anterior, sigue las instrucciones del realizador para la edición y se ocupa, también, de analizar, controlar y ajustar las señales de vídeo y audio.

El montaje tradicional en cine mediante el uso de la moviola o mesa de montaje está prácticamente abandonado y es sustituido por los sistemas de edición no lineal. Para ello, se realiza un volcado o transferencia de las imágenes cinematográficas originales a un disco duro. Normalmente, este proceso exige la intercalación de un telecine, operado por un *técnico de telecine*. Se rueda con calidad propia del cine y la postproducción se realiza en soporte informático. Los telecines actuales trabajan indistintamente con positivo o con negativo, facilitan el etalonaje, y admiten todos los formatos de cine o de fotografía.

El *subtitulador* se encarga de introducir los subtítulos de un filme o programa a partir de un guión ajustado y con un equipo de subtitulación. Normalmente se trata de diálogos de un filme traducidos a otro idioma e introducidos en letreros que se sobreimpresionan en la parte inferior de la imagen.

En las pantallas electrónicas transita, en la actualidad, un flujo de imágenes que configuran una nueva generación en la forma e incluso en el contenido. Nos referimos al uso cada vez mayor de imágenes digitalizadas, caretas animadas, imagen sintética generada por ordenador, es decir, de lo que se ha dado en llamar infografía. La elaboración de estas imágenes se inscribe en una revolución icónica en la que confluyen campos distintos de aplicación: la electrónica, los ordenadores y la síntesis de otras técnicas de imagen como el dibujo y el grafismo.

Muchos de los productos audiovisuales, especialmente los videográficos pero también las producciones cinematográficas, incorporan este tipo de imágenes generadas por ordenador y es en el proceso de montaje donde se transfieren a los programas ordinarios. Por esta razón, los departamentos de grafismo de las productoras de televisión incorporan *grafistas*, llamados también *diseñadores gráficos*. Estos profesionales, que dominan el diseño, dibujo y rotulación informático, crean formas gráficas para la realización de insertos en los contenidos de determinados programas. Junto con *dibujantes, ilustradores* y *rotulistas*, contribuyen a elaborar animaciones, rótulos, logotipos, anagramas, tipos distintos de letras que requieren un criterio estético, etc. Su trabajo contribuye a fijar la línea de imagen de la emisora, su *look* o identidad institucional que le diferencia de otras emisoras.

La construcción de la banda sonora de una película cinematográfica o de un programa es una de las facetas más creativas del proceso de realización audiovisual. A su concurso contribuye la existencia de una cuidadosa planificación y el mantenimiento de una sintonía entre el trabajo de toma de sonido y el posterior, llevado a cabo en la fase de postproducción o sonorización final del programa.

Los componentes de la banda sonora son la *palabra*, en su doble modalidad de «comentario» o «voz en off», o en la de «voces y diálogos sincronizados», los «efectos sonoros ambientales y efectos de sonido», la «música» y el «silencio», que también posee una expresividad propia.

El *técnico de postproducción de sonido* ha de conjugar estas componentes para construir una banda que posea una relación de complementariedad con la banda de imágenes. Para ello, su dominio operativo de los equipamientos técnicos que posibilitan el montaje sonoro, debe completarse con una sensibilidad precisa para valorar la elección y la presencia de cada componente. Necesita, también, el concurso de otros profesionales y de otras técnicas.

Los comentarios o voces en off los hacen *locutores* y *comentaristas de televisión* profesionales que dan el tono apropiado a los requerimientos expresivos del programa y que actúan en off, es decir, que no salen en escena. Las voces o diálogos sincronizados exigen un tratamiento diferente.

En este caso, debe conseguirse un exacto sincronismo labial entre la imagen y las palabras registradas en la fase de doblaje o postsincronización. A veces son los mismos actores que han participado en la grabación de imágenes quienes se doblan a sí mismos. Otras veces son otros profesionales, llamados *actores de doblaje*, que ponen su voz sustituyendo a los actores originales o en la traducción a otras lenguas.

Para conseguir la sincronización labial se basan en un sonido «de referencia» que recoge los diálogos efectivamente pronunciados durante la grabación o la filmación. Tanto en este caso como en la traducción a otra lengua, han de observar atentamente los movimientos labiales, hasta que se sienten seguros de pronunciar las frases con un sincronismo que recoja una perfecta continuidad entre el movimiento de los labios y las palabras que los acompañan. El profesional que los dirige en el proceso de doblaje y que da el visto bueno al trabajo realizado por el doblador es el *director de doblaje*. Previamente, este profesional ha tenido que estudiar los papeles de los personajes de la obra y elegido a los actores de doblaje que considere idóneos para imitar las calidades dramáticas de la voz del actor doblado.

Los efectos sonoros ambientales y los efectos de sonido aportan una sensación de realismo a la imagen que hay que cuidar con esmero. El *montador de sonido* introduce grabaciones efectuadas en los escenarios de rodaje o recurre, con frecuencia, a la realización de efectos simulados o a la incorporación de efectos de archivo.

Los *dobladores de efectos sala* son los profesionales encargados de doblar o reproducir el sonido que emana de los diferentes objetos presentes en la escena. Deben conseguir una perfecta sincronía con la imagen. Para su trabajo se sirven de infinidad de trucos con los que consiguen efectos como el chirriar de una puerta, disparos, pasos sobre piedrecillas o grava, etc.

La música contribuye magistralmente a la creación de climas adecuados para transmitir expresividad a los programas audiovisuales. Su introducción puede ser objeto de composición específica para su incorporación a un filme o programa concreto, puede provenir de grabaciones disponibles en una mediateca, o bien ser *de librería*, modalidad en la que un músico compone diferentes sintonías que una entidad productora compra, junto con la cesión de derechos del autor, para el uso discrecional de la empresa productora.

PROFESIONES EN LA FASE DE MONTAJE Y SONORIZACIÓN		
CINE / VÍDEO	COMÚN	TELEVISIÓN
Montador Ayudante de montaje Operador montador Técnico de telecine Subtitulador Grafista Infografista Montador de sonido Locutores Director de doblaje Actores de doblaje Doblador efectos sala		No apuntamos profesiones dado que la genuina realización de la televisión en vivo y en directo excluye las actividades relacionadas con la manipulación de la imagen y el sonido. No obstante, en una televisión se trabaja también con las técnicas de montaje propias del vídeo para todos aquellos programas que requieren de montaje y sonorización en fases posteriores a su registro.

Capítulo IV

Gestión de proyectos

1. Definición de proyecto

Los procesos de producción de una serie de televisión, de una campaña de anuncios para televisión, de un programa multimedia, o de una película cinematográfica, tienen en común muchas cosas entre sí, pero también comparten características esenciales con cualquier proyecto industrial por muy alejado que esté del mundo audiovisual, como pueden ser los proyectos de construcción o los de una oficina de proyectos de ingeniería.

En definitiva, todos ellos son operaciones discontinuas y complejas, en las que participan equipos técnicos variados, que entrañan riesgos elevados y que persiguen la consecución de objetivos óptimos de calidad, plazo y coste, lo que hace que puedan gestionarse eficaz y adecuadamente mediante la adaptación de una metodología completa y coherente que ha demostrado su eficacia en proyectos industriales alejados del terreno audiovisual, pero que es válida para cualquier tipo de proyecto.

Proyectar consiste en definir un futuro deseable, planificar el modo de llegar a él, y realizar las acciones previstas de modo que se consiga el objetivo.

Pero casi siempre las decisiones estarán limitadas por unos condicionantes: plazo, coste y calidad.

Jaime Blasco[1] define el proyecto de ingeniería considerando en la definición los elementos condicionantes que enmarcan su realización.

«Es la operación de ingeniería que nos lleva a conseguir un objetivo a través de una modificación de la realidad exterior, que se lleva a cabo mediante unas acciones humanas seleccionadas y ordenadas previamente, atendiendo a

1. Blasco, J. y Fernández, F., 1995. *Dirección y gestión de proyectos. Aplicación a la producción audiovisual*. UPC. Barcelona.

la confianza en el logro, la seguridad de los participantes y la economía en la utilización de los recursos.»

Es decir:

- *Acciones humanas,* con sus aspectos de actitud y aptitud.
- *Seleccionadas y ordenadas,* lo que implica selección, planificación, programación, control y fiabilidad.
- *Dirigidas a un objetivo* preestablecido de resultado, coste y plazo.
- *Confianza en el logro,* con previsión de personal, medios, recursos, etc., realistas y adecuados al objetivo.
- *Economía en la utilización de recursos,* los necesarios en cada momento.

También se puede decir que un proyecto es una operación de envergadura y complejidad notables, de carácter no repetitivo, que se acomete para realizar una obra de importancia.

Un proyecto es una secuencia bien definida de eventos, con un principio y un final, dirigidos a alcanzar un objetivo claro, y realizado por personas dentro de unos parámetros establecidos tales como tiempo, coste, recursos o calidad. Un proyecto es algo distinto a lo que hacemos todos los días, porque el objetivo de un proyecto es un evento específico y no rutinario. Al no ser rutinario, requiere alguna planificación. El esfuerzo de planificación que se necesita depende de su complejidad. A mayor complejidad del proyecto será necesaria una mayor planificación.

Las producciones audiovisuales y multimedia son operaciones singulares complejas y discontinuas y son fruto de un proyecto. Por ello, requieren métodos especiales y adaptados para poderlos gestionar y dirigir adecuadamente.

Esta precisión es fundamental puesto que enmarca la producción audiovisual y multimedia dentro de las actividades empresariales basadas en el proyecto, y la diferencia de la actividad normal de las empresas de producción de productos en serie centradas en operaciones y flujos continuos.

Casi todas las empresas y organismos están más preparados para dominar la gestión de las actividades continuas y de rutina que para dirigir proyectos especiales y complejos.

1.1. Características de los proyectos

No todos los proyectos son del mismo tamaño y trascendencia, siendo además éste un concepto relativo en función de la dimensión y capacidad económica del ente que acomete el proyecto.

Tiene, por tanto, una *entidad, tamaño y alcance determinados.*

En muchos proyectos, incluso no excesivamente grandes, la dificultad de gestión deriva más de tener que implicar conjuntamente a recursos muy diversos que del hecho de que la cantidad de cada recurso sea más o menos importante.

Una de las características inherentes al concepto de proyecto es la *discontinuidad.* Un proyecto, por definición, tiene un comienzo y un final predeterminado, y se trata de una actividad esporádica que no tiene carácter repetitivo. Además, cada proyecto es diferente a los demás. Ello obliga a establecer mecanismos de gestión específicos y adaptados.

El proyecto está en *continua evolución y se caracteriza por un notable dinamismo* derivado de su carácter de operación inusual tendente a crear algo nuevo. Se vive en una situación de inestabilidad permanente, con frecuentes cambios y con momentos en que se requiere un ritmo de actividad casi frenético.

A lo largo de la vida del proyecto *es necesario tomar muchas decisiones* para hacer progresar y avanzar la operación pero *esas decisiones son generalmente irreversibles* o, al menos, con un grado mayor de irreversibilidad que las decisiones que suelen adoptarse en las actividades continuas.

De todo lo antedicho es fácil deducir que algunos proyectos suponen un *fuerte riesgo,* económico, profesional, o de otra naturaleza, estando sometidos a contingencias difícilmente dominables e incluso azarosas.

El proyecto audiovisual puede fracasar o sufrir fuertes dificultades por influencia del entorno, dificultades a veces muy difíciles de prever o dominar (contraprogramación, lucha por la audiencia, cambios políticos, evolución de la opinión pública, etc.).

El hecho de que todos los proyectos tengan un conjunto de características comunes, a pesar de las notables diferencias existentes entre unos y otros tipos, permite estudiar la metodología de gestión de proyectos de forma general, extrayendo conclusiones que son válidas para todo tipo de proyectos.

CARACTERÍSTICAS DE LOS PROYECTOS AUDIOVISUALES Y MULTIMEDIA

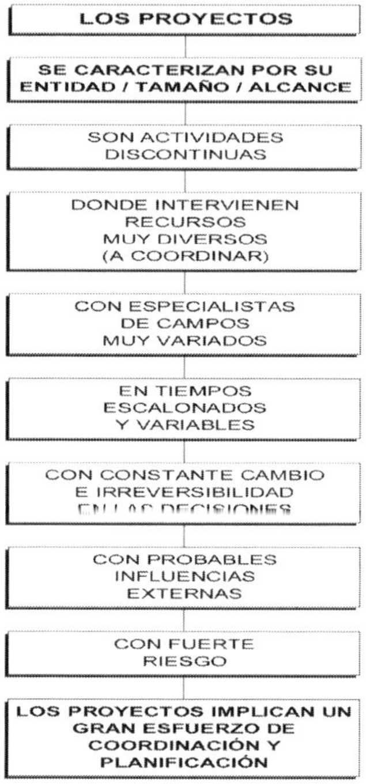

1.2. Aspectos del proyecto

En todo proyecto es preciso articular tres tipos de aspectos:

1. Todo proyecto tiene una *dimensión técnica* (guión, realización, saber hacer de todos los técnicos que intervienen, etc.).
2. También tiene una *dimensión humana* puesto que existe un entramado de relaciones personales, con intereses contrapuestos en ocasiones, con diferentes puntos de vista. Todos pueden aportar algo al proyecto pero conseguir que su aportación sea positiva, convergente y coordinada es una tarea de gran dificultad.
3. El proyecto, como cualquier otra actividad empresarial, se puede *gestionar bien o mal* y de ello depende en gran medida el éxito o el fracaso, al menos en términos de coste y plazo. Es la *variable gestión* relacionada con la planificación, la información, el control, la coordinación, la toma de decisiones y el cumplimiento de objetivos.

1.3. Tipos de proyectos

Cabe distinguir dos tipos de proyectos en función de que el cliente sea alguien del interior o del exterior de la propia empresa o entidad que va a ejecutar el proyecto.

- En los *proyectos externos* la figura del cliente aparece nítidamente. Pensemos en un cliente que encarga a una productora la realización de un programa de vídeo.
- Los *proyectos internos* son aquellos en los que una empresa u organismo desea ejecutar la obra audiovisual para sí misma, encargando su dirección y ejecución a personas o departamentos de la propia entidad.

  En este último caso, la figura del cliente aparece de una forma mucho más vaga.

Sin embargo, la identificación del cliente, sea interno o externo, y la asunción por éste de las funciones que le son propias es uno de los puntos más importantes para garantizar el éxito del proyecto. El cliente es una figura imprescindible en la mayor parte de los proyectos hasta el punto de poder ser un elemento condicionante del éxito o fracaso final de la operación, según cumpla o no adecuadamente su papel.

1.4. Los objetivos del proyecto

Un principio básico en la gestión de proyectos, y en general en toda actividad de gestión seria y profesional, es que los objetivos estén definidos a priori y con un grado suficiente de claridad y precisión.

El objetivo del proyecto es siempre triple. Este triple objetivo puede representarse en un triángulo para resaltar que los tres vértices son necesarios e igualmente importantes.

El primer objetivo es, por supuesto, el *resultado* final del proyecto, consistente en la obra que se desea realizar y que supone el origen y justificación del proyecto. En términos audiovisuales podemos hablar de la consecución de los objetivos comunicativos del filme o programa, por lo que puede considerarse el objetivo más importante y significativo.

Pero acto seguido hay que pensar que los otros dos objetivos son casi tan importantes como el primero y son, en general, la piedra de toque para calibrar el grado de éxito del proyecto, la satisfacción del cliente y el nivel de calidad de la gestión.

El *coste* debe de ajustarse a lo previsto. Generalmente, en los proyectos externos, el objetivo de coste suele estar definido y tener un grado de rigor bastante grande. En general, existirá un contrato y el proveedor deberá respetarlo o tendrá dificultades para lograr una modificación al alza del presupuesto.

El *plazo* es el objetivo que más fácilmente se deteriora y se convierte, por tanto, en muchos casos, en el que hay que seguir más de cerca y el que mejor mide el grado de calidad de la gestión del proyecto.

Y sin embargo, el plazo es un elemento muy importante en casi todos los proyectos y en algunos, tal vez, el *objetivo más importante*, o el que más condiciona el éxito del proyecto (piénsese, por ejemplo, en la preparación de un acontecimiento que tiene que ser retransmitido en directo para una o varias cadenas de televisión).

Solo puede hablarse de éxito en la gestión del proyecto cuando se alcanza el triple objetivo: terminar la obra audiovisual o multimedia respetando las especificaciones establecidas, al coste previsto y en el plazo acordado.

2. Condiciones de gestión de los proyectos: principios básicos

La naturaleza especial de los proyectos como actividades complejas y discontinuas lleva aparejada la necesidad de establecer sistemas especiales y adaptados para poderlos gestionar y dirigir adecuadamente. La experiencia demuestra que no son válidos los principios de gestión que se emplean para actividades de naturaleza continua, porque los proyectos presentan dificultades particulares que aconsejan el uso de métodos de gestión también específicos, como es el caso de las técnicas de planificación. Las tareas de dirección han de estar concebidas y estructuradas de una forma adaptada a la naturaleza de las actividades discontinuas, condición indispensable para tener éxito en la gestión de proyectos.

- La primera condición para que un proyecto sea gestionado adecuadamente es que se le preste la atención suficiente y con un alto grado de concentración en la atención que se le atribuye.
  Atención concentrada significa que los responsables de ejecutar el proyecto puedan dedicarse con suficiente intensidad al mismo y, sobre todo, sin dispersar su tiempo y preocupación entre cometidos y problemas diversos.
- Es imprescindible el nombramiento de un *jefe de proyecto,* cabeza única que impulse y dirija el mismo, siendo responsable de la consecución de los objetivos del proyecto.
  El jefe del proyecto es una figura clave para el éxito del proyecto pero su función requiere que se trate de un verdadero puesto de jefatura con autoridad para dirigir el equipo y para tomar decisiones en el ámbito del proyecto.
- Debe adscribirse un *equipo* de profesionales al proyecto que sea suficiente en número y en cualificación profesional, que ofrecerá una *dedicación en tiempo y esfuerzo* ajustada a las necesidades técnicas y a los objetivos del proyecto.
- La gestión del proyecto se apoyará, además, en el uso de ciertas *técnicas de gestión* adaptadas a las circunstancias: técnicas, de planificación, de organización y de control.

2.1. El jefe del proyecto

Para que un proyecto pueda ser adecuadamente dirigido y gestionado es imprescindible el nombramiento de un jefe de proyecto con las capacidades y características idóneas para garantizar la consecución de los objetivos establecidos.

El jefe de proyecto tiene un papel decisivo en la planificación, ejecución y control del proyecto y es el motor que ha de impulsar el avance del mismo mediante la toma de decisiones tendentes a la consecución de los objetivos.

Su misión es dirigir el equipo de que dispone para alcanzar los objetivos del proyecto.

Para cumplirla tiene las siguientes funciones específicas:

- Colaborar con el "cliente" en la definición y concreción de los objetivos del proyecto.
- Planificar el proyecto en todos sus aspectos: identificación de las actividades a realizar, los recursos a poner en juego, los plazos y los costes previstos.
- Dirigir y coordinar todos los recursos afectos al proyecto.
- Mantener de forma permanente las relaciones externas del proyecto: clientes, proveedores, subcontratistas, otras direcciones, etc.
- Tomar las decisiones necesarias para garantizar el avance del proyecto e impulsar su progreso constantemente.
- Efectuar un seguimiento del proyecto disponiendo de la información necesaria para conocer en todo momento la situación en relación con los objetivos establecidos.
- Adoptar las medidas correctoras pertinentes para poner remedio a las desviaciones que se hubieran detectado.
- Responder ante clientes y superiores de la consecución de los objetivos del proyecto.
- Proponer, en su caso, modificaciones a los límites u objetivos básicos del proyecto cuando concurran circunstancias que así lo aconsejen.

DIVERSIDAD DE COMETIDOS DEL JEFE DE PROYECTO

RESOLUCION DE INCIDENCIAS	CONCRECION DE LOS OBJETIVOS	RELACIONES CON EL CLIENTE
CONTROL DE RESULTADOS	JEFE DE PROYECTO	PREPARACION Y ORGANIZACION
CONTROL DEL EQUIPO POLIVALENTE	CENTRO DE RELACIONES DIVERSAS	IMPULSION Y TOMA DE DECISIONES

El perfil más adecuado para un jefe de proyecto requiere un triple perfil: ha de poseer una *solvencia técnica* probada, ser un *buen gestor* y poseer una capacidad destacada para las *relaciones personales,* ya que se encuentra situado en el centro de una compleja red de relaciones variadas e inestables.

En general, cuanto más restringido y sencillo sea un proyecto más se requerirá un director técnico y menos serán precisas las otras cualidades; a medida que el proyecto crece en complejidad y en dimensión, la función técnica va concentrándose en los diferentes especialistas que participan y el director ha de dedicarse más intensamente a las labores de gestión y relación.

La realización de proyectos audiovisuales impone una transitoriedad al proyecto. En el momento de la entrega del programa, el equipo acaba su misión para pasar a otra tarea. La discontinuidad y transitoriedad de los proyectos exige esta *flexibilidad* que contrasta con la práctica habitual, en que los puestos de responsabilidad se consideran atribuidos de forma permanente.

2.2. Las funciones del cliente

La figura del cliente debe aparecer perfectamente nítida en todo proyecto independientemente de que se trate de un proyecto interno o externo. Sin esta función pueden surgir importantes dificultades relacionadas con la financiación, la definición de los objetivos, la adecuación del programa a los fines perseguidos, etc.

En los proyectos externos esta figura aparece con mayor facilidad aunque es fundamental que cumpla con todas sus funciones. En los proyectos internos es necesario incluso inventarse esta figura adaptada, lógicamente, a las características de una empresa o institución que pone en marcha en su seno un proyecto: puede adoptar la forma de un director externo del proyecto a quien dar cuentas y que en definitiva cumple con las funciones del cliente. Estas funciones son las que siguen:

- Fijación de los *objetivos del proyecto*. Debe contribuir a definir y concretar con la mayor precisión posible los objetivos que el proyecto debe alcanzar y que se convertirán en el marco de referencia para orientar toda la gestión posterior del mismo.
- El cliente tomará normalmente la *decisión de iniciar* el proyecto, ya sea por su propia autoridad, ya sea contando con las autorizaciones que pudiese necesitar según su nivel de poder y responsabilidad.
- Ya durante la ejecución del proyecto, el cliente debe realizar un *seguimiento* suficientemente cercano de la evolución del mismo, de su grado de avance y del nivel de consecución de los objetivos (así se contribuye a evitar una relajación que redundaría en pérdida de eficacia).
- Ciertas circunstancias pueden afectar a los objetivos básicos del proyecto y aconsejar una *modificación a los límites* del mismo (habría, en este caso, que renegociar los objetivos del proyecto).

- A la finalización del proyecto, el cliente será la instancia competente para *recibir la obra y aprobar su realización*, comprobando si se ha producido el resultado pactado y se han alcanzado los niveles de calidad adecuados.
- El cumplimiento de las obligaciones financieras pactadas es, obviamente, otro de los cometidos esenciales del cliente y la contrapartida principal que ha de aportar como compensación del resultado elaborado por los responsables técnicos de la ejecución del proyecto.

  Si esta obligación no se cumple, el proyecto sufrirá en forma de retrasos, encarecimientos o pérdidas de calidad las consecuencias de la falta de recursos y de la desmotivación de los responsables de realizar la obra.

2.3. La oferta

Si hay que ofrecer una oferta a un potencial cliente el primer objetivo que aparece con un fuerte carácter imperativo es conseguir el contrato, es decir, convencer al cliente de que nuestra propuesta es más adecuada que la de los competidores, ya sea en el aspecto técnico, o en las condiciones ofrecidas en cuanto a coste o plazo, sin olvidar la influencia que en la decisión del cliente suelen tener otros elementos menos objetivos, pero no por ello menos reales, como son la imagen de la empresa, las referencias anteriores, la confianza en las personas, etc.

Si, por una u otra razón, el contrato no se consigue, el proyecto queda abortado antes de haberse comenzado y carece de sentido preocuparse de cómo debe ser gestionado. La exigencia comercial tiene, pues, un carácter prioritario para las empresas, siendo la consecución del contrato paso imprescindible para poder acometer un proyecto concreto y, con una perspectiva más amplia, condición esencial para la supervivencia de la empresa.

La oferta tiene, ante todo, una *finalidad comercial*. Ello implica la necesidad de respetar al menos los siguientes principios:

- Captar bien el interés y la necesidad del cliente.
- Ofrecer lo que el cliente pide pero sin olvidar orientarle hacia lo que creemos que necesita o lo que sería conveniente ofrecerle.
- Hacer una oferta clara, atractiva para el cliente, bien concebida y presentada, completa.
- Dedicar el tiempo y el cuidado precisos para garantizar la calidad de la oferta.

- Sintonizar con el interés, la terminología y la mentalidad del cliente.
- Destacar las ventajas de nuestra propuesta y los aspectos positivos que puedan interesar al cliente.
- Aportar todos los elementos que puedan enriquecer la oferta y dar confianza al cliente: fotografías, referencias, esquemas, muestras de otros trabajos, etc.

La oferta, además, supone un *documento contractual* sin perjuicio de que en algunos casos se firma posteriormente algún tipo de contrato más solemne. Representa lo que el adjudicatario se compromete a realizar y las condiciones de ejecución de la obra y es lo que el cliente compra y espera recibir en su momento. Es fácil, por tanto, imaginar las consecuencias de todo tipo que supone la elaboración de una oferta incompleta, inviable o inadecuada.

No se puede menospreciar el valor contractual de la oferta pues el propio Código Civil establece que «el contrato existe desde que una o varias personas consienten en obligarse.»

2.4. Las fases del proyecto

Desde un punto de vista muy general puede considerarse que todo proyecto tiene cuatro fases o etapas bien delimitadas:

1. *Fase de definición.* Se trata de definir los objetivos del proyecto. A partir de los contactos con el cliente o con el promotor del proyecto, el jefe del proyecto tiene que aclararlos al tiempo que debe documentar la definición del proyecto. Es una etapa de conceptualización básica del proyecto que, en ocasiones, continúa en la siguiente fase.
2. *Fase de planificación.* Las características del proyecto implican la necesidad de una fase o una serie de etapas previas destinadas a la planificación o preparación del mismo, fases que tienen una gran trascendencia para la buena marcha del proyecto y que deberán ser especialmente cuidadas. El éxito o fracaso del proyecto se fragua principalmente en estas fases preparatorias.
3. *Fase de ejecución.* Representa el conjunto de actividades que suponen la realización propiamente dicha del proyecto, la ejecución de la obra de que se trate. Responde, ante todo, a las características técnicas específicas de cada tipo de proyecto y supone poner en juego y gestionar los recursos en la forma adecuada para desarrollar la obra en cuestión.

4. *Fase de entrega.* Como ya se ha dicho, todo proyecto está destinado a finalizarse en un plazo predeterminado, culminando en la entrega de la obra al cliente y comprobando que responde a las especificaciones aprobadas en su momento. Esta fase es decisiva no solo por representar la culminación de la operación sino por las dificultades que suele presentar en la práctica, alargándose excesivamente y provocando retrasos y costes imprevistos.

FASES BÁSICAS DE UN PROYECTO

FASE DE DEFINICIÓN	- Definición de los objetivos - Establecimiento de los plazos - Establecimiento del coste general - Elaboración de la oferta - Adjudicación del contrato
FASE DE PLANIFICACIÓN	- Concreción del proyecto con posible renegociación de objetivos - Desglose de necesidades humanas y materiales - Establecimiento de la lista de actividades (plan de trabajo) con su orden por fechas y duración - Evaluación, con precisión, del coste - Realización de las gestiones de contratación, obtención de permisos, organización de equipos de trabajo, y consecución de todos los recursos
FASE DE REALIZACIÓN O EJECUCIÓN	- Control y seguimiento de la aplicación del plan de trabajo - Gestión del personal y de los recursos materiales - Resolución de problemas y contingencias - Replanificación (si procede)
FASE DE ENTREGA	- Cumplimiento de los objetivos del proyecto - Cumplimiento de los plazos - Adaptación al presupuesto - Valoración del grado de satisfacción del cliente - Cierre de las operaciones financieras - Balance final del proyecto

2.5. El balance final

Es muy recomendable efectuar, una vez finalizado el proyecto, un balance de los resultados obtenidos en relación con los objetivos inicialmente propuestos. Es una fase cuyo interés resulta evidente y que, sin embargo, raras veces se cumple, tal vez para no poner de relieve los numerosos errores cometidos.

Para aquellas empresas que trabajan frecuentemente en proyectos es, sin embargo, la mejor manera de garantizar que los errores que una vez se cometieron no volverán a repetirse. El deseo de ocultar el fracaso o las deficiencias sufridas en un determinado proyecto solo sirve para recaer insistentemente en los mismos errores de planificación o de gestión.

3. Herramientas de gestión de proyectos

Existen programas específicamente adaptados a la gestión de proyectos. En general, hay dos herramientas básicas que ayudan a conseguir las respuestas que se precisan durante el proyecto. El *diagrama o gráfico de GANTT* que indica cuándo están previstas las tareas, y el *diagrama PERT* que ayuda a comprender las relaciones entre tareas y cómo están planificadas para llevarlas a cabo. A medida que la necesidad de información va cambiando en el curso de un proyecto, las herramientas que se usan también cambiarán.

3.1. Diagrama o gráfico de GANTT

Esta herramienta es fácil de entender y sencilla de usar. Permite predecir los resultados de tiempo, coste, calidad y cantidad y luego volver al punto de partida.

Ayuda a pensar sobre los profesionales, recursos, fechas, solapamientos y elementos clave del proyecto.

Los diagramas de GANTT son gráficos de barras horizontales que representan las relaciones temporales de los diferentes pasos que se dan durante un proyecto. En un sistema de ejes coordenados se representan todos los pasos en un proyecto con segmentos de recta correspondientes al período de tiempo de cada paso. Un cuadro de GANTT finalizado muestra la secuencia de las actividades, incluidas aquéllas que se estuvieran realizando al mismo tiempo.

Para hacer un diagrama de GANTT hay que listar las actividades a realizar para terminar el proyecto. A cada actividad se le asigna la duración estimada que pueda requerir. A continuación se sitúan esas actividades en una columna en el lado izquierdo de la hoja y los períodos de tiempo a lo largo del lado horizontal inferior. Se traza una línea de izquierda a derecha, que represente cada paso, empezando desde la coordenada correspondiente a la fecha prevista para empezar y terminando en la fecha en que finalizará cada actividad.

A veces se realizan varias actividades al mismo tiempo con distintas duraciones. Eso admite cierta flexibilidad para empezar la que duraría menos, siempre y cuando el plan prevea que acabe a tiempo para continuar con la siguiente.

En un cuadro de GANTT terminado se puede apreciar la mínima duración del proyecto, la correcta secuencia de los pasos a dar y cuáles de ellos se pueden efectuar al mismo tiempo.

La planificación se realiza a partir de la *EDT (Estructura de Desglose del Trabajo)* también llamada *EDP (Estructura de Desglose del Proyecto),* que descompone este en tareas o actividades asignables, significativas, identificables, medibles y evaluables.

La planificación ordena las actividades en el tiempo según su *ligadura potencial,* es decir según la precedencia de unas sobre otras.

El orden de las actividades se obtiene, normalmente, consultando a los técnicos experimentados y a los responsables de cada una de las actividades, a quienes se pide la estimación de tiempo requerido y los recursos que precisan, así como el presupuesto que implica el uso de estos recursos.

El director del proyecto, ayudándose de programas informáticos de gestión de proyectos podrá valorar el efecto de las *ligaduras acumulativas* (la actividad requiere más recursos humanos o técnicos) y de las *ligaduras disyuntivas* (un recurso insustituible no puede estar en más de un lugar al tiempo), valorando así la viabilidad de cumplir con los límites establecidos en la documentación de definición del proyecto.

No siempre la forma propuesta de actuación posibilita cumplir con los plazos límite del proyecto.

La representación GANTT de la evolución del proyecto nos muestra de una forma clara y visual el posible desfase de lo planificado con las condiciones de partida.

En la organización de un seminario para el debate de temas relacionados con el audiovisual, con una duración de dos días en una determinada ciudad, podríamos estimar las siguientes tareas con su duración:

Tareas	Duración (en días)
Dar instrucciones al equipo	01
Definir los criterios relativos a la sede	02
Elaborar el material	10
Enviar el material para ser comentado	01
Buscar sede	05
Extender contrato	---
Recibir retroalimentación	---
Preparar conferencia	---
Corregir el material	---
Efectuar el seminario	---

Su representación en diagrama de GANTT sería:

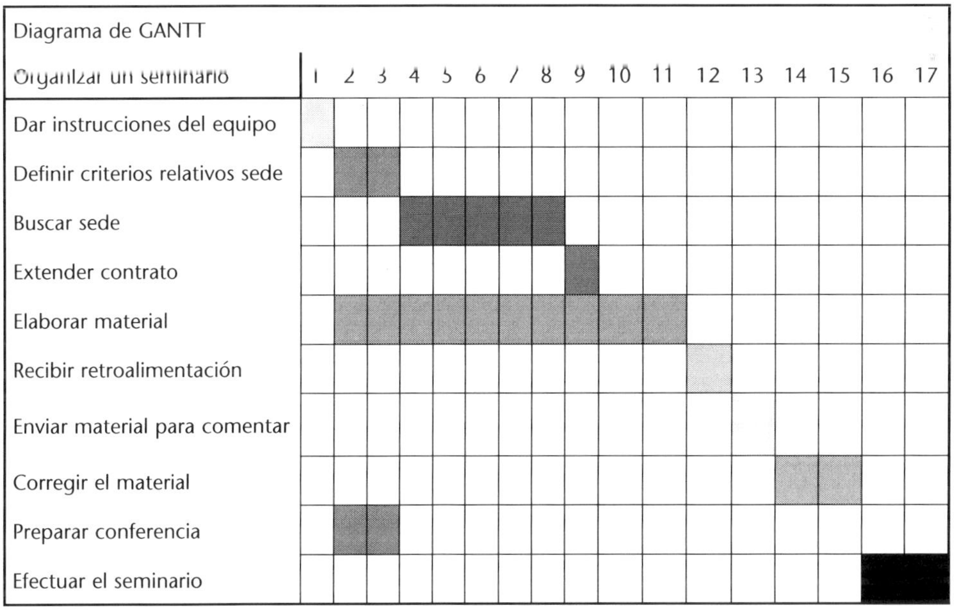

La representación GANTT es un instrumento extraordinariamente útil para visualizar la evolución del proyecto y su duración y para la discusión en grupo. A partir de él se puede visualizar el resultado de cada variante.

Para elaborar un GANTT necesitamos:

- Identificar las tareas clave.
- Establecer el orden de ejecución.
- Estimar la duración de cada tarea.
- Diseñar el GANTT mostrando las tareas y su duración en el orden establecido.
- Verificar la lógica.
- Corregir el GANTT si ello es necesario.

DIAGRAMA DE GANTT APLICADO A LA RESOLUCIÓN DE UN PROYECTO AUDIOVISUAL

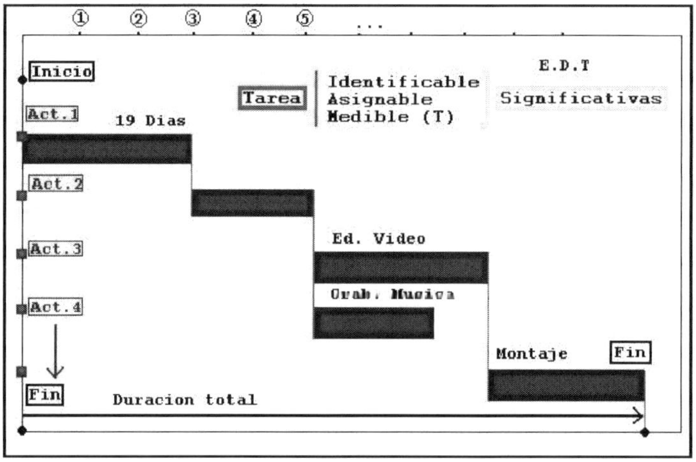

Tal como hemos expresado con anterioridad, una actividad está relacionada con la siguiente, es lo que se llama una *ligadura*. Hay de tres tipos:

- *Ligadura potencial:* referida al plazo prefijado o condicionado a la realización de la actividad anterior o posterior (la grabación audiovisual tiene que ser anterior al montaje).

– *Ligadura acumulativa:* referida a la disponibilidad de recursos para realizar la actividad. Los recursos se pueden modificar (se pueden realizar actividades en paralelo o, si el productor tiene que estar en dos actividades, se pueden poner productores sustitutos, por ejemplo).
– *Ligadura disyuntiva:* referida a los recursos aplicables a una única actividad al tiempo, y no sustituibles (si el actor principal solo tiene un plazo, la planificación se tiene que ajustar a ese plazo).

Si las ligaduras acumulativas y disyuntivas no pueden transformarse en potenciales se crea un conflicto de *modificación de límites*.

Mediante una buena replanificación, que coloque en paralelo actividades que antes se sucedían, pueden rebajarse tiempos, aunque el GANTT no nos indica las repercusiones de esos cambios, no nos muestra las ligaduras entre las actividades.

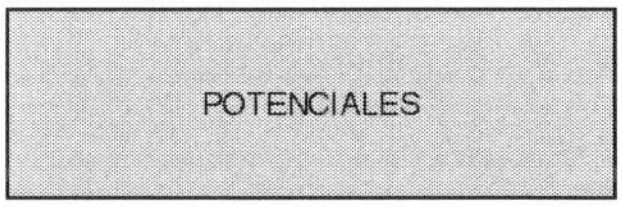

Plazo prefijado o condicionado a la realización de la actividad anterior o posterior

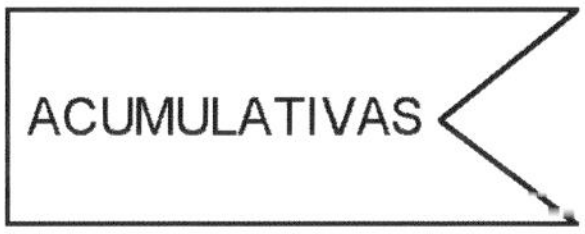

Disponibilidad de recursos para realizar actividades en paralelo

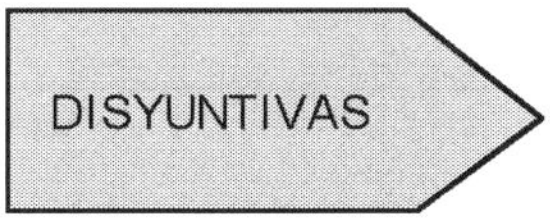

Recursos aplicables a una única actividad al tiempo, y no sustituibles

Si las ligaduras acumulativas y disyuntivas no pueden transformarse en potenciales,

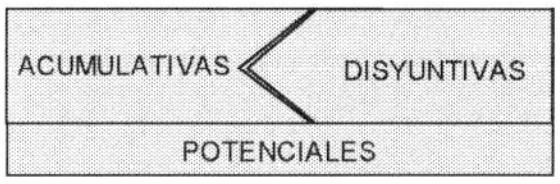

Tendremos un conflicto de modificación de límites

Representación mediante diagramas de red

La representación mediante grafos o diagramas de red permite representar las relaciones entre las actividades

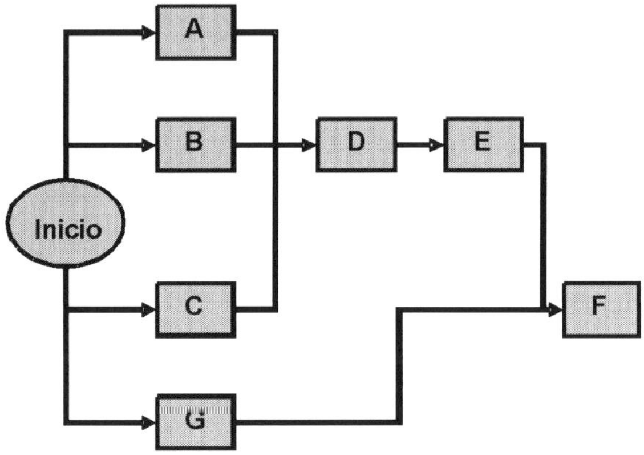

– A, B, C y G son acciones que se hacen a la vez.
– A, B y C han de estar hechos para hacer D.
– D tiene que estar hecho para hacer E.
– Para hacer F hay que haber hecho G y E.

Para analizar las relaciones entre las actividades y planificar considerando sus ligaduras y las repercusiones de cada opción necesitamos aplicar el *ACC (Análisis del Camino Crítico).*

En la representación siguiente, si todas las actividades durasen un día y la actividad G durase más de tres, se ve a simple vista que el camino más largo de la red, llamado *camino crítico,* sería el de trazo más grueso, ya que todas las demás actividades tendrían holgura o margen flexible.

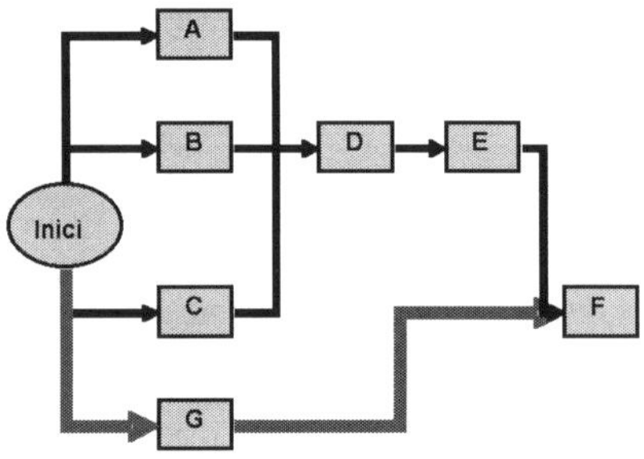

Si todas las actividades mostradas duraran 1 día, incluida la actividad G, el camino crítico de la red sería el representado en trazo más grueso.

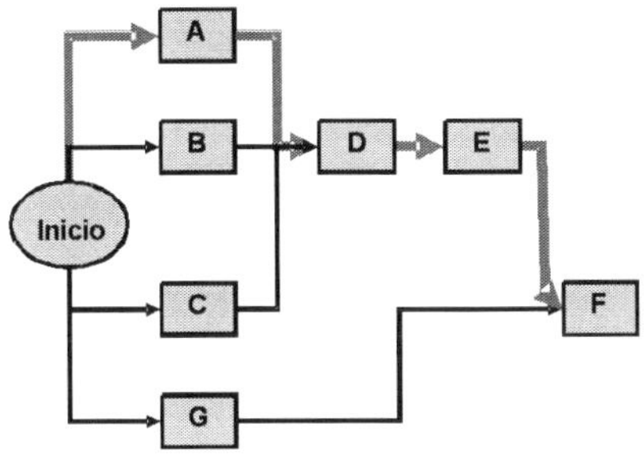

El camino crítico de la red es el camino que une las *actividades críticas* de un proyecto, buscando la optimización de tiempos. Las actividades críticas de un proyecto son aquellas que al retrasarse, retrasarán todo el proyecto.

Holgura o margen flexible

Las actividades con *holgura* son aquellas que aunque se retrasen hasta un margen determinado no empujan a la siguiente. Es decir que si no se hacen ahora queda un tiempo para poder hacerlas sin que afecten a la actividad siguiente relacionada y, por lo tanto, al plazo total del proyecto.

Una actividad puede retrasarse o aplazarse hasta convertirla en crítica ya que, por definición, *una actividad crítica no puede retrasarse ni aplazarse sin retrasar la totalidad del proyecto.*

En el anterior ejemplo de organización de un seminario, el diagrama de GANTT nos muestra una holgura o fluctuación entre las actividades «Preparar conferencia» y «Efectuar seminario». La mostramos con una flecha entre ellas.

REPRESENTACIÓN DE UNA HOLGURA

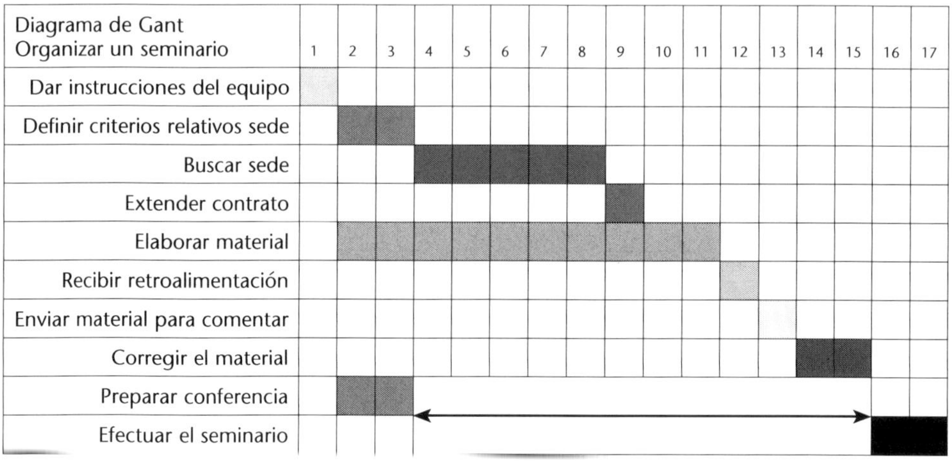

Podemos hacer que una actividad deje de ser crítica aumentando el plazo de finalización del proyecto, o dándole menor duración a la tarea (lo que implica aportar más recursos), o haciendo las cosas peor (lo que afecta a la calidad), pero la base y justificación de la planificación está en conseguir el triple objetivo de *plazo, coste y calidad* establecidos en la documentación de la definición del proyecto.

Los programas de *ACC (Análisis del Camino Crítico)* nos facilitan la realización de informes por actividad, con el listado de recursos asignados, y crean instantáneamente *diagramas de barras* que nos muestran las ligaduras acumulativas de los recursos humanos y materiales, es decir, si llegara el caso, su sobreasignación.

Trasladando a representación GANTT los datos del ACC, incluyendo la visualización del camino crítico y las holguras, disponemos del instrumento idóneo para el análisis y la resolución de muchos de los problemas que plantea la planificación.

Análisis de un caso

Una persona ajena al mundo audiovisual, pero acostumbrada a dirigir proyectos, es contratada para dirigir el proyecto de producción de unos spots que han de emitirse en un plazo de tres meses, con un presupuesto dado y una calidad (especificaciones) perfectamente definida.

Tras definir y documentar la definición del proyecto, la organización y los parámetros de funcionamiento, comienza a recabar información para planificarlo.

Mediante la realización de consultas a los técnicos especialistas, descubre cuáles son las tareas a realizar, la duración de cada una de ellas y el orden que se sigue tradicionalmente para su ejecución. Consigue, también, un informe de recursos por actividad y un presupuesto detallado.

DISTRIBUCIÓN DE TAREAS

TAREA	DURACION
1. Planificación y organización de la producción	30
2. Negociación contrato de actores	3
3. Negociación con las cadenas	15
4. Efectuar localizaciones	10
5. Música	3
6. Grafismo	8
7. Preparación decorados	12
8. Grabación en exteriores	10
9. Grabación en estudio	6
10. Edición	10
11. Distribución	6

DIAGRAMA DE GANTT APLICADO A UN PROYECTO AUDIOVISUAL

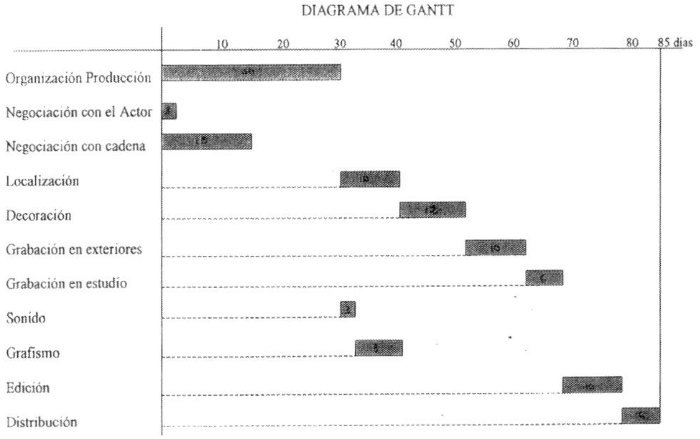

Los cuadros de GANTT tienen una capacidad limitada para mostrar la interdependencia de las actividades. En los proyectos con secuencias sencillas de pasos estos diagramas pueden ser suficientes pero cuando se desarrollan varias actividades a la vez, con alto grado de interdependencia entre ellas, la herramienta más conveniente es el PERT.

3.2. Diagramas PERT

Las siglas *PERT (Program Evaluation and Review Technique),* o Técnica de Revisión y Evaluación de Programas se corresponden con un modelo para la administración y gestión de proyectos de uso muy extendido. El PERT es un método muy útil para analizar las tareas involucradas en completar un proyecto determinado, considerando los tiempos para completar cada tarea, y facilitando la identificación del tiempo mínimo necesario para completar el proyecto total.

Esta técnica es más compleja que el uso de los diagramas de GANTT y es adecuada para los proyectos con largas listas de actividades. En un diagrama PERT los *acontecimientos* se representan con cuadrados, círculos, nodos u otras formas cerradas. Las *actividades* se representan con flechas que conectan los círculos. Las *no actividades* que conectan dos acontecimientos se señalan con flechas de línea punteada. Una no actividad representa la dependencia entre dos actividades para las cuales no se necesita realizar trabajo (tiempo transcurrido).

Para construir un diagrama PERT hay que efectuar una relación de las operaciones que se precisan para terminar el proyecto, y una estimación del tiempo que se necesita para realizar cada una de ellas. Después hay que dibujar el esquema de las relaciones entre las operaciones, situándolas en el orden correcto. El número de la operación de la lista va también en el cuadrado, círculo o nodo correspondiente al acontecimiento. El tiempo necesario para completar la siguiente operación va sobre la flecha. Las operaciones que puedan realizarse simultáneamente aparecen sobre trayectorias diferentes.

Los diagramas PERT no solo muestran la relación existente entre varias operaciones en el proyecto, sino que sirven, también, como un método fácil para calcular el *camino crítico*. Este camino es el más largo de la red e identifica las operaciones esenciales que tienen que completarse puntualmente para evitar retrasos en el proyecto. Normalmente siempre aparece como una línea continua más visible.

Una *tarea crítica* es la que, si se retrasa, hará que se retrase la finalización del proyecto. Se dice que *las tareas críticas están en el camino crítico*. Los cambios en las tareas que no pertenezcan al camino crítico no provocarán un cambio en la fecha de finalización del proyecto

DIAGRAMA DE RED

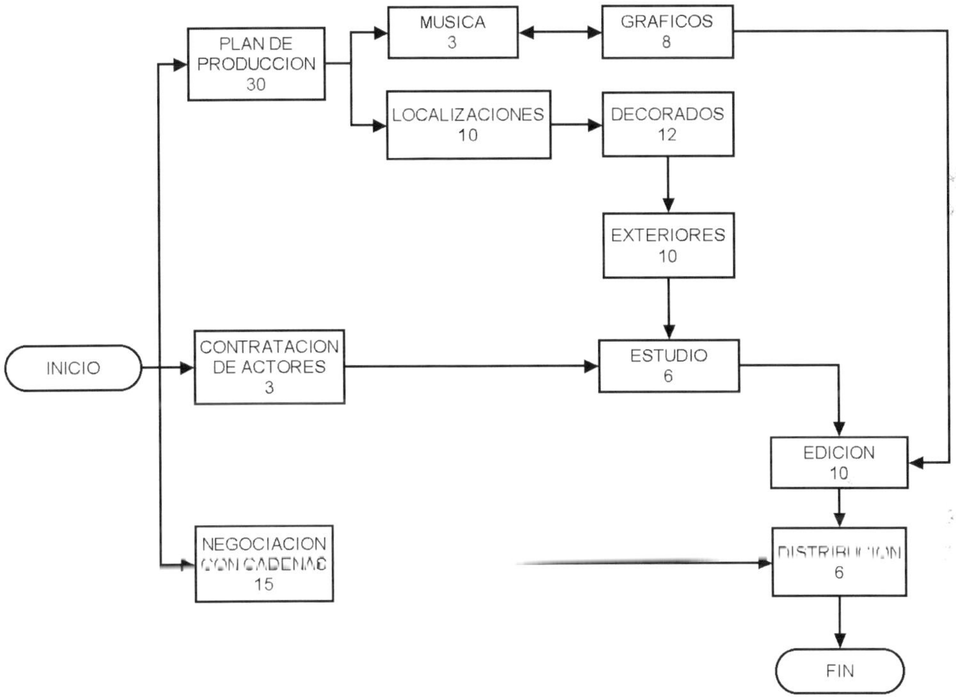

Cuando el número de actividades no es muy elevado, como en el caso del proyecto ejemplo, organizando bien los rectángulos de las actividades, el diagrama de red es suficientemente claro, como en el caso de la figura, en la que el lector podrá si lo desea, hallar fácilmente el camino crítico y la holgura libre, directamente del análisis de la figura.

Elaboración del diagrama de análisis de red

Representa todas las actividades de un proyecto y las ilustra en recuadros o bloques en donde se muestran fechas de inicio y fin de las actividades.

Cada recuadro de actividad en el PERT deberá tener:

<table>
<tr><td>PFC</td><td>Duración</td><td>PFF</td></tr>
<tr><td>Código tarea</td><td colspan="2">Nombre de la tarea</td></tr>
<tr><td>UFC</td><td>Margen</td><td>UFF</td></tr>
</table>

Donde:
- PFC será la primera fecha de comienzo.
- PFF será la primera fecha de finalización.
- UFC será la última fecha de comienzo.
- UFF será la última fecha de finalización.

Para elaborar el *Diagrama de Análisis de Red* hay que seguir un par de secuencias, una llamada *progresiva* y otra denominada *regresiva*.

Los pasos de estas secuencias son los siguientes:

1. *Secuencia progresiva:*
   a) Para la primera tarea se anota la primera fecha de comienzo (PFC) y la última fecha de comienzo (UFC).
   b) Se anota la duración de la tarea.
   c) Se suma la duración a la PFC y se anota el resultado en la primera fecha de finalización (PFF).
   d) Se anota la PFF de la tarea previa como PFC de la tarea siguiente. Cuando haya varias tareas precedentes se toma la última PFF.
   e) Se repite el cálculo para cada tarea sucesiva.
   f) Se anota la PFF de la última tarea.

2. *Secuencia regresiva:*
   a) Se comienza por la última tarea, restando su duración de la UFF. Se anota el resultado en la casilla UFF.
   b) Se anota la UFC de la tarea como UFF de la/s tarea/s precedente/s.
   c) Se repiten los pasos 1 y 2 para cada tarea en secuencia regresiva hacia la tarea inicial. En el caso en que dos ó más tareas converjan regresivamente en otra, se anota la fecha más temprana.

d) Se calcula el margen restando PFC de la UFC o bien PFF de la UFF.

Aplicado al caso ejemplo quedaría representado en el gráfico siguiente en el que el camino crítico lo constituyen las actividades cuyo margen (casilla central de la fila inferior) es cero.

DIAGRAMA DE PERT CON ANÁLISIS DEL CAMINO CRÍTICO APLICADO A UN PROYECTO AUDIOVISUAL

GRAFO

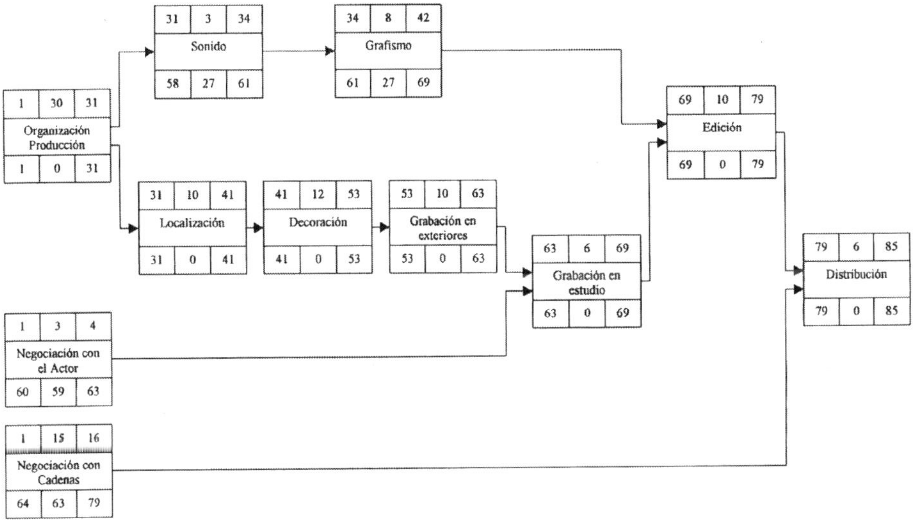

Capítulo V
El productor y el guión

1. En el principio fue el guión

«La realización de una película es la realización de un hombre.» Esta frase la pronuncia un personaje de ficción, protagonizado por Burt Reynolds, en *El último productor*, película del año 2000. La frase no la pronuncia un director, ni un guionista, sino un experimentado productor, porque en los Estados Unidos quien hace la película es el productor.

El guión de esta película, escrito por Clayde Hayes, cuenta la historia de un viejo productor que una vez que encuentra un buen guión, es capaz de hacer cualquier cosa para llegar a producirlo. Aunque el filme no es una gran obra, su contenido resulta muy instructivo para valorar la absoluta prioridad de contar con un guión que mueva al productor a convencer a los inversores para su financiación y producción.

En la secuencia de la película basada en la novela del mismo nombre, de Cristopher Frank, *El sueño del mono loco*[1] que reproducimos en un capítulo posterior, el productor discute con un joven y primerizo director para convencerle de la necesidad de introducir cambios en el guión. Para ello busca la ayuda de un guionista experimentado para adecuarlo y conseguir, con mayor facilidad, financiación.

El productor que interpreta Kirk Douglas en *Cautivos del mal* se retira al campo con el guionista para trabajar conjuntamente el guión, y el protagonista de *El Juego de Hollywood* muestra la versión más actual del ejecutivo, cuya misión es valorar y desarrollar propuestas de guión.

Si nos ceñimos a la producción cinematográfica de ficción, todos entendemos lo que es el guión y su importancia para la creación del filme o producto audio-

1. Trueba, Fernando, Matji, Manolo y Meyjes, Menno, 1989. *El sueño del mono loco*. PLOT.

visual final. John Ford ya dijo que «para hacer una buena película son necesarias tres cosas: un buen guión, un buen guión y un buen guión.»

Lo cierto es que desde las apenas tres cuartillas que utilizaba Griffith para una película de varias horas, al «guión de hierro» de Pudovkin, ha habido y hay prácticas muy diversas en cuanto a los grados de elaboración del guión necesarios para iniciar la producción. Sin embargo, todos coinciden en que el guión es la base para la producción, la mejor concreción del producto a transformar en audiovisual, y la mejor guía para hacerlo. Por ello, cuanto más definido detallado y definitivo sea el guión, más segura, precisa y económica será su producción.

Según Linda Seger,[2] «el guión ha de ser tan bueno como para seguir siéndolo después de pasar por las manos de los ejecutivos y los equipos de desarrollo de las productoras.» Un ejecutivo, en la película ya citada, *El último productor*, sentencia: «este guión es tan bueno que ni siquiera un gran actor podría estropearlo.»

Contra esta idea, indiscutible en los Estados Unidos, se levanta el cine de autor francés que se extiende por Europa. Así lo ve nuestro reconocido director Carlos Saura:[2]

> «Si uno hace solamente lo que le piden, se limita a ilustrar las ideas de los demás, si uno hace lo que quiere hacer se refleja en lo que hace [...] El caso es que la concepción del cine industria, tal cual está, me parece que limita las posibilidades expresivas del director, obligándole a aceptar el papel de intermediario entre la adaptación de una novela de éxito y los deseos de un productor por tener entre sus manos una mercancía rentable. Frente a esta concepción sigo defendiendo mi posición de autor con todas las consecuencias, es decir, que pretendo y quiero que lo que yo hago me pertenezca totalmente. Mi concepción del guión es que sea un material vivo, modificable, que no adquiera su entidad, ni siquiera la de guión literario, hasta que la película esté completamente terminada [...]»

La concepción del cine como arte y/o industria separa al cine estadounidense del europeo y separa también la idea de qué es y cuál es la función del productor, Carlos Saura (*op. cit.*) describe así a los productores:

> «El productor. Es una mala traducción del inglés *producer* ¿Qué hacen esos señores, qué producen? Pues muy sencillo. Se encargan de buscar el dinero para hacer una película y claro, como representantes del capital, tratan de defenderlo a capa y espada. A mí me parece muy bien que un productor de cine quiera hacer una película

2. Seger, Linda, 1991. *Cómo convertir un buen guión en un guión excelente*. RIALP.
3. Saura, Carlos, 1993. *De Saura*. Filmoteca de Andalucía.

determinada y ganar inmediatamente dinero con ella. Supongo que si es inteligente se buscará un director adecuado y el equipo necesario para conseguirlo. Siempre me he llevado bien con mis productores ¿Por qué llevarse mal con ellos? Si uno se lleva mal con una persona es que ha elegido mal el compañero de viaje. Y si ha elegido mal, lo mejor es buscar otro compañero más adecuado.

Yo he tenido suerte con mis productores. Sin ellos no hubiera podido hacer las películas que he hecho y además reconozco públicamente que gran parte de lo meritorio de mis obras se les debe a ellos: A Elías Querejeta, a Emiliano Piedra y ahora a Andrés Vicente Gómez. Ellos me han dado su confianza y su dinero para hacer la película que yo quería hacer ¿Se puede pedir más? Hay una gran diferencia entre los productores que aman el cine y los que solo quieren obtener unos dividendos. Los tres productores españoles que he nombrado aman el cine, lo conocen y quieren hacer buenas películas... además de tratar de ganar dinero.»

Evidentemente, un director como Carlos Saura puede conseguir que un productor europeo le financie, porque también el productor puede conseguir financiación basándose en el prestigio del director, aunque ni siquiera el guión sea definitivo. Esto también sucede en los Estados Unidos, como explica la película *Cazador blanco, corazón negro*[4] en la que un prestigioso director chulea a sus productores. Pero, en cualquier caso, el productor tiene la última palabra. Así, el citado Andrés Vicente Gómez, prescindió del guión que Víctor Erice realizó sobre la novela de Joan Marsé, *El embrujo de Shanghai*, en el que Erice trabajo durante tres años, y se hizo otra adaptación para ser dirigida por Fernando Trueba. La polémica suscitada fue enorme, y muchos criticaron a Andrés Vicente Gómez por no haber permitido a Víctor Erice realizar la película de tres horas que proponía, y en las condiciones que él deseaba.

Todos los productores saben lo que cuesta hacer una película y muchos conocen la frase de Cecil B. DeMille: «La exclusiva complacencia personal en la producción debe venir acompañada por la asunción del riesgo económico personal, que en el caso del cine es enorme.»

Reproducimos, a continuación, las palabras del director Víctor Erice en una entrevista de Mario Campaña sobre los problemas surgidos con el productor Andrés Vicente Gómez respecto a la adaptación al cine de la novela de Juan Marsé *El embrujo de Shanghai*:

4. Historia que narra los avatares que precedieron al rodaje de John Huston de la mítica película *La reina de África*. El director viajó a África con el pretexto de localizar los exteriores. Una vez allí, y para desesperación de los productores, su único y verdadero interés estaba en lograr cazar un elefante.

«-Pero ¿a qué causas específicas se debe atribuir el desenlace de su proyecto basado en el libro de Marsé?

-La historia es larga, y no sé si es ocasión de abordarla. He trabajado en este proyecto más que en ningún otro. Pero las situaciones que me ha tocado vivir, y que no esperaba pudieran producirse, me han empujado finalmente a renunciar al mismo.

-¿Puede contarnos lo que sucedió?

-Hablar de este tema me cansa. Todo empezó cuando el productor, Andrés Vicente Gómez, atendiendo la sugerencia de Juan Marsé, me propuso llevar al cine *El embrujo de Shanghai*. La novela me interesó mucho, ya que existían en ella, además de unos personajes atractivos, una atmósfera y unos temas que me resultaban familiares. A lo largo de tres años he llegado a escribir hasta diez versiones del guión. Las personas que ocasionalmente pudieron leerlo —entre ellas el propio Juan Marsé— manifestaron en todos los casos una impresión favorable, incluso entusiasta. Para la producción, el único motivo de inquietud que esa lectura parecía suscitar era la duración —aproximadamente tres horas— de la historia. Una duración, sin embargo, que no era fruto de la improvisación, sino largamente meditada, acorde con uno de los rasgos capitales del relato de Marsé: el reflejo del paso del tiempo, la huella que dejaba en la vida de sus protagonistas. Como en el mundo existen y seguirán existiendo películas que alcanzan esa longitud y son distribuidas normalmente, pensé que era razonable luchar por sacar adelante el proyecto tal y como había surgido. Comencé a preparar la película en 1998, y entonces aparecieron las verdaderas dificultades. La producción mantuvo en ese período unas pautas —a propósito de los decorados, del rodaje en un auténtico plató, del plan de trabajo— que no se correspondían con las necesidades de la película tal y como había sido concebida, ni tampoco con su ambición inicial de lograr una obra internacionalmente competitiva, al máximo nivel. Una cicatería que contrastaba llamativamente con la imagen espectacular que se tendía a proyectar públicamente.

-¿Qué explicación cabe para esa contradicción?

-No lo sé exactamente. En un primer momento pensé que podía existir un problema de financiación. Todavía hoy sigo sin comprender tantas cosas... Por ejemplo, que no se hizo nada en su momento para contratar en firme a Fernando Fernán Gómez, el actor para quien había escrito uno de los personajes, que lógicamente atendió a otras ofertas profesionales, suscitando así un problema de fechas. A principios de junio de 1998, cuando estaba a dos meses del inicio del rodaje y había que empezar a construir los decorados, me tocó vivir una de las situaciones más duras: de la noche a la mañana, el productor suspendió la preparación. Entre otras cosas, todo el largo trabajo de *casting*, dedicado a la búsqueda de los intérpretes protagonistas —chicos y chicas comprendidos entre los trece y los catorce años de edad, período de la vida donde el paso del tiempo, por pequeño que sea, introduce cambios vertiginosos—, quedó echado a perder. Los motivos que, a modo de explicación de su acto, dio Andrés Vicente Gómez a posteriori eran en su mayoría muy confusos. El caso es que, pasado un tiempo, me comunicó que la película de tres horas era inviable y que debía acortarla. Comprendí que, definitivamente, él no iba a hacer nada por superar esa dificultad. Así que no me quedaban más que dos alternativas: decir adiós o bien modificar el desarrollo del guión. Tratando de salvar al menos una parte de mi trabajo, opté por lo segundo. A finales de diciembre del 98, y a pesar de la pérdida —en mi opinión, importante— que suponía para la historia, acabé una nueva versión del guión, que reducía en cuarenta minutos, aproximadamente, su duración. Sin embargo, para mi sorpresa, esta medida no logró modificar los planteamientos de la producción. En definitiva, lo que prevalecía era la misma notable falta de adecuación entre los medios y los fines. Cansado, acabé tirando la toalla.

-¿Se trató de un desacuerdo acerca de la naturaleza y características que debía tener la película o de un asunto de orden estrictamente presupuestario?

-Es difícil separar ambas cosas. El presupuesto depende del plan de trabajo, y éste, a su vez, del carácter que se quiere dar a la producción. De lo que estoy seguro es de que la modificación última del guión entrañaba una reducción de los costos, que no creo hayan llegado a alcanzar nunca las cifras que públicamente se han barajado. Más bien cabe hablar de una falta de coincidencia en la consideración de la naturaleza de la película, y especialmente en la estimación de las necesidades de mi trabajo. Quiero decir mis necesidades respecto a la realización de la obra, porque yo personalmente no hice ninguna nueva reivindicación acerca de mi salario. Es más, he dedicado tres años a las distintas versiones del guión sin ningún cálculo monetario, renunciando a otras ofertas profesionales, ya que para mí lo más importante era la película. Eso lo sabe bien Juan Marsé.»

La versión de Andrés Vicente Gómez, sobre los problemas con Erice fue publicada por el diario *El Mundo* y es la siguiente:

«A todo esto, Andrés Vicente Gómez opone los argumentos aplastantes de la lógica empresarial: "yo firmé con Víctor un contrato de guionista, por el que ha cobrado más de lo que muchos directores cobran por dirigir una película. Él se comprometió a hacer una película de no más de dos horas; pero al final le salió una de tres con un presupuesto de 250 millones. Hay una compañía y unos accionistas, y yo no estaba autorizado para seguir adelante con ese presupuesto, por muy Víctor Erice que fuera", explica a este periódico.

Gómez asegura que durante dos años buscó financiación para el proyecto: "Busqué capital extranjero, alguna forma de coproducción, pero todo el mundo se echaba atrás cuando veía que hablábamos de tres horas. Hoy en día, es muy complicado colocar un proyecto así en el circuito comercial, salvo que se trate de *Titanic*. El proyecto de Erice no tenía mercado fuera de España".

En cuanto a las acusaciones de "cicatero" por parte de Víctor Erice, el productor se defiende: "Me han llamado muchas cosas, pero cicatero, hasta ahora, no. Lo que no soy es un loco. Tengo 56 años y ya no puedo lanzarme a locuras como éstas. Con los años, uno se hace conservador... y realista. Además, muy cicatero no seré cuando me he gastado en este proyecto, a día de hoy, 70 millones, y le he dedicado muchísimos esfuerzos."»

En los Estados Unidos esa polémica no existiría. El productor norteamericano se reserva el control creativo y no duda en cambiar al guionista o al propio director, como ocurre en la citada película *Cautivos del mal*.

El productor David O. Selznick en la realización de *Lo que el viento se llevó*, despidió a tres directores hasta que el cuarto se adecuó a su encargo.

Con ánimo polémico, podría afirmarse que para los directores europeos una película es una obra artística creada a través de un complicado mecanismo industrial, mientras que para los productores norteamericanos una película es una obra industrial creada con una decisiva colaboración artística.

El filme *Jurassic Park* es un buen ejemplo de evolución del guión. Michael Crichton, autor de la novela, deseaba que se respetase su historia. El libro era codiciado por muchos productores, por lo que su agente, Robert Bookman, de la Creative Artists Associates, ofreció los derechos a un precio fijo de un millón y medio de dólares para que Crichton escogiese al de su mayor confianza.

Se lo dio, finalmente, a Steven Spielberg.

El escritor recibió 500.000 $ para que escribiese el guión literario de la película. Entregó el primer borrador siete meses después. A Spielberg no le gustó y le concedió una segunda oportunidad, pero esta vez haciendo entregas parciales de cuarenta páginas. La primera entrega se hizo al mes siguiente y a Spielberg le gustó. De hecho, comenzó a elaborar *storyboards* y esbozos. En octubre de 1991 contrataron a la guionista Malia Scotch Marmo, que se dedico a dar profundidad a los personajes.

El trabajo de Marmo no convenció a Spielberg y fue sustituida por David Koepp, que partió de cero y rehízo el guión con Spielberg, quien, finalmente, lo envió a Marmo para que lo valorase. Marmo aportó numerosas sugerencias que fueron incorporadas.

Vemos que, a pesar de la intención del escritor, el guión pasó por otros guionistas hasta acertar con la versión que satisfizo al productor.[5] Según las disposiciones de la Writers Guild of America el guionista original tiene derecho a hacer —y cobrar— la primera revisión del guión, de acuerdo con las indicaciones del productor. Si después de la primera revisión, el productor sigue sin estar conforme, puede contratar a otro guionista que continúe el trabajo. Si, debido a sucesivos cambios, la historia se modifica sustancialmente, en los títulos de crédito el guionista original aparecerá como autor de la historia original, mientras que el guión será del autor de la última versión.

El guión dramático describe la historia que mediante el proceso de producción se ha de convertir en el producto audiovisual final. La creación del guión equiva-

5. Blasco, Ángel, 1991. «Prólogo».En Seger, Linda. *Cómo convertir un buen guión en un guión excelente*. RIALP.

le al diseño del producto a conseguir y es una fase absolutamente creativa cuyo resultado debe adecuarse a las expectativas, objetivos y condiciones del productor. La confianza en el producto guión, y su viabilidad, determinarán la decisión sobre la puesta en marcha del proyecto audiovisual.

Entre otras muchas, películas aquí citadas como *Cautivos del mal* (dirigida por Vincente Minnelli y protagonizada por Kirk Douglas), *El último productor* (protagonizada y dirigida por Burt Reynolds), y *El Juego de Hollywood* (de Robert Altman), describen hasta qué punto el productor en los Estados Unidos es, en primera instancia, un conseguidor de guiones: busca, compra, interviene en su elaboración junto a los guionistas y, finalmente, aprueba o no la versión definitiva.

El guión de *Amores perros* (2000) del director mexicano Alejandro González Iñárritu llevó tres años de intenso trabajo hasta lograr que las historias independientes convergiesen en un punto que dotara de unidad al filme. Conseguido esto, solo faltaba producirla.

1.1. Las fuentes del guión

En 1981, Miloš Forman asistió a la puesta en escena de la obra teatral *Amadeus*, en Broadway. Tras presenciar el primer acto, Forman se acercó a Peter Shaffer y emocionado, le dijo: «si el segundo acto es tan bueno como el primero, haré la película.»

Una producción puede surgir de fuentes muy diversas lo que plantea el tema de las ideas y de las posibles crisis de ideas. El guionista francés Michel Audiard ha asegurado que nadie puede hablar de crisis de temas, solamente es preciso ir a una biblioteca.

Un filme o un programa puede nacer de forma insospechada (hay muchos ejemplos tales como los sueños de Buñuel), o de la lectura de diarios, que son una fuente inagotable de temas. La historia recogida en estudios, documentos y crónicas ofrece también una buena cantidad de ideas. Las biografías o fragmentos de la vida de diferentes personas; la reconstrucción de hechos históricos; la literatura; el teatro; el mismo cine en los *remakes* y versiones de obras famosas, etc., y, por descontado, la imaginación del guionista que es la fuente principal de donde se obtienen las ideas.

Decía Carlos Saura:

> «Uno se sorprende al ver cómo por los caminos más insospechados: una imagen, un sueño, un recuerdo, un poema, un cuadro, se puede organizar el andamiaje de una novela, de una obra de teatro o de una película.
>
> El título de *Elisa, vida mía* proviene de un fragmento de una égloga de Garcilaso de la Vega, cuya lectura fue el primer impulso para escribir el guión.»

Todas estas fuentes son la base de infinidad de argumentos y sirven para la elaboración de las diferentes tramas argumentales.

Los guiones pueden ser *originales* o *adaptados*.

Un *guión original* es aquel que se desarrolla sobre una idea salida únicamente de la imaginación del autor o que, aunque haya sido desarrollado sobre una idea de otro, presente un desarrollo original de la trama, escenarios, situaciones y personajes.

El *guión adaptado* se desarrolla a partir de una obra ya realizada. En este caso existen distintos grados de adaptación de obras literarias: el *adaptado* que sigue con la mayor fidelidad posible la obra original; el *basado* en una obra literaria, que mantiene la historia pero reduce situaciones y personajes; el *inspirado* en una determinada obra, que toma como punto de partida una situación, un personaje, una anécdota, y desarrolla una nueva estructura; el *recreado,* donde la fidelidad a la obra es mínima y el guionista trabaja libremente con la trama original efectuando todo tipo de cambios; finalmente, la denominada *adaptación libre* que sigue el hilo de la historia, el tiempo, los personajes y las situaciones creando una nueva estructura, enfatizando determinado elemento dramático de la obra original.

Como puede apreciarse, en la adaptación de obras literarias se producen resultados que pueden llevar a la comparación del producto resultante con la obra original. Conviene distinguir claramente entre obra literaria y obra audiovisual porque se trata, obviamente, de productos con códigos y lenguajes completamente diferentes que no deberían llevarnos a efectuar comparaciones que no tuvieran presente las diferencias expresivas tan radicalmente distintas de uno y otro medio.

Por otro lado, en la industria de la producción audiovisual, los productores suelen mostrar confianza en las obras literarias bien porque hayan demostrado un éxito entre el público lector y también porque, en general, el escritor, realiza un gran esfuerzo de construcción argumental que dota de coherencia interna y estructura a la obra literaria, facilitando su adaptación a las pantallas.

A veces, el guión surge de una idea del productor que encarga el desarrollo de la misma a un guionista, ese es el caso, por ejemplo, de la mítica serie de televisión *Las chicas de oro.*

Las chicas de oro, una de las más reconocidas *sitcoms* de la televisión. Emitida por la NBC entre 1985 y 1992. Trataba de las relaciones entre cuatro mujeres maduras que compartían casa. La serie obtuvo multitud de premios, entre ellos dos Emmy a la mejor comedia (en 1986 y en 1987).

La idea se le ocurrió a un ejecutivo de la NBC al ir a visitar a una anciana tía suya. La experta guionista de comedia Susan Harris, fue la encargarla del desarrollo y escribió la comedia de situación sobre cuatro mujeres mayores y solas: Sofía, Blanche y Rose, viudas, y Dorothy, divorciada.

En cine también es común que los productores encarguen un guión a partir de una idea propia y, en el caso español, los directores buscan o escriben historias para que sean desarrolladas por un guionista. Así surgió por ejemplo *El verdugo* (1963) del que Luis García–Berlanga y el genial guionista Rafael Azcona tenían escrita una historia de trece páginas y que se convirtió en el extraordinario guión de esta mítica película del cine español.

La idea para esta película está basada en un caso real, en concreto en el ajusticiamiento de la Envenenadora de Valencia, última mujer ajusticiada en España (mayo de 1959). El verdugo se derrumbó personalmente en el momento de la ejecución. Esa imagen fue la anécdota sobre la que se construiría el guión.

Cuenta el empresario cinematográfico Enrique Blanco que Berlanga no tenía mucha fe en que la idea fuese aceptada por un productor.

Parece ser que todo comenzó en un encuentro casual que Blanco tuvo con Berlanga en el vestíbulo del hotel Victoria Eugenia de San Sebastián. En ese encuentro le preguntó si tenía algún guión o alguna historia aparte de *La vaquilla*, película que realizó años más tarde, y Berlanga le enseño las trece páginas citadas diciéndole «imagino que cuando las leas no te va a gustar.»

Enrique Blanco habló con Nazario Belmar de NAGA FILMS al que no convencía la historia, pero que al final aceptó producirla, por la insistencia de Enrique y el prestigio de Berlanga y Azcona.

En la creación de historias para el cine la constante búsqueda de novelas y obras teatrales para su adaptación ha sido y es una práctica habitual.

Las amistades peligrosas, película estadounidense del año 1988, basada en la novela epistolar del mismo nombre, del francés Choderlos de Laclos, dirigida por Stephen Frears y protagonizada por Glenn Close, y el filme *Valmont* (1989), dirigido por Miloš Forman y protagonizado por Colin Firth, son fruto de la misma novela original.

Amadeus (1984) surge de la adaptación de una obra teatral de Peter Shaffer, estrenada en Londres. Tanto Peter Shaffer como el director Miloš Forman trabajaron conjuntamente durante cuatro meses en 1982, redactando el guión, aunque en los créditos finales solo aparece Shaffer.

El libreto teatral no contiene música y Salieri habla a Dios y no a un sacerdote.

Miloš Forman sugirió a Shaffer mostrar escenas completas de las óperas y música de Mozart, no solo como ambientación o acompañamiento musical, sino como bloques musicales que alcanzaron enorme protagonismo y se integraron definitivamente en la propia trama, de forma impresionante y tremendamente dramática, como en el caso de «El Réquiem», que guía todo el tercer acto de la película llevando a Mozart a la muerte. Como es común en los Estados Unidos, muchas escenas ya rodadas fueron suprimidas por el productor en la versión definitiva.

Por poner un ejemplo español de adaptación teatral señalamos el caso de *Las bicicletas son para el verano*, obra teatral de Fernando Fernán Gómez, de la que el productor, Alfredo Matas, se apresuró a adquirir los derechos de adaptación audiovisual, para inmediatamente proceder a su producción sin contar con nada más que con la historia.

El caso de Matas es ejemplar por su actuación como auténtico promotor y productor, contratando al protagonista de la obra teatral, Agustín González, cuya esposa era la protagonista en la obra y que no fue seleccionada para el filme. El productor pidió consejo a Agustín para proponer director. Agustín propuso a Fernán Gómez, pero este no quiso, y Matas contrató a Jaime Chávarri. En este caso, el productor ejerció su potestad eligiendo el equipo que consideró conveniente, indicando incluso el personal artístico a contratar, y desechando a todos los actores de la obra excepto a Agustín.

Andrés Vicente Gómez, uno de los productores españoles más relevantes opinaba así sobre el papel del novelista en la adaptación de su novela al cine: «siempre digo que no quiero conocer al autor de la novela, igual que cuando conozco a una chica no quiero conocer a su padre, por mucho que él la haya engendrado.» No obstante, en algún caso aceptó de buen grado la colaboración del novelista, como en el guión de *Son de mar* (2000).

Son de mar está basada en un éxito de ventas del escritor Manuel Vicent que superó los 100.000 ejemplares y que obtuvo el premio Alfaguara.

Bigas Luna, el director del filme, también intervino en el guión, junto con el prestigioso Rafael Azcona. Según Bigas Luna, Vicent aportó su recreación poética y la parte sensual de la cultura española, y Rafael Azcona dio una visión de la realidad magnífica, irónica y dura al mismo tiempo.

Novelas clásicas y modernas han tenido con frecuencia adaptaciones al cine. *La guerra de papá, Los santos inocentes, La noche más larga, Beltenebros, Cómo ser mujer y no morir en el intento, El rey pasmado, El maestro de esgrima, ¡Ay Carmela!*, junto a muchas otras, son adaptaciones españolas de principios de los noventa del pasado siglo.

Por último las mismas películas son fuente de nuevas versiones, como por ejemplo *El padre de la novia*, película de 1950 dirigida por Vincente Minnelli y protagonizada por Spencer Tracy y Elizabeth Taylor. Posteriormente, en 1991, se filmó un remake con Steve Martin en el papel que originalmente interpretara Spencer Tracy, del que se filmó incluso una segunda parte.

El cabo del miedo es una película estadounidense de 1991, de suspense, dirigida por Martin Scorsese, con Robert De Niro, Nick Nolte, Jessica Lange, Juliette Lewis, Joe Don Baker, Robert Mitchum y Gregory Peck en los papeles principales. Es un remake del filme homónimo de 1962.

Finalmente, no debemos olvidar al cómic como fuente de gran cantidad de películas cinematográficas, desde los primitivos personajes animados a los actuales superhéroes interpretados por actores de carne y hueso que inundan las pantallas con gran éxito: *La Masa, Superman, Spiderman, Batman, Los cuatro fantásticos, Iron man*, etc.

George Lucas, James Cameron, Sam Raimi o Paul Verhoeven deben al cómic la inspiración para crear obras maestras como *Star Wars* (1977), *Terminator* (1984), *Darkman* (1990) o *Robocop* (1987).

El comic, cuyo nacimiento es unos años anterior al cine dio origen a multitud de películas de animación, R.F. Outcault creó *Yellow Kid* (1895), considerado el primer comic moderno por la inclusión de textos de dialogo. Winsor McCay con su *Dreams of a Rarebit Fiend* (1904-1907), firmado como *Silas*, se adelantó con sus viñetas a las técnicas de representación cinematográfica en más de veinte años. Creó para el cine en sus inicios *Gertie, el dinosaurio* (1914).

A lo largo de la historia los comics han nutrido de personajes al cine y el cine a los comics, de modo especial en el campo del dibujo animado, permaneciendo estos en ambos medios.

Walt Disney encontró en los cuentos populares una fuente inagotable para adaptarlos a películas de animación. En 1937, estrenaría el primer largometraje de animación, *Blancanieves y los siete enanitos*. Le siguen, *Pinocho* (1940), *La Cenicienta* (1950), *Alicia en el país de las maravillas* (1951), *Peter Pan* (1953) y *La Bella durmiente* (1959), entre otras.

La Bella y la Bestia es un magnífico ejemplo de adaptación, y desarrollo a partir de un cuento brevísimo de menos de tres páginas.

Las adaptaciones de cómic y cuentos se han hecho también con personajes reales y en todo tipo de géneros y estilos. *Alicia en el país de las maravillas* y *Peter Pan* son dos buenos ejemplos. Pero es un hecho que aún hoy las películas de animación alcanzan presupuestos record y han favorecido el actual éxito del 3D, que ha aportado espectacularidad al cine y ha dado un gran impulso a la proyección en salas de cine.

La animación es desde los inicios del cine hasta hoy, con la aplicación de las más modernas tecnologías, uno de los bastiones de la industria audiovisual integrándose cada vez con más fuerza y mayor presencia en todos los media: cine, televisión, multimedia, videojuegos, etc.

1.2. Novela y cine

Alfonso Sánchez, el crítico de cine más popular que ha tenido la televisión en España, siendo, por su peculiar voz, con Félix Rodríguez de la Fuente, uno de los personajes más imitados por los humoristas, afirmó que «un buen guión era cualquier buena novela» y puso como modelo *El Quijote*.

Lo cierto es que una buena novela puede llegar a ser un buen guión solo si el proceso de adaptación a guión cinematográfico es acertado

La considerada primera película de ficción *El regador regado* de los hermanos Lumière, fue la adaptación de un cómic alemán de Herman Vogel.

Gran parte de las películas que conocemos están basadas en obras que no fueron pensadas para el cine, desde los cuentos populares que han nutrido la fabulosa fábrica Disney, las obras de teatro clásico y moderno (Broadway fue la cantera de gran parte de la producción de Hollywood), las novelas (principal fuente de guiones), crónicas periodísticas e incluso las óperas han sido y son adaptadas para el cine.

En todos los casos, ya sea la fuente una obra de teatro, una novela, un relato breve, una crónica o, en el caso extremo, una obra de pensamiento o ensayo, se trata de lenguajes diferentes que, a pesar de las apariencias, no son fácilmente trasladables a guiones audiovisuales.

El guión original, creado desde el principio con el objeto de plasmarse en la pantalla, tiene su propio lenguaje, y se ajusta a unas reglas aprendidas en la práctica que han mostrado su eficacia. Sin embargo, no hay que olvidar que la narrativa audiovisual desde sus comienzos es una adaptación y una aplicación de la dramaturgia teatral y la narrativa literaria, lo que hace que compartan elementos esenciales. En todos los casos, la acción se desarrolla temporalmente. Todos ellos tratan de historias humanas con contenido dramático. Bajo esas historias subyace un tema o tesis (una idea central que el autor desea transmitir). Pero a partir de ahí las diferencias son notables y casi siempre es necesario modificar la historia sensiblemente para que funcione en la pantalla.

El cine es un arte de la condensación, la recepción del mensaje es temporal, y es continuo, va de principio a fin, de una sola vez, mientras que la literatura es espacial, se suele leer a ratos, por partes, volver sobre la página ya leída. Mientras se lee, se adecua el ritmo a uno mismo, se reflexiona, e incluso hay quien toma notas al margen. El cine es vivencia en sincronía con el discurrir de la acción, acción que más que narrada, es presentada mediante situaciones en presente.

Aparte de esto, las novelas, incluso las más semejantes al guión cinematográfico, en comparación con el cine suelen ser:

a) Demasiado largas.
b) Contienen numerosas subtramas y temas diversos.
c) Tienen demasiados personajes.
d) Hay numerosas descripciones.
e) Pueden tener más pensamientos y explicaciones que acciones.
f) Interrumpen constantemente la acción dramática (se recrean excesivamente en personajes y ambientes).

En la proyección cinematográfica no queda demasiado lugar para la descripción y las explicaciones. Naturalmente, nos referimos a las películas de acción dramática en las que se desarrolla una historia en su discurrir espacio-temporal.

En la película, la explicación queda limitada a la que los personajes puedan darse entre sí y, de paso, al espectador, mediante el diálogo, la voz en off o el narrador, pero en todos los casos debe ser limitada e integrada en el discurrir del relato de modo que no interrumpa el ritmo ni se desvíe de la línea de acción. Por su parte, la descripción, que en un libro puede ocupar las páginas que el autor crea conveniente, en la pantalla se resumirá en unas imágenes de duración limitada, que ni siquiera serán el foco de atención sino que, a lo más, contribuirán a crear el decorado y la ambientación del escenario de la acción, auténtico punto focal.

La incomprensión de estos hechos, por lo demás evidentes y fácilmente experimentables, ha hecho que en la adaptación de las grandes obras literarias se valorase ante todo y sobre todo su fidelidad al texto, y cuanto más se respetaba el original mejor era considerada la adaptación.

El resultado era en el mejor de los casos una superproducción larguísima y costosa que finalmente no era sino una ilustración de la novela en forma mucho más literaria que cinematográfica.

Una novela no es un guión (un novelista no es un guionista). Actualmente el cine ha perdido los complejos y la literatura está encontrando su lugar en su larga relación con el cine.

Son muchos los escritores (especialmente en los Estados Unidos) que escriben sus historias pensando en la adaptación para el cine, y estos escritores son perfectamente conscientes de que una vez que un productor les compra los derechos, la obra pasa a ser del productor, y que ese productor hará lo que convenga para convertir el libro en una película de éxito, sin importarle lo más mínimo la fidelidad al texto.

También son conscientes de que si ellos no son capaces de hacer una adaptación a gusto del productor, esa adaptación la harán guionistas especializados o incluso el propio productor.

En Europa, con una tradición cultural y literaria más antigua que la de los americanos, lo habitual es que el novelista escribe su novela, que es lo suyo, sin la menor atención al referente cinematográfico.

Esto parece lo más correcto, la literatura es la literatura, y si el novelista quisiera hacer una película debería escribir un guión en lugar de sacrificar una novela para hacer posible su adaptación a guión. Pero lo cierto es que esa novela se acaba adaptando a guión sin que el autor sepa lo que eso significa y, lo que es peor, sin que lo sepa el productor, quien en España, casi siempre encarga la elaboración del guión al autor de la novela.

Por muy buena voluntad que el escritor de la novela ponga para adaptarla al cine, siempre predominará el novelista sobre el guionista.

Es sabido que pocas veces un novelista se muestra satisfecho con el modo en que su obra queda en pantalla, como también es conocida la decepción de los lectores cuando ven en pantalla lo que han leído.

Ello no significa que la película sea mala, ni que la novela sea mejor, precisamente ellos, el novelista y sus lectores, son los menos capacitados para valorar objetivamente la obra cinematográfica.

Películas de enorme éxito han sido criticadas por los autores de la novela. ¡Qué se le va a hacer! Lo cierto es que sin necesidad de esa publicidad negativa para el filme, las ventas de la novela suelen aumentar considerablemente gracias a la proyección de la película.

Esperamos haber argumentado ya suficientemente que hay que dar a la novela lo que es de la novela y al cine lo que es del cine. Por tanto, ahora nos quedan por abordar dos cuestiones primordiales: ¿cómo saber si un texto o una obra que nos atraen tienen posibilidades de adaptarse al lenguaje audiovisual? Y ¿qué técnicas o reglas conviene seguir en la adaptación?

1.3. Del material literario al drama fílmico

De lo dicho anteriormente se deduce que el adaptador debe ser un guionista y que el resultado será tanto más cinematográfico cuanto mayor libertad tenga el adaptador para modificar el material. Esta modificación es siempre necesaria y en todos los casos habrá que:

1) Condensar y/o ampliar.
2) Hacerlo accesible (transformar la novela en una sola historia bien contada).
3) Aprovechar lo aprovechable para crear un guión y desechar todo lo demás.
4) Traducirlo todo a escenario, situación, acción y diálogo.

Esto resulta más o menos complicado según sea el material de base. Este material será mejor cuanto más se parezca a un guión o cuando contenga de forma explícita o implícita:

- Una idea dramática (historia de acción con interés humano) que pueda constituir la trama principal.
- Un conflicto fuerte entre al menos dos personajes.
- Una línea dramática ascendente.
- Una idea temática (enseñanza o tesis) ligada a la idea dramática.
- Unos personajes atractivos.
- Una historia lineal que lleve a un clímax claro (punto de máxima tensión en que el desenlace es inminente).
- Un desarrollo en un corto período de tiempo.
- Una intriga y final coherentes y sorprendentes.
- Una buena expresión mediante imágenes.

Si así fuese, la adaptación sería muy sencilla, pero en la práctica todo esto hay que construirlo modificando la novela de origen.

2. El guión de adaptación

2.1. Aunque duela, hay que cortar

Cuenta Linda Seger que le fue imposible adaptar la vida de un músico famoso para el cine debido a la intervención en el guión del propio músico. Cuando ella encontró, entre algunos pasajes significativos de la vida del músico, una historia apta para el cine, el músico, decepcionado, reclamó que se incluyesen todos los demás hechos importantes, desde su dura infancia hasta sus cambios de grupo musical. Naturalmente la película no se llegó a hacer.

A los novelistas les ocurre lo mismo. Les cuesta mucho renunciar a personajes e historias que funcionan en la novela y todavía se les hace más difícil entender que una subtrama, para ellos poco importante, pueda convertirse en la trama principal del guión.

Sin embargo la realidad es esa. La novela es solo una base para la creación de un guión. En ocasiones, aporta casi todo, la estructura de los personajes y la acción, pero, otras veces, apenas aporta un tema, una idea dramática o un estilo.

Ante un material de base (novela, cuento, teatro, incluso ensayo), es necesario tomar en consideración los pasos siguientes:

- Identificar los temas.
- Extraer la historia.
- Construir los personajes.
- Definir el estilo, clima y tono.

Identificar los temas

El tema o tesis es aquello de lo que realmente trata la película. La película no tiene por qué tratar solo de una persona que lucha por conseguir un objetivo. Puede tratar de los celos, de la venganza, de la amistad, del amor, por ejemplo, y lo hace de forma descriptiva o prescriptiva.

El tema de *Luna nueva* y *Primera plana* es la falta de escrúpulos de los periodistas. El tema de *El Tartufo* de Molière, es la hipocresía. El tema de *Fuenteovejuna* de Lope de Vega, es la defensa del «honor» villano, entre otros.

Casi todas las películas tienen un tema principal claro, al que se supeditan todas las tramas. Sin embargo, la novela suele tratar varios temas al mismo tiempo. Deben identificarse y tomar en consideración los que se expresan o pueden expresarse mediante tramas o historias.

Se debe seleccionar el tema principal y seleccionar todas las subtramas que se relacionan con él.

Más adelante, cuando hayamos decidido cuál será la trama principal, se ha de estudiar el modo en que estas subtramas se integran o pueden integrarse dando volumen a los personajes, transmitiendo el tema y haciendo avanzar la acción de la trama principal.

Extraer la historia

De entre todas las tramas implícitas y explícitas de la novela, se debe extraer aquella que pueda llevar la acción, la trama principal que desarrolle la idea dramática de la historia. Ahora bien:

- La mayoría de las novelas no tienen un hilo argumental claro, o al menos no tienen solo uno.
- Para encontrar la trama principal que dé dirección a la historia se deben analizar todas las historias que desarrolla el texto, tratándolas como historias independientes.

En cada una de estas historias hay que observar si cumple las condiciones para desarrollar el drama, por ejemplo:

- ¿Los personajes tienen motivación y meta, tienen un problema o entran en grave conflicto para conseguir su meta? ¿Evolucionan en el proceso?
- ¿La historia se estructura en tres actos?
- ¿Los puntos de inflexión, la crisis y el clímax tienen el clima dramático adecuado?

Una vez valorada la trama principal o dramática, es necesario comprobar que existen elementos para dar dimensión y profundidad a los personajes y para transmitir la idea temática. Para ello se analizan y seleccionan las demás tramas en su relación con la principal.

De las tramas analizadas se seleccionarán como subtramas aquellas que dando mayor relieve a los personajes principales, y transmitiendo la idea temática, tengan estructura dramática completa e incidan sobre la trama principal, haciéndola avanzar.

Construir los personajes

Para ello deben seguirse los siguientes pasos:

- En la trama seleccionada se debe encontrar el personaje principal, que no siempre coincide con el principal de la novela, y se le debe dotar con todas las características que requiera su nuevo papel protagonista.
- Hemos de identificar el conflicto de la historia principal, que debe ser el conflicto del protagonista y, si es preciso, acrecentarlo.
- Definir las funciones que precisa el buen desarrollo de nuestra historia (ayudantes u oponentes del protagonista) y, de entre los personajes de la novela, seleccionar los necesarios: los que conducen la historia, los que dan dimensión al personaje principal y crean subtramas, por ejemplo.
- Al seleccionar personajes se debe pensar en su función en la historia, concentrando, si es preciso, en un solo personaje, funciones que en la novela se reparten entre más de uno.
- En cualquier buena película podemos encontrar ejemplos de concentración de funciones. Así, la antigua novia del protagonista puede ser su confidente (a quien él manifiesta sus pensamientos y deseos más íntimos) y, al tiempo, puede ser un personaje de contraste con el protagonista.
- En otros casos, es preciso crear un personaje para una función o cambiar uno ya existente. Lo que importa es hacerlo en función de las necesidades del guión, y no en función de su atractivo en la novela.

Definir el estilo, el clima y el tono

Ante la lectura de cualquier texto narrativo, el adaptador debe hacerse las siguientes preguntas:

- ¿El estilo es realista, o cómico, o fantástico, o es propio de una comedia negra, o es el de un filme de terror, o...?
- ¿El clima (ambiente) de la historia es romántico, tenso, divertido?
- ¿El tono es serio, trascendente, desenfadado, cínico, sarcástico?

Estos elementos condicionan la dirección artística, la actuación y los diálogos. El estilo, clima y tono deben ser evidentes desde el principio. El público debe ser cómplice. No hay nada peor que equivocarse de forma que el público tome en serio lo que se ha hecho pensando en que se lo tome en broma, o a la inversa.

2.2. Adaptación y creación

Toda buena adaptación suele ser una auténtica creación, el guionista adaptador selecciona, compone, añade, modifica y, más que dar nueva forma al material, en ocasiones, crea un material nuevo. Para que se comprenda el papel activo y creador del adaptador nos remitimos a una adaptación realizada para un auténtico mito, Verdi.

Por poco que se conozca de ópera, todo el mundo conoce a Verdi y su ópera *Il Trovatore* basada en la obra de teatro *El Trovador* del español Antonio García Gutiérrez.

Pues bien, esta obra sufrió una adaptación profunda para convertirse en libreto, no solamente fue resumida, sino que fue recreada para adaptarse a los deseos de Verdi que dirigió de cerca a su libretista Cammarano.

Verdi, en una carta dirigida a Cammarano establece en detalle cómo quiere que sea la historia, dando un gran papel a Leonora e impidiendo que enloquezca al final, y acaba su carta con una amenaza velada de abandonar el proyecto si no se ajusta a sus exigencias:

«Espero que perdones mis imprudentes palabras... si no te gusta, es tu obra. Tenemos todavía tiempo de cambiar de idea antes de trabajar en algo que no nos gusta.»

Cammarano se plegó a sus deseos y Verdi compuso una de sus obras más populares.

Si esto ocurre en la adaptación de una obra de teatro a ópera ¿qué no podrá suceder en la adaptación a cine, donde la historia se libera del proscenio teatral?

Incluso el *remake* de cine a cine, solo se justifica si aporta actualización y originalidad.

Es interesante comparar las diferentes versiones de *Luna nueva*, *Primera plana* e *Interferencias*, las tres películas realizadas sobre la misma obra de base, así como la versión antigua y la actual de las ya citadas *El padre de la novia* y *El cabo del miedo*.

También conviene advertir en este punto, que las modificaciones deben hacerse para conseguir las características deseables de un guión, y por personas con amplios conocimientos del arte y la técnica del guión.

Decimos esto porque se han cometido auténticas masacres de buenos guiones por productores y directores «geniales» cuyas modificaciones, en lugar de favorecer la construcción correcta del guión, lo han desprovisto de sus mejores elementos.

Recordemos que «no basta que el guión sea bueno, ha de ser buenísimo para que después de pasar por los arreglos de productores y directores aún conserve su esencia.»

3. El guión argumental: base de todos los guiones

Si bien existe una enorme diversidad de guiones, existe un elemento de unidad que viene dado por la utilización universal de los principios del guión dramático, aplicados en mayor o menor medida en todo tipo de guiones, desde la película de ficción a la entrevista realizada a un famoso en la televisión.

En variadas ocasiones hemos impartido cursos de guión dirigidos a determinados colectivos de profesionales y a estudiantes. Siempre hemos explicado la estructura y funcionamiento del guión de ficción clásico, aunque en algún caso hemos tenido que adaptarnos y adecuarnos a las necesidades específicas de los guiones de informativos no diarios, también a la redacción de guiones para vídeos didácticos, a producciones de imagen corporativa, a relatos de animación, y a la redacción de guiones para cortometrajes de ficción.

Si bien durante estos cursos la práctica totalidad de los alumnos se percata de que la estructura del guión dramático no solo es útil para comprender las demás, sino que es la base sobre la que se asientan todos los casos particulares, lo cierto es que, al principio, hay que vencer una cierta resistencia pues algunos estudiantes creen, ingenuamente, que los recursos dramáticos son exclusivos de la ficción, y que los productos no dramáticos y no de ficción, son otra cosa totalmente diferente y sin ningún punto de contacto con los productos dramáticos.

Sostenemos, en línea con las escuelas y centros de enseñanza de prestigio y tradición, que todo guionista, independientemente de cuál sea su campo de especialidad, ha de estudiar y conocer en profundidad el guión dramático porque en él se contienen todos los conocimientos necesarios para el desarrollo eficaz de cualquier narración o discurso audiovisual. De igual modo, el productor que ha de valorar y, en su caso, adquirir el guión, debe considerar esta cuestión, independientemente de que valore él mismo o delegue en ejecutivos, asesores o consultores.

3.1. Diversidad del guión

Si se consulta la bibliografía actual sobre guiones, aunque la mayor parte versa sobre el guión dramático de cine, o sobre la guionización de diversos géneros televisivos, podemos encontrar escritos específicos sobre guión argumental, documental, didáctico, informativo, variedades, multimedia, etc.

Todas estas variantes utilizan guiones, ya que todos son escritos que guían y prevén el resultado final que ha de aparecer en pantalla.

En todos los casos el guión es necesario para establecer a priori aquello que deseamos obtener y para organizar y planificar el modo de producirlo.

Incluso el reportaje de una boda debe tener su guión a medida, aunque generalmente no ocurra así. Si bien la ceremonia de una boda es un acontecimiento conocido y de estructura repetitiva, una misma boda no se repite, se hacen otras. Cada pareja de novios son dos nuevos protagonistas, únicos, con su propia personalidad. Por ello, es preciso guionizar y planificar el tratamiento de la ceremonia con antelación para poder captar el acontecimiento y montarlo del mejor modo posible.

El guión es necesario siempre, aunque, en ocasiones, se puede hacer a posteriori, como en el caso de un documental fabricado a base de analizar un conjunto de material de archivo.

El guión y la profesión del guionista abarcan una enorme diversidad de opciones. Podríamos hablar, entre otros, de:

– *Guión argumental*. Es aquel en que se cuenta una historia. Se trata de un guión narrativo de carácter dramático en el que un personaje se ve envuelto en un conflicto en su lucha por alcanzar una meta.

  El guión argumental suele ser de *ficción dramática* aunque puede estar basado en personas y hechos reales. También puede ser del tipo *docudrama,* es decir, la recreación dramática de unos hechos reales por sus propios protagonistas.

– *Documental*. Describe un estado de cosas de carácter permanente, modos de vida, comportamientos de los animales, aspectos científicos, históricos, culturales, etc. Documenta un tema no ligado a una actualidad efímera.

– *El reportaje*. Se diferencia del documental en que recoge unos hechos que suceden en un momento histórico y no se repiten. Se recogen las circunstancias de un suceso o una situación concreta desarrollando y profundizando en aquello que es noticia o actualidad en un sentido más amplio. El material del reportaje puede pasar a formar parte de un documental siempre que se integre en un tema más amplio que lo incluya. Por ejemplo, un documental sobre unas inundaciones, podría incluirá el material de las noticias y parte de reportajes realizados con ocasión de otras inundaciones anteriores.
– *Didáctico*. Un programa didáctico tiene como finalidad conseguir unos objetivos educativos, es decir, ofrecer conocimientos, mejorar actitudes o propiciar el desarrollo de habilidades, previamente definidos.

Todos estos diferentes tipos de guiones, coinciden en el uso de técnicas habituales en una de sus categorías: el guión dramático de ficción.

Aunque todos tienen importantísimos elementos diferenciales, también es cierto que todos coinciden con el guión dramático en:

1. El establecimiento de la *idea temática* prescriptiva o descriptiva. La idea temática, el tema a desarrollar y la tesis o conclusiones de la historia está presente de manera explícita o implícita en todos los guiones.
   La realización de un reportaje puede obedecer a una *idea prescriptiva*, es decir a una toma de postura del guionista que presenta el lado positivo o negativo de unos hechos.
   La realización de un documental, por su propia naturaleza, habría de tender más hacia una *idea descriptiva*, es decir a la presentación objetiva de los hechos desde todos los puntos de vista.
   En la realidad, incluso las ideas temáticas descriptivas suelen esconder una idea prescriptiva de fondo, una parcialidad u objetivos ocultos bajo una aparente neutralidad.
2. El aprovechamiento de las ventajas de la *estructura dramática*. Los documentales en cierta medida, los reportajes con mayor claridad, e incluso las noticias, también se organizan, en muchos casos, con una estructura dramática basada en planteamiento, desarrollo y desenlace, llevando al espectador a momentos de expectativa, de deseo de resolución (clímax) según la técnica establecida en la estructura del guión argumental.
   Algunos responsables del programa de televisión americano FRONTLINE, especializado en periodismo de investigación, declaraban en relación al tra-

tamiento de temas tales como la crisis política en América Central, la situación social en la antigua Unión Soviética, o la explotación económica de la Amazonia: «el momento más creativo es cuando, dentro de estos márgenes, encontramos la historia adecuada para explicar el tema [...] Un enfoque singular y una buena historia con un principio, un desarrollo y un final.»
Entendemos que les preocupa la *idea dramática* o *esquema argumental* que vehicule la idea temática, exactamente igual que cuando nos planteamos un guión dramático de ficción. De hecho, si a un documento le añadimos la ficción dramática, podremos disponer de un argumento para una película comercial.
El proceso, en ambos casos, es el mismo:
– Qué se quiere decir (idea temática).
– Con qué historia (idea dramática).
Incluso un guión didáctico, aparte de poder incluir secuencias dramatizadas, se organiza en planteamiento o presentación del tema o problema a desarrollar, desarrollo del tema y, finalmente, solución o conclusiones. Y emplea, a sabiendas o no, recursos para despertar el interés, mantenerlo, crear expectativa, llevar al máximo el deseo de conocer la resolución y, por fin, relajar la tensión con la conclusión.
En muchos casos, la redacción periodística ha adoptado esta estructura. Cita Kienz[6] un artículo de FRCE-DIM que explica como una mujer consigue casarse con un sacerdote luchando contra los problemas del estado sacerdotal de este y la oposición del obispo.
Kienz analiza la estructura del artículo y muestra que es exactamente igual a la de una película que contase la misma historia.
La explicación está en que es esta estructura la que mejor hace aflorar las emociones del espectador.
Y esto nos lleva al siguiente punto.

3. *El personaje.* Incluso en los documentales sobre animales, se selecciona e individualiza a quien será nuestro protagonista. El tema se ejemplifica con un individuo concreto y ejemplar, y en muchos casos se le dota de características humanas. Félix Rodríguez de la Fuente convirtió a una manada de lobos en una ejemplar familia con madres amantísimas y ejemplares en el cuidado, mimo y educación de sus hijos.

6. Kienz, Albert, 1974. *Para analizar los mass media. El análisis de contenido.* Fernando Torres.

El célebre investigador marino Jacques–Yves Cousteau convirtió a un salmón que saltó del agua para intentar salvar a otro que estaba fuera en un héroe masculino de aventuras que arriesga su vida para salvar a la heroína en peligro. La verdad es que, científicamente, este modo de proceder tiene poca base y ha sido muy criticado, pero emocionalmente funciona, y no podemos olvidar que vivimos cada vez más en una sociedad del espectáculo, en esa cultura mosaico que denominaba Abraham Moles en la que, a la hora de comer, vemos las noticias, el fútbol y el programa de sobremesa mezclando realidad y ficción, las escenas más atroces junto con el pronóstico del tiempo y los goles de nuestro equipo de fútbol favorito.

Los productores americanos de informativos no diarios como "60 minutos" lo declaran explícitamente: «No me interesa el tema del medio ambiente. Me interesa alguien que esté trabajando sobre el medio ambiente. Para mi Noé será siempre más interesante que el tema del control de las inundaciones [...] Nosotros no cubrimos temas, explicamos historias, con personajes que encarnan la historia con conflicto (tensión dramática) y línea argumental con principio, desarrollo y desenlace.»

En conclusión, podemos afirmar que la estructura dramática del filme, aplicable a cualquier programa o producto, es el resultado de la experimentación narrativa para conseguir la participación emocional del receptor. Esta estructura dramática se ha depurado de tal modo que bien aplicada puede conseguir la vivencia de los espectadores, sobreponiéndose incluso al proceso de reflexión (al menos durante la proyección), y llegando, de forma directa, a la sensibilidad y la emoción haciéndonos vivir los relatos con gran intensidad.

Esta característica es aprovechada en los productos no dramáticos que buscan la información e incluso la reflexión pero que, con la aplicación de los recursos que en principio eran exclusivos de la producción dramática, consiguen sus objetivos, convirtiendo el producto en dinámico, atractivo, interesante y, en la medida de lo posible, emocionante.

Lo cierto es que los productos que mejor resultado obtienen integran esta estructura como propia y natural, mientras que en los casos en que se ve añadida o forzada viene a ser como el azúcar puesto en la medicina del niño: el resultado sigue siendo un asco.

4. El guión multimedia

Cualquier objeto o sistema que emplea diferentes medios de expresión para presentar o comunicar información es, por definición, *multimedia*. Puede haber medios diferentes como imágenes fijas y móviles, texto, animación, sonido en todas sus manifestaciones, etc. Esta integración de medios se consigue mediante aplicaciones informáticas.

Para Emilio Sáez[7] «el potencial de utilidades de productos multimedia es tan enorme que las posibilidades de articular el diseño de los mismos se hace ilimitado. En este sentido las particularidades del diseño será necesario contrastarlas de forma recurrente con el cliente final para adecuar tanto el continente como el contenido al objetivo de uso final del mismo. Por otra parte, de esa misma variedad se difiere la posibilidad de que se puedan construir artefactos multimedia con combinaciones distintas tanto del tipo de información y su formato, como de la relación y acceso a las mismas. Por ejemplo, a un conjunto de imágenes, podemos acceder por menús ordenados, enlaces hipertextuales ubicados en un texto de referencia, a través de una base de datos, en una secuencia controlada o no, en elementos diseñados *ad hoc* como un puzle o diversos tipos de juegos, etc. Cada tipo de complejo informativo necesitará un planteamiento específico para el formato de presentación de su información, así como el establecimiento de las secuencias adecuadas para la aparición de la misma.»

Uno de los aspectos que caracterizan a las aplicaciones multimedia es la *interactividad* entre el programa y el usuario, de una manera directa, rápida e intuitiva. El programa debe permitir que el usuario navegue de una manera sencilla por sus distintas partes y pantallas. Generalmente, aparece un menú principal del que arrancan las demás pantallas. En el menú principal se suelen mostrar las diferentes opciones (en forma de menús, botones u objetos) que tras hacer *clic* con el ratón sobre los mismos, nos ofrecen nuevas pantallas. Estas nuevas pantallas que van apareciendo muestran a su vez nuevas posibilidades, con lo que al final tenemos una especie de árbol que crece según descendemos por sus nodos.[8]

El concepto de *hipermedia* (navegación entre medios) nos lleva a la consideración de una forma especial de multimedia interactiva con estructuras de

7. Sáez Soro, Emilio, 2008. «Producción multimedia e hipermedia». En: Marzal, J. y López, F. (coord.) *Teoría y técnica de la producción audiovisual*. Tirant lo Blanch. Cap. 11.

8. Martín, Nacho B., 1998. *Guía visual de multimedia*. Anaya Multimedia, S.A.

navegación más complejas que multiplican el control del usuario sobre el flujo de la información, así como un aumento en las posibilidades de distribución y proyección social de los productos.

Un *guión multimedia* es un documento que estructura todas las pantallas de una aplicación informática multimedia diseñada para ejecutarse en una plataforma web, en un teléfono móvil o localmente, en un ordenador.

Su formato está basado en imágenes, de forma similar a un *storyboard* cinematográfico, pero sumando a estas pantallas la descripción de los elementos sensibles a la interacción del usuario y su comportamiento. También se explica el comportamiento de los elementos que no dependen del usuario para activarse, tales como animaciones o sonidos que se cargan al cargarse la página, entre otras posibilidades.

El guión multimedia explica cómo se combinan en cada pantalla o nodo los elementos de sonido, imágenes, vídeo y texto. Así, el equipo de diseñadores, programadores, redactores y el resto de profesionales vinculados a la producción de este tipo de trabajos pueden coordinar sus labores, ya sea en la realización de páginas web, aplicaciones para teléfonos móviles o en un videojuego.

El conjunto de pantallas o nodos que componen un guión multimedia, conforman lo que se conoce como *árbol de navegación*, que no es otra cosa que la estructura general de la aplicación y los posibles caminos que el usuario podría tomar a través de la interacción con su interfaz gráfica.

Guillem Bou Bauzá,[9] publicó un manual muy práctico y didáctico para escribir este tipo de guiones. La misma editorial publicó también una obra de Ray Kristof y Ami Satran[10] excelente y muy recomendable para comprender el proceso de creación de los productos multimedia. En ella se explican de forma clara y didáctica los tres pasos en la creación del proyecto:

– Diseño de la información.
– Diseño de la interacción.
– Diseño de la presentación.

Por su claridad e interés práctico resumimos los puntos esenciales que Bauzá utiliza en la descripción del guión multimedia.

9. Bou Bauzá, Guillem, 1998. *El guión multimedia*. Anaya Multimedia.
10. Kristof, Ray y Satran, Ami,1998. *Diseño interactivo*. Anaya Multimedia.

Estructura, vista, pantalla, escena o página

La *estructura* hace referencia a la organización interna de los datos y la vista, pantalla o página, a la presentación visual de los mismos en el *display*.

- La *vista* ya no es un fotograma o secuencia predefinida como en el cine o vídeo. La vista, *pantalla* o *página* es potencialmente un *hiperdocumento* que se presenta, en primera instancia, de forma sincrónica, pero que es susceptible de exploración diacrónica mediante la interacción del usuario, activando partes de la pantalla que presentan nuevos mensajes sobre el formato primero, o trayendo otros documentos nuevos que transforman la pantalla parcialmente o en su totalidad.

El concepto de *navegación* sustituye al de recepción, lectura o exploración. Implica interacción y diversidad de posibles secuencias de presentación según las acciones de exploración del usuario. Las secuencias se ramifican, se separan y/o convergen, iniciando una ruta a partir de una elección del usuario. Cada elección implica un cambio en la vista.

El ciclo *pantalla>elección> vista* hace progresar la navegación, pero la interacción no se limita a la elección que marca el cambio en la vista, sino que se puede intervenir en la presentación de la misma. Así podremos gobernar una secuencia de vídeo del mismo modo que lo hacemos con el mando de un reproductor: parar, paso rápido adelante o atrás, etc.

Se trata de un proceso de extracción de datos, una extracción guiada, pero con alternativas a elección del usuario (la no directividad eficaz está perfectamente dirigida, independientemente del número de opciones y rutas posibles) y se trata, también, de individualizar la presentación y la exploración a partir de vistas alternativas y mecanismos de control.

Individualizar no es personalizar. Personalizar implica el «diálogo» con una persona lo que permite la adecuación de ciertos aspectos del proceso o producto a sus intereses, capacidades o deseos.

Cuando el producto está realizado, las *opciones de personalización* suelen consistir en una serie de alternativas para escoger aquella que más se adecua al usuario o que más le satisface, o bien en automatizar rutinas del usuario para predecir su actuación y presentársela automáticamente, o en pedirle que anote las opciones deseadas en preferencias, para que estas aparezcan por defecto.

Todas las opciones del usuario han de ser *previstas y programadas*. Su libertad real está en llegar a nuestros hitos y metas por diversas rutas según sus elecciones entre opciones dispuestas por el programador.

Cada pantalla, vista, escena o página plantea un problema de diseño, de diseño interactivo. Cada acción del usuario implicará un cambio; un cambio de imagen o de sonido, o el inicio de una secuencia, o la aparición de una secuencia lineal ininterrumpida.

Cada pantalla tiene unas opciones que deben ser evidentes para el usuario y deben dar señal permanente de su actividad

Las componentes de descripción de una pantalla pueden ser el título, los fondos y las zonas sensibles.

El formato del guión multimedia interactivo. Reglas de escritura

Exponemos, a continuación, una simple recopilación de elementos a tener en cuenta en la redacción y desarrollo de un guión multimedia interactivo:

– Cada escena empieza en una página diferente.
– Normalmente la escena consta de:
    - *Titulo* (y número de escena).
    - *Fondo.*
    - *Rutina de entrada.*
    - *Zonas sensibles* (con sus comportamientos).
    - *IDLE* (lote de tareas).

Y unas recomendaciones a considerar:

1. En el multimedia no existe el placer de leer, existe la molestia de leer.
2. La expresión fundamental es a base de imágenes y secuencias audiovisuales. El texto explicativo solo debe existir cuando no se puede prescindir de él.
3. El texto no debe interrumpir la fluidez de la aplicación. Puede irse a él, a voluntad (mediante el hipertexto o navegación no lineal entre documentos, suele accederse actuando sobre palabras subrayadas, o en negrita, llamadas *hotwords* o palabras clave) o bien seguir con la lectura «argumental».
4. La información textual debe semejarse a la del cómic, medio narrativo de ficción dramática que aún siendo de infraestructura espacial es de vocación temporal y, de hecho, cada lector explora el mensaje en un continuo temporal determinado por recursos formales como el tamaño de la viñeta, la cantidad de texto, la complejidad de la imagen, la composición, el tipo de plano de encuadre, etc.

5. El texto escrito configura la serie visual paralingüística integrándose en la composición visual como elemento gráfico, plástico, convencional, connatural y expresivo.
6. La narración, o la locución en off, son recursos alternativos al texto escrito que casan bien con el multimedia.
7. El presentador o conductor en imagen y voz puede concentrar mucha información en un comentario. Su inclusión es un buen recurso cuando se requieren muchas explicaciones o extensos comentarios.

Capítulo VI
La evaluación del guión y del proyecto

1. De la idea a la sinopsis

En este apartado tratamos sobre las fases de concreción del guión, desde la idea al guión literario. En cada una de las fases o estadios el productor puede intervenir, para lo cual debe contar con los conocimientos para evaluar con criterio técnico y artístico el desarrollo de cada fase.

El conocimiento de las técnicas para la creación del guión dramático es indispensable para el guionista, que efectúa la primera redacción. También las necesita el productor o su equipo de desarrollo, y finalmente el director, que si ya está integrado en el proyecto suele intervenir en el proceso de creación del guión y, en todo caso, siempre realizará la adaptación definitiva bajo la supervisión de la producción.

Los aspectos básicos en el análisis y la evaluación del guión en cada una de sus fases de desarrollo, de la idea al guión literario, serán descritos y comentados en el presente capítulo, al tiempo que se exponen de forma sintética, los elementos de contenidos básicos requeridos para su aplicación al análisis.

1.1. La idea

La *idea* marca el punto de partida de un guión y se encuentra al principio y en la finalización de la obra de tal forma que se puede afirmar que tanto el guión como la realización no son más que instrumentos para su plasmación.

La idea dirige toda la estructura del filme o programa y ha de asegurar la existencia de una base sólida. Desde su nacimiento ha de poseer atributos que hagan posible su realización en el lenguaje específico audiovisual.

Pero la idea que importa, denominada indistintamente *idea base, idea núcleo* o *idea central* no es, por definición, aquello que nos lleva a escribir el guión ni por supuesto lo primero que se le ocurre al guionista.

La idea núcleo es lo que queremos expresar con el relato, el porqué final de la historia.

Es procedente hablar de dos tipos de ideas. La que hace referencia al drama (historia) y la que se refiere al tema (tesis).

La *idea dramática* es la más fácil de describir, puesto que contiene unos personajes a los que sucede algo concreto,

La *idea temática* suele ser menos concreta y, en ocasiones, resulta difícil de verbalizar. Precisamente a esta «idea» se suelen referir los autores cuando hablan de *idea núcleo, idea central* o, simplemente, *idea.*

Interesa subrayar que, sin una idea motriz, no se puede realizar un filme ni un programa audiovisual.

La *anécdota* es un hecho o suceso real o ficticio que llama la atención del guionista y que, si se prevé factible su conversión en un argumento o historia, da lugar a una idea dramática.

Ya nos hemos referido con anterioridad al origen de las ideas, es decir, a las fuentes, que pueden ser muy diversas.

La anécdota, en sí misma, puede convertirse ya en una idea dramática, si posee una estructura dramática completa con planteamiento, desarrollo y desenlace, o puede ser sólo el germen de una idea dramática, si su estructura no es tan completa.

A partir de la anécdota podremos disponer de una idea dramática que ocuparía el nivel de la *denotación* en el mensaje, es decir, de una descripción objetiva de los acontecimientos estructurados de manera muy simple en la forma convencional de planteamiento, desarrollo y desenlace. La información se ofrece, en este estadio, de forma explícita y bastaría una simple lectura para su comprensión.

1.2. La idea temática o idea núcleo

A partir de la idea dramática ha de elaborarse lo que denominamos *idea temática* o *idea núcleo* que puede traducirse como la tesis de la historia. Este concepto implica la existencia de un campo connotativo del mensaje o estadio superior de interpretación donde ya entran dosis más altas de tratamiento subjetivo.

Todo filme ha de versar sobre una idea única aunque en su desarrollo puedan incluirse múltiples aspectos de esa idea.

Las situaciones de *crisis* y *clímax* han de revelar con claridad la idea fundamental o idea núcleo.

Durante la crisis, el conflicto se manifiesta en toda su magnitud superando al protagonista, el cual muestra claramente sus actitudes y necesidades según sus acciones y reacciones.

El clímax es la reacción final, es el momento culminante de superación del conflicto donde se toma la decisión trascendental que, en sí misma, o en la resolución a la que conduce, es una sentencia final que resume la idea temática del filme.

En el clímax de *Casablanca*, Rick mata al alemán para que Ilsa y Víctor puedan huir «renunciando al amor por sentimientos nobles.» La idea temática del filme sería la contraposición «egoísmo y ausencia de sentimientos *versus* entrega y sacrificio por personas y/o ideales.»

La idea temática no resultaría eficaz si solo se manifestase al final del filme o en la resolución a modo de moraleja final. De hecho, la *unidad de idea* debe guiar la historia impregnando todo el guión de principio a fin.

No siempre resulta sencillo expresar en palabras la idea temática del guión. No obstante es esencial esta plasmación para el guionista que debe tener muy claro lo que su historia ha de transmitir porque sin esta aclaración lo más probable es que el guión se disperse, carezca de unidad y navegue sin rumbo ni orientación y sin posibilidad de distinción clara entre lo esencial y lo accesorio.

Resulta conveniente introducir una cierta reflexión en la relación existente entre idea dramática e idea temática puesto que si el tema (idea temática) está desligado de una historia interesante, o se dispersa en diversidad de historias, pierde toda fuerza dramática y, con ello, la capacidad de interesar al público en general, mientras que un filme sin tema puede ser agradable por la dinámica e interés inherentes a la acción dramática misma.

De este modo, resulta que filmes de acción vacíos de contenido temático, atraen muchas veces al público y llenan las salas, mientras otros filmes de gran profundidad temática se convierten en verdaderos fracasos de taquilla. Insistimos en que para que un relato funcione puede ser suficiente con que exista acción dramática. Es decir, una anécdota con estructura completa donde unos personajes se enfrentan a la superación de un conflicto que entraña dificultades y riesgos de importancia.

Si esta acción dramática vehicula, además, un mensaje de fondo, una idea temática, añadiremos volumen y profundidad, una segunda lectura para espíritus más cultos y exigentes.

El acierto está en conseguir que la idea dramática sirva a la idea temática y a la inversa, sin interferirse ni competir, sino apoyándose mutuamente e imbricándose en una unidad dramática y temática.

1.3. Conflicto e intriga básica

Una de las bases principales del funcionamiento de un guión es que se identifique claramente lo que algunos han llamado «sangre del drama»: el *conflicto.*

El conflicto es una lucha de intereses o de objetivos, un enfrentamiento entre contrarios. En el relato siempre ha de haber un conflicto.

Los conflictos pueden ser de orden muy variado y generalmente se trata de *conflictos de relación* bien sea con uno mismo o interiores, con otros personajes, con ideas, con Dios, etc.

Lo fundamental es que todo conflicto lleva inherente el germen de una *intriga* básica.

En el contexto narrativo, podemos definir la intriga como «el encadenamiento de los sucesos que forman el nudo de la acción en un drama.» Dicho de otro modo, la intriga hace referencia a las situaciones, acciones y reacciones de unos personajes envueltos en un conflicto, por la consecución de una meta.

La intriga básica puede expresarse mediante el *enredo* y mediante la naturaleza del problema suscitado por el conflicto.

La existencia de la intriga apareja el planteamiento de preguntas tales como: ¿conseguirá el protagonista su objetivo? ¿Superará las pruebas? ¿Cómo lo hará?

En muchas ocasiones el público conoce la respuesta a las preguntas aunque el desarrollo de la trama ponga el énfasis en la dificultad para que el protagonista alcance su meta.

La fuerza de la intriga depende, entre otras cosas, de la intensidad del conflicto y del modo en que se desarrolla la propia intriga.

El desarrollo de la intriga puede ser valorado, entre otros, en términos de:

- Interés (motivación).
- Emoción.
- Peligro–riesgo.
- Suspense–sorpresa.

– Ingenio (en el diálogo y en el desarrollo de la acción).
– Imprevisibilidad y coherencia.
– Espectacularidad.
– Estructura dramática.

1.4. Estructura o *story line*

Una vez definido el conflicto y planteada la intriga, resulta sencillo realizar una *story line*, es decir, dar estructura a la idea dramática o anécdota, dotándola de planteamiento, desarrollo o nudo y desenlace.

Para ello basta contar con los personajes principales, el conflicto y la línea de acción principal (trama principal) y el desenlace de la historia.

A modo de ejemplo, si tenemos un joven vaquero que regresa a la tierra de sus padres, un malvado jugador de naipes dueño del *saloon* y una maestra bonita y «decente», resultará fácil prever un conflicto, imaginar la trama (intriga) y construir una *story line*.

Una *story line* o estructura básica puede ser origen de múltiples relatos diferentes y algunas de ellas están en el origen de decenas de filmes.

Un *story line* de *Casablanca* de Michael Curtiz podría ser:

– *Planteamiento*. Un personaje que fue héroe de la resistencia desencantado de la vida por el abandono de su amada, convertido en antihéroe duro, vive en Casablanca donde tiene un bar.
– *Desarrollo o nudo*. Su amada aparece en Casablanca casada con un héroe de la resistencia.
– *Conflicto*. Renace el amor entre ellos. Ella está casada con un hombre admirable.
– *Desenlace*. El personaje renuncia a su amada llevado por nobles sentimientos.

Woody Allen, en *Sueños de un seductor*, homenajeando a *Casablanca*, recoge la esencia de su *story line* y realiza un relato cómico, absolutamente diferente, en el que el protagonista renuncia finalmente a la mujer de su amigo despidiéndola con las mismas palabras con que Bogart lo hacía en *Casablanca*.

Esta característica de la estructura o *story line* como posible generadora de multitud de relatos diferentes es especialmente reconocible en las series de televisión de personaje fijo, y en determinados relatos humorísticos que mantienen los mismos personajes a lo largo de los años, especialmente en series humorísticas propias del cómic.

1.5. Sinopsis argumental

La *sinopsis argumental* es un resumen de entre tres y diez páginas, en el que se cuenta la historia.

Además de añadir mayor concreción y detalle a los personajes principales, el conflicto, la línea de acción principal y el desenlace, explica las tramas o líneas de acción secundarias y los puntos de acción dramática más importantes.

Si bien el *story line* podría servir de esqueleto a innumerables relatos diferentes, en la sinopsis, el grado de concreción es tal que identifica a un relato y a uno solo.

Debe contener suficiente información sobre los personajes, la acción y la estructura como para poder valorar las posibilidades del argumento.

Suele hacerse también con el fin de vender la idea del guión a un productor, antes de abordar el tratamiento del mismo.

Para escribir la sinopsis es necesario revestir la estructura y completarla, para ello proponemos partir de la propia estructura, describiendo la *situación inicial*, qué cambio o *desequilibrio* se produce, qué *origina la trama*, y cómo se resuelve o concluye (*situación final*).

Veamos su aplicación a la película *Casablanca*:

- *Situación inicial.* Casablanca es un lugar de paso hacia América para aquellos que desear huir de los alemanes. El bar de Rick es el sitio donde se comercia con visados, sin que la policía de Vichy ni los alemanes se molesten en impedirlo.
- *Desequilibrio.* Un individuo que ha matado a dos alemanes y les ha robado dos visados especiales, se los entrega a Rick para que se los guarde, el individuo es muerto a tiros ante las narices de Rick que no hace nada por evitarlo.
  Con la llegada de un temido líder de la resistencia, los visados que Rick esconde se convierten en algo muy codiciado para mucha gente.
  Los alemanes los desean a toda costa para que el resistente no pueda huir. La policía los desea para aumentar el favor de los alemanes. El líder de la resistencia, para poder huir. Pero da la casualidad de que con el líder de la resistencia viaja su esposa que resulta ser la mujer a la que Rick ama y que le dejó abandonado tiempo atrás sin ninguna explicación.

- *Opciones*. El encuentro casual con su antiguo amor, que le pide los visados para su marido, provoca en Rick un conflicto. Rick es un tipo duro, solo le importa él mismo. En esa situación puede:
  - Romper los visados o venderlos a alguien.
  - Dárselos a la policía o los alemanes
  - Dárselos al héroe pero no a la chica.
  - Dárselo a la chica pero no al héroe.
  - Abandonar Casablanca.

  Rick guarda un rencor terrible hacia la mujer que le traicionó y aunque siente respeto y admiración por el héroe, el deseo de vengarse le impide darlo los visados a este.

  Tampoco se los dará a la policía ni a los alemanes, porque en el fondo no los soporta.

  Cabe dentro de lo posible que los rompa los venda o...

  Pero en los encuentros en que ella intenta convencerle...

  RENACE EL AMOR.

  Las opciones cambian. El conflicto está en que quiere ayudarles, pero no quiere perderla.

  Ella le pide que dé los visados a su marido, pero ella se quedará con él.
- *Resolución. Situación final*. Rick deja que el héroe escape y convence a la mujer para que vaya con su marido.

  Rick *renuncia al amor por sentimientos nobles*: idea temática del filme que se sintetiza en el final en una escena que culmina la evolución del carácter del personaje.

Trama y subtrama

La forma narrativa que adoptan la mayoría de las producciones de ficción audiovisual da lugar a una *trama* que podemos denominar *principal* y que se ajusta a la estructura de planteamiento, desarrollo y desenlace apuntada.

Pero en las historias cinematográficas existen otras tramas secundarias (*subtramas*) que contribuyen a vehicular el tema cumpliendo la función de hacer avanzar, dando interés y emoción a la trama principal, y aportando dimensión y volumen al personaje, permitiendo su transformación.

En principio, las subtramas carecen de sentido si su desarrollo no influye, de manera determinante, en la evolución de la trama principal.

La subtrama debe crear nuevos problemas al protagonista y agudizar el conflicto principal. En algún momento ha de quedar patente su influencia sobre el desarrollo de la trama principal. Si no fuera así podría perderse la unidad de la historia y nos distraería de la línea de acción principal.

Normalmente, los largometrajes no suelen tener más de tres subtramas. Este número se adapta a su estructura y permite su desarrollo sin alargar ni complicar en exceso la trama principal.

Tratamiento del tema, verismo y credibilidad

Partiendo de una idea, de unas situaciones y de unos personajes iguales, es decir, partiendo de una misma historia, se pueden conseguir diferentes versiones de un filme si damos enfoques diferentes.

Variando el tratamiento dado al tema podemos enfatizar una idea mediante la comedia, la farsa, el drama, la sátira, o una determinada combinación de diferentes estilos. Un diferente enfoque (suspense, cómico...) aplicado a una misma idea no modifica en absoluto esta idea central. Provoca un diferente ángulo de observación en el espectador. El guionista debe escoger el tratamiento que potencie más su historia consciente de que habrá una afectación a las situaciones las cuales se modificarán con diferentes matices según uno u otro tratamiento.

Por otro lado, todo filme tiene que ser «verista», es decir, lógico y convincente. Debe formar un todo homogéneo que obligue al espectador a aceptar lo que sucede en la pantalla de forma que lo considere posible.

Verismo no significa exactamente realismo. De lo que se trata es que el espectador acepte el punto de partida, entrando, así, en el juego.

La obra tiene que ser también comprensible, tiene que ser comprendida. Es decir, debe tener características de inteligibilidad aunque no siempre para todo tipo de público.

1.6. Valoración de la sinopsis por el productor

Muchos productores realizan una valoración creativa inicial a partir de la sinopsis, ya que en ella se tiene una descripción concreta y original del relato con suficiente detalle para valorar el interés de la trama y la estructura narrativa. Es común que además cuente con los *caracteres*, que es una descripción detallada de los personajes protagonistas (física, psicológica e historia pasada del personaje que no se verá en la pantalla), y con documentación de ambientación.

A partir de la sinopsis se puede valorar la estructura del relato, pudiendo establecerse la adecuación de cada acto y sus puntos de acción al desarrollo narrativo deseado.

En la figura se presenta el modelo de estructura dramática más utilizado en la producción de filmes de ficción que suele ser considerado por el productor promotor occidental para la valoración del interés dramático y la adecuación narrativa de los mismos.

MODELO DE ESTRUCTURA DRAMÁTICA EN FILMES DE FICCIÓN

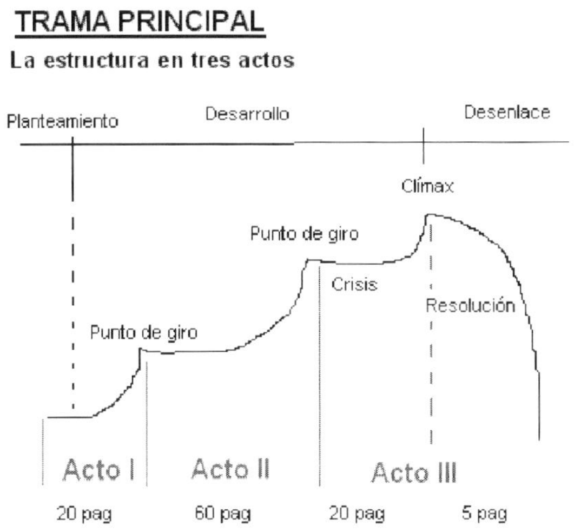

Las características estructurales pueden ser ya analizadas y valoradas a partir de la sinopsis, y es especialmente clara en relatos sencillos con una sola trama. Woody Allen en *Todo lo que usted deseaba saber sobre el sexo y no se atrevía a preguntar*, aplica la estructura clásica en cada uno de los relatos independientes de que consta la película. Tal como señala Linda Seger, esta estructura no deja de ser la estructura arquetípica del mito del héroe.

La estructura que exponemos a continuación es la base de multitud de historias desde tiempo inmemorial, en ella están implícitos los modelos que antes hemos analizado.

1. El héroe comienza sin ser héroe.
2. El detonante (suceso que pone en marcha el relato), provoca un problema, conflicto o desequilibrio.

3. Alguien, o la situación misma, requiere su ayuda (el portador de su destino) pero el personaje se resiste a intervenir.
4. El punto de inflexión (suceso que agrava la situación) aumenta el conflicto o crea otro nuevo, le obliga a implicarse.
5. El personaje ha de actuar para conseguir la meta (objeto), para lo que contará con ayudantes humanos y objetuales.
6. El personaje encontrara oponentes humanos y objetuales con los que entrará en conflicto.
7. Habrá de superar pruebas cada vez más difíciles, arriesgadas y peligrosas.
8. El segundo punto de inflexión agravará la situación y el personaje entrará en una fase de crisis (parece que no va a conseguir su meta).
9. La situación se hace insostenible y el personaje ha de actuar definitivamente «a vida o muerte» para superar la situación (clímax).
10. El personaje consigue su objetivo, salva a la víctima, a sí mismo o a toda la humanidad (destinatario).
11. El personaje ha evolucionado en el trayecto, ha madurado, ha cambiado en carácter, fortuna o pensamiento.

En definitiva, desde siempre existen historias que narran la lucha de un personaje por conseguir un objetivo difícil e importante en conflicto con alguien o algo que se interpone. Y los espectadores viven cada vez un nuevo relato con el mismo mensaje de fondo, la lucha por mejorar, por conseguir lo que se desea o por vencer los peligros y amenazas que perturban una situación deseada.

Las características de los personajes, y la identificación que provocan en los espectadores, la dimensión y capacidad de interesar del conflicto, la originalidad de la trama y la forma en que se desarrolla (interés, suspense, etc.), así como la capacidad para provocar emociones, diferencian a unas historias de otras.

La sinopsis sirve para valorar la estructura, pero no define a los personajes en profundidad, por ello suele acompañarse de una descripción de los personajes y su papel en la historia.

A partir de la sinopsis se puede realizar una evaluación precisa de la estructura del relato, así como prever y discutir sobre el desarrollo del mismo.

Incluimos, a continuación, una sinopsis completa.

La gran ilusión

Argumento y guión: Jean Renoir y Charles Spaak

Director: Jean Renoir

En el curso de una operación de reconocimiento durante la primera guerra mundial, el avión francés pilotado por el teniente Maréchal y en el que va el capitán de Estado Mayor De Boildieu, es abatido y hechos prisioneros sus ilesos tripulantes, a los que el jefe de la escuadrilla enemiga, capitán Von Rauffenstein, acoge cortésmente y obsequia antes de su traslado a un campo de concentración. En éste, Maréchal y De Boildieu hacen amistad con Rosenthal, hijo de un banquero judío; con un actor de teatro, un ingeniero y un profesor de enseñanza media. Como a todos les acucia el deseo de fugarse, el ingeniero estudia el trazado de una galería subterránea, que inmediatamente empiezan a hacer. La caída de Douamont, importante punto estratégico francés, llena de orgullo a los jefes del campo. Con la colaboración del actor, Maréchal organiza una representación teatral, a la que invita al comandante enemigo y a sus oficiales. De pronto, Maréchal interrumpe el espectáculo para anunciar que sus compatriotas han recuperado Douamont e inicia el canto de *la Marsellesa*, que todos los franceses secundan con entusiasmo. Los alemanes se indignan y el comandante ordena que lleven a Maréchal a una celda de castigo, en la que permanece incomunicado mientras sus compañeros prosiguen la construcción de la galería. Pero cuando el comandante da por terminado el castigo de Maréchal y el grupo de prisioneros se dispone a huir por el pasadizo recién abierto, bruscamente llega la orden de traslado a otro campo, del que De Boildieu y Maréchal pasan a una fortaleza en la que encuentran a Rosenthal. El comandante de la fortaleza es Von Rauffenstein, al que las numerosas heridas en combate, que le obligan a llevar constantemente un aparato ortopédico, dejaron inútil para el servicio activo, Rosenthal comunica a sus amigos que tiene un plan minucioso para trasponer los recios muros de la fortaleza y llegar hasta Suiza, desde donde podrán volver a Francia. Rauffenstein, frío y autoritario respecto a los demás prisioneros, distingue a De Boildieu con especiales atenciones. Una noche le confiesa el motivo de esa diferencia de trato: tanto De Boildieu como él mismo son aristócratas y eligieron voluntariamente, en tiempos de paz, la carrera de las armas. Estas dos circunstancias, a su juicio, les unen por encima de los demás. Un acto de rebeldía en la sección que ocupan los prisioneros rusos produce un momento de desorganización en la guardia de la fortaleza. De Boildieu idea provocar una situación análoga para que, aprovechando la confusión, puedan huir Maréchal y Rosenthal. El plan se cumple exactamente, pero De Boildieu, se niega a marchar: la confianza que en él ha puesto su colega alemán le impide cometer un acto que considera como desleal a su dignidad y a su carrera. Y mientras los soldados alemanes le persiguen por la terraza creyendo que es él quien trata de escaparse, Maréchal y Rosenthal logran salir del recinto. Rauffenstein intimida a De Boildieu para que se entregue y ante su negativa dispara contra él, hiriéndole mortalmente. En su huida, Rosenthal se produce una lesión en un tobillo, que les obliga, a él y a Maréchal, a esconderse en una granja. La dueña, Lotta, una bella mujer, que vive solo con su hijita, pues su marido y sus hermanos murieron en la guerra, descubre a los intrusos, pero se apiada de ellos y decide ayudarles. Entre Maréchal y la granjera surge el amor, que no dura mucho, ya que, en cuanto Rosenthal se siente capaz de proseguir la marcha, han de abandonar el refugio. Y cuando en su penosísima caminata por la nieve cruzan la frontera y se sienten seguros en Suiza, Maréchal no tiene otra ilusión que el próximo final de la guerra para volver en busca de la bella alemana.

1.7. El tratamiento

Una vez analizada la sinopsis, descritos los personajes en sus aspectos físicos, sociales, psíquicos y emocionales y conocida la evolución que experimentarán en el relato, se redacta el *tratamiento*.

La idea–núcleo condiciona la acción y la obliga a tomar una determinada estructura. El guionista puede saber *qué es lo que quiere decir* y hasta *cómo quiere decirlo*, pero falta *qué mostrar para decirlo*. La respuesta es *la acción narrativa* y para crearla es preciso crear *situaciones*.

Las situaciones son la columna vertebral de la obra audiovisual de ficción. Crean la dramatización de la historia y es a partir de las mismas de donde surgen los *personajes* y el *tratamiento* del filme.

El resultado de las diferentes acciones de los personajes protagonistas es lo que define la idea central dado que acción e idea son indivisibles. Al planificar la acción y al crear situaciones ha de tenerse presente que estas deben desarrollar la idea que se quiere comunicar porque la idea se desarrolla en la acción.

La acción de la narración progresa y se desarrolla temporal y espacialmente y, por tanto, puede producirse a lo largo de los tres tiempos narrativos fundamentales: presente, pasado y futuro. Desde el punto de vista narrativo y del espectador es evidente que la acción tiende en todo momento hacia el futuro.

La experiencia demuestra que los filmes saturados de acción han tenido siempre un éxito indiscutible. Por esto, la acción debe estar siempre presente en el guión pero solo es válida cuando está indisolublemente unida al argumento.

Frecuentemente, es la experiencia quien dicta como debe ser la acción, así el «final feliz», el «triunfo del bien sobre el mal», etc. Eugene Vale[1] afirma que «la construcción dramática nos ha enseñado que todos los acontecimientos suceden basados en un intrincado sistema de leyes y proporciones interconectadas. La violación de estas leyes y proporciones puede ser muy difícil de reconocer.

1. Vale, Eugene, 1985. *Técnicas del guión para cine y televisión*. Gedisa.

Por esto el productor medio desconfía de las propuestas originales. Se siente seguro con la novela ya publicada o con la obra teatral ya representada en las cuales el escritor trabajó necesariamente muchos meses.»

En el *tratamiento* se concreta en escenas y situaciones cada una de las partes de la estructura mediante la acotación del escenario donde transcurre la acción y la descripción de la acción, aunque sin establecer los diálogos definitivos.

De este modo, el relato se expresa ya totalmente desarrollado en escenas y secuencias, de modo que el lector puede hacerse una idea completa de todo lo que va a suceder.

1.8. La escaleta de continuidad

La escaleta de continuidad es un listado ordenado de todas las escenas. Permite una lectura de gran ayuda para imaginar el modo de representación audiovisual y los trabajos de la producción.

Presentamos, a continuación, una escaleta de continuidad del filme *¡Ay Carmela!* dirigido por Carlos Saura, con guión de Rafael Azcona y Carlos Saura, sobre una obra teatral de José Sanchís Sinisterra. Recibió trece premios de quince nominaciones en la V edición de los premios Goya, la del año 1991.

Esta escaleta ya está desarrollada como tratamiento.

1. Música y títulos sobre imágenes de destrucción, carteles rotos etc.; vista de una camioneta.
2. La voz de Paulino (Andrés Pajares) anuncia el espectáculo de «Carmela y Paulino, varietés a lo fino», se ve el cartel de la camioneta en plano detalle.
3. Vemos el espectáculo: Carmela cantando para un público miliciano, mujeres y hombres poco formales y muy del pueblo. Cuando va a actuar Paulino se escuchan aviones, se hace el silencio y la cámara «vuela» sobre el público sobrecogido, hasta que pasa el peligro. Paulino recita a Machado y, por fin, el público le pide el escatológico número de los pedos.
4. Paulino, Carmela y Gustavete comen en la furgoneta; se observa la escasez y la miseria. También vemos que Gustavete es mudo y que utiliza una pizarra para comunicarse. Paulino recuerda lo bien que comía cuando era seminarista, especialmente el día del cumpleaños del «santo Rector».
5. Los tres duermen hacinados en una sala llena de gente. Les echan de las camas para colocar en ellas a los heridos.

6. Carmela protesta por la situación y propone irse a Valencia. No tienen gasolina, pero Gustavete señala una furgoneta del ejército sin conductor; se van a robar la gasolina pero hacen un ruido que advierte a un soldado que duerme en otro camión.
7. Carmela entretiene al soldado, sube al camión y se deja tocar los pechos hasta que sus compañeros finalizan la operación.
8. Se van en la furgoneta con intención de llegar a Valencia en medio de una intensa niebla. Paulino se duerme y están a punto de tener un accidente. Se coloca al volante Gustavete, mientras que Carmela y Paulino van acostados en el interior de la furgoneta. Paulino intenta echar un «Uruguay», pero Carmela está muy cansada y lo aplaza para Valencia.
9. Gustavete se despierta con el cántico que llega de una columna militar que se acerca; sale de la furgoneta.
10. Un capitán y un soldado se le acercan a caballo. Le preguntan de dónde viene y él lo escribe en su pizarra. Al ver que viene del frente republicano el soldado le apunta con su pistola y con malos modos le empuja hacia el camión.
11. Salen Paulino y Carmela y se encuentran encañonados. Paulino saluda al ejército republicano y es golpeado en la mano con la pistola. El capitán y el soldado son del otro bando.
12. Los tres están ante un oficial dando explicaciones. Éste está comiendo opíparamente y les dice que en la España de Franco no hay nada que temer, ellos toman las palabras al pie de la letra y se despiden, pero a un grito del oficial se detienen y éste da la orden de que los lleven a la escuela.
13. La escuela es una prisión donde están gentes del pueblo y prisioneros de las milicias internacionales, entre los que hay un grupo de polacos.
14. Vista de los presos durmiendo sobre los pupitres. Paulino se despierta porque escucha voces, se levanta. Las voces son de Carmela y de un polaco que conversan animadamente. Ella le enseña a decir «España» y a decir «Carmela».
15. Entran los fascistas con uno del pueblo al frente, que va señalando a los presos que quiere; por fin, llega al alcalde del pueblo y le dice que se le acabó el joderle.
16. Los hombres señalados son fusilados instantáneamente en el patio.
17. Llaman a los cómicos y se los llevan en una furgoneta; el conductor es italiano, Carmela pide un cura y Paulino pide confesión para ella, pero

ella lo quiere para casarse con Paulino por la iglesia, porque ya están casados por lo civil, pero eso no vale. Piensan que les van a matar.

18. Los tres ante un oficial italiano que les ofrece la vida a cambio de actuar para los nacionales bajo su dirección. Les hace explicar en qué consistía el número que realizaban con la bandera republicana que ellos disfrazan de parodia bufa.
19. Los tres atiborrándose de comida, vigilados por un soldado italiano. Carmela dice que si los fascistas comen así cada día ellos tienen la guerra perdida.
20. El teniente italiano les deja que cojan lo que quieran para confeccionar el vestuario. Paulino descubre una cama, distrae al soldado vigilante y se lleva a Carmela para echar un «Uruguay» pero ella ve el retrato del alcalde al que vieron fusilar y se enfría. Paulino, sin embargo, la conduce de nuevo a la cama y hacen el amor sobre la cama del alcalde.
21. Carmela intenta convencer al teniente de que elimine el número de la bandera, pero éste le argumenta en italiano y ella no se entera.
22. Paulino come como una bestia. Ahora, un conejo que Gustavete asegura que es gato. Carmela hace referencia a un número con la bandera republicana que es una putada, especialmente si, como dicen, al espectáculo irán los polacos que están condenados a muerte.
    Ensayos tras el telón, llegan los polacos y son situados en el gallinero. Ella les ve por un resquicio de la cortina y dice que no hará el número de la bandera, Paulino le pide que lo haga por sus vidas y que, además, se casará con ella por la iglesia.
23. Comienza la función. Ella canta muy bien, con éxito, pero dedica su actuación a los polacos. Paulino, nerviosísimo, deja caer los papeles. Paulino recita maravillosamente un poema fascista con la técnica de Pepe Marchena, con pequeña parte cantada al estilo de Víctor Manuel. Ella llora de emoción y sale a cantar, emocionando al público, pero al acabar vuelve a hablar de los pobres polacos. Para evitar que siga hablando, Paulino inicia de improviso el número de «Uruguay» y la arrastra a ella.
    Los italianos hacen un numerito, con un comentario de dos oficiales españoles que dicen que estos italianos son una panda de maricones.
    Carmela y Paulino tienen que hacer el número de la bandera tremendamente zafio y grosero. Ella está cada vez más incomoda y, en vez de actuar, grita; en el número se quita la ropa y queda envuelta en

la bandera. Los polacos empiezan a llamarla «puta» y «guarra» y los nacionales suben a reprimir el alboroto a culatazos de fusil.
Carmela, desesperada, pide que no les peguen y grita con ellos.
Un militar pega un tiro en la frente a Carmela. Gustavete grita el nombre de Carmela.
Paulino y Gustavete se despiden de Carmela. En su tumba, como epitafio, queda su nombre y fechas escritos por Gustavete en su pizarra. Suena la música de *¡Ay, Carmela!*

2. El guión literario

Antes de iniciar el *guión literario* el tratamiento debe ser analizado en detalle. La presentación en fichas permite reorganizar las escenas, cambiarlas o incluir otras nuevas. En esta fase deben efectuarse todas las revisiones que sean precisas para asegurarse el funcionamiento de la historia, de su fluidez y coherencia interna, de su estructura, de la precisión de su información, etc.

En el guión literario se concreta el tratamiento, se expresan de forma definitiva todas las situaciones, acciones y diálogos, y con él, el guionista concluye su trabajo que será continuado por el director o realizador contando, en ocasiones, con su ayuda y colaboración.

2.1. Los diálogos

Para la creación del personaje es trascendental su manera de hablar, qué y cómo dice las cosas, cómo las manifiesta mediante el diálogo.

El diálogo audiovisual es diferente al que establecemos las personas en nuestra vida cotidiana. El diálogo cinematográfico o televisivo va al grano, es directo y claro y expresa exclusivamente lo que interesa al desarrollo de la historia que estamos contando. El mejor diálogo es aquel que contiene exclusivamente información que interesa a los personajes y al espectador, teniendo en cuenta que es solo una parte del mensaje, ya que la imagen también aporta información y debe evitarse la redundancia.

En relación con la construcción del guión literario, anotaremos simplemente algunas de sus características más significativas. Los diálogos se utilizan fundamentalmente para:

1. *La eliminación de presencias muertas*. Eliminación de titubeos, redundancias y elementos accidentales y no trascendentales.
2. *La introducción de la sinécdoque y la metonimia*. Figuras retóricas clásicas: la sinécdoque consiste en emplear una parte para significar el todo, y la metonimia en emplear una cosa para significar una contigua o asociada. Fundamentalmente consiste en jugar con el sobreentendido.
3. *Focalizar*. Debe entenderse como el punto de vista en que se sitúa al espectador ante una determinada información. Con este recurso el guionista puede hacer que el personaje revele pensamientos, mienta a otros personajes pero no al espectador, o mienta o engañe al espectador.
4. *Emplearlos como voz en off*. De narrador o de personaje.
5. *Recurrir a la imaginación del espectador cuando no son escuchados*. Cuando no podemos oír lo que hablan los personajes en pantalla y que, por tanto, solo podemos imaginar por el propio desarrollo de la acción.
6. *Explicar o justificar el avance de la acción*. Integrándose en la acción dramática contribuye a su avance.
7. *Organizar la estructura dramática*. Marcando el orden en que aparece la información.
8. *Crear ritmo*. El énfasis, la velocidad de los diálogos contribuyen a crear un ritmo que se puede entroncar directamente con el ritmo de la acción.
9. *Introducir un contrapunto*. Entendido como contrapunto o elemento opuesto a la imagen que vemos en pantalla.
10. *Comprimir el tiempo*. Sustituyendo información visual o uniendo mediante una idea común diferentes escenas visuales.
11. *Favorecer la transición*. Mediante el diálogo podemos enlazar unas escenas con otras de forma fluida.

Normalmente, la presentación del guión se efectúa a partir de una clasificación en *escenas* o *secuencias*, donde se detalla su contenido. Las escenas describen acciones que suceden en un lugar y en un tiempo determinados y que sirven de pauta en la fase de producción dado que, habitualmente, estas escenas suelen disponer de una misma iluminación, decoración, atrezo, vestuario, etc. Una sucesión de escenas acaba constituyendo una secuencia cuando continúan una misma acción y disponen en sí mismas de una estructura argumental que implica la existencia de un planteamiento, un desarrollo y un desenlace dentro de la estructura general del filme.

Existen diferentes formas de presentar guiones literarios. Una de las más conocidas es la utilización de dos columnas verticales: a la izquierda, descripción de la acción o imágenes visuales y, a la derecha, la imagen sonora (diálogos, sonidos, música y efectos sonoros).

Pero es más frecuente la presentación a una sola columna marcando la diferencia de la acción respecto de los diálogos por algún sistema de tabulación. Este método permite una lectura más rápida.

Una vez se dispone del guión literario acabado, el guión se convierte en una herramienta de trabajo para quienes, desde la dirección, la producción, la interpretación o la técnica han de efectuar el filme o programa. Es a partir del mismo cuando se tomarán las decisiones relativas a producción, se conseguirá la financiación precisa para su ejecución, se producirá la transposición del lenguaje propio del guión literario a soluciones concretas audiovisuales, se buscarán las localizaciones o se construirán los decorados más adecuados, se buscarán intérpretes, se diseñarán vestuarios, etc.

Del trabajo de planificación que el director realice en la adaptación a soluciones audiovisuales del guión literario, saldrá el *guión técnico* que especificará los tipos de planos necesarios para cada escena o secuencia así como los tiempos aproximados de duración de los mismos, lo que aportará información sobre el ritmo y la duración total del filme o programa.

2.2. Presentación del guión literario

Presentamos, a continuación, una secuencia desarrollada en guión literario definitivo del filme *El sueño del mono loco*, dirigido por Fernando Trueba, con guión de Fernando Trueba, Manuel Matji y Menno Meyjes, basado en una novela de Christopher Frank, y que obtuvo en 1989 el Goya a la mejor película y al mejor director.

- El **TEXTO REMARCADO** pertenece a fragmentos del guión original, no rodados o suprimidos en la versión final de la película.
- Las notas señalan las diferencias del citado guión con la película.
- El texto es traducción del guión original, escrito en inglés, y sus diálogos no siempre se corresponden con la versión doblada al castellano.

28. CASA DE LEGRAND. EXT. DÍA.[2]

El BMW de Dan está aparcado junto a la entrada de un ostentoso chalet en una urbanización de lujo de los alrededores de París.

VOZ DE DAN Y, al fin, después de unas cuantas sesiones más de esta especie de fascinante toma y daca, fuimos a casa de Legrand para contarle la historia de la película que iba a producir.

29. CASA DE LEGRAND. INT. DÍA.

Un robot mecánico marca el paso sobre la mesa, mientras el productor le sigue con la mirada, obligándole a cambiar de dirección con un dedo cuando llega a los bordes. Mientras juega, *LEGRAND tiene a su lado a MALCOLM. Dan está sentado frente a ellos.*

LEGRAND Bueno, a lo mejor tenéis razón. Este negocio ha cambiado tanto que ya no sabemos una mierda. Pero hay miles de espectadores ahí fuera.

MALCOLM ¿Y qué...?

Esto ya es demasiado para LEGRAND

LEGRAND *(fuera de sí)* ¿Cómo que «Y qué»? Hay que hacer las películas pensando en todos ellos.

DAN Esa es la forma segura de que no le guste a nadie.

LEGRAND *(conciliador)* Vamos a ver, vamos a ver. Un niño precioso va a suicidarse. Vale. Eso tiene intriga. ¿Dónde estábamos? ¡Ah, sí! Se le acaba el dinero y entonces se sube al edificio más alto que encuentra... Y salta... pero, ¿qué pasa? ¿Se mata?

2. La secuencia 28 está suprimida en la versión final de la película, pero la voz en off de Dan se oye sobre un primer plano suyo con el que comienza la secuencia siguiente.

MALCOLM **ES EVIDENTE.**

DAN **PERO ESO NO LO VEMOS. SOLO LE VEMOS VOLAR. LO ÚNICO QUE QUEDA DE ÉL ES UN SUEÑO.**[3]

LEGRAND (*corrigiéndole*) El niño cae y los tenemos aquí (se señala la garganta). Cuanto más sepamos de él, más sufriremos, perfecto. Pasan los segundos y la angustia aumenta, cojonudo. El choque parece inevitable.

VOZ DE DAN **LEGRAND TIENE UN TALENTO ESPECIAL. PUEDE HACER QUE TOLSTOI SUENE COMO UN ESCRITORZUELO DE TRES AL CUARTO.**

MALCOLM Lo es.

LEGRAND Y una mierda. Cuando llega al suelo, el angelito abre los ojos. Ha sido una pesadilla. En la secuencia final, se despierta y, después de tanta tensión, el espectador se relaja y sale feliz del cine; doblemente feliz porque a sus hijos no les ocurre nada de eso. Esta, chico, sí que es la sagrada ley del cine.

MALCOLM Es posible, pero a mí no me interesa.

LEGRAND ¿Qué no te interesa qué?

MALCOLM El público. Es tu problema. No el mío.

LEGRAND (*gritando*) ¡El público también es tu problema!

MALCOLM Tú sabes cómo es la película que voy a hacer. Lo único que debes decir es si te interesa. Pero nunca me digas cómo tengo que hacerla.

LEGRAND palidece mientras MALCOLM le sostiene la mirada hasta obligarle a bajar los ojos. DAN está muy incómodo.

MALCOLM (*autoritario*) ¿Quieres producirla? ¿Sí o no?

3. Todo el diálogo anterior fue suprimido y la escena comienza aquí.

LEGRAND, aún con los ojos bajos, asiente.

MALCOLM (*alzando la voz*) ¡Dilo!

LEGRAND (*gritando aún más*) ¡Sí!

MALCOLM Entonces no hay más que hablar.

LEGRAND Muchacho, yo soy como una chica, si quieres follarme... sé amable.

VOZ DE DAN ***MALCOLM ACABABA DE DEMOSTRAR UNA DE LAS REGLAS DEL MUNDO DEL ESPECTÁCULO: PARA QUE TE CONSIDEREN UN GENIO, DEBES COMPORTARTE COMO TAL... ESTABA IMPRESIONADO...***

MALCOLM da unos pasos hacia la puerta.

MALCOLM Tengo que ir al baño.

LEGRAND (*señalando vagamente*) Sí, sí, claro... por ahí.

MALCOLM abandona la habitación. DAN continúa sentando, mirando a LEGRAND con cierta compasión.

LEGRAND ¿Pero, has visto?

DAN ¿Qué es lo que ocurre?

LEGRAND ¿Cómo que «qué ocurre»? ¡Ya lo estás viendo!

DAN Lo que me gustaría saber por qué te dejas tratar así por un novato.

LEGRAND Estrategia, Danny. A estos niños hay que fortalecerles el ego, darles alas, a ver si se les ocurre algo.

DAN No quieres decírmelo.

LEGRAND **No hay nada, Danny. *(Por Malcolm)* De éstos me desayuno tres cada mañana.**

DAN **Me pareció verte un poco pálido.**

LEGRAND Dan, tienes que ayudarme. Necesito un guión que pueda presentar al banco.

DAN Deberías seguir mi consejo de la clínica en Lausana.

3. La evaluación del proyecto

Aunque en un sentido estricto el proyecto de producción comprende el proceso que se extiende desde la gestación hasta la consecución del producto, la realidad es que, en el campo audiovisual, se denomina *proyecto* a una propuesta de programa más o menos definida y detallada que suele ser la primera referencia escrita del producto que se desea obtener. En esa propuesta las referencias van dirigidas a la naturaleza y características definitorias del producto, y en raras ocasiones contiene datos sobre el proceso de producción.

Un proyecto–propuesta de programa para televisión puede consistir en una descripción del tipo de programa (concurso, magazine, debate, etc.) en el que se señala el público al que va dirigido, la duración, la franja horaria prevista para su emisión, el número de programas, el presupuesto de base, la figura o figuras principales (actor, director, presentador), y todas aquellas observaciones que contribuyan a convencer al cliente de la bondad del producto como, por ejemplo, la posibilidad de patrocinio.

En la práctica de la producción para televisión suele bastar con esta descripción esquemática, avalada por una figura de prestigio, para conseguir la aceptación del proyecto.

Si se trata de un dramático, el primer paso puede consistir en una mera anécdota que describe la línea de acción principal de la historia (idea dramática), a la que se suele acompañar de la idea temática (tesis o contenido de la historia).

A estas ideas se les añade información del tipo de la señalada anteriormente: descripción de las características de los personajes, conflicto, tipo de público, etc. En los dramáticos, el proyecto–propuesta suele estar mucho más elaborado. Puede ir desde una sinopsis de cinco o seis páginas, a la cual se le puede añadir un tratamiento y un guión literario completo, hasta un proyecto muy detallado que incorpore, además, guión técnico, *storyboard*, plan de producción, presupuesto, etc. En el mejor de los casos puede incluirse un episodio piloto.

Es evidente que cuanto más desarrollado esté el proyecto más válida y fiable resultará la evaluación del mismo. Cuanto más se acerque la propuesta a un proyecto del producto más seguros estaremos respecto a lo que queremos hacer.

Con todo, la mejor forma de evaluar un proyecto es cuando ya ha tomado cuerpo real. Por ello, en ocasiones, y si se trata de una serie, se realiza un episodio piloto. La elevada inversión que se precisa para producir esta primera entrega de la serie hace que muchas productoras y televisiones desistan de esta práctica.

En los Estados Unidos lo habitual es que las cadenas paguen un ochenta por ciento del coste de este episodio piloto a las productoras cuyos proyectos han sido aceptados. La práctica allí está muy generalizada mientras que en Europa es menos corriente.

También en los Estados Unidos existen numerosos profesionales especializados en la búsqueda, valoración y desarrollo de ideas, productores, ejecutivos de las cadenas, lectores de guiones, etc., por cuyas manos pasan centenares de proyectos de los cuales solo unos pocos logran superar la criba, con retoques y modificaciones, hasta que finalmente son aceptados. Ello no quiere decir que lleguen a realizarse. Muchos quedarán aparcados en los archivos de los productores. La elaboración del proyecto de producción y su evaluación es un paso posterior que se efectúa cuando existe la intención de poner en marcha su ejecución.

En cualquier caso, el proceso de gestación comienza con una idea o concepto que resume de forma sintética la estructura de la acción y el carácter de los personajes y que, en muchos casos, es presentada en ese estadio y aceptada como «proyecto».

Si la idea coincide con los intereses de la televisión se establecen, a continuación, los objetivos referidos a plazo de realización, coste y calidad, y se desarrolla en detalle hasta obtener el guión literario que responda al objetivo perseguido.

La entidad promotora evalúa artística y funcionalmente en todas sus fases previas el guión para asegurarse de que responde a sus expectativas, y solo cuando está convencida de la viabilidad y éxito del producto lo entrega a un director de producción para que valore los costes del proceso de producción y su probable rentabilidad.

A partir de este guión, aunque no sea definitivo, un director de producción puede desglosarlo y prever un plan de producción que permita realizar una evaluación aproximada de la valoración económica del proyecto.

3.1. La evaluación integral

Los programas de ficción dramática, películas de cine, telefilmes, series, etc., por su alto coste, suelen sufrir un proceso de evaluación intenso en cada una de las fases del proyecto.

Es preciso *valorar la idea dramática* tomando en consideración aspectos tales como los siguientes:

- ¿Conecta el suceso relatado con el público, es decir, le afecta de forma real o simbólica?
- ¿Su estructura es clara? (planteamiento, desarrollo, desenlace).
- ¿El conflicto es evidente? (protagonista *versus* antagonista; protagonista *versus* él mismo, etc.) ¿Tiene peso el personaje? (dimensiones física, psicológica y emotiva).
- ¿Se aprecia la motivación del protagonista?
- ¿Provoca la identificación del espectador?
- Los fines del protagonista ¿pueden motivar al público?
- Y el clímax, ¿es fuerte? ¿Poco previsible aunque justificado por el desarrollo?
- ¿Es rápida la resolución, coherente y sorprendente a un tiempo?, etc.

Sobre la idea temática:

- El tema tratado ¿es de interés para el espectador?
- ¿Puede ser aceptada la tesis sin herir susceptibilidades de un sector del público?
- ¿Sufre el protagonista evolución o cambios de carácter, fortuna o pensamiento?
- ¿La idea temática se expresa en las interacciones entre personajes?

- ¿Contribuyen las subtramas a revelar la idea temática mientras avanza la acción principal?

A medida que la idea toma forma y se plasma en desarrollos posteriores, la evaluación se hace más precisa. A partir de una sinopsis o, mejor aún, de un guión literario, puede evaluarse la estructura general, valorando la adecuación de los diferentes actos en que se divide la historia y los puntos de inflexión que dan interés y mantienen la atención del espectador.

Test de evaluación de la sinopsis

En el análisis de la sinopsis, las respuestas al siguiente cuestionario pueden ser muy útiles para evaluar la validez del proyecto:

- ¿Se puede adecuar a las posibilidades del productor?
- ¿El tema se puede enunciar en un máximo de tres líneas?
- ¿La historia escogida es adecuada al desarrollo del tema?
- ¿El tema está implícito en la historia y se deduce de la acción?
- ¿La acción es acción dramática?
- ¿El protagonista está bien definido, tiene motivación clara y lucha por conseguir un objetivo?
- ¿El objetivo es importante para el protagonista, es difícil y entraña riesgo?
- ¿El conflicto es fuerte y claro?
- ¿Nos interesa el protagonista y su problema?
- ¿Nos motiva el tema?
- ¿La estructura tiene puntos de inflexión que aumentan el interés y el riesgo?
- ¿Tiene un clímax con auténtica intensidad (tensión dramática)?
- ¿La resolución es rápida, coherente y sorprendente?
- ¿El género y tratamiento son idóneos para el desarrollo de la historia y la transmisión de la idea?

La entidad productora o el productor promotor, por sí mismo o a través de productores ejecutivos, valorará la idea desde el punto de vista creativo o artístico, a partir de la sinopsis, los caracteres, los aspectos de dirección artística y posteriormente, con mayor precisión, a través del guión literario valorará las situaciones y la estructura de cada secuencia para finalmente prever el resultado creativo a través del guión técnico realizado por el director e incluso, un *storyboard* con los dibujos de las escenas más interesantes o significativas.

Es el productor promotor quien tiene la decisión para continuar o no el estudio desde el punto de vista de producción, cosa que solo hará si la valoración artística le complace.

Si la historia es aprobada, el productor promotor puede contratar a un director de producción para evaluar la viabilidad de la ejecución con la calidad deseada por el promotor un coste y un plazo asumibles por él.

La valoración de producción

Una vez la entidad promotora entrega el guión literario, aunque no sea definitivo, a un director de producción, este efectuará un *primer desglose* en el que considerará los escenarios y localizaciones (interiores y exteriores, día o noche), personajes (principales, secundarios, figurantes, etc.), efectos especiales precisos, y todo aquello que aporte datos sobre los requerimientos de la producción (personal, equipos, materiales, etc.).

A partir del desglose, el director de producción prepara, en este estadio, un primer plan de trabajo para calcular la duración de la producción y deducir un coste estimativo denominado *por debajo de la línea* (significa que al evaluar los costes no se ha considerado a los guionistas definitivos, ni al productor, ni al director o realizador, ni a los actores protagonistas). La fiabilidad de este presupuesto depende de la experiencia y profesionalidad del director de producción pues hasta que no se cuenta con un guión definitivo y un plan de trabajo real no puede establecerse el presupuesto final.

A pesar de la falta de concreción del proyecto en esta fase, el director de producción (que conoce en profundidad, entre otras muchas cosas, el proceso de producción, el mercado audiovisual, la legislación laboral, las fórmulas de contratación y las normas escritas y no escritas de los métodos de trabajo del sector), puede hacer una primera valoración del coste de los recursos necesarios para llevar a término la producción.

Valorará también el coste salarial del personal por debajo de la línea según el tiempo estimado de contratación y las cargas asociadas (seguridad social, impuestos y retenciones), el coste de alquiler de los estudios que se prevén, las salas de postproducción, los medios técnicos, la construcción de decorados, el vestuario, el atrezo y la ambientación de decorados y localizaciones, los transportes y viajes, el coste de las músicas, derechos, registros, cintas de vídeo o película cinematográfica, los revelados, los seguros que afianzan el buen fin de la producción, determinará un margen para imprevistos, etc.

Con esta estimación puede la entidad promotora *valorar la viabilidad económica de la producción* y decidirse a reunir la financiación necesaria para continuar el proyecto.

En el presupuesto final se reflejarán también los gastos *por encima de la línea*, es decir, los gastos de personal de dirección, guionistas, productores ejecutivos y actores protagonistas. Téngase en cuenta la utilidad de efectuar el presupuesto por debajo de la línea puesto que al margen de unos u otros actores o de unos u otros realizadores los gastos objetivos de la producción permanecerán constantes.

La forma en que se efectúa el desglose y el plan de trabajo será explicada posteriormente con más detalle ya que es a partir de disponer del guión definitivo, tras la decisión de acometer la producción, cuando estas operaciones, al ser nuevamente realizadas con datos más certeros y exhaustivos, pasan de ser meras herramientas de estimación a instrumentos de planificación y programación para la confección del plan de trabajo definitivo y para la elaboración detallada del presupuesto de producción.

Capítulo VII

Presentación de proyectos

1. Los inicios

Los orígenes de un proyecto, como hemos apuntado en anteriores capítulos, pueden ser muy diversos. En ocasiones provienen de la idea de un productor, de un director, de un guionista y también del encargo de un cliente, fórmula ésta muy corriente fuera de la ficción cinematográfica y televisiva.

La cuestión es que el proyecto tendrá que conceptualizarse y desarrollarse de forma que pase de ser una simple historia o una idea, a tener una entidad propia después de ser sometido a un proceso de creación artística, a un desarrollo financiero y de disponer de una base legal que, en conjunto, permitan su efectiva puesta en marcha.

Durante este proceso de materialización habrá que definir las características artísticas y técnicas que aseguren una diferenciación suficiente del proyecto respecto a otros. Este trabajo se realizará consumiendo recursos, especialmente tiempo y, por tanto, dinero. Tendrá lugar una reflexión respecto a su realización en la que se tomarán decisiones trascendentes como la elección del formato de trabajo, si irá en soporte cine, vídeo de alta definición o vídeo estándar; se decidirá la duración del mismo así como el estilo escenográfico y de realización, decisiones que tomarán conjuntamente director o realizador junto con el escenógrafo; el guionista jugará un papel determinante para la definición del producto especialmente en los aspectos narrativos pero también en lo concerniente al ritmo e incluso a la estética y, por supuesto, se realizará un estudio económico que dará como resultado un presupuesto asignado a su producción.

Habrá que responder a preguntas respecto al mercado al que se dirige, al género elegido, a la definición de los personajes intervinientes (en el caso de ficción), a la temática más adecuada para conseguir contactar con los deseos del público o con las características concretas de las audiencias a las que nos dirigimos. Incluso habrá que decidir el idioma en que vamos a realizarlo y no solo por la posibilidad de encontrarnos en países con varias lenguas sino también por criterios de oportunidad o de comercialización del producto. Muchas producciones se realizan directamente en inglés para poder penetrar con mayor facilidad en el mercado estadounidense, o en esta misma lengua, en el caso de las producciones de animación, que toman como referencia para los labiales de sus protagonistas el inglés.

Se valorará, también, la introducción de una u otra estructura narrativa, o se definirán las partes que constituyen el programa en las tipologías de programas de no ficción.

1.1. La viabilidad

Ya hemos comentado con anterioridad los procesos necesarios para determinar la viabilidad de un proyecto audiovisual, desde la valoración de la idea dramática y de la idea temática hasta la aplicación del test de evaluación de la sinopsis, el análisis de la viabilidad económica a partir de la realización de un presupuesto estimativo e incluso la necesidad de contar con algo tan poco científico como el olfato de un productor que puede ver la potencialidad de un proyecto allí donde otros no ven nada. Todo ello nos lleva a considerar su factibilidad, es decir, la seguridad de ser capaces de conseguir la mayor parte de la financiación necesaria para su realización efectiva mediante el amplio panel de posibilidades que puede valorar un productor: inversiones privadas, subvenciones, ventas a distribuidores, pactos con televisiones, etc. De todo ello trataremos con más profundidad en el siguiente capítulo.

En cualquier caso, y como en cualquier obra empresarial, existirá una idea fuerza consistente en la búsqueda de la *rentabilidad* que, en una primera lectura se entiende como la posibilidad de recuperar la inversión y, en otro nivel de lectura, a la obtención de beneficios para la empresa productora. Es cierto que la recuperación de la inversión no deja de ser, siempre, en este estadio, una hipótesis de partida que el tiempo se encargará de confirmar.

Por ello, estamos hablando de una situación de riesgo que puede asumirse o no en función de muchas variables. En los estadios iniciales de un proyecto es preciso afinar y conceptualizar nuestro proyecto como algo único y diferente respecto de otros proyectos anteriores o contemporáneos. Puede ser aconsejable contrastarlo con la opinión de otros productores, con ejecutivos de compra de programas de cadenas de televisión o con agentes de venta de programas. Sus respuestas pueden orientarnos respecto a las características de nuestro producto y sus posibilidades de comercialización y explotación.

A continuación, una vez asumido el riesgo, tiene lugar la búsqueda de la financiación pero aquí queremos referirnos a las acciones que pueden adoptarse para hacer atractivo el proyecto ante posibles inversores o facilitadores de presupuesto para la producción.

1.2. Estructura de presentación de un proyecto audiovisual: el *package*

El *package* es el dossier que se elabora para la presentación de un proyecto con el fin de facilitar la consecución de financiación. Se trata de una carpeta informativa que contenga todos los datos esenciales acerca de los aspectos creativos, artísticos, técnicos y económicos para comenzar a preparar un proyecto. Esta expresión, muy utilizada en el audiovisual estadounidense, ha entrado en Europa de la mano del programa MEDIA de la Comisión Europea.

El contenido y la extensión de los documentos de una carpeta de estas características son muy variables. Merece la pena considerar que en el nivel ejecutivo se aprecia y valora la brevedad y precisión informativa. Interesa transmitir la esencia de un proyecto en el mínimo tiempo posible. Si tomamos como referencia un proyecto que adopta la forma de una serie de programas destinados a una televisión y que, además, incluye una muestra del programa en forma de capítulo piloto, los puntos a recoger en la presentación del proyecto pueden ser, básicamente, los siguientes:

1. Presentación general del proyecto

- Presentación.
- Título.
- Género.
- Copyright del guión.
- Estructura.
- Referencias del programa.
- Equipo creativo.
- Equipo artístico.
- Justificación del proyecto.

- Público a que se dirige.
- Idioma.
- Duración de cada programa.
- Número de capítulos.
- Sinopsis de cada uno de los capítulos.
- Periodicidad.
- Franja horaria propuesta.
- Estado fiscal.

2. Datos técnicos

- Emisión.
- Sistema de producción.
- Número de jornadas de registro.
- Plató.
- Equipos de registro en exteriores.
- Relación existente entre trabajo en estudio y en localizaciones interiores y exteriores.
- Calendario o cronograma.
- Otros elementos a destacar en la presentación.
- Presupuesto aproximado de realización de la serie.
- Plan de financiación.
- Gestión y promoción del proyecto.

3. Aspectos formales. Identidad corporativa de la serie

- Tipología de las caretas de presentación.
- Diseño escenográfico.
- Presencia del/ los presentador/es.
- Calidad fotográfica, calidad de la imagen.
- Relaciones entre las distintas partes de cada programa.
- Músicas de sintonía.
- Otros aspectos formales.

4. Presentación del capítulo piloto

- Justificación del tema.
- Objetivos comunicativos específicos del capítulo.
- Escaleta o guión técnico del programa.
- Plan de producción.

– Presupuesto total del capítulo piloto.

Extendemos, a continuación, la información de los ítems enunciados para disponer de una información más completa.

1. Presentación general del proyecto

– *Presentación.*
  - Exposición sintética de la trayectoria de la empresa o de las personas promotoras del proyecto. También conviene exponer los motivos que impulsan a llevar adelante la producción.

– *Título.*
  - Refleja el título propuesto para el programa. El título original se aporta en caso de que se trate del desarrollo de un formato ya existente.

– *Género.*
  - La categoría de programa dentro del cual se podría encuadrar el proyecto (concurso, debate, dramático, informativo, etc.).

– *Copyright del guión.*
  - Asegurar la disposición de los derechos de utilización del mismo.

–*Estructura.*
  - Breve descripción de las partes que componen la entrega de cada programa, así como de la serie en su conjunto, en el caso de que la estructura sea seriada.

–*Referencias del programa.*
  - Conviene citar programas próximos al propuesto por género, temática, tipo de desarrollo, etc., y que pueden contribuir a la definición o comprensión del proyecto.

–*Equipo creativo.*
  - Las personas que componen la producción ejecutiva, el guión y la dirección o la realización del programa.

–*Equipo artístico.*
  - Efectuar una propuesta de comunicadores, actores y actrices protagonistas o colaboradores, según corresponda.

–*Justificación del proyecto.*
  - Justificar la elección del tema, el interés temático, la relación con el contexto sociocultural y mediático, los objetivos comunicativos del programa (a dónde quiere llegar, pretende entretener, informar o concienciar) y cualquier aspecto que refuerce el proyecto.

– *Público a que se dirige.*
  • Características de la audiencia de destino: sexo, edad, perfil social, grado cultural, nivel económico, etc.
– *Idioma.*
  • Especialmente en las comunidades bilingües.
– *Duración de cada programa.*
  • Tiempo estimado de cada programa.
– *Número de capítulos.*
  • Valorando series de trece capítulos, si se considera conveniente, con propuesta de repetición, o considerando duraciones inferiores al estándar de trece capítulos.
– *Sinopsis de cada uno de los capítulos.*
  • Sinóptica relación del contenido previsto para cada capítulo que permita apreciar su coherencia en el conjunto de la serie.
– *Periodicidad.*
  • Diaria, semanal o de otro tipo.
– *Franja horaria propuesta.*
  • Horario de emisión recomendado.
– *Estado fiscal.*
  • Desde el punto de vista administrativo, se suelen presentar las escrituras de constitución de la empresa, así como algún comprobante bancario de la inexistencia de deudas y un certificado oficial que acredite que la empresa está al corriente en los pagos a Hacienda u otros impuestos de la Administración del Estado.

2. Datos técnicos
– *Emisión.*
  • Si es directo o grabado.
– *Sistema de producción.*
  • Especificación de si se trabajará por secuencias, por bloques, por lotes pregrabados, por capítulos enteros, etc.
– *Número de jornadas de registro.*
  • Número de jornadas necesarias por programa, tanto en plató como en exteriores.
– *Plató.*
  • Tamaño, tipo y características del plató.

– *Equipos de registro en exteriores.*
  - Tipo de equipos requerido: trabajo con una sola cámara, equipos ENG, unidades móviles, unidades ligeras, etc.
– *Relación existente entre trabajo en estudio y/o en localizaciones interiores y exteriores.*
  - Especificación porcentual del trabajo a realizar en estudio respecto del que habrá que realizar en exteriores o en otras localizaciones o estudios, así como la necesidad de tiempo de montaje, postproducción y sonorización, si se precisa.
– *Calendario o cronograma.*
  - Extensión temporal de producción de la serie completa desde la puesta en marcha hasta la disposición total de la producción. Refleja el plan de producción de la serie completa.
– *Otros elementos a destacar en la presentación.*
  - Como formato de vídeo elegido, trabajo en multicámara, con y sin postproducción, etc.
– *Presupuesto aproximado de realización de la serie.*
  - Coste por programa, si se trata de un presupuesto de producción externa, o bien especificando los medios a aportar por la cadena de televisión en el caso de producirlo conjuntamente.
  - Coste estimativo total de realización de la serie.
– *Plan de financiación.*
  - Exponer los recursos económicos propios y ajenos disponibles. Conviene especificar la inversión efectuada en la fase de desarrollo del proyecto (hasta el momento) y cuáles son las perspectivas de obtención del resto de la financiación (preventas, subvenciones, inversiones, etc.) hasta la consecución completa del presupuesto estimado.
– *Gestión y promoción del proyecto.*
  - Presentar un diseño de las estrategias de promoción del *package* entre posibles productores, inversores y patrocinadores vinculado al plan de financiación.

3. Aspectos formales. Identidad corporativa de la serie

– *Tipología de las caretas de presentación.*
  - Breve descripción de las transiciones infográficas, imagen corporativa y distintiva del programa y *look* de la imagen.

– *Diseño escenográfico.*
  - Características de la escenografía, ambiente y atmósfera creada, aspectos generales de decoración, fondos, mobiliario, elementos del decorado...

– *Presencia de/ los presentador/es.*
  - Descripción del estilo de su indumentaria, caracterización y aspecto.

– *Calidad fotográfica, calidad de la imagen.*
  - Descripción de los aspectos relacionados con la luminosidad del programa, el tipo de iluminación y las tonalidades de la luz: calidez, frialdad, contraste cromático, etc.

– *Relaciones entre las distintas partes de cada programa.*
  - Especificación formal de las partes del programa que constituyen su estructura, paso y transiciones entre unas y otras, duraciones porcentuales.

– *Músicas de sintonía.*
  - Descripción de las músicas a utilizar en la identidad del programa, especificación de si se trata de música original o de mediateca, con información sobre el estado de los derechos de autor.
  - Otros aspectos formales.
  - Cualquier otro aspecto no previsto y que se considere importante.

4. Presentación del capítulo piloto

– *Justificación del tema.*
  - Justificación del tema elegido en relación con el conjunto del proyecto general.

– *Objetivos comunicativos específicos del capítulo.*
  - Especificación de los objetivos del programa presentado en el contexto del conjunto de objetivos del proyecto general.

– *Escaleta o guión técnico del programa.*
  - Presentación en formato estándar de la escaleta (especialmente si se trata de un producto televisivo) o del guión técnico del programa.

– *Plan de producción.*
  - Especificación del plan de producción del capítulo piloto para valorar las particularidades que ha comportado su realización.

– *Presupuesto total de la producción del capítulo piloto.*
  - Coste total de producción del capítulo piloto detallado por partidas presupuestarias.

Con todos estos datos, un posible inversor, un patrocinador, o una empresa productora, disponen de información suficiente para tomar la decisión de participar, profundizando en su análisis, o de rechazar el proyecto si no coincide con sus objetivos, capacidad o presupuesto. Si aceptan, someterán el proyecto a una evaluación integral desde su perspectiva concreta donde afinarán al máximo los aspectos de contenido, formales, comunicativos y de viabilidad económica.

1.3. Objetivos y secuencia de una presentación

Cuando presentamos una propuesta de programa, un proyecto audiovisual, hemos de valorar la importancia de efectuar una buena presentación, de transmitir adecuadamente la información, especialmente si nos jugamos, ante una audiencia determinada (pueden ser los ejecutivos de una televisión o de una productora) la posibilidad de que el proyecto sea aceptado o rechazado.

Una primera reflexión es que el objetivo de la comunicación, en un caso como el que nos ocupa, no es la transmisión, sino la *recepción*. Todos nuestros esfuerzos, la preparación, presentación y los contenidos de nuestro discurso deben dirigirse a que nuestro mensaje sea entendido y recordado.

Tengamos en cuenta el hecho de que el ser humano tiene una capacidad de atención muy corta. En nuestra presentación hemos de mantener la atención de nuestra audiencia para que entiendan nuestro proyecto. Pensemos que diez o quince minutos ante el representante de una entidad productora o de una televisión pueden decidir la aceptación o no de nuestra propuesta, probablemente trabajada durante mucho tiempo por nuestro equipo.

El punto de partida es formular un *objetivo preciso*. Por eso, el mejor enfoque es aislar el objetivo principal y referirse, como máximo, a otros dos que se puedan tratar, siempre que no desvíen la atención del objetivo principal. La clave es el *enfoque del tema*.

Es fundamental realizar un esfuerzo previo para identificar las metas y objetivos de nuestros interlocutores. La máxima atención se consigue cuando nuestros comentarios iniciales reflejan la comprensión de su problema y ofrecemos una solución.

La secuencia de inicio en una presentación puede ser:

– Conseguir su atención (asegurarse).

– Establecer el tema (enunciar el objetivo principal).

– Presentar la estructura de la presentación.
– Establecer una buena relación (establecer el papel desde el inicio planeando cómo se va a aparecer ante la audiencia y manteniendo la coherencia).
– Explicar las características del proyecto.

Y para el final:
– Hay que planificar las últimas oraciones del discurso ya que la impresión final que se deja en la audiencia es la que recordarán.
– Llegar al final de forma inesperada, con una frase vital que quede en la memoria. Eso requiere un cambio de ritmo, una nueva ayuda visual o la introducción de una idea final culminante.

En toda presentación se debe disponer de *ayudas visuales* que faciliten la comprensión del mensaje. Si empleamos un programa informático de presentaciones, las diapositivas o pantallas que pasemos han de tener un objetivo específico, eliminando aquellas que no sean esenciales, sin olvidar las que cumplen la función de añadir ritmo o entretenimiento a la presentación.

1.4. El *pitching*

Es una técnica de venta consistente en la presentación oral de un proyecto en un tiempo muy breve que suele extenderse entre uno y siete minutos. Es una forma de presentarse ante un posible inversor o financiador, o un coproductor. Alguien con poder ejecutivo al que le contamos nuestro proyecto con la intención de obtener desde los derechos de explotación de una obra, hasta su participación económica, o la venta de nuestro filme o programa.

En la actualidad, es la forma más efectiva de relación entre proyectos y guiones no solicitados con productores que buscan proyectos interesantes.

Habitualmente se organizan encuentros privados o institucionales a los que asisten productores en busca de proyectos *(commissioning editors)*, que representan a diferentes cadenas o productoras de cine, vídeo o televisión.

La capacidad de comunicación en la preparación para un *pitching* es el instrumento más valioso para conseguir el objetivo de *vender* el proyecto. Todos los puntos tratados en el apartado anterior referidos a la planificación de una presentación han de considerarse y adaptarse a la consecución de impactar y despertar la curiosidad por el proyecto en un tiempo récord.

Por lo dicho, realizar un *pitch* no consiste en detallar todos los aspectos de nuestro proyecto, que es lo que se haría con el *package*, sino que se trata en exclusiva de vender una idea, un concepto. Por ello, es preciso el convencimiento de la originalidad del proyecto, saber que es único y poner al servicio de su transmisión todas las habilidades comunicativas posibles, con compromiso y el grado importante de apasionamiento necesario para que otros se interesen.

Insistimos en la importancia de la preparación minuciosa del *pitching*. Se trata no solo de preparar todas y cada una de las frases de la intervención, así como las ayudas visuales sino, además, conocer el máximo de los interlocutores, a qué empresas representan, cuáles son sus campos de actuación y sus mercados, cuál es su historia y, dado que en cualquier momento nos pueden hacer preguntas, conocer a fondo las interioridades del proyecto, el guión, el plan de financiación, la planificación y cualquier tipo de información relativa al proyecto que se pretende vender.

Hay que proporcionar una copia escrita del proyecto a los interlocutores, con todos los datos que les permitan volver a leerla con más calma y contactar con los responsables del proyecto para ampliar datos o información. La entrega de una copia del *package* es una buena medida para satisfacer la curiosidad de los *buscadores de proyectos* que asisten a los *pitchings*.

Un esquema muy extendido para la preparación de un *pitching* es el que sigue:

1. *Cortesías y saludos*
2. *Presentación:* nuestro nombre y el de la empresa que representamos. Entrega de tarjeta de identificación y contacto.
3. *Aporte de credenciales*: decir algo sobre nosotros y sobre nuestra experiencia. A veces la motivación de los interlocutores se aviva cuando reconocen nuestro nombre o nuestros trabajos.
4. *Objetivo de la presentación*: expresar lo que deseamos de ellos. Cuál es el porqué de la entrevista.
5. *Exposición enunciativa de los puntos clave*: cuáles son los puntos clave o temas que vamos a mencionar.
6. *Desarrollo de los puntos*: marcando claramente las diferencias entre uno y otro.
7. *Resumen de los puntos expresados*: remarcando lo principal para concretar la entrevista posterior.
8. *Expresar la confianza en el logro del objetivo.*
9. *Invitar a hacer preguntas.*

10. *Respuesta a las preguntas:* sintéticas, precisas y claras.
11. *Despedida*: dejar datos de contacto y dossier de la propuesta escrita (*package*, si se dispone).

Algunos consejos en la realización de un *pitch* pueden ser:
1. La conveniencia de emplear frases sencillas y conceptos claros.
2. Estar atentos a las reacciones de los oyentes detectando su posible desinterés y reaccionado con recursos verbales o no verbales que contribuyan a concentrar su atención.
3. No atropellarse hablando deprisa e intentando querer decir tantas cosas en tan poco tiempo que no se comprenda el discurso.
4. Responder a los comentarios siempre de forma positiva agradeciendo la opinión del interlocutor.
5. No inventarse las respuestas cuando no las conocemos. Es mucho mejor responder la verdad y mostrar nuestra disposición para obtener la información que se nos ha solicitado.

Capítulo VIII
Modalidades de producción y financiación

1. Financiación de la producción audiovisual

Una vez la entidad promotora ha dado el visto bueno al proyecto con su correspondiente presupuesto realizado por el director de producción responsable de su valoración económica, y si finalmente ha considerado viable la ejecución del mismo, da comienzo una fase intermedia cuya duración es variable en el tiempo: la búsqueda de recursos financieros.

En general, y especialmente en el terreno cinematográfico, la entidad promotora (o productor–promotor si se trata de una persona física) no suele disponer de recursos propios para financiar la producción de un filme, de un programa o de una serie. Por ello (aunque algunas legislaciones nacionales obligan a la entidad promotora a arriesgar un determinado porcentaje del presupuesto total), con frecuencia, debe recurrir a la obtención de recursos económicos de muy distintas fuentes.

1.1. Financiación y explotación

La empresa productora es quien asume, en primera instancia, el riesgo empresarial. Hace la película con sus propios medios y siempre tiene la radical titularidad del derecho de explotación comercial de los filmes. Orienta y organiza los oportunos procesos de producción recurriendo a las empresas de servicios para la provisión de recursos y la realización de trabajos específicos.

El productor debe tener buena relación con las empresas de servicios. Cuando se es cliente de una determinada empresa de servicios y existe buena relación, es posible pactar sistemas de pago diferido, lo que facilita la financiación.

Existe una modalidad de acuerdos de participación en los beneficios por parte de los proveedores, abaratando el coste de producción y compartiendo riesgos. Se trata de las denominadas *Facilities Deals*. En esta modalidad, son los proveedores quienes se muestran principalmente interesados en la participación en la producción, a veces como una forma de acercarse a la producción o como una apuesta de futuro. Aunque en España no es muy utilizada, esta fórmula se puede aplicar tanto a directores, actores, directores de producción, construcción de decorados, iluminación, platós, como a los servicios de catering o seguridad.

La explotación comercial de cualquier filme se realiza cediendo los derechos a la distribuidora para lugar y tiempo determinados, mediante venta en firme (tanto alzado) o porcentaje pactado (dar la película a distribución). La venta en firme se suele utilizar para venta a países donde no se puede controlar la distribución.

La empresa distribuidora y las distribuidoras de derechos son definitivas para la financiación de los productos, no solo para su explotación a posteriori sino para la financiación a priori, que hace posible realizar la producción. De hecho, para asegurar mínimamente la viabilidad del producto, es preciso conseguir el compromiso o el contrato de distribución antes de empezar la producción.

Aunque la explotación del producto se realizará cuando haya sido realizado, el productor ha de prever por adelantado todas las formas de explotación para pactar anticipos a cuenta de las cesiones de derechos de explotación con sus agentes.

1.2. La televisión como exhibidora de filmes

Hoy se ve más cine que nunca a través de la televisión. La industria audiovisual difícilmente se sostendría sin la televisión. Las películas comerciales han variado incluso su estructura porque están pensadas para su exhibición televisiva. Por ello:

- El detonante aparece inmediatamente en la trama porque las películas compiten con otros filmes y programas a los que el espectador accede instantáneamente con solo accionar el mando a distancia.
- Se aumenta el número de puntos de acción en los filmes, para dejar la trama en momentos de intriga y suspense que inviten a retomarla tras las

a veces excesivamente largas pausas comerciales que sufrirá el espectador durante la exhibición televisiva.

Tengamos en cuenta que la televisión generalista:

- No cobra del espectador directamente (no hay taquilla), se suele financiar con la publicidad.
- Compra según precios de mercado.
- No corre riesgo empresarial, ya que su beneficio no depende en exclusiva de la audiencia del filme, que queda integrado en la parrilla.

Las televisiones realizan compras *a priori* con lo que contribuyen a la financiación de la producción y compras *a posteriori* contribuyendo a la explotación. Las televisiones adquieren los derechos de emisión en los diferentes mercados del audiovisual (Cannes, MIPCOM, MIFED, etc.) nacionales o internacionales, por un número de pases o por un tiempo determinado sin limitación de reemisiones.

Con la venta a priori la productora sabe de antemano lo que puede obtener de la televisión.

En la venta a posteriori, aunque hay precios estándar, si el filme ha obtenido éxito de taquilla puede poner el precio y las condiciones, y la venta puede llegar a ser una auténtica subasta.

Las ventas a posteriori suele realizarlas la empresa distribuidora, la cual, si ha comprado el filme a tanto alzado, ha asumido el riesgo de explotación.

Las empresas distribuidoras de derechos de televisión también adquieren derechos a priori y a posteriori, y suelen adquirir la distribución internacional.

Dada la enorme competencia de las producciones estadounidenses, las administraciones establecen, por decreto, una cuota de pantalla y un precio mínimo tanto para los productos nacionales (o europeos) como para los estadounidenses.

2. Modos de producción audiovisual

Las empresas televisivas son inversoras, distribuidoras y exhibidoras de producciones cinematográficas clásicas, y de producciones polivalentes o exclusivas para la televisión.

Las televisiones utilizan diversas formulas en la producción de filmes y programas y sus modelos son aplicables a la producción de los diversos *media*. En este apartado utilizaremos como modelo los modos de producción de una entidad televisiva.

Básicamente se puede hablar de:

- Producción propia o producción interna.
- Coproducción.
- Producción asociada.
- Producción ajena e intercambio.

2.1. La producción propia o producción interna

Se entiende por producción propia o interna, todos los productos realizados íntegramente con los recursos humanos, técnicos y presupuestarios de una empresa de televisión.

Los programas más representativos de la producción propia son los informativos y los deportivos, sin olvidar la existencia de agencias que proporcionan una elevada cantidad de material de procedencia externa. También es habitual, en los deportivos, adquirir los derechos de emisión de retransmisiones de otras cadenas.

En general, los informativos no son rentables económicamente, exigen decorados, sintonías, caretas, alquiler de satélites, enlaces, agencias, intercambios, mantenimiento de una red de corresponsales, redactores, etc. Son programas de servicio público de gran prestigio para cualquier emisora. Por ello suelen introducirlos las cadenas de programación generalista e incluso muchas de fórmula especializada.

Para aminorar los gastos inherentes a estos programas cada vez es más frecuente la recurrencia al patrocinio de ciertos espacios informativos como el tiempo, el tráfico, la información de bolsa, etc.

La producción propia o interna se financia con los recursos de la emisora, cuya procedencia dependerá del carácter público o privado de la misma. Los recursos privados pueden proceder de la publicidad, del cobro de cuotas por suscripción a la recepción del servicio codificado, o del patrocinio de programas concretos.

2.2. Las coproducciones

Fernández y Barco[1] definen la coproducción «como aquel fenómeno a través del cual dos o más entidades se unen aportando, cada una de ellas, determinados medios para la producción de una película.» La definición sirve para la producción de cualquier otro producto audiovisual.

- De ahí se extrae que el coproductor puede ser tanto una productora, como una televisión, cualquier empresa, organismo o persona física. Es necesario un mínimo de dos entidades pero no existe un límite superior.
- Por otro lado, puede ser nacional o internacional, o ambas a la vez.
- Cada uno de los coproductores deberá hacer diferentes aportaciones a la obra. Puede ser dinero, material, personal, etc. Todo ello sujeto a fórmulas contractuales.

Las coproducciones suelen acordarse para la producción de series de alto presupuesto o para producciones cinematográficas.

El fenómeno de la coproducción se ha afianzado con fuerza en el panorama audiovisual mundial y cada vez se coproduce más, tanto nacional como internacionalmente.

Algunas de las razones que hacen aconsejable esta modalidad de producción son:

1. *Proporciona una apertura a nuevos mercados.* Por un lado, permite acceder a mercados que serían de difícil acceso si no mediara la coproducción. Por ejemplo a otros países. Cada socio local puede obtener financiación y apoyos con mayor facilidad en su entorno que una empresa extranjera. Por otro lado, facilita que una productora recién constituida entre en el mercado coproduciendo con otras productoras que sí tengan acceso a dicho mercado y puedan facilitárselo.

1. Fernández Díez, Federico y Barco, Carolina, 2009. *Producción cinematográfica. Del proyecto al producto.* FUNIBER. Díaz de Santos.

2. *Permite compartir los riesgos*. Cuando se coproduce, se dividen los riesgos entre los distintos coproductores, de modo que el riesgo que asume cada coproductor es menor al que se vería obligado a responder en caso de ser el único productor de la película.
3. *Facilita el acceso a determinadas ayudas* de fomento a la coproducción entre distintos países. Por ejemplo:
   - *MEDIA*. El programa MEDIA es una iniciativa de la Comisión Europea cuyo objetivo es el apoyo al sector audiovisual europeo en los ámbitos de formación, desarrollo, distribución y promoción.
   - *MEDEA*. Programa que parte de la iniciativa de la Consejería de Cultura de la Junta de Andalucía y cuenta con el apoyo de la Comisión Europea. Fue creado para estimular y fomentar la industria audiovisual euromediterránea, ayudando al desarrollo de proyectos audiovisuales y de medidas complementarias de formación audiovisual.
   - *Eurimages*. Es un fondo creado por el Consejo de Europa para ayudar a la coproducción, distribución y explotación de obras cinematográficas europeas. Su objetivo es el de promover el cine europeo estimulando la producción y la circulación de obras y favoreciendo la cooperación entre profesionales.
   - *European Coproduction Fund*. Su objetivo es promover la colaboración entre productoras británicas y otras productoras de la Unión Europea.
   - *Ibermedia*. Forma parte de la política audiovisual de la Conferencia de Autoridades Cinematográficas de Ibero–América y tiene, entre otros objetivos, el de estimular la coproducción de películas para cine y televisión con países iberoamericanos.

Los partícipes de la coproducción se reparten los derechos en exclusiva para sus respectivos territorios de influencia y pactan los porcentajes de beneficios según sus aportaciones.

Los modos de participación pueden ser diversos. Así, existe el *coproductor financiero*, que participa solo en el plano económico realizando una aportación financiera a cambio de beneficios en la explotación o reservas de ventanas de explotación. La *coproducción pura* implica el intercambio de talento profesional y no solo aporte financiero. El hecho de ser coproductor implica la titularidad compartida de los derechos de explotación de la grabación audiovisual.

La elección del socio adecuado es crítica, por muchas razones. Las peculiaridades del trabajo audiovisual hacen aconsejable que las relaciones personales y profesionales sean fluidas y cómodas entre los distintos socios. Es responsabilidad del productor analizar y valorar las características de los posibles coproductores para elegir los más adecuados que garanticen el éxito del proyecto. En muchos casos el criterio que determinará el régimen de ayuda o de fomento aplicable serán la nacionalidad y los requisitos de participación impuestos desde los respectivos foros normativos.

Fernández y Barco recomiendan exigir a un coproductor los siguientes requisitos:

- *Solvencia económica*. No es conveniente un coproductor que no pueda asumir una parte de los riesgos ya que una de las ventajas de la coproducción es el reparto de los riesgos de la producción.
- *Interés y confianza en el proyecto*. Del productor depende que le dé mayor o menor importancia a que su coproductor esté efectivamente interesado y confíe en el éxito del proyecto conjunto. El interés y la confianza traen consigo acciones favorables para el proyecto, como una mayor implicación del coproductor o gestiones más efectivas en la búsqueda de financiación en su territorio.
- *Acceso a los canales de distribución de su región, comunidad o país*. Un coproductor cumple la primordial función de facilitar el acceso a canales de financiación y distribución, a los cuales el productor no suele tener acceso directo. Esto es aplicable a las ayudas y subvenciones.
- *Nivel de experiencia similar*. Esta afirmación acepta excepciones pero no puede desdeñarse el hecho de que, normalmente, "el pez gordo se come al chico". Si una productora pequeña coproduce con una de gran tamaño, corre el riesgo de perder el control del proyecto. Desde otra perspectiva es posible que a la productora más potente no le interese coproducir con una más pequeña porque ésta no le ofrezca todo lo que espera o necesita de ella.

Contrato de coproducción

El contrato de coproducción es el documento que recoge todos y cada uno de los pactos que las partes hayan acordado para la coproducción de la obra.

En muchas ocasiones puede haber existido un precontrato o *deal memo* anterior. Se trata de un documento que recoge los acuerdos básicos sobre las cuestiones fundamentales que afectan a la coproducción y que deben quedar establecidas desde el inicio de la colaboración.

Normalmente, en el *deal memo* se recogen los siguientes aspectos:

– Identificación de las partes.
– Descripción de las principales características de la obra.
– Las aportaciones de cada una de las partes.
– La contraprestación por la aportación comprometida.
– El calendario de trabajo, normalmente provisional.
– Un presupuesto.
– Un plan de financiación y amortización.
– Las condiciones de comercialización de la obra.
– La ley aplicable y la jurisdicción competente.

Finalmente, hay un aspecto muy importante del que debe quedar constancia en ese *deal memo*: acordar si las partes le otorgan al mismo un carácter meramente de propuesta o borrador o si, por el contrario, es de obligado cumplimiento.

El contrato de coproducción desarrolla en profundidad los acuerdos fijados en el precontrato anterior, si ha existido, añadiendo nuevas cláusulas. Normalmente desarrolla los siguientes puntos:

– *Las partes*. Determinar quiénes son, en nombre de qué sociedad actúan y qué representación ostentan. El sujeto de la coproducción puede ser una cadena de televisión, una entidad bancaria o una persona física.
– *Descripción de la obra*. Normalmente, se describe la obra más extensamente de lo que se ha descrito en el *deal memo*. Se determina si es un largometraje, una película para televisión o un programa de entretenimiento.
– *Las aportaciones de cada una de las partes*. Se especifican las aportaciones concretas. Pueden ser aportaciones pecuniarias, o en técnicos, actores, maquinaria, laboratorios, etc. A la hora de determinar cuáles son las contribuciones de las partes a la obra habrá que especificar al máximo para evitar futuros problemas o malas interpretaciones.
– *La contraprestación* que recibirá cada una de las partes a cambio de su aportación. Lo lógico y habitual es que haya un equilibrio entre lo que aporta y de lo que se beneficia. No hay una regla que determine qué se queda cada uno de los coproductores, sino que dependerá de los pactos entre ellos. Así es posible que un coproductor se quede todos los derechos de explotación de la obra en un determinado idioma, o para un determinado territorio.
– *Comercialización de la obra*. En esta cláusula se concreta quién se encargará de comercializar la obra y cuáles son los límites a dicha comercialización. Si un coproductor se ha reservado en exclusiva un territorio o un idioma,

solo estará capacitado para explotar la obra en ese territorio o en ese idioma reservado. Para la explotación del resto de derechos que no son exclusivos de un coproductor pueden acordarse diversas fórmulas:

- Encargar la comercialización a un tercero, normalmente un distribuidor o un agente de ventas.
- Nombrar a uno de los coproductores encargado de la comercialización de la obra.
- Todos los coproductores pueden comercializar la obra. Habitualmente, quien tenga una oferta la deberá poner en conocimiento del resto de los coproductores y, salvo que cualquiera de ellos pueda mejorarla, el coproductor que haya iniciado las gestiones de comercialización podrá concluir la venta.

– *Duración del contrato.* En este pacto se fija durante cuánto tiempo las partes estarán sometidas a ese contrato. Al igual que el resto de las cláusulas, dependerá de la voluntad de las partes, aunque lo habitual es que el contrato esté vigente mientras dura la coproducción. Sin embargo, los derechos fruto de la coproducción seguirán vigentes con posterioridad a la finalización del contrato.

– *Causas de resolución del contrato.* En qué supuestos puede ponerse fin al contrato: incumplimiento de una de las partes, falta de financiación para la producción de la obra, o cualquier otro motivo. Las partes deben establecer, también, las consecuencias de romper la coproducción. En especial, tendrán que determinar quién se quedará con los derechos y qué ocurrirá con los gastos en los que se haya incurrido hasta el momento de la resolución.

– *Contratación.* Las partes acuerdan quién será el coproductor encargado de contratar al personal que intervenga en la obra y de adquirir todos los derechos necesarios para la producción y explotación de la misma. Puede optarse porque solo uno de los coproductores tenga esta facultad o, bien que cada coproductor esté facultado en su ámbito de actuación. En cualquier caso, al coproductor que contrate se le asigna la responsabilidad de cumplir cuantas obligaciones laborales, mercantiles, civiles, tributarias y de Seguridad Social se deriven de dicha contratación. Normalmente, se estipula una cláusula por la que se deja indemne al resto de los coproductores en el caso de que quien contrate no cumpla con las mencionadas obligaciones.

– *Contabilidad.* Este es un aspecto muy importante en la coproducción y se refiere a la gestión de la contabilidad y el de control de gastos en la coproducción. Entre otros puntos, debe decidirse si se abre una cuenta a nombre de la producción y quién la gestionará y tendrá acceso a la misma. También deben determinarse las obligaciones que tendrá el responsable de llevar la contabilidad hacia el resto de los coproductores.

- *Control creativo.* Uno de los aspectos más problemáticos en una coproducción es decidir en manos de quién recaerá el control creativo de la obra, porque ninguno de los coproductores suele estar dispuesto a ceder este control, del cual depende la calidad final de la obra. No obstante, hay que establecer quién o quiénes decidirán el corte final del audiovisual.
- *Títulos de crédito.* En esta cláusula se fija cuál será el redactado de los títulos de crédito así como su orden, tamaño y disposición. Es común, no obstante, que en una coproducción internacional exista una versión de títulos de crédito para cada uno de los países que intervienen. De esta manera se consigue satisfacer los intereses de los coproductores.
- *Cláusula de confidencialidad.* La coproducción exige un trabajo conjunto que permite que un coproductor disponga de ciertas informaciones confidenciales de su coproductor. Esta cláusula es extensible no solo al proyecto, sino también a la empresa. Defiende que ninguno de los coproductores pueda difundir cualquier tipo de información sobre el resto de los coproductores a la que hubiera podido tener acceso gracias a la coproducción.
- *Legislación aplicable y jurisdicción competente.* De un lado, hay que establecer qué ley se aplicará en caso de conflicto. También debería explicitarse, sobre todo en coproducciones internacionales, si las partes están sometidas a algún convenio internacional. Los contratantes deberán decidir a qué jurisdicción desean someterse.

2.3. Las producciones asociadas

Mediante esta modalidad, la empresa de televisión encarga la realización y producción de un programa a una empresa externa o ajena. La televisión posee la titularidad jurídica y es propietaria del programa.

En este modo de producción, el socio no arriesga económicamente. La televisión suele aportar una parte de los medios humanos, técnicos y presupuestarios y paga a la persona física o empresa asociada la infraestructura, dirección, guionistas, presentadores, gastos producidos, etc., justificados de forma documental.

La empresa productora ejerce la producción ejecutiva pero la televisión nombra un productor–delegado que defiende sus intereses.

La televisión aporta normalmente caretas, decorados, música, vestuario, atrezo, platós, equipos ligeros, unidades móviles, postproducción de vídeo y de audio además de los costes de cintas de vídeo, tarjetas de memoria, repicados, relaciones públicas y atención al público.

La empresa asociada suele aportar la dirección y presentación, el equipo de guionistas, el de coordinación, el de dirección, el productor ejecutivo y su equipo, la contratación de los artistas, el vestuario, los desplazamientos y dietas, etc. Todo ello, por supuesto, sujeto al establecimiento de una fórmula contractual.

La televisión puede exigir a la productora para realizar este tipo de producción delegada, un *seguro de buen fin* para garantizar la finalización del producto, así como el *seguro de errores y omisiones* para cubrirse en el caso de que no se hayan obtenido todos los permisos y derechos pertinentes para la realización del programa.

En la producción delegada, si la productora se excede en el presupuesto tendrá que hacerse cargo de los costes.

Este modo de producción es muy habitual en televisión pero destaca su uso, especialmente, en programas dramáticos, variedades y concursos. Cada vez se efectúan menos concursos en el modo de producción propia; la mayoría son producciones asociadas. Es frecuente que los concursos de éxito en otros países se compren o se adapten a las características propias de cada país. Muchas empresas compran los derechos de un concurso y adaptan la idea (con el control de la empresa que cede los derechos) y realizan los programas asociados con una cadena de televisión.

La forma más generalizada para financiar estas producciones es mediante el patrocinio y la inserción de publicidad con procedimientos diversos. Los concursos de éxito generan enormes beneficios por estos conceptos.

A efectos de programación, la producción propia o interna, la coproducción y la producción asociada se consideran *producción propia*. Este detalle es importante dado que las televisiones suelen estar obligadas por las leyes de aplicación en los distintos países, a emitir un determinado porcentaje de producciones propias. En algunas legislaciones se aplica la consideración de producción propia con un sentido más restrictivo, y se denomina como tal a aquellos programas o series cuyo coste supone el empleo al menos de más del cincuenta por ciento de recursos propios.

2.4. La producción ajena y el intercambio

En realidad, la *producción ajena* no se refiere a una forma de producir sino a la denominación que, desde una televisión, tienen aquellos programas cuyos derechos de emisión se compran sin que la entidad televisiva haya tenido nada que ver en su producción. En este caso, una empresa ajena a la entidad de televisión produce los programas en su totalidad vendiendo después su producto. La televisión paga simplemente los derechos de emisión para pasar en su programación esos programas. Las producciones ajenas constituyen el grueso principal de la emisión televisiva.

En este apartado cabe considerar también los *intercambios* de programas entre televisiones. Se trata de una cesión de programas a cambio de otros.

Para calcular el coste de las producciones ajenas, hay que añadir al precio que paga la televisión compradora (que suele ser, siempre, menor que el coste de producir por su cuenta el programa) el gasto adicional que supone el doblaje si el programa no se entrega en la lengua vernácula. El mismo proceso habrá de aplicarse a las producciones de intercambio.

En el caso de la producción cinematográfica ajena, en la que la televisión no ha participado adquiriendo derechos de antena, el productor está libre para negociar y su capacidad de negociar se incrementa cuando el filme ha obtenido una buena acogida en las salas cinematográficas, ya que su producto interesara a diferentes distribuidores.

El productor procurará que los derechos cedidos y el territorio de cada distribuidor sean lo más limitados posible, para tener mayor capacidad de negociación en cada contrato y poder diversificar las fuentes de ingresos: el productor debe conocer y aprovechar estratégicamente todos los medios de difusión de la obra.

3. Recursos para la financiación previa

Enumeramos a continuación, a modo de síntesis, algunas de las fuentes más comunes de financiación de los proyectos audiovisuales.

1. El *dinero propio* de la entidad promotora o del productor–promotor en un porcentaje que puede oscilar según las diferentes legislaciones. En

muchas cadenas de televisión financiadas con dinero público o privado mediante fórmulas de patrocinio o venta de espacios publicitarios, ésta puede ser una forma exclusiva de financiación para la ejecución del proyecto. Los recursos propios no son solo económicos sino que pueden tratarse de recursos humanos y materiales. También merece la pena mencionar los pagos diferidos que permiten al productor efectuar el desembolso de las cantidades adeudadas a los proveedores, varios meses después de realizado el filme o programa. Se trata de un procedimiento muy beneficioso para la producción si consideramos que es habitual recibir parte de la financiación con posterioridad a la producción del filme o programa.

2. Establecer un *acuerdo de coproducción* con otras sociedades o productoras audiovisuales del propio país o de otros países.
3. Un pacto con el *distribuidor* que asegure la aparición del filme en las pantallas de exhibición cinematográfica. Se trata de un anticipo o pago parcial adelantado sobre los futuros ingresos de taquilla.
4. Especialmente en el cine, es cada vez más frecuente llegar a acuerdos con una *distribuidora de derechos de televisión* o directamente con una *cadena de televisión*. Ello se concreta en un acuerdo de coproducción o en la compra de los derechos de antena para pasar la película por televisión al cabo de un cierto tiempo de exhibición en las pantallas comerciales. También se da el caso de combinar las dos fórmulas. Un mismo filme puede venderse a distintas televisiones siempre y cuando se prevea un escalonamiento o jerarquía que vaya de lo más particular (televisión por suscripción, cadenas de cable, televisiones regionales) a lo general (televisiones generalistas de ámbito estatal, por ejemplo).
5. También se puede recurrir a la *preventa de la película a distribuidoras de otros países*. Estas adelantan una parte del dinero preciso para la producción obteniendo beneficios para la distribución del producto en sus respectivos países.
6. El recurso a *inversores privados*, bancos, entidades de crédito o sociedades de inversión que deciden arriesgar su dinero en una producción audiovisual esperando obtener beneficios a cambio.
7. Las *participaciones personales* de actores o técnicos que intervienen en la producción y que contribuyen a financiar un proyecto arriesgando capital, no cobrando su trabajo, o haciéndolo por debajo de su valor a la espera de obtener un porcentaje de los beneficios de la producción. Esta modalidad de financiación también se denomina *capitalización de sueldos*.

8. La venta a las *distribuidoras videográficas* para su explotación en los comercios de alquiler doméstico de filmes en soporte DVD.
9. Los distintos *programas europeos* de ayuda a la producción, impulsados por la idea de contrarrestar la poderosa influencia de los productos americanos en Europa con el establecimiento de fórmulas de cooperación intraeuropeas.
10. En el caso de España también existen ventajas específicas para la coproducción con Latinoamérica.
11. Las *ayudas públicas a la producción*, es decir, las subvenciones otorgadas por los ministerios de cultura de los estados al objeto de impulsar la producción audiovisual y también por departamentos o consejerías regionales, autonómicas o federales.
12. Algunos países han impulsado diferentes sistemas de *ayuda al cine* como el adelanto sobre los ingresos de taquilla, que toma la forma de un impuesto sobre las entradas que se traduce, posteriormente, en presupuestos dirigidos a facilitar la producción cinematográfica.
13. *Otras formas novedosas* ligadas a la creatividad de sus impulsores y al cambio de modelos en las formas de producir y distribuir que buscan fórmulas alternativas y participativas como el *Crowdfunding* o microfinanciación, donde miles de personas pueden participar en la película abonando una mínima suma dineraria. Este modelo busca la creación de una comunidad que se convierte en un elemento clave para buscar el resto de la financiación por vías tradicionales.

La búsqueda de financiación refuerza la necesidad de disponer de un proyecto lo más elaborado posible. Su concreción y los datos aportados facilitarán la toma de decisión de las personas que apoyen o rechacen económicamente el proyecto considerado.

3.1. Medidas de protección

La producción audiovisual necesita de una situación excepcional de financiación por el alto riesgo, la necesidad de inversiones elevadas y la lenta recuperación de estas inversiones. Dado el interés de los estados en contar con una industria cultural propia, la producción local es objeto de ayudas y medidas de protección para hacer posible su continuidad y su desarrollo.

Entre otras acciones de protección están las subvenciones económicas que pueden ser:

- *Automáticas (objetivas).* Son subvenciones que se conceden de forma automática a los filmes que cumplan determinados requisitos. Pueden ser *a priori* o *a posteriori*. Actualmente se está primando la comercialidad, el éxito en taquilla, mediante un porcentaje sobre beneficios que debe ser utilizado para nuevas producciones.
- *Selectivas (subjetivas).* Ayudas que se conceden puntualmente a juicio de determinadas instancias. Las subvenciones selectivas pueden ser un modo de dirigir y controlar el mensaje del filme, lo cual, en algún caso, ha sido una forma de censura encubierta, aunque en otros ha favorecido el tratamiento de temas de interés que de otra forma no se habrían abordado, o la intervención de directores jóvenes que no habrían tenido acceso a la difusión masiva.

Siendo un bien cultural que no puede sobrevivir por sí mismo, la industria audiovisual debe tener ayuda, aunque especialmente las subvenciones selectivas pueden provocar las consecuencias siguientes:

- Una inflación artificial de los presupuestos.
- La creación de sociedades de producción efímeras por parte de directores, que se constituyen en empresa para producir su película subvencionada.
- Proyectos cinematográficos planteados de espaldas a la audiencia. Unicamente para obtener la subvención.

Además de las subvenciones existen otras ayudas y medidas de protección para la comercialización, la exhibición y la exportación.

Respecto a la *comercialización*, en España, desde 1955, se estableció que las distribuidoras, para poder doblar un filme extranjero, tenían que distribuir una película española. Desde 1994, se conceden licencias de doblaje por distribución de películas europeas.

En cuanto a las *medidas en el sector de la exhibición,* cabe destacar:

- Cuota de pantalla, es decir, porcentaje de filmes europeos que se han de programar en las salas.
- Programación obligatoria, es decir, tiempo mínimo de exhibición de los filmes en las salas.
- Subvención de un porcentaje de los ingresos brutos por la exhibición de películas subvencionadas.

Y por último existen *estímulos a la exportación:*
- Concesión de primas especiales a filmes exportados en función de sus ingresos en divisas.
- Creación de organismos especiales de carácter oficial, para la promoción y difusión de la cinematografía autóctona en festivales internacionales.

Las medidas protectoras afectan a todos los sectores de la industria. Aunque todas son necesarias, para el productor lo prioritario es obtener los recursos para la producción.

Exponemos, a modo informativo, las ayudas del ICAA otorgadas en España durante el año 2010. Se trata de ayudas públicas estatales a las que, para disponer de un panorama más completo, habría que añadir las ayudas de las diferentes comunidades autónomas.

Ayudas a las empresas audiovisuales en España durante el año 2010
Ayudas para el desarrollo y la realización de proyectos culturales y de formación no reglada durante el año 2010.
Ayudas para la conservación del patrimonio cinematográfico.
Convenio del año 2010, con el Instituto de Crédito Oficial, para el establecimiento de una línea de financiación para la producción cinematográfica y convocatoria de las ayudas para la minoración de intereses de los préstamos concedidos.
Ayudas para la realización de obras audiovisuales con empleo de nuevas tecnologías.
Ayuda para la producción de series de animación sobre proyecto.
Ayuda para el desarrollo de proyecto de películas cinematográficas de largometraje.
Ayudas para la amortización de largometrajes.
Ayudas para la elaboración de guiones para películas de largometraje.
Ayudas para la producción de cortometrajes.
Ayudas a cortometrajes realizados.
Ayudas para la producción de largometrajes sobre proyecto.
Ayudas para la producción de películas y documentales para televisión sobre proyecto.
Ayudas para la organización y desarrollo en España de festivales y certámenes de cinematografía y artes audiovisuales.
Ayudas para la participación de películas españolas en festivales durante el año 2010.
Ayudas para la distribución de películas de largometraje y conjuntos de cortometrajes, españoles, comunitarios e iberoamericanos.

Existen otras formulas que permiten obtener dinero para una determinada producción basadas en la inclusión pactada de productos y servicios que se integran en la trama del filme (es el caso del *product placement*) y otras que utilizan el filme o programa para la comercialización de los elementos que lo integran en forma de productos de consumo (*merchandising*).

3.2. El *product placement*

El *product placement* es una estrategia publicitaria consistente en insertar un producto, marca, servicio o actitud en el producto audiovisual con el fin de darle a éste publicidad, a cambio de una remuneración.

- Implica, por tanto, una presentación voluntaria y consciente de un producto, marca, servicio o actitud en el audiovisual.
- Tiene voluntad publicitaria.
- Se efectúa a cambio de una remuneración.

El *product placement* supone una fuente de financiación del audiovisual. El productor puede considerarla y valorar si su uso puede ser alguna fuente de conflicto con las empresas televisivas y también que su aparición esté plenamente justificada e integrada de forma natural en la obra.

El *product placement* ha sido explotado de forma abusiva por las grandes compañías de elaboración de cigarrillos, de manera que un actor o actriz de Hollywood necesitaba entrenarse en los diferentes estilos de fumar para interpretar al personaje representado.

Pueden nombrarse muchos ejemplos:

- En *Casablanca*, cuando Bogart, en su papel de Rick, escucha la confesión del autor de la muerte de los correos alemanes y el robo de los visados: la observación atenta del modo de fumar muestra explícitamente la actitud y carácter de cada personaje.
- En *Johnny Guitar* el protagonista pone por delante el placer de un buen café con un cigarrillo al placer sexual.
- En *Primera Plana*, Jack Lemon fuma compulsivamente en su momento de mayor inspiración y Walter Matau cita explícitamente la marca Camel.

La presentación de producto y marca en los cigarrillos ha sido explícita y ostentosa, pero además la situación en que se inserta y el personaje que hace uso suele conllevar emplazamiento de actitud por su carácter de protagonista que favorece la identificación y la proyección del espectador

El emplazamiento de actitud tiene su aspecto positivo en los casos que favorecen la concienciación social sobre determinados aspectos de interés general. Así, no dejan de ser emplazamiento de actitud los programas resultantes de una convocatoria de la ONCE para favorecer la aceptación de las personas discapacitadas y su inserción social y laboral, o los festivales de filmes o documentales que favorezcan el respeto al medio ambiente, o que informen sobre las consecuencias de la drogodependencia, por ejemplo.

El emplazamiento de actitud se realiza incluso mediante las subvenciones selectivas de modo que se selecciona el producto según su orientación política ideológica o cultural y su bondad está en función de lo acertado de la selección, que no siempre responde a los valores deseables desde el punto de vista de la libertad personal. Todos conocemos producciones tendenciosas, dogmáticas y manipuladoras que predisponen a favor de la guerra, al odio a otras razas o culturas, o incluso a viajar en crucero como el modo de solucionar todos los problemas.

Si se necesitan profesionales de un tipo, se produce una serie de televisión *ad hoc*, si han de endurecerse determinadas medidas represoras, una película puede justificarlas.

El emplazamiento de actitud se ha utilizado para bien y para mal y hoy se intenta prohibir la utilización de tabaco y alcohol y se marcan normas de inclusión de diferentes colectivos. Pero lo cierto es que existe conciencia de su poder y tal vez se inicien medidas para su aplicación constructiva. Como ejemplo, ya casi histórico, podemos citar la producción de la telenovela *Corazón y alma* que la ONU cofinanció para combatir el sida en África.

El product placement *en los diferentes medios*

La producción cinematográfica continúa utilizando esta modalidad de financiación por los beneficios que obtienen ambas partes.

- El productor lo ve como un gran medio de financiación previa.
- El anunciante lo ve como un gran escaparate, una oportunidad importantísima de publicidad.

La producción cinematográfica continua siendo el *top* de la ficción dramática de prestigio y, además, tiene el efecto multiplicador de la exhibición que va desde las salas de cine al DVD de venta o alquiler, pasando luego a la televisión de pago y finalmente, a la televisión en abierto.

Se podrían nombrar múltiples ejemplos, pero solo expondremos algunos significativos:

- *2001: una odisea del Espacio* e IBM (Hal).
- *Blade Runner* y Coca Cola.
- *Terminator* y Pepsi.
- *El mañana nunca muere* (James Bond) y BMW.
- *El Santo* y Nokia.

En la televisión, aparte de los filmes, podemos encontrar programas muy aptos para hacer efectivo el *product placement*, de forma más discreta que la publicidad mediante *bartering* o el patrocinio de telefilmes, series, telenovelas, etc.

El *product placement*, además de contribuir a la financiación previa de las producciones, defiende al productor contra las demandas por utilización de productos o imágenes sujetos a propiedad intelectual o industrial.

***Aspectos legales del* product placement**

La práctica del *product placement* ha generado siempre cierta controversia. Las normativas europeas se han esforzado especialmente en su regulación y han delimitado su uso. En principio, esta práctica está prohibida en la televisión como norma general, salvo para programas deportivos, programas de entretenimiento, series y películas (no dirigidos al público infantil), que pueden contener esta forma publicitaria siempre y cuando indiquen al espectador su inclusión con una señal especial al principio y final del programa, así como también tras cada pausa publicitaria (excepto si la cadena que lo emite no tiene ninguna responsabilidad en el mismo, ni tampoco sus filiales). Las marcas de tabaco y los medicamentos accesibles únicamente con prescripción médica no podrán realizar esta práctica. El emplazamiento de producto encubierto (sin indicar al espectador la utilización de esta práctica publicitaria) está prohibido en cualquier supuesto.

El contrato de *product placement* ha de prever los siguientes aspectos:

- *Identificación de las partes.*
- *Objeto del contrato*: inclusión de un producto en una serie mediante *product placement* lo que implica la comercialización de unidades de espacio.
- *Cláusula de exclusividad*: será la única marca del sector que aparecerá en el programa.
- *Apariciones del producto*: cuándo, cuánto, en qué escenas y en qué condiciones.

- *Contraprestación*: qué recibirá la productora a cambio de insertar el producto en el audiovisual.
- *Otras*: compromiso de actitud favorable, derecho preferente en caso de continuidad y reemisión de la serie, adecuación al guión o cesión del producto.

La legislación española y europea sobre publicidad identifica los aspectos siguientes respecto de la publicidad encubierta y engañosa:

- Ley 34/1988, General de Publicidad; Art. 4. «Es engañosa la publicidad que de cualquier manera, incluida su presentación, induce o puede inducir a error a sus destinatarios, pudiendo afectar a su comportamiento económico, o perjudicar o ser capaz de perjudicar a un competidor [...]»
- Ley 25/1994 (directiva 89/552/CEE); Art. 3 c). «Publicidad encubierta, aquella forma de publicidad que suponga la presentación verbal o visual, de forma no esporádica u ocasional, de los bienes, servicios, nombre, marca o actividades de un fabricante de mercancías o de un empresario de servicios en programas en que tal presentación tenga, de manera intencionada por parte de la entidad que preste el servicio de público de televisión, propósito publicitario y pueda inducir al público a error en cuanto a la naturaleza de dicha presentación.
  La presentación de los bienes, servicios, nombre, marca o actividades se considerará intencionada, y por consiguiente tendrá el carácter de publicidad encubierta, si se hiciere a cambio de una remuneración, cualquiera que sea la naturaleza de ésta.
  No tendrá esta consideración aquella presentación que se haga en acontecimientos abiertos al público organizados por terceras personas y cuyos derechos de emisión televisiva se hayan cedido a una entidad que preste el servicio público de televisión.»
- Ley 22/1999 (directiva 97/36/CEE); Art. 3 d). «Publicidad encubierta, aquella forma de publicidad que suponga la presentación verbal, visual o sonora, dentro de los programas, de los bienes, los servicios, el nombre, la marca, la actividad o los elementos comerciales propios de un empresario que ofrezca bienes y servicios y que tenga, por intención del operador de televisión, propósito publicitario y pueda inducir a error en cuanto a su naturaleza.
  En particular, la presentación de los bienes, los servicios, el nombre, la marca las actividades o los elementos comerciales propios de un tercero se

considerará intencionada y, por consiguiente, tendrá el carácter de publicidad encubierta, si se hiciese a cambio de una remuneración, cualquiera que sea la naturaleza de ésta.
No tendrá esta consideración la presentación que se haga en acontecimientos abiertos al público organizados por terceras personas y cuyos derechos de emisión televisiva se hayan cedido a un operador de televisión, cuando la participación de este último se limite a la mera retransmisión del evento y sin que se produzca una desviación intencionada para realzar el carácter publicitario.»

- Directiva 2007/65/CEE. Art. 1 m). «Emplazamiento de producto: toda forma de comunicación comercial audiovisual consistente en incluir o referirse a un producto, servicio o marca comercial de manera que figure en un programa, a cambio de una remuneración o contraprestación similar.»
- Directiva 2007/65/CEE. Art. 1 j). «Comunicación comercial audiovisual encubierta: la presentación verbal o visual de los bienes, servicios, nombre, marca o actividades de un productor de mercancías o un prestador de servicios en programas en que tal presentación tenga, de manera intencionada por parte del prestador del servicio de comunicación, un propósito publicitario y pueda inducir al público a error en cuanto a la naturaleza de dicha presentación. Una presentación se considerará intencionada, en particular, si se hace a cambio de una remuneración o contraprestación similar.»

Exponemos a continuación las posiciones que mantienen los diferentes actores implicados en este fenómeno:

- Las *empresas* de *product placement* declaran que:
- Es un complemento de la publicidad convencional.
- El *product placement* mal hecho perjudica a la marca.
- El guión no se debe adaptar al *product placement.*
- Su prohibición total traería complicaciones.

Para los *anunciantes*:

- Se trata de una herramienta más.
- Su uso no está generalizado.
- Es similar a la publicidad estática o al patrocinio.
- No es conveniente su prohibición.

Las *productoras* declaran que:
- Ponen límites a la aparición (número de marcas y exclusión de determinados productos como el tabaco y el alcohol.
- Lo importante es la serie y el *product placement* es un complemento.

Las *organizaciones de consumidores* declaran que:
- Se trata de publicidad encubierta (prohibida).
- Vulnera de los derechos de los espectadores.
- Puede ser una vía para la publicidad indirecta de productos prohibidos.

3.3. El *merchandising*

El *merchandising* audiovisual es un contrato por el que el titular de una obra audiovisual licencia, a cambio de una remuneración, el uso de un elemento de dicha obra a un tercero como reclamo de venta de un producto o servicio, lo cual implica:
- La fabricación, distribución y venta de productos o servicios.
- Que estos productos o servicios están basados en los personajes, situaciones, tramas, actores, marcas, etc.
- Que tienen como reclamo una obra o grabación audiovisual.

Se trata de una fuente de financiación muy ventajosa para el productor por varios motivos:
- El productor cede el uso de derechos a cambio de una contraprestación económica sin asumir ningún riesgo en fabricación y comercialización.
- Como financiación previa, el productor puede obtener un pago mínimo garantizado con independencia del resultado posterior de ventas, de las cuales cobrará *royalty*.
- Los productos actúan como publicidad y reclamo de la obra audiovisual y mantienen viva su popularidad durante largo tiempo.

Según el elemento cedido, entrará en juego el derecho de propiedad intelectual, el de propiedad industrial y los derechos de imagen. Para poder realizar el contrato de *merchandising* el cedente ha de ser titular de esos derechos, porque le corresponden o porque a su vez se los hayan cedido.

El *merchandising* ha adquirido tanta importancia en la financiación que, a veces, los productos audiovisuales se realizan prioritariamente como reclamo de la explotación de los productos derivados.

***Tipos de* merchandising**

Básicamente existen tres tipos:

- De propiedad intelectual.
- De marca.
- De imagen.

Merchandising *regulado por la Ley de propiedad intelectual:*

La Ley española de propiedad intelectual prevé una presunción de cesión al productor de algunos derechos de explotación de las obras audiovisuales, en concreto los de reproducción, distribución, comunicación pública y doblaje o subtitulación, pero necesita, además, otros derechos para realizar la explotación comercial de una forma más amplia.

El productor negociará y redactará los contratos con el director, músicos, guionistas actores, etc., de la obra audiovisual de forma que incluyan la cesión de derechos para poder licenciar el derecho de uso a terceros que vayan a comercializar los productos de *merchandising.*

La Ley de propiedad intelectual regula los siguientes tipos de *merchandising:*

- Las *bandas sonoras*, sean o no creadas *ex profeso* para la obra audiovisual.
- Los *fotogramas* de obras audiovisuales que se plasman en productos de consumo.
- La *imagen de los personajes,* descritos en los guiones y encarnados por actores.
- Los *dibujos animados* y los *muñecos* son profusamente explotados en gran diversidad de productos.

El duelo entre Qui-Gon y Darth Maul en Mos Espa es una imagen utilizada profusamente en la estampación de camisetas, mochilas pósters, etc.

Merchandising ***regulado por la Ley de marcas:***

Para este tipo de *merchandising*, la productora debe registrar como marca los elementos que considere identificadores de la obra audiovisual como habitúan a ser el título y el logo. Con ellos crea el portafolio de marcas.

Para que una marca se pueda acoger a la protección de la Ley de marcas, ha de inscribirse en la Oficina Española de Patentes y Marcas, en una —o diversas— de las 42 clases del nomenclátor internacional porque sin registro no hay marca.

La marca podrá ser, entonces, incorporada a productos tales como camisetas, gorras, mochilas y un larguísimo etcétera.

Hay que tener en cuenta, si se comercializa el producto en el extranjero, que habrá que inscribir la marca en el Registro de la Propiedad Industrial correspondiente.

A modo de ejemplo, si quisiéramos comercializar la marca de sabanas Princesa Leia, habría que inscribirla en la «clase 24 ropa de cama y de mesa».

Si quisiéramos comercializar artículos de imprenta con la marca C3PO, habría que inscribir el nombre en la «clase 16».

Merchandising ***regulado por la Ley de honor, intimidad y propia imagen***

La Ley 1/1982 de honor, intimidad y propia imagen define la imagen de la forma siguiente: «la representación gráfica de la figura humana mediante un procedimiento mecánico o técnico de reproducción.»

- Se trata de un derecho fundamental y muy personal.
- El titular es siempre la persona física. Los animales, bienes o dibujos animados no tienen derecho a la propia imagen.
- Puede cederse su contenido patrimonial.

La Ley establece el derecho de protección de «la captación reproducción o publicación de fotografía, filme o cualquier otro procedimiento de la imagen de una persona, la utilización de la voz o de la imagen de una persona para fines publicitarios, comerciales o de naturaleza análoga.»

La ley establece que «no se apreciará intromisión ilegítima cuando el titular del derecho otorgue al efecto su consentimiento expreso.»

El productor deberá incluir una cláusula en el contrato con los actores para que le cedan el contenido patrimonial o de explotación de la propia imagen para los fines de *merchandising*.

Un ejemplo de aplicación

El objeto del *merchandising* es la comercialización de camisetas relacionadas con los filmes de la serie *Star Wars*. Las camisetas pueden contener una estampación con los siguientes contenidos:

- Un fotograma de la película.
- La marca *Star Wars*.
- La imagen de *Obi–Wan Kenobi*.
- La imagen de *Darth Maul*.

Veamos el ejemplo concreto de la posible comercialización en España de estos productos:

Contrato de *merchandising*.

Partes del contrato:

LucasFilm: productora audiovisual (licenciante, titular de los derechos).
- Empresa española (licenciatario, empresa cualificada para fabricar, distribuir y vender las camisetas).

Objeto del contrato: cesión del derecho de uso de:
- La marca *Star Wars* (derecho de marca).
- Fotogramas de la película (derecho de propiedad intelectual).
- La imagen de Liam Neeson (derecho a la propia imagen).

Modalidades del contrato: en exclusiva o no.

Finalidad del *merchandising:* fabricar, distribuir y vender las camisetas.

Ámbito geográfico y temporal:
- En el territorio...
- Vigencia o duración...

Contraprestación:
- *LucasFilm* podría percibir un fijo + *royalty* / fijo / *royalty* sobre el precio de la venta final o sobre el precio de venta final menos un porcentaje de distribución.

Condiciones de comercialización:
- Fijación de los puntos de venta de las camisetas: grandes superficies / cines / tiendas especializadas / ...
- Número mínimo o máximo de camisetas a vender.

– Cláusula prohibiendo la venta de camisetas en otros puntos o en número inferior o superior al establecido.

Entrega de soportes o materiales:
– *LucasFilm* deberá entregar los soportes siguientes: el fotograma de la película, la marca *Star Wars* y la imagen de Liam Neeson.
– Establecimiento del soporte o material válido para realizar la fabricación de las camisetas.

Cesión de derechos. *LucasFilm* deberá garantizar:
– La titularidad pacífica de los derechos cedidos (propiedad intelectual, marca e imagen).
– No haber cedido los derechos con anterioridad a una tercera persona.
– La exclusividad temporal y territorial pactada.

Promoción y publicidad. Se fijan los términos y condiciones de publicidad y promoción en los distintos medios (televisión, radio, prensa, Internet, otros).

Capítulo IX

El equipo de producción

1. Organigrama

Una vez se ha dado el visto bueno al proyecto desarrollado por un director de producción y se ha asegurado la financiación del producto según el presupuesto estimativo, comienza la fase de preparación del programa. El protagonismo lo ostenta el equipo de producción, que deberá planificar y organizar todos los aspectos propios de la producción para que en el momento del registro y del montaje todo esté previsto. El esfuerzo efectuado en esta fase será determinante en el balance final de la producción y tendrá enorme influencia en el presupuesto y en su optimización.

El director o el realizador se incorporan también a la preparación pues tienen, entre otras, la responsabilidad de transformar el guión literario en guión técnico, requisito de partida para facilitar el trabajo del equipo de producción. El ayudante de dirección o de realización interviene como nexo entre el director y la producción. Paulatinamente se añaden otros técnicos y parte del personal artístico, actores, etc., hasta confluir en la siguiente fase de registro donde interviene ya todo el personal y donde podrá comprobarse la eficacia en la planificación del equipo de producción.

En todo filme o programa, especialmente si es de envergadura, existe un núcleo primario de producción, a veces equipo de productores, que planifica, organiza y diseña la producción, y un equipo que ejecuta las decisiones que provienen de la cúpula primaria.

El trabajo final del equipo de producción consiste en la coordinación necesaria de medios y de personas que intervienen en la realización del producto. Debe coordinar las actividades de los equipos de realización, dirección, dirección artística y técnico.

Basta leer los créditos de una película de cine para comprobar la gran cantidad de profesionales que se precisan para llevar la producción. En el caso de la televisión, los créditos finales indican el grado de complejidad del programa y los profesionales más significativos. No siempre aparecen en los créditos los nombres de todas las personas que han intervenido.

El director de producción ha de conocer las funciones de las diversas personas que hacen posible el programa o producto audiovisual. En muchas ocasiones, solo él sabe con exactitud cuáles son las funciones individuales de cada profesional, pues debe de relacionarse con todos para llevar a cabo su tarea organizativa.

Si bien las funciones de la producción, diferenciadas de las técnicas, artísticas, de realización, etc., son relativamente conocidas, no está tan claro el nombre que se asigna al personal de producción encargado de realizar las distintas parcelas de trabajo. A veces, el mismo término sirve para denominar a personas con competencias y trabajos muy distintos, según nos refiramos al cine o a la televisión, a los Estados Unidos, Francia, Inglaterra o España.

En la unidad didáctica referida a las profesiones del audiovisual se han definido las relativas a la producción. Ahora precisaremos sus competencias dejando clara la importancia de la función, independientemente de la denominación que se otorga a la persona que la ejecuta.

En el cine, en la cúpula de la producción se sitúa la figura del *productor promotor* que suele ser quien inicia el proyecto a partir de su interés por una idea o historia (libro o idea original), compra los derechos y reúne los medios precisos para producir el filme, especialmente los financieros. Puede ser el representante, también, de una empresa productora o entidad promotora.

Generalmente, el productor promotor contrata a un *director de producción* para que efectúe el estudio de la viabilidad del proyecto y para que, representando al promotor, se encargue de la planificación, organización, programación y gestión del filme, poniendo en obra y administrando todas las fases de su fabricación, desde el proyecto inicial a la finalización del producto.

Con anterioridad, hemos resaltado la figura del productor promotor que selecciona el producto a realizar y efectúa la evaluación artística y comercial del mismo hasta darle su aprobación. Esta fase es de vital importancia y constituye la primera y tal vez la principal preocupación del productor promotor, quien solo a partir de esta evaluación artística comenzará a preocuparse por conseguir la financiación que permita la realización de la obra.

Para esta evaluación, el promotor o la empresa productora suelen contar con ejecutivos, también llamados en Europa *productores ejecutivos,* que además de seleccionar ideas y guiones pueden permanecer durante todo el proyecto como delegados del promotor para garantizar que se cumple la idea aprobada por él.

En algún caso, este productor ejecutivo puede actuar como el auténtico jefe del proyecto, asistido por el director de producción, pero en general es el director de producción quien asume la jefatura del proyecto, en estrecha colaboración con el director/realizador, quien dará cuerpo al producto dentro del sistema organizativo y funcional dispuesto por el director de producción.

1.1. El equipo del director de producción

El *jefe de producción* organiza la intendencia en la fase de rodaje, y está a pie de obra, ocupándose de que todo esté a punto, controlando el cumplimiento del plan y solucionando los problemas del momento.

Se cuenta también con un equipo de *ayudantes de producción* con responsabilidades en la gestión de recursos humanos, materiales y técnicos, así como, si se precisa, con diversos *auxiliares* y *enlaces de producción*, estos últimos suelen ser personas del lugar donde va a efectuarse el rodaje que prestan una valiosa colaboración al equipo de producción por su conocimiento del entorno.

Como personal cuyo trabajo se relaciona con el equipo de producción cabe destacar, en cine, el *ayudante de dirección* y el *responsable de continuidad* o *script*.

El *ayudante de dirección* está a las órdenes del director y hace de puente con el equipo de producción. El ayudante de dirección descarga al director de los trabajos que pueden distraer su principal función creadora y le sustituye en caso de necesidad.

El ayudante de dirección suele colaborar en la realización del plan de trabajo, e incluso en muchos casos el director de producción se basa en un primer plan realizado por el ayudante de dirección. Aunque está dentro del grupo artístico, realmente realiza muchas labores de producción, para las que su posición privilegiada como representante del director y conocedor de las necesidades y deseos de este, le convierten en una figura importantísima, gracias a la cual es posible la coordinación y entendimiento entre el director y el productor.

El *script* rellena día a día los documentos que permiten seguir la marcha exacta y las incidencias del rodaje. Controla la continuidad entre escenas, pudiendo incluso interrumpir una toma cuando observa un fallo.

Actualmente la figura del *script* se va viendo sustituida por la de *responsable de continuidad* y su consideración es cada día mayor especialmente en las series de larga duración.

1.2. El equipo de producción en televisión

En la televisión europea, las funciones se distribuyen de forma semejante a la que vamos a indicar, con ligeras variantes entre países o entre empresas televisivas de cada país.

- El *responsable general de producción*, persona perteneciente a la alta dirección de la cadena, es la persona que establece los presupuestos generales y que asigna a cada departamento los medios humanos, técnicos y financieros precisos para efectuar la producción. Establece el marco económico y financiero para producir los programas.
- El *productor de área, jefe de área o de departamento (*informativos, deportes, entretenimiento, educativo, dramáticos, etc.), es, en una televisión, quien asigna el productor a cada programa. Su actividad gira en torno a la búsqueda, invención y confección de ideas para proyectos audiovisuales. Gestiona el personal operativo principal, elige al director y realizador de cada programa y supervisa varios programas o series a la vez, desde el punto de vista artístico y financiero.
- El *productor* lleva en televisión el seguimiento presupuestario del programa. Su responsabilidad es que personal y medios se combinen en el tiempo pronosticado, realizando, para ello, todas las tareas previstas y con los resultados esperados. Sobre este profesional descarga el peso y la coordinación del equipo de producción en su vertiente más operativa.

También en televisión se cuenta con ayudantes de producción, con funciones similares a las cinematográficas, así como con auxiliares y enlaces, si fuera preciso. El ayudante de realización efectúa, como en el cine, labores de puente entre realizador y producción que contribuyen a mejorar la coordinación general del programa.

Las productoras cinematográficas y especialmente las televisiones, cuentan con departamentos y servicios que complementan muchas de las tareas propias de la producción como personal, administración, explotación técnica, planificación, servicios jurídicos, etc.

En la televisión se aprecia una tendencia hacia la adopción del modelo estadounidense donde recaen sobre los productores las principales decisiones de la producción, incluso en el terreno artístico.

Allí, los responsables de producción de las cadenas suelen trabajar con productores independientes a los que encargan el producto para que lo entreguen en unas condiciones de plazo, coste y calidad previamente acordadas.

Este productor goza de casi total libertad en la fase de planificación y registro, aunque en la fase de montaje intervienen los responsables y técnicos de la cadena al objeto de ajustar el producto a sus intereses concretos.

La idea de productor ejecutivo a la americana, que vendría a convertirse en un director de proyectos (uno o varios de los que es el máximo responsable), se está encarnando paulatinamente en Europa en la ya existente figura del jefe de área o departamento que, cada día más, se implica en la dirección, seguimiento y control de los proyectos.

El equipo que compone un programa de televisión lo integran el director o responsable de los contenidos, normalmente sin competencia en técnica y lenguaje audiovisual y que, a veces, es también el conductor o la estrella del mismo, los guionistas, redactores y documentalistas para la confección de los guiones, el equipo de realización compuesto por el realizador y sus ayudantes (uno de ellos el regidor de plató), el productor, ayudantes y auxiliares de producción que gestionan los medios, los técnicos, el personal de atrezo, actores, colaboradores, animadores y el público asistente a las grabaciones. En una televisión las funciones y recursos pueden organizarse tal y como recoge el cuadro siguiente:

FUNCIONES Y RECURSOS DE LA TELEVISIÓN

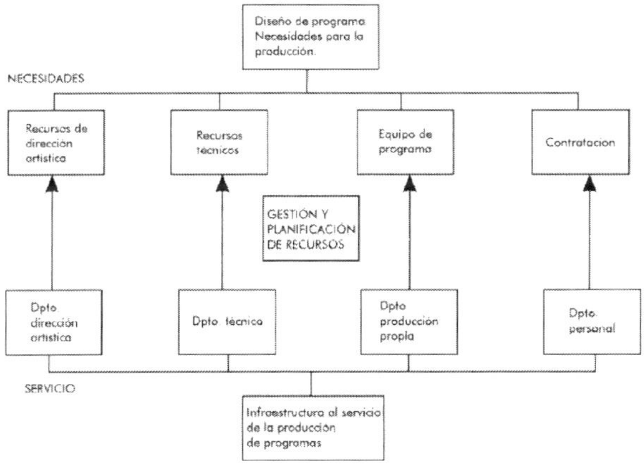

Cada programa de televisión, según su complejidad y necesidades, cuenta con un equipo propio para la producción. Así, y para que sirva de ejemplo, un programa musical de periodicidad semanal de una hora de duración en el que se emite parcialmente un concierto, que combina materiales comprados con otros grabados en plató y en directo con unidad móvil, y que incluye reportajes, puede disponer de un equipo formado por:

- Director de programa.
- Realizador.
- Productor.
- Guionista.
- Uno o dos ayudantes de realización.
- Uno o dos ayudantes de producción.
- Auxiliar.

Un programa gastronómico de cinco minutos de duración, de periodicidad diaria, en el que se muestra la elaboración de un plato y se da la receta, puede contar con un equipo de programa consistente en:

- Presentador.
- Productor.
- Realizador.
- Ayudante de realización.
- Auxiliar.
- Asesor gastronómico.

Una revista musical de periodicidad semanal, de treinta minutos de duración, puede tener un equipo compuesto por:

- Director de programa.
- Redactor.
- Guionista.
- Dos presentadores.
- Productor
- Realizador.
- Ayudante de realización.
- Dos ayudantes de producción.
- Auxiliar.

Para la realización del programa, el equipo ha de recurrir a personal y medios de los diferentes departamentos (personal, técnico, artístico, etc.) de la empresa televisiva. Así, en el caso de la revista musical, pueden precisarse del departamento técnico, los siguientes recursos:

- Tres equipos ligeros por semana, con operador de cámara y un técnico de sonido.
- Dos jornadas semanales de sala de postproducción, con su personal.
- Media jornada de uso semanal de una sala de sonido, con su personal.
- Media jornada de plató equipado con cuatro cámaras (una con grúa), con su personal.

En la producción de un programa, es preciso recurrir a otros departamentos de la misma entidad televisiva como el departamento de dirección artística, al que se solicita la satisfacción de todas las necesidades de diseño de espacio, caracterización, maquillaje, peluquería, iluminación, vestuario, etc., el de documentación, el de redacción, etc., hasta cubrir todas las necesidades humanas y materiales.

1.3. Atribuciones del director del proyecto

Aunque con anterioridad nos hemos referido a las funciones del director o jefe de proyecto, que en muchas ocasiones se corresponde con la figura del productor, no hemos especificado con claridad cuáles deben ser sus atribuciones para poder ejercer correctamente su trabajo.

Recordemos que el director del proyecto, entre otras cosas, debe definir y concretar los objetivos del proyecto con el cliente o el promotor, debe planificar el proyecto identificando las actividades a realizar y los recursos a poner en juego, debe hacer el presupuesto, dirigir y coordinar el desarrollo, seguirlo y controlarlo, mantener relaciones con proveedores, contratistas y otros, tomar decisiones para hacer avanzar el proyecto, solucionar problemas y desviaciones, replantear y en su caso proponer modificaciones de los límites de plazo, coste o calidad a los promotores.

Esta enorme responsabilidad, no va acompañada en muchas ocasiones de la autonomía y autoridad necesarias para hacer posible la rápida y eficaz ejecución de las tareas.

En el terreno audiovisual, podemos ver el caso del productor norteamericano, con autoridad jerárquica plena, que dirige con control total el conjunto de los recursos propios empleados, con autoridad incluso en los aspectos artísticos y creativos, y que adopta el papel del promotor o cliente en los recursos ajenos subcontratados.

En el extremo opuesto, también contamos con el productor de una entidad televisiva europea que tiene escasa o ninguna autoridad jerárquica y que se limita a la realización de presupuestos, solicitud de medios y al control de los plazos y los costes, y de otras tareas que en ningún caso «interfieren» con las decisiones de directores y realizadores.

Este productor no es un jefe de proyecto ni puede sustituirle, su labor es de mera coordinación, y se da el caso en muchas cadenas de televisión de que resulte difícil establecer quién cumple con esa función en determinado programa si es que alguien la hace. La inclusión del productor ejecutivo puede solventar esta cuestión, si bien la mala selección del mismo, su escasa o nula formación específica, la indefinición de atribuciones y los vicios adquiridos en el trabajo con estructuras poco competitivas y de baja responsabilidad, pueden dar al traste con la iniciativa.

El jefe del proyecto es, como se ha dicho, una figura clave para el éxito del proyecto, pero su función requiere que se trate de un verdadero puesto de jefatura con autoridad para dirigir el equipo y para tomar decisiones en el ámbito del proyecto.

El jefe del proyecto no es un mero coordinador y menos un secretario de la comisión; debe ser un verdadero jefe, responsable de alcanzar los objetivos del proyecto mediante la adopción de decisiones, la dirección del equipo humano y la toma de medidas correctoras.

La asignación del cargo de jefe de proyecto debe hacerse de modo formal, delegándole la autoridad necesaria, los medios de gestión precisos y el poder de decisión en materia de costes plazos y técnicas, dentro de los límites establecidos en los objetivos del proyecto.

Capítulo X

El desglose del guión

1. El guión de producción

1.1. El guión técnico

El guión literario es, entendiendo el trabajo audiovisual como una actividad empresarial destinada a la producción de películas, producciones multimedia y programas de vídeo y televisión, un punto de partida. Un inicio cargado de potencialidad si posee una buena estructura dramática y un tema atractivo. Pero se trata, solo, del principio, y en el largo proceso de concreción en obra audiovisual aparecen múltiples oportunidades de dilapidar su previsible potencial: el guión literario suele ir a parar a una estructura de producción, entidad promotora, productora o productor que, una vez vista la viabilidad de este proyecto, ha de proveer los medios materiales y humanos para su realización efectiva.

En cualquier caso, independientemente de la medida y alcance del proyecto, todos los guiones literarios han de transformarse y adaptarse para que los equipos técnicos y artísticos que intervienen en la realización, sepan lo que les corresponde hacer en todo momento, y también porque el director de producción, con su equipo, tendrá que organizar la participación de todos los medios necesarios para llevar el proyecto a buen fin.

Una vez la entidad promotora o el productor–promotor han dado el visto bueno al proyecto desarrollado por el director de producción, y contando ya con la colaboración de algunos miembros del equipo de dirección (director o realizador, ayudante de dirección o de realización), guionista o equipo de guionistas, ciertos técnicos imprescindibles, algún actor protagonista y el equipo de producción, da comienzo el trabajo de construcción del guión definitivo, sin el cual toda la tarea del equipo de producción (principal protagonista en esta fase) no tendría sentido.

Conviene recordar que, en este estadio, el director de producción parte del conocimiento de unos datos generales establecidos sobre, generalmente, un guión literario no definitivo, que le permiten precisar las estimaciones. Dispone de:

- Un presupuesto marco (por debajo de la línea).
- Una idea de la duración del rodaje o la grabación.
- Una aproximación al número de escenarios y localizaciones (interiores y exteriores, naturales y decorados).
- La composición del equipo de dirección, producción, dirección artística y los actores principales.
- El conocimiento sobre el estilo o modo de trabajo del director/realizador.

La transformación de guión literario a guión técnico es una *tarea propia del director–realizador*. El lenguaje descriptivo del guión literario requiere una traducción a soluciones audiovisuales muy concretas que se recogerán en el guión técnico. Este cambio de código solo puede hacerlo un profesional que domine el lenguaje audiovisual y las reglas expresivas, que conozca las disponibilidades profesionales técnicas y artísticas, que sepa cuáles son exactamente las posibilidades y el margen de maniobra para adoptar unas resoluciones concretas y, sobre todo, que conozca las limitaciones presupuestarias que afectan a la producción. Es, en definitiva, un trabajo que tiene que realizar un profesional que domine el medio en toda su complejidad.

El director o realizador es el protagonista de esta transformación, con el apoyo de sus ayudantes, y con la continua colaboración del director de producción, que vela por el mantenimiento de plazos, costes y calidad del producto.

Un buen guión es la base de partida del proyecto a producir. Debe ser una base sólida, adecuado al público al que se dirige, con la duración requerida para el espacio al que se destina, expresado en la forma que mandan los estándares de presentación, y que aporte todos los datos precisos para su interpretación, su producción y su realización.

Hay distintos sistemas de construcción del guión técnico y cada entidad productora adopta diferentes variantes. Más que el formato, lo que importa es que refleje todas las indicaciones a considerar en el momento de su planificación, de su ejecución y de su montaje:

- Al inicio de cada secuencia y de cada escena (todas ellas debidamente numeradas) en que se divide la obra han de aparecer las anotaciones referidas a iluminación, atrezo, decorados, maquillaje, vestuario, etc., necesarias para construir el ambiente que facilite la consecución de la expresividad buscada.
- Cada plano del guión ha de estar perfectamente identificado, con una numeración correlativa respecto a los planos anteriores y posteriores.
- Se especificará el modo de transición entre plano y plano: corte, fundido, cortinilla, etc.
- Han de determinarse las condiciones de rodaje: interiores y exteriores, si es de día o de noche.
- Se debe especificar con claridad la posición de la cámara y el objetivo que se utilizará así como la perspectiva de la toma, es decir, todos los detalles que conforman el encuadre, especificando el tipo de plano.
- No puede faltar una descripción sintética de la acción que se desarrollará en el plano, tanto si se trata de un actor o actores, como si los protagonistas de la acción son otros sujetos u objetos. Se especificará el movimiento del personaje en el cuadro y el movimiento de la cámara, marcando claramente los desplazamientos.
- Han de describirse los efectos especiales (FX) a realizar como aceleración, ralentización, congelado, sepia, blanco y negro, etc.
- Respecto a la banda sonora, se describirán, normalmente en otra columna, sus componentes: palabra, ruidos, efectos sonoros ambientales y música.

GUIÓN TÉCNICO

1.INT.SALÓN/COMEDOR REBECA.DÍA

PLANO 1.1- P.D: Un pintauñas pinta una uña

PLANO 1.2- P.E: Sofía, la madre de Rebeca está sentada en un sillón pequeño

¾ , ligeramente picado.

Rebeca entrará en plano cubriendo con su espalda parte de la pantalla.

Diálogo: empieza con Rebeca "¡Mamá!" termina con Sofía "Si tú no sabes dónde guardas tus cosas... no me preguntes a mí"

PLANO 1.3- P.E: Contra plano de 1.2. Rebeca está de pie tratando de encontrar explicación. Una mesa con un jarrón separa madre e hija.

Frontal (porque se encara con la madre), ligeramente contrapicado.

Diálogo: Rebeca "¿Me estás vacilando?..." continúa.

PLANO 1.4- P.M: Sofía contesta a Rebeca

¾

Diálogo: Sofía "Si le hace falta el dinero a tu padre..."

PLANO 1.5- P.M: Rebeca se cabrea.

Frontal

Diálogo: Rebeca "Me cago en mis muertos..."

2.EXT.SOLAR.DÍA

PLANO 2.1- P.M. Rebeca se acerca a cámara y la sobrepasa.

Variamos un poco el ángulo pero no llegamos a ¾. Contrapicado

PLANO 2.2- P.M. Contra plano de 2.1. Rebeca va hacia un grupo a lo lejos.

PLANO 2.3- P.E. Chico 1 cuenta su batalla. En 1º término tenemos a Jose sentado fumando un cigarrillo.

Ligeramente Contrapicado.

Diálogo: Chico 1 "Y entonces le dije..."

PLANO 2.4- P.E: Jose y otra de al lado que interactúa con el Chico 1 que habla.

PLANO ADJUNTO A GUIÓN TÉCNICO CON TIROS DE CÁMARA

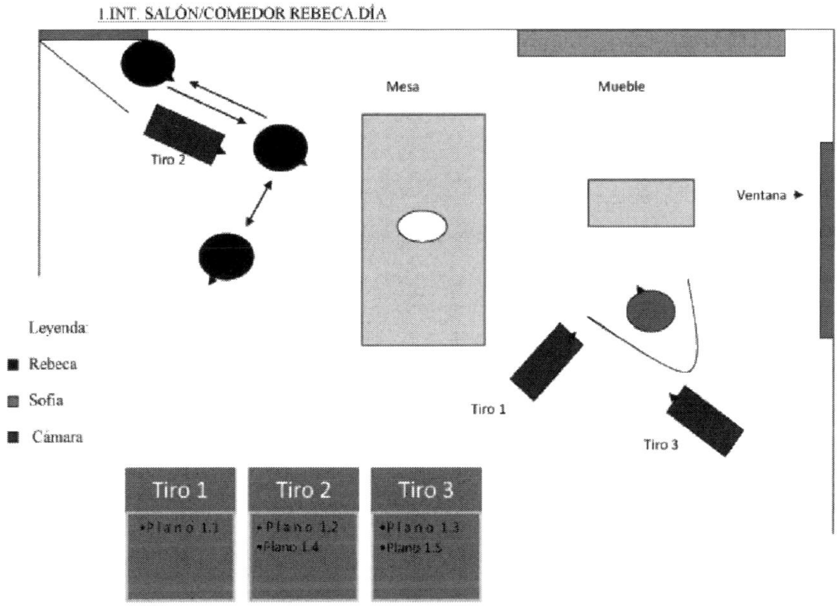

El guión definitivo es imprescindible para planificar y poner en marcha el proceso de producción porque en él se encuentran todos los datos necesarios para la producción.

Este guión, sobre el que se va a basar el plan de trabajo, debe estar aprobado por la entidad promotora o por el productor–promotor tras la realización de cambios y modificaciones en la estructura, recortes o supresión de escenas, inclusión o exclusión de personajes, cambio de localizaciones, de atrezo y de ambientación, etc. Todo ello con la finalidad de adecuarlo a las previsiones resultantes de la primera evaluación del proyecto.

La exactitud y la concreción son las cualidades inexcusables que debe poseer un guión técnico porque afectan de forma dramática, si no se cumplen, al plan de producción y al presupuesto del filme o programa.

No es lo mismo, a efectos de producción y de realización, decir que el protagonista «llega en un vehículo a la oficina» que decir «llega en un Jaguar "modelo años sesenta" a la oficina.»

Una falta de concreción o un cambio puede llevar a desechar a última hora decorados que han sido construidos a propósito y que han sido suprimidos en una fase posterior de revisión del guión.

El guión ha de pasar por muchas correcciones y revisiones, y antes de entregarlo a los actores, debe estar acabado al máximo, asegurándose el productor de que el contenido de sus intervenciones y su duración sea exacta.

El guión técnico definitivo tiene valores muy diferentes para los distintos equipos humanos y técnicos que intervienen en la producción audiovisual. Para el actor, los diálogos y su interpretación se convertirán en su preocupación prioritaria, para el iluminador, la consecución de la atmósfera adecuada. Entre el equipo de realización y el equipo de producción también existirán diferentes prioridades y valoraciones ante un mismo guión.

1.2. El *storyboard*

Es frecuente que en las producciones publicitarias, siempre en el proceso de producción de filmes de animación, y en los filmes de ficción, se recurra a la construcción de un *storyboard,* también llamado *guión gráfico,* que consiste en añadir, a todas las especificaciones del guión técnico, una viñeta dibujada en la que se representa el contenido visual de cada plano. El *storyboard* facilita una mayor precisión en la planificación puesto que de una ojeada es posible comprender el plano de forma mucho más completa que en un guión técnico donde las características del plano se describen solo con palabras.

Una secuencia de las viñetas nos facilita el desglose de los movimientos de los personajes, el encuadre y los recorridos de la cámara sobre el set de rodaje. No siempre es necesario dibujar todos los planos sino que puede ser suficiente dibujar el comienzo y el final de la acción.

Es importante destacar que no hace falta ser un gran dibujante para construir el *storyboard* preciso para una producción. Se trata de elaborar un boceto convincente del plano y su contenido. Nada más. Otra cosa es cuando el *storyboard* se emplea en la realización de un spot, por ejemplo, para que el cliente nos dé su aprobación. En este caso sí que puede merecer la pena contratar los servicios de un dibujante especializado. Este profesional trabajará la mayor parte de su tiempo con el director o realizador, cuya visión del proyecto configurará el trabajo de todo el equipo de realización del filme o programa. En los filmes de animación, la construcción del *storyboard* es uno de los pasos imprescindibles a cumplir en su proceso de elaboración.

John Hart[1] define las características del storyboard en los siguientes términos:

«Basado en la forma artística de las tiras cómicas, el *storyboard* consiste, de hecho, en la planificación visual, plano a plano, de la acción descrita en el guión y, como tal, tiene sus propios requisitos artísticos. Debe ser una demostración visual que sirva tanto al productor como al director, al director de fotografía y (sobre todo últimamente) al director de efectos especiales [...]

El *storyboard* se descompone en un torrente de acción que surge de cada plano previamente planificado, ya que el plano es el corazón de cada imagen estructurada, contiene su propia esencia, su propio dinamismo. De nuevo, en el *storyboard*, se plasmará su propósito primario, que es explicitar de la forma más dinámica posible las intenciones dramáticas de cada segmento del guión, proporcionando ayuda muy concreta al director captando su visión más personal. El plano individual requiere más de lo que sugiere en sí, y ya que cada plano es la piedra fundamental de cada secuencia del guión, será recomendable analizar planos de algunas películas clásicas.»

STORYBOARD

Plano 1.11

Plano 2.27

1. Hart, John, 2001. *La técnica del storyboard. Guión gráfico para cine, TV y animación.* IORTV.

1.3. Secuencia narrativa y secuencia mecánica

Es importante conocer el diferente concepto de secuencia que emplean los equipos de guión–dirección–realización y los equipos de producción.

La *secuencia narrativa* es una unidad del discurso que comprende una situación dramática con estructura completa de planteamiento, desarrollo y desenlace. Puede tener lugar en uno o en varios escenarios.

La *escena* es una unidad espacio temporal del relato que se desarrolla en un mismo escenario. Así, la secuencia de un magnicidio, por ejemplo, se compone de diversas escenas: se ve como un francotirador prepara su arma en la terraza de un edificio, un desfile en el que participa un alto cargo político, el público que vitorea, la gente que sigue el desfile por televisión desde su casa o desde un bar, etc. Finalmente, el francotirador hace blanco en el alto cargo.

La secuencia narrativa es conceptualmente importante para el guionista y para el espectador, pero apenas tiene interés como unidad para el director de producción o el ayudante de realización, que deben precisar los medios necesarios para su realización y el tiempo para su rodaje o grabación. Por este motivo, en la terminología de los productores, *secuencia* es toda unidad autónoma de registro que no suponga traslado de equipos ni cambio de iluminación, vestuario, atrezo, ambientación, etc.

Así la *secuencia de producción* o *secuencia mecánica* puede ser una pequeña parte de una escena narrativa, que constituya un momento autónomo el cual pueda ser objeto de un registro disociado del resto de la escena. Puede definirse también como una acción que tiene lugar en un mismo espacio y en un mismo tiempo.

En este estadio, lo normal es que el guión definitivo, antes de su desglose final, llegue al director de producción y al ayudante de realización con una numeración por secuencias y escenas narrativas, pero no por secuencias de producción.

Para poder efectuar un desglose del guión, útil a los efectos de planificación es preciso, previamente, discriminar las secuencias de producción, entendidas como unidades autónomas de registro.

El guionista, que juega con escenarios imaginarios, y el mismo director o realizador, que efectúa la transformación de guión literario en guión técnico, no definen ni concretan con exactitud los escenarios reales de registro. Lo que sucede y donde sucede no tiene el mismo significado para ellos que para el director de producción y el ayudante de realización. Estos últimos han de saber extraer, partiendo del análisis pormenorizado del texto, las posibles secuencias de producción.

Una secuencia narrativa propia de un guión nombrada como SALÓN CASA DE JUAN, INTERIOR DÍA, puede desarrollarse al lado de la chimenea, en el sofá junto a la ventana, e incluso puede intervenir un personaje que espía desde el jardín a través de la ventana, y puede concluir con la salida del personaje al exterior.

Esta secuencia narrativa, en la que se da la continuidad de una acción dramática con planteamiento, desarrollo y desenlace, y que aparentemente tiene lugar en un solo escenario puede, realmente, ser registrada en un escenario único que cuenta con todos los espacios descritos, o puede registrarse en un conjunto de espacios distanciados entre sí cuya combinación en el montaje reconstruye la geografía sugerida en el guión.

Así, esta secuencia narrativa podría constar de varias secuencias de producción, que son las unidades que realmente interesan a efectos de producción, y también para el ayudante de realización o dirección, que deberá ocuparse de que los equipos técnicos y humanos efectúen su trabajo con corrección en el espacio y en el momento oportuno.

La segmentación de los decorados en sus partes independientes y disociables a la hora del rodaje o la grabación es la primera operación a realizar una vez que se dispone del guión definitivo. A partir de esta clasificación comienza el desglose para prever las necesidades de medios, equipos y trabajos que requiere cada secuencia de producción. Con estos datos será posible confeccionar posteriormente el plan de trabajo y el presupuesto final.

2. Realización del desglose

A partir de la posesión del guión definitivo, una de las tareas del equipo de producción es la de inventariar, con el máximo grado de detalle, las necesidades de personal, decorados, mobiliario, accesorios, vestuario, localizaciones, etc., que se desprenderán de la lectura atenta del guión desglosado, es decir, analizado y subdividido en partes «significativas» para su ejecución. Se trata de estimar las necesidades de todo tipo, humanas y materiales, que se precisarán para obtener el resultado esperado. El *desglose* se realiza a partir del guión técnico definitivo aunque en el proceso de producción de un filme o programa, es habitual aplicar el método de desglose en etapas previas a la disposición del guión técnico. De esta forma se puede ir evaluando paulatinamente la necesidad de recursos necesarios para poner en marcha el proyecto permitiendo, así, la introducción de cambios que favorezcan la realización del proyecto según la evolución de las condiciones de la producción.

Existen diferentes tipos de guiones según las características de la producción. No es lo mismo realizar un vídeo para realzar la imagen corporativa de una empresa, que una producción educativa, una serie de televisión, un programa multimedia o un filme de ficción. Los guiones serán diferentes aunque en todos los casos será posible, y necesario, analizarlos para extraer las listas de necesidades por cada secuencia mecánica como paso previo para proceder a su planificación.

No obstante, cabe destacar que, especialmente en el modo de producción de ficción impuesto en la industria norteamericana (y extendido al resto del mundo), los guiones literarios presentan una estructura muy similar. Cada una de sus páginas suele coincidir, en promedio, con un minuto de duración de la película acabada y puede dividirse hasta en ocho secciones de dos centímetros y medio cada una. Cada una de estas secciones recibe el nombre de *octavo de página*. Cuando el realizador dispone de la versión final del guión procede a separar mediante líneas horizontales cada una de las secuencias y según su extensión, se calcula el espacio que ocupa el texto dentro de la página. Si una secuencia ocupa, por ejemplo, cinco centímetros, se considera que su porcentaje es de 2/8 de página. La referencia de los octavos de página es útil para el desglose del guión porque facilita ubicar segmentos inferiores en su duración a una página. Posteriormente, en el plan de producción, se tendrán en cuenta los octavos de página a rodar, y después del rodaje se sumarán, efectivamente, los octavos de página rodados procedentes de distintas páginas del guión para conocer con aproximación el tiempo efectivo de duración de la película conseguido día a día.

Además de elaborar el presupuesto, el director de producción ha de organizar la producción y para ello cuenta con la ayuda de su equipo. Es habitual que el ayudante de dirección o de realización participe intensamente en esta tarea, aportando los puntos de vista del director o realizador, y haciendo de puente de la dirección con la producción.

El desglose tiene como primera finalidad conocer con precisión todo lo que va a hacer falta para llevar a cabo la producción. Adopta la modalidad de diferentes listas que recogen las necesidades convenientemente agrupadas.

Después de la lectura atenta del guión se procede al establecimiento de los criterios a aplicar durante el desglose y a la descomposición del mismo en secuencias mecánicas. A partir de aquí dará comienzo el desglose que suele realizarse con métodos informáticos a partir del procesamiento del guión literario (programas basados principalmente en bases de datos) o en listados manuales independientes. Una práctica tradicional ha sido la de proceder al *marcaje* del guión, es decir, al subrayado con distintos colores de los ítems que pueden ser clasificados en una misma categoría. Así, protagonistas, secundarios, decorados, atrezo, necesidades específicas de maquillaje, etc. El marcaje es la operación previa a la confección de *hojas de desglose* en las que se agrupan las necesidades por localización o decorado una vez determinadas las secuencias mecánicas existentes.

A partir de la hoja de desglose de cada una de las secuencias mecánicas, se podrá disponer de las listas o desgloses generales de necesidades. No obstante, el proceso pasa por varias etapas:

- Se transforma el guión literario en guión técnico.
- Se puede proceder al marcaje por colores de los elementos a desglosar agrupados en categorías comunes: reparto, localizaciones, vestuario, efectos visuales, etc.
- Con los elementos resaltados se preparan las listas de desglose en diferentes apartados a determinar según la estructura de producción. Puede ser, por ejemplo, reparto, localizaciones, vestuario, atrezo, decorados, etc.
- Con posterioridad, el productor, el director–realizador y su ayudante reflejarán en *una hoja de desglose* por secuencia mecánica todas las necesidades.
- Finalmente, se realizarán una agrupación de necesidades en *listas generales de desglose.*

Es necesario remarcar, en este punto, que el desglose del guión no es una tarea exclusiva del productor. Su figura es de coordinador ya que *todos los departamentos que intervienen en la realización del filme o programa* (cámara, iluminación, decoración, sonido, caracterización, etc.) tienen que colaborar en esta tarea, aportando, cada uno de ellos, las soluciones óptimas para su posterior resolución.

Por otro lado, es importante distinguir que, si partimos de un guión literario, habrá una serie de *necesidades de todo tipo que se derivan directamente de la lectura del guión.* Si la escena tiene lugar en un dormitorio y hace referencia a una persona que está tendida sobre una cama, es evidente que en el desglose deberemos marcar «una cama» con determinadas características de estilo y época que puede decidir el escenógrafo. Pero eso no es suficiente para disponer de un dormitorio creíble. Habrá que sumar, además, todas aquellas *necesidades añadidas o deducidas de la lectura del guión.* Habrá que añadir, y sobre todo, habrá que proveer todos los elementos que conformen un dormitorio o, mejor dicho, aquellos que van a aparecer en pantalla: mesillas, sillas, armario ropero, lámparas, cuadros, etc.

Miguel Sainz[2] recomienda, en la realización del primer desglose por secuencias mecánicas o de producción, la aplicación de los criterios básicos que siguen:

a) Utilizamos una hoja por cada secuencia.
b) Se agrupan en una misma hoja de desglose aquellas secuencias cuyas características similares así lo aconsejan.
c) Se anotan los nombres de los personajes y el número de traje.
d) El número de figurantes se ajustará de acuerdo al plan de trabajo, solo se anota un número estimado por secuencia.
e) El número de páginas de guión se contabiliza en octavos, se divide la página en ocho partes y se contabiliza el total.
f) Se marca el efecto.
g) Las casillas dedicadas a necesidades pueden ser sustituidas por otras, por ejemplo iluminación, permisos, etc.
h) Se adjuntarán a las hojas de desglose, planos de planta de la localización, una vez esta haya sido efectuada, también pueden asociarse hojas con explicaciones sobre la secuencia.
i) En la columna de vehículos solo se ponen los que aparecen en escena.
j) En el apartado de accesorios de cámara y de sonido se anotan las necesidades ocasionales, no el equipo habitual.
k) En la casilla de semovientes debemos indicar el animal y la acción con el fin de prever el resto de necesidades.
l) En el apartado de caracterización apuntaremos todas las necesidades, incluidas las de maquillaje y peluquería.
m) Los efectos especiales deberán ser descritos con sumo cuidado, acompañando esquemas si es preciso.
n) En observaciones se harán constar hechos significativos de la grabación.

El modelo de desglose que adjuntamos es también de Miguel Sainz y nos advierte de la importancia de diferenciar entre decorado aislado y complejo

2. Sainz, Miguel, 1994. *Manual básico de producción en televisión.* IORTV.

de decorados, el primero está incluido en el segundo. Se llama complejo a la combinación de varios decorados.

DESGLOSE DEL GUION

Programa:	Título:	Capítulo:
Localización:	Complejo:	Decorado:

Nº Secc.	Nº págs.	Págs. guión	Exterior	Interior	Amanecer	Día	Tarde	Noche

SINOPSIS

ACTORES					
Protagonistas	Nº	Secundarios	Nº	Episódicos	Nº

FIGURACION			
Núm. Hombres:	Núm. Mujeres:	Núm. Niños:	Núm. Niñas:

NECESIDADES	
Atrezo	Efectos especiales
Armas	Caracterización
Vehículos	Semovientes
Material maquinista	Accesorios cámara y sonido

OBSERVACIONES

A partir de las hojas de desglose realizadas por cada secuencia mecánica o de producción, se efectúan las *listas de necesidades* que veremos a continuación.

2.1. Lista o desglose general de personajes

La lectura atenta del guión permite conocer el número exacto de personajes que intervienen, el momento de su aparición, el lugar o localización y el tiempo de duración, vestuario, calificación (principales, secundarios, figurantes, extras, etc.), sexo, condición y demás características relevantes para la creación del tipo definido en el guión (alto, bajo, flaco, grueso, edad, etc.).

En el caso de los figurantes o extras deberá especificarse su número y características para tenerlas en cuenta en el momento de realizar las convocatorias y los planes para la grabación.

Se considerará la necesidad de dobles de acción o especialistas de riesgo así como el interés de emplear dobles de rodaje, dobles de luces o dobles de desnudo para descargar de trabajo a los actores principales o simplemente para rebajar los costes de la producción.

Podremos saber si intervienen niños o ancianos y así valorar los condicionantes especiales que su trabajo supone para la producción que deberá aplicar, por ejemplo, las reglamentaciones especiales propias del trabajo de menores de edad.

En un *desglose general de personajes* podremos considerar los siguientes apartados:

- El número correlativo de intervención del actor.
- Su nombre real.
- El nombre del personaje que representa.
- El número de la secuencia en que interviene.
- La anotación respecto a si se trata de interior o exterior.
- El efecto día o noche.
- La clave del conjunto de prendas (vestuario) que emplea en la secuencia.
- El complejo de decorados.
- El decorado concreto o set de grabación.
- Las observaciones a destacar: por ejemplo «lleva una bolsa de deporte.»

Muy directamente relacionado con las gestiones a realizar para la contratación de los actores es disponer de los *datos personales* de los mismos. Esta información no debe salir del equipo de producción y debe recoger los siguientes datos:

- El número correspondiente del actor (tantos como actores concurran en la producción).
- Su nombre real.
- El nombre del personaje que representa.
- El nombre de su representante o agencia.
- Su Número de Identificación Fiscal (NIF).
- Su teléfono de contacto.
- Su dirección de correo electrónico.
- Los datos relativos a su domicilio.
- Observaciones a remarcar.

Es preciso también contar con los *figurantes* o *extras* si se precisan, o con el *público asistente* a un programa de televisión. En este caso se deberá hacer constar:

- La localización.
- El complejo dentro de la localización.
- El set o decorado dentro del complejo.
- El número de la secuencia en que intervienen.
- Las características de la figuración: clientes de un supermercado, personal en el espacio de llegadas de un aeropuerto, paseantes, etc.
- Número de hombres.
- Número de mujeres.
- Número de niños.
- Número de niñas.
- Cualquier observación que aclare o matice las características de la figuración.

2.2. Lista o desglose general de vestuario

Ligado muy directamente a la lista de actores está la lista de vestuario que siempre es importante ya que contribuye de forma muy directa a la caracterización de los personajes. Cuando se realizan películas de época, el vestuario representa una parte importante del presupuesto de producción. Su diseño y confección, o su alquiler, obliga a determinar con claridad cuáles son las necesidades por personaje y su relación con los distintos escenarios.

Para realizar esta lista es necesario saber cómo viste cada personaje en cada secuencia mecánica de la obra y conocer cuántos cambios de vestuario requiere. Así podemos conocer la cantidad de trajes y la caracterización de los mismos por cada secuencia. A partir de la disposición de esta lista el departamento de vestuario puede iniciar el diseño de los trajes a partir de bocetos.

No hay que olvidar la importancia de organizar de forma férrea todo lo que atañe al vestuario en cada secuencia pues un despiste en una prenda o en un complemento del vestuario, puede hacer que se produzca un fallo en el *raccord* o continuidad visual de la grabación perceptible para el espectador y, probablemente, sin remedio, por haber pasado inadvertido durante el rodaje de la secuencia.

La disposición del desglose general de vestuario permite tomar decisiones respecto a la necesidad de comprar, alquilar o confeccionar expresamente las prendas y complementos a utilizar en una determinada producción.

Conviene disponer del desglose general de vestuario por personaje. Así pueden ubicarse con mayor seguridad el conjunto de prendas que utilizará en cada secuencia y se evitarán confusiones. Lo ideal es adjudicar a cada conjunto una clave, que puede ser el nombre del personaje o una abreviatura, seguido del número de veces en la que aparece en la obra. Si la primera vez que aparece Sara corresponde la clave Sara1, en la secuencia de la guardería infantil, que consiste en camiseta rosa, pantalones cortos blancos y sandalias rosas, cada vez que en el desglose general corresponda la clave Sara1 bastará con especificar la clave, ahorrándonos la descripción de las prendas que la componen. La segunda aparición de Sara con otro vestuario sería Sara2, y así sucesivamente.

En un *desglose general de vestuario* podremos considerar los siguientes apartados:

- El nombre del personaje que representa.
- La clave del conjunto de prendas (nombre del personaje o abreviatura).
- La localización (ciudad).
- El complejo de decorados.
- El decorado concreto o set de grabación.
- El número de la secuencia en que interviene.

En el proceso de rellenado de las hojas de desglose por secuencia mecánica, conviene resaltar en el guión cualquier indicación relativa al vestido del personaje, así como detalles de sus prendas tales como roturas, sangre, estado del vestuario, si lleva andrajos, manchas, etc., de esta forma se asegura cumplir con las características concretas de la acción.

Necesitaremos disponer de un *desglose de tallas de actores* para proceder a la consecución de los elementos que componen su vestuario. Para ello, en el momento de proceder a la contratación o compromiso del actor para participar en la obra, se realizará la medida de los elementos a tener en cuenta para conocer todo lo relativo a su talla. Son básicamente los que siguen:

- El nombre del personaje que representa.
- La clave del conjunto de prendas (nombre del personaje o abreviatura).
- Altura.
- Cintura.
- Pierna.
- Manga.
- Cuello.
- Pecho.
- Cabeza.
- Pie.

2.3. Lista o desglose general de localizaciones

Se agrupan bajo este rótulo los escenarios que no se construyen en el plató, es decir, los interiores y exteriores naturales que normalmente hay que ambientar y decorar para conseguir el escenario que marca el guión.

Este desglose, como el de decorados, es de una enorme trascendencia en el ordenamiento del trabajo de producción, dado que permite el primer ordenamiento en el plan de trabajo que se elaborará con posterioridad. Suele haber una correspondencia importante entre estos dos desgloses y las «secuencias de producción».

Lo fundamental en estos casos, desde el punto de vista de la producción, es disponer de una ficha de localización donde se recogerán todas las particularidades de la misma, aspectos que serán tratados con mayor extensión en el capítulo de localizaciones de este mismo manual.

Dado que las localizaciones pueden ser interiores y exteriores, puede ser preciso realizar algunas anotaciones referidas a las necesidades de preparación y ambientación de las mismas así como las facilidades o dificultades para la toma de sonido directo y para la iluminación.

En un primer *desglose general de localizaciones*, será suficiente hacer constar:
- El número consecutivo de la localización.
- El o los números de secuencias que se desarrollan en la misma.
- Si se trata de exterior o interior.
- El detalle de la localización: plaza, calle, estadio de fútbol, restaurante, oficina, dormitorio, sala de estar, etc.
- Alguna observación si se precisa: día, noche, con tráfico, sin público, etc.

2.4. Lista o desglose general de decorados

Consiste en la determinación de las características de los decorados que habrán de montarse en el plató.

El productor deberá evaluar su necesidad así como las posibilidades de reducir costes evitando la construcción de partes de los mismos que no vayan a aparecer en la pantalla. También procurará que en su construcción se empleen materiales económicos si dan en pantalla la misma apariencia que otros más costosos.

Pondrá especial cuidado en la previsión de los problemas que un diseño inadecuado podría introducir en la fase de registro. Para ello, deberá estudiar la distribución espacial de los mismos pensando en el máximo aprovechamiento en la realización. Se asegurará de que permitan el correcto emplazamiento de las cámaras y sus desplazamientos. Cuidará la posibilidad de colocación de gradas para el público (si lo hubiere), etc. Estudiará las necesidades de almacenamiento, montaje y desmontaje, el tiempo preciso en relación al montaje en el mismo plató de otros decorados, y las necesidades de personal.

Este desglose corresponde fundamentalmente al director artístico o escenógrafo así como al decorador y su ayudante y se compone básicamente de especificar el mobiliario y el atrezo necesario en cada decorado.

En un *desglose general de mobiliario* podemos hacer constar:
- El número asignado al mueble.
- El tipo de mueble.
- La localización (ciudad).
- El complejo de decorados.
- El decorado concreto o set de grabación.
- El número de la secuencia en que interviene.
- La época del mueble.

– Cualquier observación que se precise como, por ejemplo, si va a sufrir algún desperfecto durante el rodaje.

Muebles, coches, objetos utilizados por los personajes o de importancia significativa en la trama, han de ser extraídos del estudio minucioso del guión y agrupados para su consecución y disposición en las secuencias de producción oportunas. El atrezo supone, con frecuencia, un coste muy elevado, sobre todo cuando el guión exige su destrucción.

Aquí conviene distinguir entre lo que pueden considerarse elementos de escenografía y decoración y elementos de atrezo. Se trata de un campo con fronteras difusas que conviene aclarar. Por ejemplo, en una determinada escenografía los elementos fijos como lámparas, interruptores, mobiliario, espejos, etc., son *elementos escenográficos* (pueden considerarse *mobiliario*) y los que usan los actores para interpretar a sus respectivos personajes como uniformes, armas o llaves, pueden ser *elementos de atrezo*. Merece la pena introducir la diferencia entre *atrezo general* y *atrezo especial* entendiendo como especial los elementos que son nombrados específicamente en el guión, por tanto aquellos con los que interactúa el personaje. Una pistola propia del uniforme de un militar sería simplemente un elemento de atrezo, mientras que si esa pistola va a jugar un papel en la acción, va a ser utilizada para apuntar a otro personaje, entonces puede considerarse atrezo especial. Otra interpretación considera atrezo especial a aquellos elementos que van a ser construidos *ex profeso* para una determinada secuencia como modelos a escala, maquetas, letreros, etc.

En un *desglose de atrezo general* conviene recoger:

– El número asignado al elemento.
– El tipo de elemento.
– La localización (ciudad).
– El complejo de decorados.
– El decorado concreto o set de grabación.
– El número de la secuencia en que interviene.
– La secuencia o secuencias en que aparece el mismo elemento y con la que debe mantener un *raccord* o continuidad formal.
– Cualquier observación o matiz que se precise para entender mejor sus características.

En un *desglose de atrezo especial* conviene recoger:

– El número asignado al elemento.

– El tipo de elemento.
– Las características del elemento.
– La localización (ciudad).
– El complejo de decorados.
– El decorado concreto o set de grabación.
– El número de la secuencia en que interviene.
– La secuencia o secuencias en que aparece el mismo elemento y con la que debe mantener un *raccord* o continuidad formal.
– El número de plano en que aparece el elemento.

En todo lo referido a los decorados y elementos escenográficos es fundamental diferenciar entre aquellos elementos que se desprenden *directamente de la lectura del guión* (cocina, dormitorio, cuadro, cama, silla, almohadón, etc., si así se especifica en el mismo) y los que *deben añadirse para completar el decorado*, tarea que corresponde al escenógrafo y decorador hasta la consecución de un ambiente realista y creíble por el espectador.

2.5 Lista o desglose general de semovientes y vehículos

En muchas producciones aparecen, con mayor o menor protagonismo, distintos tipos de animales. En ocasiones solo deben aparecer en cuadro, otras, como en las *películas del oeste*, sirven de montura a los jinetes y, con cierta frecuencia, son auténticos actores protagonistas.

Será preciso en estas listas referirse al tipo de animal, a su cuidador, formas de transporte, y también su nombre o número identificativo en el guión. No podrán olvidarse las cuadras o lugares de guarda de los animales, el pienso para su alimentación y los aparejos, riendas, monturas, arreos, atalajes, etc., precisos para el control de los animales durante el rodaje.

Trabajar con animales como actores requiere mucho tiempo y paciencia y además no hay que olvidar todo lo relativo a la necesidad de contar con cuidadores y domadores.

En un *desglose general de semovientes* podemos hacer constar:
– El número asignado al animal.
– La especie del animal (yegua, perro, caimán, etc.).
– El nombre del semoviente que aparece en el guión (si es que lo tiene).
– Los accesorios del animal que empleará.

- La identificación de su cuidador responsable.
- La localización (ciudad).
- El complejo de decorados.
- El decorado concreto o set de grabación.
- La secuencia o secuencias en que aparece el mismo semoviente y con la que debe mantener un *raccord* o continuidad formal.

Respecto al desglose de vehículos, merece la pena subrayar el hecho de que hay que desglosar conjuntamente los carruajes de época y los animales que les sirven de tiro. También deben describirse con mayor detalle aquellos vehículos que juegan un papel activo en la escena (por ejemplo, automóviles antiguos que funcionan), y de forma sucinta aquellos vehículos que simplemente se emplean para atrezar la escena, es decir, para crear un determinado ambiente. Desde el punto de vista de la producción es muy diferente (y más caro) conseguir vehículos antiguos en buen estado de funcionamiento, que emplear vehículos antiguos cuya función es simplemente permanecer estacionados en una calle.

En un *desglose general de vehículos* podremos considerar los siguientes apartados:

- El número asignado al vehículo.
- El tipo de vehículo.
- El año del vehículo.
- Sus características: estado de la carrocería, color, desperfectos visibles, etc.
- La necesidad o no de especialistas para su conducción y la descripción de los efectos a conseguir.
- La localización (ciudad).
- El complejo de decorados.
- El decorado concreto o set de grabación.
- La secuencia o secuencias en que aparece el mismo vehículo y con la que debe mantener un *raccord* o continuidad formal.
- Cualquier observación o matiz que se precise para entender mejor sus características.

2.6. Lista o desglose general de maquillaje, caracterización y peluquería

En el proceso de lectura del guión para proceder a su desglose hay que marcar todas las referencias a la apariencia física del personaje con respecto a la acción. Así, cansancio, sudoración, heridas, envejecimiento, decaimiento, palidez, cortes, golpes, entre otros. Estas anotaciones las tendremos en cuenta para planificar la correspondiente secuencia mecánica y, posteriormente, para agruparlas en un desglose general de maquillaje y caracterización.

Cuando el personaje solo requiere aparecer lo más natural en pantalla se utiliza exclusivamente un maquillaje *de base* cuya función es la de aminorar los brillos de la piel que causa la iluminación.

Pero hay otras ocasiones en que se precisa una transformación radical del personaje, un envejecimiento, la simulación de una deformación física, una cicatriz, una herida sangrante, la colocación de barbas, bigotes, pelucas, etc. Estamos hablando, entonces, de *caracterización.*

La caracterización, como la peluquería, requiere tiempo y una adecuada planificación para que esos tiempos sean compatibles con las actividades paralelas, anteriores o posteriores de la producción. Es fácil imaginar un rodaje con todo el personal paralizado mientras uno de los protagonistas está sometido a un proceso de caracterización complejo o a una extensa sesión de peluquería. Este tipo de situaciones son consecuencia de una deficiente organización.

Merece la pena resaltar el elevado coste de los materiales empleados para la caracterización. Por ello, los profesionales de la caracterización facturan aparte, y así se recoge en la mayoría de modelos presupuestarios, dichos materiales.

El maquillaje de base no se recoge en una lista específica. Se aplica, simplemente, a todos los personajes que aparecen en pantalla.

También hay una peluquería básica, de mantenimiento, que no es preciso reflejar en lista.

En un *desglose general de caracterización* ampliado a *peluquería,* puede aparecer:

– El nombre del personaje que representa.
– Las características de la caracterización.
– Las características del peinado.
– La localización (ciudad).
– El complejo de decorados.
– El decorado concreto o set de grabación.

– La secuencia o secuencias en que aparece con la misma caracterización y con la que debe mantener un *raccord* o continuidad formal.
– La secuencia o secuencias en que aparece con el mismo peinado y con la que debe mantener un *raccord* o continuidad formal.
– Cualquier observación o matiz que se precise para entender mejor sus características.

2.7. Lista o desglose general de efectos visuales y especiales

Los efectos ópticos, mecánicos, digitales o electrónicos, requeridos en cada secuencia mecánica tales como lluvia, explosiones, inundaciones, nieves, disparos, entre otros, pertenece al área de la escenografía y más concretamente a los denominados *efectos especiales*. Por su complejidad y dificultad de preparación y ejecución, además de contar con especialistas, se suelen describir de forma minuciosa mediante la realización de bocetos de imágenes de la secuencia (*storyboard*) para que el equipo creativo solucione su puesta en pantalla.

Desde la producción, es preciso tener en cuenta el tiempo que llevará su construcción, elaboración, fabricación e incluso la realización de pruebas previas a la grabación.

Los efectos especiales a realizar durante el proceso de postproducción han de ser previstos durante el rodaje puesto que si no se mantienen unas determinadas condiciones en el rodaje, según el tipo de efectos a aplicar posteriormente, pueden producirse situaciones que imposibiliten o dificulten en gran manera la realización del efecto en la posterior fase de postproducción. Por esta razón, es imprescindible contar, en la fase de planificación de la producción, con la asesoría del encargado de realizar los efectos de postproducción. Pueden ahorrarse, así, muchos problemas y su previsión es una de las responsabilidades del equipo de producción.

Los efectos especiales son efectuados por especialistas y su utilización está reglamentada cuando hay público presente en el plató.

El productor deberá determinar con exactitud su necesidad y valorará el peligro que, a veces, supone su realización, así como los costes económicos que pueden disparar los costes de producción.

En un *desglose general de efectos visuales y especiales* podemos hacer constar:
– El número asignado al efecto.
– Su tipología y características.

- El encargado de su realización.
- La localización (ciudad).
- El complejo de decorados.
- El decorado concreto o set de grabación.
- El número de la secuencia en que interviene.
- Cualquier observación o matiz que se precise para entender mejor sus características.

2.8. Lista o desglose general de iluminación

De esta tarea se encarga el director de fotografía o iluminador jefe en televisión con la colaboración del encargado del equipo de luces en cualquier caso. Además de realizar un desglose de necesidades de iluminación por cada secuencia de producción, será preciso elaborar planos en planta de los sets de grabación, decorados y localizaciones sobre los que se dibujarán y orientarán los distintos tipos de proyectores de iluminación empleados en el rodaje. La concreción y exactitud en este apartado es fundamental y habrá que referirse a las características de los focos, a su potencia, al tipo y al número de unidades empleadas.

En un *desglose general de iluminación* puede aparecer:

- La localización (ciudad).
- El complejo de decorados.
- El decorado concreto o set de grabación.
- La especificación respecto a si se trata de interior o exterior.
- El efecto: día, noche, amanecer, atardecer.
- La necesidad de líneas eléctricas.
- Los cuadros eléctricos precisos.
- Los trípodes y soportes para la iluminación.
- Los accesorios de iluminación.
- La tipología de proyectores y su número.
- El tipo y potencia de grupo electrógeno, si se precisa.
- Cualquier otro tipo de material necesario.

2.9. Otras listas o desgloses generales

Lista de sonido. El técnico de sonido deberá determinar por adelantado las necesidades de toma de sonido según los distintos escenarios de rodaje. También levantará planos en planta donde situará los micrófonos de características técnicas adecuadas para el fin de captación perseguido, los orientará y decidirá el uso de perchas o jirafas según los desplazamientos de los personajes. Efectuará, un *desglose general de material de sonido* necesario para cada secuencia mecánica (micrófonos, número, líneas de sonido y cableado, si se emplea la pértiga o no, etc.) y también un *desglose para tomas de sonido* donde refleje las características de la toma especificando si se trata de una toma sincrónica con el movimiento labial de los actores, o si se trata de una toma con sonido de referencia, si se emplea *playback*, y cualquier anotación que contribuya a aclarar cualquier duda sobre el empleo de los medios técnicos de sonido durante la toma.

Lista de música. Recogerá esta lista las sintonías que conformarán la banda musical del programa y los datos referidos a si se trata de música original, de librería, o pregrabada. En este último caso, habrá de especificarse el tema elegido, para su disposición en la fase de sonorización y para iniciar el trámite de solicitud y pago de derechos por su utilización.

Lista de equipo especial. Se recoge cualquier necesidad en la que se requiera el uso de una *dolly*, una grúa, una pluma, un *steadicam*, o cualquier otro tipo de material técnico que pueda salirse del estándar habitual de grabación.

Lista de material de archivo. La responsabilidad principal es del documentalista y se trata de reflejar en un desglose general todas las necesidades de material de archivo para llevar a cabo la producción. Habrá que especificar al máximo para facilitar la obtención de los archivos audiovisuales y documentos listados. Básicamente habrá que remarcar el tipo de contenido, su duración (normalmente en segundos), el año en que se produjo, la especificación si se trata de cine, vídeo, DVD o cualquier otro, el sistema (características del formato de cine o del sistema de vídeo en que se encuentra), el nombre de la empresa, organismo o institución propietaria del documento y, finalmente, la secuencia en que aparece el citado documento.

Hemos enumerado en este apartado una serie de listas habituales en la mayoría de las producciones que no pretende ser exhaustiva. De hecho, según las características de la obra, habrá que introducir nuevas listas o agrupar algunas de las que aquí hemos apuntado cuando el programa es de mayor simpleza en términos de producción.

Capitulo XI

Las localizaciones y los decorados

1. Las localizaciones

Localizar es buscar los escenarios naturales que pueden servir para satisfacer las necesidades de una producción y que no son reproducidos o montados en un plató. En ellos se desarrolla parte de la acción y, según sus características y las exigencias del guión, permiten registrar imágenes tal como están, o deben de ambientarse para conseguir el efecto deseado.

La responsabilidad en la búsqueda de localizaciones recae en última instancia siempre en el productor aunque intentando resolver los requisitos que marca el director o realizador del programa. Según las características del programa, el equipo humano desplazado a la localización puede ser más o menos extenso. En un programa dramático, además del productor y director o realizador, estará presente el iluminador, el jefe de eléctricos, el escenógrafo, el responsable técnico y el responsable de sonido. En un programa de menores exigencias bastará con la presencia del productor y realizador o incluso podrá este último ser reemplazado por el ayudante del realizador. La elección de la localización será tanto más ajustada a las necesidades de la producción cuanto más desarrollado esté el guión técnico. Así podrá obtenerse más información respecto al emplazamiento de las cámaras, movimientos de los personajes, esquemas de iluminación, etc.

1.1. Las localizaciones y sus características

Los escenarios o localizaciones pueden ser *interiores* o *exteriores* y cuentan con ventajas e inconvenientes respecto a los montados en estudio. En general, las ventajas de los decorados construidos están en que desde su diseño se tienen en cuenta las facilidades para la realización (emplazamiento de cámaras, concreción escenográfica, control de las luces, máxima operatividad, etc.). Los inconvenientes también son claros, su construcción es muy costosa y requiere una pormenorizada planificación. Los decorados de exteriores precisan de mucho espacio y de un enorme número de elementos de atrezo, además pueden verse afectados por la lluvia y el viento que pueden destruirlos.

Las localizaciones naturales también tienen ventajas e inconvenientes. Entre las primeras se cuenta que son lugares interiores o exteriores que ya existen, están provistos de un gran verismo, son más baratos y más espectaculares si se trata, por ejemplo, de paisajes naturales, etc. Entre los inconvenientes destacan, entre otros, la dificultad de controlar el espacio, la luz y el sonido, el alquiler a particulares o a organismos públicos que puede ser elevado, y la necesidad de disponer de autorizaciones y permisos.

Las localizaciones pueden ser propiedades *privadas* o *públicas*. En el primer caso hay que convencer a los propietarios para la cesión de su uso mediante el pago, o no, de una cantidad normalmente negociable. La producción debe hacerse cargo prácticamente siempre de los posibles desperfectos ocasionados durante la grabación así como de la ambientación necesaria para adaptarlo a las precisiones exactas del programa. Debe proveer los servicios mínimos de potencia eléctrica, comunicaciones, camerinos, y todos los que afecten al desarrollo del plan de trabajo.

Las localizaciones en espacios públicos se solucionan habitualmente con el pago de un canon a la administración de que depende el escenario. Los inconvenientes a solucionar son parecidos a los que se producen en las propiedades privadas más los que añade, por el carácter de lugar público si se trata de una zona transitada, la posibilidad de que la gente pasee y se acerque al escenario, el ruido ambiente, la dificultad de controlar el tráfico, la urgencia en el montaje y desmontaje de elementos de decorado, cables, grupos electrógenos, etc.

Existen agencias y personas especializadas a las que consultar cuando un equipo busca unas localizaciones determinadas. Normalmente, estas empresas cuentan con archivos fotográficos y vídeos de todo tipo de espacios: paisajes, edificios singulares, playas, calles, hospitales, clubs, instalaciones deportivas, etc. Es muy habitual contactar con organismos públicos que trabajan para promocionar los rodajes en la región donde se encuentran, y que no solo proporcionan localizaciones sino que también se encargan de facilitar los trámites de negociación con los responsables de las localizaciones y de tramitar los permisos para la grabación o rodaje. También se recurre a la consulta de guías turísticas, postales, libros, ficheros de decorados, y se valoran las ideas o sugerencias precisas del realizador, director artístico, productor o de los mismos guionistas.

Muchas veces se contrata a un *productor de localizaciones* (*location manager*), quien se responsabiliza de este trabajo haciendo la búsqueda y negociando los pagos, los permisos con las autoridades competentes, los horarios de entrada y de salida, las negociaciones con los vecinos y con las autoridades locales, las condiciones para construir decorados o readaptar los existentes, la limpieza y adecuación del lugar, etc. En suma, será el intermediario entre la productora y la propiedad o el responsable de la localización.

La localización debe cumplir los requisitos de adecuación a la acción y a la atmósfera general del programa, así como otros de tipo técnico, o sea, facilidades operativas, coste de transformación o de adaptación a las precisiones del guión, disponibilidad de tensión eléctrica, de cobertura telefónica, condiciones acústicas, etc.

En la búsqueda de localizaciones surgen dudas que deben aclarar el equipo de producción. Se trata de formular preguntas a las que se debe dar respuesta para despejar todas las incógnitas asociadas a la localización. Conviene asegurar:

- La adecuación de la localización al guión.
- El conocimiento del responsable de la misma para solicitar el permiso de rodaje.
- La posible restricción de horarios en los que no se pueda filmar.
- Las fechas en las que la localización estará disponible y la posibilidad de volver a emplearla en caso de necesidad de repetición de la grabación.
- Las facilidades o dificultades de acceso con los vehículos a emplear en el rodaje.
- Los transportes, comunicaciones y facilidades operativas.
- La existencia de algún lugar donde situar un generador de energía eléctrica lo más cercano posible del set pero a su vez, lo suficientemente alejado para no ser captado por los micrófonos en caso de sonido directo.
- La necesidad de algún tipo de seguro especial para el rodaje.
- La climatología y la facilidad de trato con la gente del lugar.
- La disponibilidad de tensión eléctrica y cobertura telefónica.
- La disponibilidad de espacio para alojar a los extras de forma que no interfieran en la grabación cuando no se precisan.
- La posibilidad de disponer de un *cover set* (localización o escenario alternativo de rodaje en caso de lluvia o mal tiempo) en las cercanías de la localización.

- La posibilidad de contar con la colaboración de la policía en caso de corte de calles o interferencia en el tráfico de peatones.
- La necesidad de contratar seguridad privada.
- La cercanía de hospitales o consultorios médicos (sobre todo si existen secuencias de riesgo).
- La existencia de servicios de alimentación o la posibilidad de contratar servicios de catering.
- La ropa de trabajo más adecuada según la climatología del lugar y la estación del año.
- La comprobación de la idoneidad de los espacios anexos para estacionar vehículos, camerinos y baños.
- Las condiciones de seguridad.
- Las contingencias posibles que pueden alterar las condiciones de rodaje como el fuerte viento, la inexistencia de obras ruidosas en los alrededores o cualquier otro ruido producido por animales o máquinas (granjas, rutas de aviones, maquinaria pesada, etc.).
- La posibilidad de construir o adaptar diferentes escenografías en espacios contiguos o cercanos, para que el equipo se desplace el mínimo posible durante el registro.

El equipo de producción deberá contar con la posibilidad de gestionar los permisos para la grabación o rodaje en escenarios naturales. Tendrá que conocer el importe de las tasas si las hubiere o la gestión de otro tipo de contraprestación que no sea económica y valorar su aceptación. Convendrá disponer de otras alternativas a la localización así como de datos certeros sobre el tiempo y el coste económico del transporte. Deberá plantearse los problemas asociados a la asistencia o no de público y su posible desplazamiento y manutención. En los programas en directo tendrá que contar con la necesidad o no de enlaces de microondas y de comunicaciones por satélite. Resolver los aspectos relacionados con la iluminación, la potencia eléctrica, la necesidad o no de incorporar grupos electrógenos, la posibilidad de emplear elementos de iluminación sujetos o no a las paredes, las horas de luz natural y la variación de la posición del sol, la situación de las cámaras, las condiciones del sonido ambiental y la posibilidad de que el equipo de sonido interfiera con la iluminación. Muy especialmente, el equipo de producción tendrá que considerar la adecuación de los espacios naturales, es decir, la construcción de decorados y las transformaciones precisas para adecuar el espacio a las exigencias del guión, su coste en tiempo y su valor monetario.

A partir de la elección podrán pagarse los conceptos de alquiler o de canon y tendrán que desplazarse los miembros directores del equipo de producción, artístico y técnico, para proveer las distintas soluciones con la suficiente antelación.

Es muy importante que los diferentes jefes de departamento que participan en una producción hagan un previo *reconocimiento de la localización (scouting)*, junto con el director o realizador. Estas visitas contribuyen a mejorar el trabajo durante el rodaje ya que todos están más preparados y cuentan con mayor información evitando así imprevistos innecesarios. El director puede planificar mejor las escenas y con los comentarios de los jefes de equipo, el director de producción y el asistente de dirección pueden ajustar el plan de rodaje.

En función del alcance y tamaño del proyecto pueden asistir a estos reconocimientos el director o realizador, el ayudante de dirección o de realización, el director de producción, el director de arte o escenógrafo, el director de fotografía, el jefe de los maquinistas, el jefe de eléctricos, el responsable de sonido, el jefe de transporte y el encargado de los efectos especiales, en su caso.

Durante el reconocimiento se valora set por set el tipo de iluminación, la cantidad y calidad de la luz existente, la necesidad de luces y filtros especiales, la facilidad o dificultad para tapar o filtrar las ventanas o colocar andamios interiores o exteriores, la altura de techos, las facilidades para montar vías de *travelling*, los movimientos de cámara posibles, la necesidad de generadores o grupos electrógenos, los ruidos externos e internos, y detalles para la decoración o ambientación del escenario de rodaje.

1.2. El cuaderno ATA

En el caso de desplazamiento a otros países, el equipo de producción contactará con las autoridades locales para obtener su permiso y su colaboración. Deberá prever y resolver el alojamiento de todo el personal que interviene en el rodaje, solucionar los viajes y la alimentación de todos, los transportes de material hasta el lugar elegido, vacunaciones, visados, mapas, alquiler de circuitos internacionales de comunicación telefónica o por satélite para el envío de imágenes y sonidos, dominar idiomas y trámites de importación, exportación y reimportación del material que haya que desplazar si se trata de localizaciones en el extranjero. En este último caso se podrá utilizar el llamado *Cuaderno ATA* (combinación de inglés y francés: *Admission Temporaire/Temporary Admission*) es un documento aduanero internacional que puede utilizarse para la admisión temporal de mercancías, exentas de derechos de importación y libres de impuestos tales como el IVA, durante un año, en lugar de utilizar los documentos aduaneros normalmente requeridos. En este cu*ader*no o *carnet* se registra todo el material que sale del país de origen, evitando problemas en las aduanas de todos aquellos países que suscriben este documento.

Cada país en el Sistema ATA emite este documento a través de las Cámaras afiliadas a la Cámara de Comercio Internacional (CCI), con sede en París. Estas asociaciones, como promotoras del desarrollo empresarial, garantizan el pago de derechos a las autoridades aduaneras locales, en el caso de que los bienes importados al amparo de un *carnet* expedido en el extranjero, no fueran reexportados.

El cuaderno ATA se expide en cualquier cámara de comercio e industria y en su cumplimentación se tendrá en cuenta:

– La asignación de un número de orden a cada aparato o equipamiento.
– La especificación de la marca, modelo y número de serie de cada equipo.
– El número de unidades.
– El peso neto.
– La valoración actualizada de cada partida.

En cada salida de aduanas y entrada en otro país será preciso registrar la fecha, el sello de aduana y la firma del funcionario de aduanas.

FORMULARIO DE SOLICITUD DE CUADERNO ATA

EXCMO. SR. PRESIDENTE DE LA CAMARA OFICIAL DE COMERCIO DE VALENCIA

El abajo firmante, D/Dª como

en nombre propio/de la empresa: N.I.F. ó D.N.I:

con domicilio Teléfono

solicita de esta Corporación, de su digna presidencia, le sea expedido un Cuaderno ATA, acogido al Convenio de:

☐ **MATERIAL PROFESIONAL** ☐ **FERIAS Y EXPOSICIONES** ☐ **MUESTRAS COMERCIALES**

(Señálese con una cruz el recuadro correspondiente al Convenio aplicable)

a beneficio del material que, en relación al dorso se detalla, y cuyo valor comercial se indica, del cual es propietaria la persona o entidad solicitante.

El cuaderno solicitado debe ser valedero para los siguientes paises:

EN DESTINO

EN TRANSITO

(Cuando deba utilizarse el cuaderno para más de una entrada en el mismo país, indíquese el número de entradas a continuación del nombre del país)

La Empresa o persona solicitante estará representada por

(Cítese los datos personales del encargado de utilizar el Cuaderno ATA en las Aduanas).

A tales efectos, el abajo firmante se compromete, en nombre propio o de la Empressa que representa, a:

1º *Reimportar, en territorio Comunitario, el material que se indica dentro de los plazos autorizados.*
2ª *Cumplir lo ordenado, para la utilización de los Cuadernos ATA, por las Administraciones aduaneras españolas y de los países de destino o tránsito visitados con el material en cuestión.*
3º *Satisfacer a la Administración aduanera del país de importación de dicho material, en caso de venta, cesión, abandono, pérdida, robo, destrucción fortuita, omisión del trámite aduanero de reexportación, reexportación en fecha posterior al plazo autorizado de estancia en el país , etc., el importe de los derechos de importación y otras tasas correspondientes en vigor, o bien.*
4º *Reembolsar a la Cámara todas las sumas que, en concepto de derechos Aduaneros y tasas, deba abonar, a las autoridades Aduaneras extranjeras, y de cuantos gastos origine la cancelación definitiva de este documento.*
5º *Devolver a la Cámara el Cuaderno ATA, para su regularización, dentro de los treinta días siguientes a su caducidad o antes, si no les es ya necesario.*

En garantía de este compromiso, y previa consulta de aceptación a la Cámara emisora, el abajo firmante se declara conforme en entregar a la Cámara:

☐ **UN AVAL BANCARIO** ☐ **UN CHEQUE CONFORMADO** ☐ **UNA GARANTIA DE CIA. DE SEGUROS** ☐ **UN AVAL GLOBAL**
☐ **UN DEPOSITO EN METALICO** ☐ **UNA GARANTIA SUFICIENTE EN LA FORMA DETERMINADA POR LA CAMARA EMISORA**

por un importe en consonancia con el valor del material indicado, para responder de las reclamaciones, de aduanas extranjeras, que puedan derivarse del uso de este Cuaderno ATA, según lo previsto en el artículo 6 del Convenio Adunaero sobre Cuadernos ATA de 1961 y artículo 8 del Convenio de Estambul de 1990. No obstante, la Cámara se reserva el derecho de reclamar, al titular del presente documento, los importes abonados en virtud del Artículo 6 del Convenio ATA, y cuya cuantía exceda del importe de la garantía prestada.

Esta garantía será reintegrada por la Cámara cuando dicha Corporación considere regularizado el Cuaderno expedido.

de de

EL SOLICITANTE.
(Firma y sello de la Empresa)

NOTA IMPORTANTE: La entidad emisora del cuaderno declina toda responsabilidad por las dificultades que pudieran producirse en el caso de que las autoridades aduaneras, españolas o extranjeras, juzgasen insuficiente el valor declarado del material.

DILIGENCIA DE EMISION **(a rellenar por la Cámara)**

Esta CAMARA OFICIAL DE COMERCIO DE ,de acuerdo con la anterior petición, emite el CUADERNO ATA número:

...., expedido el ...., con validez hasta el ...., conteniendo

.... juegos de volantes amarillos, ... juegos de volantes blancos, ...juegos de volantes azules y, ... hojas complementarias a la lista general de mercancias.

El titular ha presentado en garantía ....

EL SECRETARIO, P.D.

CUADERNO A.T.A. **LISTA GENERAL** / LISTE GENERAL / *GENERAL LIST* *A.T.A. CARNET* /CARNET A.T.A.

Nº d'ordre *Item Nº* **Nº de orden**	Désignation commerciale des merchandises et, le cas échéant, marques et numéros *Trade description of goods and marks and numbers, if any* **Designación comercial de las mercancías y en su caso, marcas y números**	Nombre de Pièces *Number of Pieces* **Número de Piezas**	Poids ou Volume *Weight of Volume* **Peso o Volumen**	Valeur(*) *Value(*)* **Valor(*)**	** Pays d'origine ** *Country of origin* ** **País de origen**	Réservé à la douane *For official use* **Reservado a la Aduana** Marques d'identification *Identification marks* **Marcas identificativas**
1	2	3	4	5	6	7
Suma y Sigue/Total ou A REPORTER/*TOTAL or CARRIED OVER*		0	0	€0,00		

Sello Cámara

* **Valor comercial en el país/territorio aduanero de emisión y en su moneda, salvo indicación contraria.**

* Valeur commerciale dans le pays/territoire douanier d'emission et dans sa monnaie, sauf indication contraire. / * *Commercial value in country/customs territory of issue and in its currency, unless stated differently*

** **Indicar el país de origen si es diferente del país/territorio aduanero de emisión del cuaderno, utilizando el código internacional de los países ISO.**

** Indiquer le pays d'origine s'il est différent du pays/ territoire douanier du carnet en utilisant le code international des pays ISO. / ** *Show country of origin if different from country /customs territory of issue of the carnet, ussing ISO country code.*

Puede apreciarse que la extrema complejidad del trabajo de producción requiere el establecimiento previo de un plan de trabajo perfectamente organizado y estructurado. La localización tiene una influencia sobre el presupuesto, sobre el diseño del plan de trabajo u organización de toda la producción, sobre el guión, porque en ocasiones obliga a introducir correcciones en el mismo, y sobre las necesidades de contratación de personal y equipamientos técnicos.

1.3. Fichas de localización

En general debe disponerse siempre de *fichas de localización* que serán útiles a efectos de estimación presupuestaria y para mejorar la organización. En ellas deben quedar reflejados la mayor cantidad de datos que sirvan para obtener detalles precisos de la misma, y que ayuden al equipo de producción para el diseño del plan de trabajo. Deberán constar datos referidos a:

- Decorado.
- Aclaración respecto a si es interior, exterior, día o noche.
- Secuencias de producción que se producen en esa localización.
- Datos de identificación para conocer el lugar y la dirección exacta de la localización.
- Persona de contacto (especialmente si se trata de un exterior en el campo abierto)
- Teléfonos de contacto, fax, direcciones de correo electrónico.
- Características de la potencia eléctrica disponible.
- Metros de cable precisos desde la toma de tensión más próxima.
- Disposición de líneas telefónicas o de cobertura para teléfonos móviles.
- Tomas de agua.
- Condiciones de accesibilidad.
- Permisos que se requieren.
- Plazas de aparcamiento en las proximidades.
- Necesidad de *roulottes* para camerinos o caracterización.
- Espacios alternativos disponibles en las cercanías.
- Disponibilidad de espacios para almacenes de material técnico, de atrezo y de vestuario.
- Restaurantes o empresas suministradoras de alimentos (*catering*).
- Disponibilidad de contratación de figurantes del lugar.

La búsqueda y consecución de localizaciones es básicamente una labor de documentación. El equipo de producción debe aprovechar para conseguir la mayor cantidad de información posible. Para ello es habitual tomar fotografías, grabar en vídeo, desarrollar croquis a escala, tomar medidas, recopilar documentos, gráficos, mapas, prensa, libros, revistas, catálogos, vídeos, etc.

Cuanta más información se tenga más fácil será prever y resolver por anticipado los problemas que puedan surgir durante la fase de registro.

FICHA DE LOCALIZACIÓN
DECORADO: SECUENCIAS: LOCALIZACIÓN:
AUTORIZACIONES Y PERMISOS: TOMAS DE CORRIENTE Y AGUA: ACCESIBILIDAD (carreteras, caminos...): NECESIDADES DE CONTROL (seguridad): PETICIONES DE AYUDAS OFICIALES: APARCAMIENTO TRÁFICO: LUGARES PARA CAMERINOS, CARACTERIZACIÓN, VESTUARIO: SUMINISTRO DE ALIMENTOS (catering): ACCESORIOS: FIGURACIÓN VARIOS:
TÍTULO: DIRECTOR O REALIZADOR: DECORADOR/LOCALIZACIÓN: PAG. GUIÓN: SECUENCIAS/PLANOS:
CONTACTO
LOCALIZACIÓN: IDENTIFICACIÓN DEL LUGAR: PERSONA CONTACTADA: PERSONAL TÉCNICO/OPERARIO DISPONIBLE:

ILUMINACIÓN
DESCRIPCIÓN PLANTA DE RODAJE: ORIENTACIÓN Y VENTANAS: ALTURA DE LOS TECHOS: ILUMINACIÓN DISPONIBLE: OBSERVACIONES:
ENERGÍA ELÉCTRICA
POTENCIA DE LA RED: TOMAS DE CORRIENTE: UBICACIÓN INTERRUPTORES/ENGANCHES: CIRCUITOS SEPARADOS: GENERADOR PORTÁTIL AUXILIAR:
CONDICIONES ACÚSTICAS
RUIDO AMBIENTAL INTERIOR: RUIDO AMBIENTAL EXTERIOR: CALIDAD SUELO/TABIQUES Y TECHO:
NECESIDADES DEL EQUIPO
CAMERINOS: MAQUILLAJE: SALAS DE ESPERA: COMEDORES: APARCAMIENTO:

INFORMACIÓN DIVERSA
COMPAÑÍA ELÉCTRICA/CONTRATACIÓN: CONTROL DE TRÁFICO: ABONOS Y TASAS: FOTOGRAFÍAS DE LOCALIZACIÓN: DIBUJOS Y PLANOS DE RODAJE: VARIOS:
SERVICIO DE SEGURIDAD
MEDIDAS DE SEGURIDAD: ALMACÉN PARA EL EQUIPO (vigilado): SEGURIDAD NOCTURNA: ENFERMERÍA:

EMERGENCIAS
POLICÍA: BOMBEROS: AMBULANCIAS: HOSPITALES:

1.4. Permisos de localización

La solicitud de permisos para poder realizar grabaciones en espacios públicos es un trámite de obligado cumplimiento en todas las poblaciones independientemente de su tamaño. No existe un modelo único sino una amplia gama de posibilidades que van desde la más simple instancia dirigida al alcalde de una pequeño pueblo, hasta procedimientos más normalizados propios de las grandes ciudades donde además, en muchos casos, existen *Comisiones de Filmación* u organismos que pretenden fomentar la actividad audiovisual en una ciudad o región determinada. Exponemos a continuación dos modelos de solicitud de espacios de dos importantes ciudades españolas: Madrid y Barcelona.

madrid
Área de Gobierno
de Seguridad y Movilidad
Dirección General de Movilidad

SOLICITUD DE OCUPACIÓN DE LA VÍA PÚBLICA POR RODAJES, DOCUMENTALES Y REPORTAJES

Espacio reservado para la etiqueta con los datos del Registro

Página 1 de 4

☐ **EN INTERIOR** ☐ **EN EXTERIOR** ☐ **EN PARQUE**

1 DATOS DEL/ DE LA SOLICITANTE

DNI, NIF, NIE, CIF: ________________ Nombre o razón social: ________________________________

Primer apellido: ___________________________ Segundo apellido: ____________________________

Tipo vía:______________ Domicilio: ____

Número: ___________ Portal: ___________ Escalera: __________ Planta: ______ Puerta: __________

C.P.: _______________ Municipio: __________________________ Provincia: _________________

Correo electrónico: ____

Teléfono(s): _______________ / _________________ Fax: _________________________________

Persona de contacto: ________________________________ Teléfono: ________________________

2 DATOS DEL RODAJE

Motivo (largometraje, cortometraje, anuncio, reportaje, programa, ...): __________________________

Título: ____

Calle/ zona/ parque/ etc. donde se efectuará: ____

____

Distrito: ______________________________________ Nº de personas que intervendrán (equipo total): _____

Sinopsis de la acción a realizar: ____

____

____

PARQUES HISTÓRICOS O ZONAS VERDES DE CARÁCTER SINGULAR

- ☐ Cuña Verde Latina
- ☐ Jardines de Sabatini
- ☐ Jardines del Capricho Alameda de Osuna
- ☐ Jardines del Descubrimiento (Plaza de Colón)
- ☐ Jardines Templo de Debod
- ☐ Monumento Constitución o Museo C. Naturales
- ☐ Parque Agustín Rodríguez Sahagún
- ☐ Parque de Enrique Tierno Galván
- ☐ Parque de la Casa de Campo
- ☐ Parque de la Dehesa de la Villa
- ☐ Parque de las Tres Cruces
- ☐ Parque de Pradolongo
- ☐ Parque del Oeste
- ☐ Parque del Retiro y Jardines de Cecilio Rodríguez
- ☐ Parque Emperatriz Mª de Austria (Parque Sur)
- ☐ Parque Juan Carlos I
- ☐ Parque San Isidro
- ☐ Paseo del Prado
- ☐ Plaza de España
- ☐ Plaza de la Lealtad
- ☐ Plaza de Oriente
- ☐ Puerta de Alcalá
- ☐ Quinta de la Fuente del Berro
- ☐ Quinta de Los Molinos
- ☐ Rosaleda del Parque del Oeste
- ☐ Zonas ajardinadas de La Castellana

DATOS NECESARIOS SÓLO PARA EL PARQUE DEL RETIRO

Una vez obtenida la autorización, el Departamento de Conservación y Mantenimiento de Zonas Verdes (Paseo de Recoletos, 12), entregará las correspondientes viñetas de acceso al parque.

Grupo electrógeno: ______________________ ☐ Sí ☐ No Matrícula: ______________________

Vehículo con cámaras: ____________________ ☐ Sí ☐ No Matrícula: ______________________

Vehículo con iluminación: __________________ ☐ Sí ☐ No Matrícula: ______________________

Vehículo con vestuario: ___________________ ☐ Sí ☐ No Matrícula: ______________________

Otros (indique): _________________________ ☐ Sí ☐ No Matrícula: ______________________

(Véase la referencia a la Ley de Protección de Datos)

EJEMPLAR PARA LA ADMINISTRACIÓN

SOLICITUD DE OCUPACIÓN DE LA VÍA PÚBLICA POR RODAJES, DOCUMENTALES Y REPORTAJES

Página 2 de 4

❸ DATOS DE LA RESERVA DE ESPACIO

EJEMPLAR PARA EL/LA SOLICITANTE

VEHÍCULOS DE ASISTENCIA (ÚNICAMENTE CARRIL DE ESTACIONAMIENTO PERMITIDO)

Fecha y horario: ______

CALLE Y NÚMERO	METROS LINEALES

ELEMENTOS TÉCNICOS QUE SE EMPLEARÁN EN LA FILMACIÓN Y SU UBICACIÓN

	ACERA O ZONA PEATONAL		CALZADA	
	Manteniendo el tránsito	Interceptando el tránsito	Carril de estacionamiento	Carril de circulación
Cámara al hombro				
Cámara sobre trípode				
Travelling grúa				
Focos de iluminación				
Cabeza caliente				
Steady cam				
Plataformas				
Pasacables				
Otros elementos (indique cuáles):				

ACCIÓN DE RODAJE (ACERA, ZONA PEATONAL O CARRIL DE ESTACIONAMIENTO PERMITIDO)

Fecha y horario: ______

CALLE Y NÚMERO O PARQUE (indique el lugar exacto)	METROS CUADRADOS

CORTES DE CIRCULACIÓN SUPERIORES A 3 MINUTOS (CALZADA)

Fecha y horario: ______

TIEMPO DE CORTE	CALLE Y TRAMO A CORTAR	METROS CUADRADOS

(Véase la referencia a la Ley de Protección de Datos)

SOLICITUD DE OCUPACIÓN DE LA VÍA PÚBLICA POR RODAJES, DOCUMENTALES Y REPORTAJES

EJEMPLAR PARA LA ADMINISTRACIÓN

4 CORTES INTERMITENTES DE CIRCULACIÓN NO SUPERIORES A 3 MINUTOS

(Tiempo mínimo de duración entre corte y corte de 15 minutos)

Fecha y horario: ____________________

CALLE Y TRAMO A CORTAR

5 RODAJE CON VEHÍCULOS CON CÁMARA Y EN CIRCULACIÓN SIN INTERRUMPIRLA

Fecha y horario: ____________________

Calle por donde efectuará el recorrido: ____________________

6 EFECTOS ESPECIALES

El permiso que se expida, si correspondiese, en base a esta solicitud es única y exclusivamente de ocupación de vía pública, espacios libres, parques o zonas verdes. Por tanto, cuando se realicen efectos especiales o cualquier otra actuación por acción de rodaje, deberán estar en posesión de la autorización del Servicio Municipal u Organismo competente.

En el caso en el que por la acción del rodaje o situado del mismo se precise permiso de la Delegación del Gobierno, la validez de esta autorización estará condicionada a la autorización del organismo citado.

7 OTRAS ACTUACIONES (SI LAS HUBIERA)

8 OBSERVACIONES

Firmado:

Nombre y apellidos: ____________________

DNI: ____________________

En____________________, a _____ de ____________ de 20____

Los datos personales recogidos serán incorporados y tratados en el sistema informático del Ayuntamiento de Madrid y podrán ser cedidos de conformidad con la ley, pudiendo el interesado ejercer ante el mismo los derechos de acceso, rectificación, cancelación y oposición, todo lo cual se informa en cumplimiento del artículo 5 de la Ley Orgánica 15/1999 de 13 de diciembre, de Protección de Datos de Carácter Personal.

SOLICITUD DE OCUPACIÓN DE LA VÍA PÚBLICA POR RODAJES, DOCUMENTALES Y REPORTAJES

NORMATIVA REGULADORA

PRESCRIPCIONES TÉCNICAS APROBADAS POR RESOLUCIÓN DEL DIRECTOR GENERAL DE MOVILIDAD DE FECHA 10 DE ENERO DE 2005 A LAS QUE SE SUJETARÁN LAS AUTORIZACIONES DE OCUPACIÓN DE LA VÍA PÚBLICA CON MOTIVO DE RODAJES.

1. La autorización comprenderá la utilización de un único equipo de filmación, quedando prohibido cualquier otro rodaje distinto del que en cada momento se autorice.
2. No podrán emplearse elementos que intercepten la circulación, salvo los que figuren en el informe técnico correspondiente. En el supuesto de que para el rodaje fuese preciso hacer uso de algún vehículo (exclusivamente grupos electrógenos y camiones o furgonetas para el transporte de materiales), deberán reservar el espacio necesario con **cuarenta y ocho horas de antelación**, de acuerdo con los datos que figuren en el informe técnico, siendo a cargo del peticionario la señalización necesaria para el correcto aparcamiento de los citados vehículos.
3. Las reservas de estacionamiento quedarán sujetas a la liquidación de las tarifas correspondientes al epígrafe C) de la Ordenanza Fiscal Reguladora de la Tasa por Utilización Privativa o Aprovechamiento Especial del Dominio Público Local.
4. Los vehículos que se utilicen, incluidos los grupos electrógenos, provistos del pertinente Boletín de Instalaciones Eléctricas, no podrán permanecer con los motores funcionando entre las 23 y las 8 horas.
   - En el supuesto de precisar energía eléctrica durante dichas horas, deberán solicitar y obtener acometida eléctrica provisional de la compañía eléctrica correspondiente.
   - Si el grupo electrógeno o generador sobrepasa los 9.900 Wat de potencia, será preciso además dictamen o certificado técnico de las instalaciones provisionales cumplimentado y/ o visado por el instalador - electricista autorizado o ingeniero técnico o superior industrial, respectivamente de acuerdo con el vigente Reglamento Electrotécnico de Baja Tensión de la Comunidad de Madrid.
5. Se prohíbe montar cualquier clase de escenario, tarima, andamio, instalación de iluminación y sonido, etc. que no esté expresamente indicado en el informe técnico.
6. Cuando se autoricen cortes de circulación, se señalizarán adecuadamente para evitar el bloqueo de vehículos. En todos los casos, se mantendrá el servicio local y se posibilitará el acceso de vehículos de urgencia o emergencia, evitando producir molestias al tránsito de peatones y vehículos.
7. Se cumplirá con lo establecido en el Reglamento General de Circulación, Ordenanza de Movilidad para la Ciudad de Madrid y Ordenanza Reguladora de la Señalización y Balizamiento de las ocupaciones de la vía pública por la realización de trabajos y obras y cualquier otra norma vigente en materia de circulación.
8. Cualquier instalación eléctrica que se pretenda realizar, deberá cumplir los requisitos y la normativa establecida al efecto por el Ministerio de Industria y la Comunidad de Madrid.
9. En todos los casos deberán atenerse a cuantas órdenes e indicaciones formulen los agentes de la Policía Municipal.
10. El autorizado deberá estar en posesión del oportuno certificado de responsabilidad civil que ampare posibles accidentes, siendo responsable de los daños que pudieran producirse a las personas o cosas como consecuencia del rodaje u ocupación de la vía y/o carecer de la cobertura suficiente.
11. Cualesquiera otras que sean determinadas por los Servicios Técnicos de la Dirección General de Movilidad, a la vista del contenido de cada solicitud.
12. Cuando el rodaje se realice en un parque, jardín o zona estancial, habrán de observarse las normas que se indican a continuación:

    NORMAS GENERALES A LAS QUE SE SUJETARÁN LAS AUTORIZACIONES CORRESPONDIENTES A LA REALIZACIÓN DE RODAJES CINEMATOGRÁFICOS Y REPORTAJES FOTOGRÁFICOS EN LOS PARQUES Y JARDINES HISTÓRICOS DE MADRID

    - En ninguno de los parques podrán introducirse vehículos sin permiso previo del Departamento de Conservación y Mantenimiento de Zonas Verdes.
    - Deberán estar en posesión de una póliza de seguro que cubra los daños que puedan producirse.
    - Queda prohibido realizar actos que por su carácter generen peligrosidad tanto para las personas físicas como para el parque o los elementos que existan en el mismo (simulación de peleas, utilizar vehículos en circulación, fuegos controlados, etc.).
    - Ninguna actividad podrá realizarse en zonas ajardinadas o praderas de césped, ni podrá sustituir o esconder ningún elemento propio del parque (papeleras, bancos, vallas, estatuas, etc.)
    - Queda terminantemente prohibido instalar o colocar caterings en los parques.
    - En todo caso tendrá que cumplirse la Ordenanza General de Medio Ambiente Urbano.
    - Las zonas delimitadas por vallas no podrán ser abiertas.

    PARQUE DEL RETIRO:

    - La circulación y el aparcamiento de vehículos, con permiso, solo podrá realizarse por las zonas asfaltadas, admitiéndose únicamente los imprescindibles de iluminación, con cámaras o vestuario y grupo electrógeno como máximo.
    - Para conseguir los pases de los vehículos anteriores, una vez obtenida la correspondiente autorización en la Oficina de Rodajes, deberán dirigirse al Departamento de Conservación y Mantenimiento de Zonas Verdes (Paseo de Recoletos, 12).
    - Este parque cierra a las 23 horas, después de esta hora no podrá realizarse ninguna actividad.
    - Los fines de semana y fiestas no se podrán introducir vehículos de ningún tipo.
    - En los Jardines de Cecilio Rodríguez sólo se podrán realizar actividades de lunes a viernes entre las 8 y las 17 horas.

    JARDINES DEL CAPRICHO:

    - El horario de apertura es de sábados, domingos y festivos. Entre el 1 de abril y el 30 de septiembre, de 9 a 21 horas, y del 1 de octubre al 31 de marzo, de 9 a 16:30 horas.
    - La actividad que se realice de lunes a viernes tendrá que ser desde las 8 hasta las 15 horas.
    - Al no existir zonas asfaltadas dentro del recinto no podrán introducirse vehículos de ningún tipo.
    - Las zonas delimitadas por vallas no podrán ser abiertas.
    - Los edificios que existen dentro del parque no pueden ser utilizados para desarrollar ninguna actividad en su interior, por estar en un proceso de rehabilitación, generando un alto riesgo de accidente.
    - Tendrán que comunicar la hora de llegada al parque el día anterior para que el vigilante espere en la puerta.

    PARQUE DEL OESTE:

    - Podrán realizarse las actividades a cualquier hora, aunque se recomienda que si es por la noche se comunique a la Policía Municipal.
    - Se rige por las mismas normas que los Jardines del Capricho.

    ROSALEDA DEL PARQUE DEL OESTE:

    - El horario de apertura es de 8 a 19 horas.
    - Mismas normas que en los Jardines del Capricho.

    QUINTA DE LOS MOLINOS:

    - El horario de apertura es de 7 a 24 horas.
    - Mismas normas que en los Jardines del Capricho.

    QUINTA DE LA FUENTE DEL BERRO:

    - El horario de apertura es de 7 a 23 horas.
    - Mismas normas que en los Jardines del Capricho.
13. **El Ayuntamiento de Madrid se reserva el derecho de anular o modificar las autorizaciones que conceda sin previo aviso.**

EJEMPLAR PARA EL/LA SOLICITANTE

Barcelona / Catalunya
Film Commission

Coordinació n
Mallorca, 209 Pral 1a
08036 Barcelona (Spain)
Tel. +34 93 454 80 66
Fax +34 93 323 80 48

Dirección
Palau de la Virreina
La Rambla, 99
08002 Barcelona (Spain)
Tel. +34 93 316 10 44

info@bcncatfilmcommission.com - www.bcncatfilmcommission.com

SOLICITUD DE ESPACIO

Rellenad un impreso para cada localización o servicio solicitado de la manera más concreta posible. Hay que presentar esta solicitud como mínimo ***5 días hábiles*** *antes de la utilización del espacio o servicio.*

1. Tipo de solicitud

ESPACIO: □ **Rodaje** □ **Fotografía** □ **Visita de localización**

SERVICIO: □ **Parking** □ **Grupos electrógenos** □ **Iluminación** □ **Otros** ____________

2. Título de la producción |

Compañía productora |

Teléfono | **Fax |**

3. Localización |

Dirección | Número de la calle o referencia de ubicación |

Titular del espacio |

Teléfono del titular |

4. Horarios de utilización de este espacio-servicio
*(*alternativa en caso de meteorología adversa u ocupación del espacio)*

Fecha ____________ *Horario* ____________ *lugar concreto* ____________
* ____________ ____________ ____________

Fecha ____________ *Horario* ____________ *lugar concreto* ____________
* ____________ ____________ ____________

Fecha ____________ *Horario* ____________ *lugar concreto* ____________
* ____________ ____________ ____________

5. Sinopsis de la escena a rodar (descripción de la acción dramática o del tratamiento documental que se hará de la localización, especificando el lugar concreto del espacio solicitado donde se rodará)

____

____

____

6. Número de personas del equipo implicadas en la escena

.Equipo técnico | .Actores de reparto | .Extras | .Presentadores | .Total |

7. Material necesario para la escena *(ej.: cámara, trípode, iluminación, grúa, travelling, decorado...)*

____

8. Indicad si la escena incluye

□ Niños □ Animales □ Efectos especiales □ Armes de fuego □ Explosivos

9. Responsable del rodaje |

.Cargo

10. Observaciones |

Fecha, cargo del representante y firma

Generalitat de Catalunya
Institut Català
de les Indústries Culturals

Ajuntament de Barcelona
Institut de Cultura

Exponemos, a continuación, una serie de recomendaciones relacionadas con la obtención y tramitación de permisos para trabajar en diferentes tipos de localizaciones, extraídas de la *Guía de producción audiovisual*[1] editada en Cataluña por la Barcelona/Catalunya Film Comission, que pueden servir como ejemplo aplicable a otros territorios. Sin ánimos de exhaustividad, sintetizaremos en los aspectos que siguen:

- *Trabajos en el litoral.* Los permisos de filmación se gestionan a través de la Dirección General de Puertos, Aeropuertos y Costas del Departamento de Política Territorial y Obras Públicas. La solicitud debe acompañarse de un informe favorable del municipio al que pertenezca el espacio y de un plano a escala que detalle la situación exacta del espacio a ocupar. En un plazo de unos quince días, el Ministerio de Medio Ambiente, a través del Servicio de Costas, emitirá la autorización para la ocupación del espacio de costa e informará al solicitante del importe de las tasas a abonar.
- *Puertos.* Hay que diferenciar entre aquellos puertos que cuentan con autoridad portuaria propia (Barcelona y Tarragona), y los que no. En todos los casos se aplican las tasas de ocupación fijadas en la Ley de Puertos de Cataluña. El productor podrá dirigirse al propio puerto o al Servicio de Puertos, si se trata de puertos que tienen concesionada la gestión a una empresa privada. Los puertos pesqueros, deportivos y comerciales no concesionados a empresas privadas los gestiona la empresa pública *Ports de la Generalitat.* Para rodar en estos puertos, basta dirigirse a la oficina de la zona geográfica correspondiente.
- *Aeropuertos.* AENA es la entidad que gestiona los aeropuertos de Cataluña salvo el de Lleida–Alguaire gestionado por el Servicio de Aeropuertos y Transporte Aéreo de la Dirección General de Puertos, Aeropuertos y Costas de la Generalitat de Cataluña. No obstante, salvo este último, cada aeropuerto tramita de manera autónoma sus permisos de rodaje.
- *Trenes y estaciones de tren.* La Barcelona/Catalunya Film Comission puede tramitar los permisos de rodaje en trenes y estaciones de tren de RENFE y de Ferrocarriles de la Generalitat (FGC). En todos los casos, las tasas se fijan según el tipo de estación, el tiempo que se ocupe y la complejidad del rodaje. No hay que olvidar que, por derechos de imagen, no está permitido rodar ficción en trenes con pasajeros.

1. *Guía de producción audiovisual.* Barcelona/Catalunya Film Comission. Generalitat de Catalunya y Ajuntament de Barcelona, 2010.

- *Autopistas y peajes*. Los permisos se gestionan por parte de las diferentes empresas privadas que tienen las concesiones de autopistas. La complicación de rodaje es muy elevada, motivada por la masiva afluencia de tráfico y para mantener la seguridad de los usuarios.
- *Carreteras*. Es muy difícil rodar en vías interurbanas o de cruce ya que, desde el año 2005, la Dirección General de Tráfico prohibió de forma generalizada en todo el país este tipo de rodajes, aunque se permiten ciertas excepciones en algunos tramos con escaso tráfico, en días laborables y nunca en fechas coincidentes con operación salida o retorno de tráfico. La solicitud debe hacerse en el Servicio Territorial de Tráfico correspondiente (según cada provincia) y deberá ir acompañada de la autorización del titular de la carretera solicitada y, en su caso, de la del parque natural que cruce.
- *Parques naturales*. Hay que dirigirse a la entidad que gestiona el parque que puede ser la Generalitat de Cataluña o la Diputación de Barcelona. Cada parque establece un procedimiento propio para la obtención del permiso aunque siempre el rodaje tendrá que ajustarse a unas condiciones comunes fijadas en pro del respeto al equilibrio medioambiental del espacio.
- *Embalses*. Los embalses y las reservas de agua catalanas están gestionadas por tres entidades: la Agencia Catalana del Agua, FECSA–Endesa y la Confederación Hidrográfica del Ebro. Hay que solicitar un permiso a la persona de contacto de la agencia que gestione su funcionamiento, indicando, como es habitual en casi todas las solicitudes, la fecha del rodaje, las necesidades técnicas y el número de personas necesarias para la grabación.
- *Centros religiosos*. No hay una norma fija para rodar en los centros religiosos catalanes caracterizados por sus distintos estilos arquitectónicos y las diferentes confesiones que existen. La norma es informarse en cada municipio en las oficinas de atención a los rodajes (si existen) y, en caso de duda, la Barcelona/Catalunya Film Comission puede ayudar a obtener los datos de contacto del centro y proceder a tramitar el permiso.
- *Centros penitenciarios*. Dependen de los Servicios Penitenciarios de la Generalitat de Cataluña. Rodar en el interior de estos centros es muy difícil por motivos de seguridad y privacidad, excepto en casos muy específicos de documentales y reportajes televisivos. La Barcelona/Catalunya Film Comission intenta encontrar alternativas de espacios o instalaciones que puedan parecer entornos carcelarios.

- *Parques de bomberos*. Para rodar en cualquier parque de bomberos del territorio catalán hay que enviar una solicitud por correo electrónico al Área de Información y Comunicación de Bomberos de la Generalitat, indicando el parque, las fechas de rodaje, las necesidades y el número de personas. En el caso de la ciudad de Barcelona, hay que dirigirse a los Bomberos de Barcelona.
- *Museos*. Basta ponerse en contacto directamente con el responsable del correspondiente museo.
- *Sobrevolar ciudades*. La normativa de Aviación Civil en España indica que sobrevolar núcleos urbanos con más de 50.000 habitantes solo es posible con aparatos de turbina. Es necesario enviar un comunicado al centro de control del aeropuerto correspondiente o al Ayuntamiento de la localidad, a fin de que tengan constancia de la presencia de ese aparato en sus radares. Es muy importante tener en cuenta que la altura mínima autorizada es de 1.000 pies (300 metros aproximadamente).
- *Rodaje con animales*. Son las ordenanzas municipales de cada ayuntamiento las que fijarán las normas de circulación de animales cuando el rodaje se lleva a cabo en la vía pública. Será preciso no poner nunca a los animales en peligro y garantizar que se encuentren en unas condiciones de higiene y salubridad adecuadas. El uso de animales será compatible con las leyes establecidas para su protección.
- *Rodaje con armas o explosivos*. En las producciones audiovisuales pueden utilizarse armas detonadoras o de fogueo debidamente inutilizadas y no aptas para el fuego real o, en el caso de emplear armas en estado normal de funcionamiento, solo podrán usarse con cartuchos de fogueo y deberán estar debidamente documentadas de acuerdo con su categoría. La solicitud deberá hacerse a la Subdelegación del Gobierno de la Guardia Civil y, una vez obtenida la autorización, esta deberá notificarse a la entidad gestora del espacio donde se llevará a cabo la filmación y también a las autoridades competentes del lugar en que se realizará la grabación.
- *Rodaje con uniformes oficiales*. Para rodar con uniformes oficiales de los diferentes cuerpos de seguridad de Cataluña, hay que solicitar la autorización de la entidad correspondiente. En la petición deberá detallarse el material que se va a utilizar (uniformes, vehículos, etc.) e incluir la fecha y los horarios de rodaje, los datos de contacto de la productora y una separata del guión con la secuencia para la que se necesita el material.

1.5. Contratos de localización

Asegurar la localización es muy importante puesto que en la planificación de un rodaje nada debe dejarse al azar. Una localización que falla cuando habíamos contado con ella puede causar graves perjuicios a la producción, especialmente si ya estamos inmersos en el rodaje o grabación. Por ello, conviene siempre establecer un acuerdo por escrito que recoja los términos en los que se cede la localización para el rodaje. Como todo documento contractual, aporta mayor seguridad a las partes y ayuda a evitar los malos entendidos.

Normalmente, los aspectos que deben reflejarse en el documento son:

- El *período de tiempo* en que se utilizará, contando con la preparación, la grabación y el desmontaje de los equipos.
- Las *condiciones de utilización* de la localización. Normalmente, lo que se puede y lo que no se puede hacer en ella y el compromiso por la productora de dejarla en condiciones análogas a como la encontró al inicio.
- El *precio y la modalidad de pago*. Hay que especificar lo que se cobrará y lo que no. Puede haber gastos extra como energía eléctrica, teléfono u otros que deberán especificarse sobre quien recaen. También es posible que no haya ninguna contraprestación económica y la cesión sea gratuita, pero debe especificarse en el documento.
- Es práctica muy habitual la *contratación de un seguro* como garantía de posibles daños originados en la propiedad. En ocasiones se sustituye por un *depósito*.

A modo de ejemplo, incluimos un modelo de contrato de localización que puede adaptarse a muy diferentes usos según las características concretas de la localización objeto de alquiler.

Contrato–permiso de localizaciones

IDENTIFICACIÓN DE LAS PARTES

Reunidos en <u>*ciudad*</u> con fecha**........**, por una parte .... con NIF .... como *cargo* actuando en nombre y representación de *empresa productora* (en adelante LA PRODUCTORA) domiciliada en <u>*ciudad*</u> en <u>*calle/plaza/avenida/paseo* nº</u> .... código postal .... con CIF ....

Y por otra parte .... domiciliado en *ciudad* en *calle/plaza/avenida/paseo* código postal .... con NIF .... actuando en calidad de *administrador/propietario* de la propiedad objeto de este contrato,

MANIFIESTAN

Que se reconocen mutuamente capacidad legal suficiente para contratar y de acuerdo entre ambas partes pactan el presente Contrato de Localización. Para ello acuerdan las siguientes

CLÁUSULAS

IDENTIDAD DE LA LOCALIZACIÓN

El Administrador/Propietario permite a LA PRODUCTORA el acceso y el uso de la propiedad situada en la ciudad de *ciudad* en *calle/plaza/avenida/paseo* en conexión con la producción titulada provisionalmente *título de la producción* para poder realizar los ensayos, la grabación/filmación de las secuencias y el registro de sonidos para la Producción anteriormente mencionada, así como la obtención de fotografías con propósitos publicitarios y/o de trabajo. LA PRODUCTORA y sus representantes, licenciados, sponsors, asociados, y sucesores, podrán exhibir, publicitar y promocionar la Producción o cualquier parte de la misma, tanto si estas partes contienen o no reproducciones visuales y acústicas de la Propiedad, pueda esta reconocerse o no; en cualquier medio audiovisual y/o de comunicación y/o reproducción existente o futuro, en cualquier país del mundo y a perpetuidad.

DERECHO DE ACCESO

LA PRODUCTORA tendrá el derecho de aportar el personal y el equipo (incluido el atrezo y la ambientación) que crea necesario a la Propiedad y a retirarlo al final del uso de la Propiedad. LA PRODUCTORA tendrá el derecho, pero no la obligación, de filmar o fotografiar para la Producción el nombre real de la Propiedad —si lo tiene— o podrá utilizar otro nombre. Si LA PRODUCTORA retrata los interiores o espacios localizados en la Propiedad, el Administrador accede a que LA PRODUCTORA los pueda representar en la Producción de la forma que crea conveniente.

PERÍODO DE ACCESO

La autorización del uso de la Propiedad garantizado en el presente contrato se iniciará a partir, o en torno al _fecha_ y se prolongará hasta _fecha_. El período de tiempo mencionado podrá ser ampliado por LA PRODUCTORA si existen cambios en el plan de trabajo de la Producción o retrasos por motivos climatológicos. El presente contrato incluye también futuros *retakes* (repetición de escenas descartadas) de la misma Producción así como de secuencias añadidas.

FORMAS DE PAGO

Como remuneración por el uso de la Propiedad y según los términos expresados en el presente contrato, LA PRODUCTORA pagará al Administrador de la Propiedad las siguientes cantidades:

Por cada día de grabación/filmación en la Propiedad _importe_ Euros
Por el período de preparación/desmontaje _importe_ Euros

Asimismo se acuerdan los siguientes plazos de pago:

importe Euros en fecha ....
importe Euros en fecha ....

ALTERACIONES DE LA LOCALIZACIÓN

LA PRODUCTORA acuerda (con el permiso del Administrador) que si es necesario cambiar, alterar o reorganizar cualquier equipamiento de la Propiedad perteneciente al Administrador, LA PRODUCTORA volverá a colocar el mismo equipamiento en los mismos lugares y en las mismas condiciones originales en que lo encontró, y lo reparará si fuera preciso.

GARANTÍAS

LA PRODUCTORA acuerda indemnizar y mantener a salvo al Administrador de cualquier responsabilidad, perjuicio o reclamación de terceras partes motivadas por el uso de la Propiedad por parte de LA PRODUCTORA, siempre que cualquiera de estas reclamaciones esté relacionada con la Producción. Asimismo, LA PRODUCTORA se responsabilizará de cualquier daño físico ocasionado a la Propiedad, por parte de LA PRODUCTORA, sus representantes, empleados o agentes. Por estos motivos, y como garantía ante el Administrador, la Productora extenderá un seguro de Responsabilidad Civil con una cobertura por valor de *importe* Euros.

Por otro lado, el Administrador garantiza que tiene capacidad y autoridad para establecer el presente acuerdo y para garantizar los derechos establecidos en el mismo. Asimismo, el Administrador acuerda indemnizar y mantener a salvo a LA PRODUCTORA de cualquier reclamación relativa al incumplimiento de los términos expresados en el presente contrato.

FALTA DE INCENTIVOS

El Administrador afirma que ni él ni nadie actuando en su nombre ha dado o ha acordado dar nada de valor a ningún miembro del equipo o a ninguna persona o representante de LA PRODUCTORA o asociado a la Producción, o a ninguna cadena de televisión o medio de comunicación, por mencionar o mostrar el nombre del Administrador o el Propietario o la marca – si existe para que aparezca como localización de grabación/filmación de la Producción (excepto el uso de la Propiedad que ha sido expresamente ambientada solo por y para la Producción).

IDENTIFICACIÓN DE LA PRODUCCIÓN

El Administrador reconoce que cualquier identificación de la Propiedad, dado que LA PRODUCTORA podrá ambientarla, se hará solo a criterio de LA PRODUCTORA y que en ningún caso la citada identificación irá más allá de lo razonable en relación con el contenido de la Producción.

LIBERACIÓN

El Administrador libera y descarga a LA PRODUCTORA, a sus empleados, agentes, licenciados, sucesores y asignados de cualquier reclamación, demanda o contencioso que el Administrador pudiera tener ahora o en el futuro en causas de libelo, difamación, invasión de la intimidad o de los derechos de publicidad, infracción de copyright o violación de cualquier otro derecho que pudiera sobrevenir o en relación con cualquiera de los derechos garantizados en el presente contrato.

Y para que así conste a todos los efectos, se firma el presente contrato en el lugar y la fecha citados en la primera página de este documento.

LA PRODUCTORA EL ADMINISTRADOR

2. Los decorados y la escenografía

Independientemente de que se trate de una localización, es decir, un espacio interior o exterior que ya existe, o de un decorado que habrá que construir, siempre habrá que completar la infraestructura con la maquinaria de rodaje, con un sistema de iluminación, con el equipo para la grabación de imagen y sonido además de otros equipamientos complementarios.

El equipo de producción, ante la adecuación de una localización o la construcción de un decorado, deberá ocuparse, junto con otros profesionales cualificados del equipo del programa (realizador, escenógrafo, jefe técnico, etc.), de la resolución de los siguientes aspectos:

1. *La construcción de los decorados:* en su construcción es preciso seguir unas normas, comenzando por la implantación del decorado en el plató o en el espacio del escenario. Se trata de trasladarlo de los planos al terreno dibujando una planta en el suelo sobre la que se levantará una estructura de bastidores. Se construirán las paredes, tejados, puertas y ventanas y se terminarán con un criterio de consecución del máximo ahorro posible. No será preciso acabar aquellas partes del decorado que no vayan a aparecer en pantalla. En algunas ocasiones se emplearán *forillos* o fondos pintados de decorado que simulan un paisaje o una calle. También se emplean *fondos lisos* de diferentes colores, o neutros, o ampliaciones fotográficas, o proyecciones, e incluso incrustaciones de tipo electrónico (*Croma–Key*). El uso de *cicloramas* o telas lisas que se cuelgan de un raíl en el fondo del escenario, y que deben de ser convenientemente iluminados, es un recurso muy empleado en la decoración de escenarios. El equipo de producción tendrá que contar, también, con el tiempo y el presupuesto preciso para su desmontaje o derribo.
2. *La construcción de las maquetas o modelos* que van a registrarse en un escenario: las maquetas son empleadas con profusión en muchas producciones audiovisuales con fines distintos. Básicamente se emplean para simular efectos especiales dado el gran realismo que aportan (pueden iluminarse con sombras realistas), o bien se emplean en el proceso de realización del filme o programa como muestra reducida a escala de un determinado escenario de rodaje. Así, el escenógrafo, el director de fotografía y el realizador pueden estudiar las zonas útiles de decorado con la iluminación, los ángulos de cámara previstos y los desplazamientos de las cámaras o de los actores.

3. *El alquiler de los estudios durante los períodos de preparación y grabación:* el concepto de alquiler de estudios es uno de los principales gastos que aparecen en el presupuesto de un filme o programa. Por ello, el equipo de producción tendrá que estar particularmente atento a la consecución del estudio más adecuado y más asequible en términos económicos, para la consecución de los objetivos del programa a un coste asumible. Tendrá que gestionar el alquiler del mismo intentando, si es posible, la negociación de un precio inferior en la fase de construcción de los decorados y adecuación técnica, que en los días de grabación efectiva. En ocasiones valorará la posibilidad de alquilar solo una parte del estudio, normalmente la mitad. Cuando se utilizan estudios propios, el alquiler se sustituirá por el coste repercutido durante ese período correspondiente a la amortización de la inversión realizada en el estudio.
4. *La gestión y obtención de los permisos o autorizaciones* precisos para realizar la grabación en las localizaciones o escenarios naturales: se trata, también, de la negociación y el pago del alquiler por su uso. Ya hemos comentado con anterioridad las diferencias existentes entre localizaciones o escenarios naturales interiores o exteriores, así como su diferenciación entre espacios privados o públicos. En cualquier caso será preciso obtener la correspondiente autorización o permiso que, en la mayoría de los casos, habrá que recoger en un contrato de la localización donde tendremos que hacernos responsables del cumplimiento de determinadas normas (o hacerlas cumplir) y estar dispuestos a abonar los posibles desperfectos ocasionados durante el rodaje de nuestro filme o programa.
5. *El montaje del sistema de iluminación* o la adaptación a las necesidades del escenario de la instalación de iluminación de que disponga el estudio: habrá que tener en cuenta las necesidades de iluminación deducidas del desglose anterior y sobre todo deberá asegurarse la disposición de todos aquellos elementos de iluminación que no estén incluidos en la dotación del estudio que hemos alquilado y que precisamos. También deberá preverse el desmontaje de los equipos una vez finalizado el registro. A modo de ejemplo incluimos una configuración básica orientativa de la iluminación con que habitualmente cuenta un estudio de televisión:
   - Proyectores de 750 w, 2,5 y 20 Kw.
   - Varios IRIS de 5 Kw.
   - Varios PALLAS de 5 Kw.
   - Varios ANTARES de 5 Kw.

- Cañones de seguimiento.
- Material auxiliar.
- Pupitres y control de iluminación.
- Conjunto de *rack dimmers* (para conexionado y regulación de la intensidad luminosa).

6. *El montaje del equipamiento de videofrecuencia* o la adaptación a las necesidades del escenario de la instalación fija de vídeo que tenga el estudio: aunque muchos estudios de televisión se alquilan con la dotación completa de equipos de videofrecuencia, es habitual contar con necesidades especiales que deberán preverse para que en el momento de la grabación no se produzcan contingencias de difícil solución. El equipamiento fijo del estudio se suele incluir en el precio del alquiler por jornadas, semanas o meses. Las necesidades especiales habrá que cumplirlas recurriendo, como es habitual, al alquiler en empresas de servicios a la producción audiovisual. Como en el caso anterior, habrá que prever el desmontaje de los equipos y su retorno una vez terminado el registro. Incluimos, a continuación, una configuración básica de los equipos de videofrecuencia con que suele contar un estudio de televisión:
   - 3 o más cámaras con sus correspondientes controles (CCU).
   - Mezclador de vídeo.
   - Generador de sincronismos.
   - Sincronizador de cuadro.
   - Procesador de vídeo.
   - Monitores forma de onda / vectorscopio.
   - Conjunto de monitoreado de vídeo.
   - Pedestales neumáticos o trípodes.
   - Generador de caracteres.
   - Equipos de conmutación de radiofrecuencia.
   - Conjunto de equipos auxiliares (*rack*, sistemas de distribución, *auto cue*, *teleprinter*, etc.).
7. *El montaje del equipamiento de audiofrecuencia* o la adaptación a las necesidades del escenario de los equipos y la maquinaria disponibles en el estudio: como en el apartado anterior, también aquí habrá que prever las necesidades de material de audiofrecuencia no resueltas con el equipamiento del estudio. Habrá que colocar los micrófonos, los altavoces, los aparatos de grabación y todos los equipos para el registro, su ajuste y su control. Será preciso contar con el desmontaje del mismo terminada

la grabación. Una configuración básica de audiofrecuencia incluye los equipos siguientes:
- Mezclador de audio.
- Matriz de intercomunicación.
- Todo tipo de reproductores de audio.
- Set de efectos de audio: cámara eco, reverberación, puertas de ruido, ecualizador, etc.
- Conjunto de monitores de audio tanto en el control como en el plató.
- Conjunto de equipos auxiliares: amplificación, distribución, etc.
- Matriz de conmutación vídeo–audio.

8. *El montaje de los equipamientos complementarios y de la maquinaria* o la adaptación a las necesidades del escenario de los equipos y la maquinaria disponibles en el estudio: en determinados programas es preciso contar con equipamientos complementarios y maquinaria que puede estar a disposición en el mismo estudio, siendo precisa su adaptación, o que puede alquilarse en empresas auxiliares. Nos estamos refiriendo a traducción simultánea, megafonía, intercomunicadores con o sin hilos, *telepromter*, proyectores, murales y monitores de vídeo de gran formato, sistemas informáticos de datos y marcadores, etc., y también a determinada maquinaria de rodaje como soportes especiales de cámara, pedestales, *steadicam, camera car*, helicóptero, *dollies*, raíles, grúas, etc. Además de su localización y alquiler deberá contarse con el tiempo preciso para su montaje y puesta a punto así como para su desmontaje y devolución.
9. *El despliegue de las unidades móviles y de los enlaces de televisión* en el escenario de la retransmisión o del registro: desplegar una unidad móvil permite aprovechar todas sus posibilidades en el escenario a que ha sido desplazada. La unidades móviles, que admiten desde configuraciones muy sencillas hasta el equivalente de estudios de televisión de alta dotación, constan básicamente de:
   - Equipamiento de videofrecuencia para la grabación de imagen: cámaras con CCU, mezclador de vídeo, monitoreado de control, equipos complementarios para la grabación, etc.
   - Equipamiento para la toma de sonido: micrófonos, jirafas, cableado y monitoreado de control.
   - Equipos complementarios de transmisión, recepción y comunicaciones.
   - Maquinaria básica.
   - En muchos casos, grupo electrógeno.

Los enlaces de televisión pueden ser necesarios en cualquier escenario desde el que tengan que transmitirse las señales registradas hasta el centro emisor. Son una extensión de apoyo imprescindible a toda unidad móvil. Constan normalmente de una cabeza transmisora y cabeza receptora con cables a la unidad de mando que se complementa con una antena parabólica y excitador con soporte o torre.

10. *El alquiler de la infraestructura de servicios* que falte en el plató donde se ubica el escenario: aunque hay estudios que cuentan con camerinos, cantina, almacenes, despachos de producción, garajes, etc., es habitual que muchos carezcan de estos servicios y más si se trata de una localización o espacio natural donde lo más habitual es que tengamos que implementarlos. Los servicios más habituales son los siguientes:
    - Camerinos o recintos acondicionados como vestuarios para los actores que se complementan como lugares de descanso entre las pausas de rodaje.
    - Caravanas, que cumplen la función de camerinos cuando se trabaja en exteriores.
    - Casetas, alquiladas para períodos largos de rodaje, normalmente más baratas que las caravanas y con una funcionalidad similar.
    - Almacenes, para guardar equipos y maquinaria.
    - Cantina, para atender las necesidades de alimentación de los equipos técnico y artístico que puede ser sustituida o complementada con el alquiler de servicios de *catering*.
    - Despachos para el personal técnico o artístico.
    - Aseos, especialmente en exteriores se precisa del alquiler de casetas independientes o caravanas específicamente preparadas para esta función.
    - Campamentos de rodaje, o alquiler de terrenos donde se instala la infraestructura de servicios necesaria en un rodaje: camerinos, oficinas, almacenes, aparcamientos, etc.

2.1. La ambientación de los escenarios

Los escenarios tienen que ser vestidos y adornados con los objetos que aparecen en la acción. También los actores que interpretan personajes humanos o no humanos, han de ser vestidos y caracterizados. Toda obra audiovisual necesita para ser creíble una ambientación.

Para abarcar la extensa variedad de materiales y objetos que intervienen en la ambientación efectuaremos la siguiente clasificación:

1. *Decoración*: se incluye todo el mobiliario que viste un escenario así como los cuadros, cortinas, lámparas, etc.; los vehículos que aparecen en escena aunque su función sea meramente decorativa; los animales que aparecen en escena; la armería decorativa; la ambientación mediante grafismo no electrónico: pantallas, diagramas, mapas, paneles, etc.
2. *Atrezo*: lo constituyen todos aquellos objetos con que interactúan los actores en los escenarios, es decir, con los que juegan o manejan. Son fundamentales en la narración y normalmente vienen perfectamente indicados en el guión de forma directa o indirecta (pueden ser plumas, armas, medicinas, ceniceros, cigarrillos, etc.). Con los elementos de atrezo es necesario incrementar el control de la continuidad formal o *raccord* de presencia pues un descontrol en su empleo puede hacer evidente la discontinuidad en la acción.
3. *Comidas en escena*: en numerosas ocasiones es preciso que aparezcan comidas para conformar una determinada escena. En este caso, es preciso disponer de los alimentos cocinados o no (muchas veces por duplicado), naturales o sintéticos, para poder soportar el calor de la iluminación. También deberemos contar con la mantelería, cubertería, loza, vajilla, cristalería, etc., asociada a la resolución de las necesidades de la secuencia de producción concreta.
4. *Jardinería:* incluye todas las macetas, plantas y jardines que aparezcan en la narración, su instalación y su mantenimiento.
5. *Semovientes/animales y vehículos*: los semovientes o animales vivos que intervienen en la acción así como los vehículos con motor o con tracción animal que tienen que funcionar en escena conforman este apartado clasificatorio. Debemos incluir, también, otros elementos relacionados e indispensables como las soluciones para el transporte y retorno, las cuadras o lugares de guarda de los animales, el pienso para su alimentación y los aparejos, riendas, monturas, arreos, atalajes, etc., precisos para el control de los animales durante el registro.
6. *Vestuario:* constituye la materia prima para la construcción de la apariencia física de los actores. Es habitual contratar a un profesional que se encarga de la fabricación a medida del vestuario aunque también se recurre con frecuencia al alquiler del mismo (normalmente en empresas de servicios especializadas, si se trata de trajes de época) o a su compra en

los comercios del ramo. Muchas veces se negocia con los comercios de moda el uso de determinada vestimenta a cambio de determinada publicidad más o menos evidente. La zapatería, joyas, complementos y todos aquellos elementos destinados a dar apariencia física a los personajes, se incluyen en este concepto.

7. *Maquillaje, caracterización y peluquería:* son elementos complementarios para la ambientación de la apariencia física de los actores. El maquillaje es consustancial a los medios audiovisuales. Se emplea prácticamente siempre, aunque solo sea para que los actores no aparezcan desmejorados. La iluminación ambarina de los estudios obliga a introducir correcciones en la tez de los actores. Por supuesto se emplea también para mejorar o desmejorar su apariencia física. La caracterización va un paso más adelante que el maquillaje y pretende cambios importantes en la apariencia física de los actores. Los especialistas emplean látex y un variado catálogo de materiales que sirven para remodelar el cuerpo. La peluquería se centra en el peinado de los actores así como en el empleo de pelucas que permiten cambios significativos en su imagen para adaptarla a las necesidades del guión.

8. *Robótica:* nos referimos a la fabricación y caracterización de personajes no humanos como maquetas, robots, muñecos, monstruos, animales, etc., que se mueven impulsados en su interior por un actor o por otros dispositivos de accionamiento. Básicamente podemos considerar tres categorías:
   - *Muñecos habitados,* es decir, trajes o dispositivos que colocan en su interior a una persona que les da movimiento.
   - *Marionetas,* que emplean desde los tradicionales hilos y cables para moverlas, hasta el uso de cualquier dispositivo electrónico o hidroneumático.
   - *Robots,* que son muñecos u objetos que se mueven con autonomía sin estar sujetos a las conexiones de las marionetas ni a limitaciones de formas como los muñecos habitados puesto que en su diseño no es preciso dejar espacio en su interior para que lo ocupe una persona.

9. *Efectos especiales:* una buena parte de los efectos especiales empleados en la realización de un filme o programa se realizan en la truca o copiadora óptica, si se trata de cine, o en los procesos de montaje y postproducción en vídeo con medios electrónicos e informáticos que cada vez más son también empleados para el cine. Aquí vamos a referirnos, no obstante, a aquellos efectos visuales (de imagen) efectuados durante el rodaje de una

determinada escena. El catálogo es muy amplio y, de forma sinóptica, enumeramos:

- Efectos *convencionales* como el humo, fuego, lluvia, viento, rotura de botellas, rotura de sillas en la espalda del contrincante, etc.
- Efectos *con espejos,* como la linterna mágica o toma de imagen a través de un cristal transparente o semitransparente.
- *Proyección frontal,* cuando el escenario se proyecta frontalmente detrás de los actores en una pantalla perlada de especiales características.
- Efecto *Croma–Key,* denominado rodaje sobre fondo neutro cuando se trata de cine clásico.
- *Proyección réflex.*
- Técnicas *de animación* mediante gráficos animados.
- Efectos mediante *transparencias* o *proyección* detrás de los actores de una diapositiva o película.
- Efectos con *maquetas* que aportan un gran realismo.
- Efectos con la *iluminación,* iluminando de forma selectiva y proyectando sombras, efectos de llamas y puestas de sol.
- Efectos de *cámara* mediante la interposición de accesorios transparentes (una extensa gama de filtros) o sólidos (máscaras).
- Efecto *matte–painting* o dibujo de una parte del decorado en un cristal que se proyecta sobre otra parte real del decorado, etc.
- Sin olvidar los *efectos realizados con armas* que funcionan en escena (pistolas, ametralladoras, explosiones, obuses, etc.).

A partir del estudio del guión técnico y tras la realización de todas las reuniones del equipo del programa que sean necesarias habrá que disponer de datos exactos sobre las necesidades completas de ambientación y decoración como paso previo a la construcción del decorado o antes de proceder a la adaptación de la localización. Es fundamental que exista un perfecto acuerdo entre director artístico, director/realizador y productor además de con todos aquellos técnicos directamente implicados. De hecho, es necesario efectuar una "localización" del plató de igual forma que se hace con las localizaciones naturales de interiores o de exteriores.

2.2. Decorados virtuales o escenografía virtual

Hasta ahora, y con excepción de alguna referencia a determinada modalidad de efectos especiales como el *Croma-Key*, hemos hablado de escenarios naturales y de decorados reales, existentes, tangibles, pero no hemos dicho nada de los escenarios y decorados virtuales realizados mediante *técnicas infográficas* o diseño de imágenes sintéticas digitales por ordenador.

En los manuales de lenguaje audiovisual es frecuente encontrar referencias a la composición de la imagen que admite, básicamente, tres posibilidades:

- Por *selección*: cuando el cámara se enfrenta a una realidad que no puede ordenar a su antojo y tiene que elegir el punto de vista y el encuadre y seleccionar con criterios informativos y estéticos determinados fragmentos de la realidad.
- Por *disposición*: cuando el autor coloca los elementos en el escenario según su criterio.
- Por *diseño*: cuando el autor crea íntegramente los elementos compositivos. El caso extremo sería la producción de dibujos animados o la creación de imagen sintética por ordenador mediante la aplicación de técnicas infográficas.

Los decorados virtuales o *escenografía virtual* tienen que ser percibidos por el espectador con naturalidad aunque son, de hecho, el resultado de una síntesis entre la imagen con referente real y la imagen generada por ordenador. La creación de un *set virtual* implica la ausencia de un escenario físico de manera que la acción tiene que incorporarse en la imagen generada para el entorno virtual mediante diferentes técnicas de incrustación, una de las más extendidas es el *Croma-Key*. La dificultad principal estriba en que el entorno virtual tiene que actualizarse a tiempo real a la acción proveniente de la señal recogida por las cámaras.

La aplicación de este tipo de decorados realizados mediante la generación de imágenes sintéticas es cada vez más frecuente y no solo en la realización de dibujos animados (independientemente de que se emplee la técnica convencional en 2D, basada en el dibujo, o la más moderna en 3D, basada en la infografía) sino que se aplica con profusión en programas informativos, en la publicidad y en todo tipo de obras dramáticas y cinematográficas.

Esta decoración virtual está afectando de forma decisiva a las profesiones escenográficas puesto que cada vez más se pone el acento en el dominio de programas informáticos. Los criterios estéticos, determinantes en la escenografía clásica, así como el dominio de las técnicas aplicadas a la decoración, se están adaptando continuamente a las nuevas técnicas. También los actores y los presentadores de programas de televisión se adaptan y se desplazan entre marcas que serán ocupadas por decorados no visibles por sus protagonistas.

La producción tendrá que valorar caso a caso la conveniencia o no de adoptar soluciones de escenografía virtual o aplicar otro tipo de técnicas más convencionales. El empleo de escenografía virtual redunda, normalmente, en una reducción de los costes de producción de un programa. Se evitan las operaciones de montaje, desmontaje y almacenamiento de los decorados y se multiplican las posibilidades operativas de un estudio ya que con un mismo equipo de personas se pueden producir varios programas en un mismo día.

Capítulo XII

El reparto y las pruebas de *casting*

1. El reparto o *casting*

Una de las principales claves del éxito de cualquier obra audiovisual está en la adecuada elección de los actores y, por supuesto, de los presentadores o conductores de un programa de televisión o multimedia. Los actores y presentadores producen en los espectadores sentimientos de identificación o rechazo y desde los primeros tiempos del audiovisual han merecido una dedicación preferente por parte de las actividades de producción. De la selección de los actores puede depender, en gran manera, el interés de distribuidores y exhibidores en invertir en el proyecto, puesto que la participación de actores y actrices de renombre es un motivo fundamental para que los espectadores asistan a las salas de cine. También la elección de unos u otros, según su fama y caché asociado, repercutirá de forma notoria en el presupuesto del filme o programa.

A partir de la lectura del guión definitivo el equipo de producción puede saber el número de personajes que intervienen, cuándo, dónde y durante cuánto tiempo. También sabe si se trata de personajes principales, secundarios o simples figurantes, si han de ser altos o bajos, gruesos o flacos. Se conoce su edad, sexo, condición y demás características relevantes para la creación del tipo que aparece en el guión. Conoceremos, asimismo, si se precisan escenas de multitudes y vestuario de época.

El *casting* es la actividad de selección de los actores que han de encarnar a los personajes, es la búsqueda del reparto para una obra de ficción, y de los protagonistas en otro tipo de programas. También se llama así a las pruebas efectuadas a diferentes actores o presentadores que concurren para obtener un papel.

La elección de los actores y actrices es un asunto muy delicado y que tiene repercusiones directas en la producción. Una mala elección puede costar mucho tiempo y dinero. El resultado se ve en el rodaje, ya que un actor poco experimentado o simplemente malo, puede provocar una continua repetición de los planos en que participa, con toda la pérdida de tiempo del personal y gastos de material innecesarios que conlleva.

Normalmente, el trato con actores se hace a través de sus representantes. Existen, también, guías de actores y actrices editadas en soporte libro o revista, o en páginas web especializadas en Internet, donde se aportan fotografías en álbumes denominados *books* o actuaciones en vídeo *(videobooks)*, y datos de interés sobre los mismos.

Existen, no obstante, *agencias* y *directores de casting* (*casting directors*) también llamados *directores de reparto*, que se ocupan de buscar a las personas adecuadas para cada papel. Aunque lo habitual es que sea el director del programa y el productor los responsables de este trabajo, muchas veces, en los papeles de menor importancia, se encarga el ayudante de dirección.

Además de efectuar pruebas ante la cámara es conveniente visionar programas en los que el actor, presentador o conductor haya participado.

En el caso de actores no profesionales y de niños, las pruebas con la cámara son indispensables. Para estudiar su actitud ante la cámara suelen hacerse pruebas que consisten en:

- *Presentación libre*. Lo que permite valorar su soltura, dicción y reacciones espontáneas.
- *Texto memorizado*. Sobre un mismo texto se le piden diferentes interpretaciones.

Las pruebas ante la cámara tienen diversas finalidades:

- Escoger entre varios actores.
- Buscar la fórmula de interpretación más adecuada al papel de un actor determinado.
- Buscar el vestuario y la caracterización adecuada, la peluquería, etc.

No solo los papeles principales deben someterse a pruebas de cámara (aunque con los actores consolidados no siempre se efectúan), también los papeles secundarios deben ser elegidos con mucho cuidado. Una mala interpretación de los mismos puede arruinar la buena interpretación de los actores principales.

A partir de la posible elección de un actor tras una prueba de *casting*, el ayudante de dirección o de realización deberá comprobar, en primer lugar, su disponibilidad para las fechas previstas de rodaje o grabación. Deberá, después, comunicarlo al director de producción, que emprenderá las negociaciones financieras y lo tendrá en cuenta para el diseño del plan de trabajo.

Una vez alcanzado el acuerdo, el ayudante de dirección se ocupará de presentar al actor a los diseñadores de todo su vestuario y controlará la confección del mismo. También deberá organizar los ensayos y los entrenamientos especiales que precise.

Tomando como referencia las listas de desglose efectuadas por el equipo de producción, confeccionará unas fichas de personajes con todos los datos de interés:

- Nombre del actor.
- Papel.
- Datos personales.
- Datos del agente.
- Disponibilidad del actor o presentador para los ensayos.
- Preparación especial que precisa.

Es preciso hacerse cargo de los *figurantes*, especialmente de los no profesionales. Pueden fácilmente estropear una toma por mirar a la cámara, o llevar un reloj de pulsera en una obra de época prehistórica, o desertar en el último momento. Por ello conviene reclutar un número mayor del necesario y ser muy cuidadoso con los detalles.

Los *figurantes profesionales* dan menos problemas. Suele ser norma la contratación de un determinado porcentaje de actores profesionales entre los figurantes.

El ayudante de dirección ha de comprobar su disponibilidad, ocuparse de que se les proporcione vestuario, organizar ensayos, etc., y pasar todos los datos al equipo de producción para considerarlos en la intendencia general. También deberá confeccionar sus fichas a partir de la lista de figuración del desglose.

1.1. La elección de los actores

Existen muchas formas posibles de encarar una producción por lo que respecta a la elección de los actores. Aunque a veces el guión se escribe pensando en su interpretación por un determinado actor o actriz principal, lo habitual es proceder a la búsqueda de los actores más idóneos para la interpretación de los personajes según las posibilidades de la producción, el presupuesto y la disponibilidad de los mismos.

La organización de los procesos de búsqueda y selección de actores corre, normalmente, a cargo del equipo de producción pero el verdadero responsable de la elección es el director o realizador de la obra. Las pruebas de actores sirven, según Michael Rabiger [1] para que el director analice los siguientes aspectos de un posible actor:

- Aspecto físico (rasgos, lenguaje corporal, movimientos, voz).
- Personalidad innata (confianza, ánimo, imagen, ritmo, energía, sociabilidad, marcas que le ha dejado la experiencia).
- Tipo de inteligencia (sensibilidad hacia los demás, percepción del entorno, grado de autoexploración, gusto por la cultura).
- Dominio de la interpretación (experiencia, concepción del papel del actor dentro del drama, conocimiento de la profesión).
- Dirigibilidad (interacción con los demás, flexibilidad, defensas, autoimagen).
- Entrega (hábitos de trabajo, motivación para actuar, formalidad).

1.2. La descripción de los personajes

La consecución de los actores es una tarea ardua que recae, normalmente, sobre el equipo de producción aunque ya hemos señalado que la elección de los aspirantes suele ser responsabilidad del director o realizador. De cualquier forma es preciso partir de una descripción de los personajes que posibilite conocer sus características físicas más importantes, sexo, edad, características físicas relevantes, tipología que deben interpretar, etc. Estas características se obtienen de la lista de desglose de personajes y sobre todo del guión. En las producciones seriadas lo habitual es extraerlos de la *biblia* o documento principal donde se recogen las características tipológicas de los personajes, sus caracteres y el entramado de relaciones que se establece entre los mismos.

Exponemos, a continuación, un ejemplo extraído de la *biblia* de una comedia de situación.

Descripción de dos personajes:

Álex –. Treinta años, alto, delgado, rubio de ojos azules. Es un profesional independiente, que ha estudiado informática y quiere tener un negocio propio. Su ilusión es constituir una empresa de venta de productos hispanos en Brasil. Profesionalmente tiene las ideas muy claras pero personalmente es un desastre: se interroga continua-

1. Rabiger, Michael, 2000. *Dirección de cine y vídeo. Técnica y estética*. IORTV.

mente por todo y cuestiona cada día lo que hace. Es ciclotímico, pasa de la exaltación a la depresión. Por eso, las ideas de su novia Paula le entusiasman y le irritan al mismo tiempo. Sobre todo, tiene pánico de quedar atrapado en cualquier trampa.

Paula –. 27 años, alta, delgada, morena de ojos castaños. Es la novia de Álex al que conoció en un viaje por Sudamérica. Se ha trasladado a Brasil pero no viven juntos. Es romántica pero con las ideas muy claras. Su ideal de hombre navega entre Bogart y Montgomery Clift, es decir, que no se aclara. Desea un hombre de convicciones seguras y, al mismo tiempo, que necesite ayuda. Cuando el varón soluciona los problemas, piensa que ha perdido su personalidad en manos ajenas. Cuando lo encuentra un inmaduro, piensa que debe crecer. Sobre todo, tiene pánico de no poder obtener lo que desea. Pero, ¿qué desea?

1.3. Directores de reparto

El director de reparto, encargado de reparto o director de *casting* (*casting director*) cumple una función profesional que progresivamente se impone en los equipos de trabajo. Se ocupa de la consecución del reparto del filme o programa. Investiga según el guión, el proyecto y las condiciones de la producción y propone al director sobre su selección. En general, su opinión es consultiva sobre los papeles principales y prácticamente decisiva sobre los secundarios y figurantes. El director o encargado de reparto permite que el director entreviste solo a aquellos actores con más posibilidades para ser seleccionados.

El trabajo de búsqueda del reparto es muy importante cuando se exigen caras nuevas con edades o físicos muy determinados que difícilmente se encontrarán recurriendo a los métodos habituales.

Normalmente, el director de *casting* es contratado por la productora para que lleve a cabo la búsqueda de los actores, especialmente para los papeles principales. Necesita reunirse con el productor y el director para conocer más detalles del proyecto, el calendario y el presupuesto. Propone soluciones de reparto en función de las afinidades para el papel, las tarifas y el calendario profesional de los actores y actrices.

La función de un director de *casting* o encargado de reparto no es únicamente la de encontrar el actor más adecuado para la interpretación de un determinado papel. En su búsqueda estarán presentes siempre datos tan dispares como la cotización de los actores, el valor de los mismos para la taquilla o para el éxito comercial de la obra, su precio o caché, la exigencia de todas las partes implicadas en la producción del filme (coproductores, inversores, director, etc.) y la disponibilidad de fechas de los actores.

Dada la extrema susceptibilidad que caracteriza a muchos actores y actrices, puede ser muy interesante contratar a un director de reparto, o contar con su asesoría para que nos facilite el trato con el actor, explicándonos el tipo de papeles que le gusta hacer, sus preferencias y manías e incluso la propuesta económica a plantearle.

Aunque las decisiones finales sobre la elección y contratación de los actores tienen que tomarlas el director y el productor, el director de reparto presta una ayuda decisiva a la producción por su conocimiento de nuevos actores y de actores ya implantados, porque representa un sólido banco de recursos. Se le supone mantenedor de una buena relación laboral con agentes, *managers* de actores y agencias especializadas, a la vez que se espera sea un hábil negociador para alcanzar acuerdos con los actores o con sus representantes.

En general, siempre que el presupuesto económico de la producción lo permita, es aconsejable contar con esta figura profesional. Si no es así, será el productor quien asuma enteramente esa responsabilidad.

1.4. Cómo encontrar a los actores

Una vez se dispone de las características de los personajes se abre un periodo fundamental en el proceso de producción de un filme o programa: la búsqueda del reparto.

La importancia de dar con el actor adecuado es fácilmente comprensible si pensamos en una de nuestras películas favoritas interpretada, por ejemplo, por una pareja de actores determinada. ¿Podemos imaginar el mismo filme interpretado por una pareja de actores diferente? Seguramente no y sin embargo es muy probable que los actores que interpretaron finalmente esa película fueran distintos a los que originalmente el productor o el director habían imaginado.

Encontrar a los actores que interpretarán los papeles de un filme es una tarea en la que muchos productores y directores invierten una enorme cantidad de recursos y de tiempo. Para conseguirlos se puede recurrir a muy distintas fuentes. A continuación enumeramos algunas:

- *Agentes y representantes de artistas.* Es la forma estándar y más profesional de conseguir actores y actrices. Hay que contar con el encarecimiento que suponen las comisiones que cobra el agente por la prestación del servicio.

- *Agencias especializadas*. Ídem a la anterior.
- *Compañías de teatro*. De todo tipo, profesionales, amateurs, universitarios, contraculturales, etc. Conviene asistir a sus representaciones, fijarse en su interpretación y, si su interpretación satisface, felicitarle entre bastidores, presentarse y ofrecerle participar en el proyecto.
- *Escuelas de arte dramático*. Desde la colocación de un anuncio hasta la conversación con algunos de los profesores para explicarles nuestras necesidades y atender sus posibles recomendaciones.
- *Anuncio en publicaciones especializadas*. Existen boletines especializados dedicados a la producción audiovisual donde se recogen los proyectos audiovisuales en preparación y necesidades concretas que pueden estar relacionadas con la búsqueda de actores con determinadas características.
- *Anuncio en sitios especializados en Internet*. La red es una fuente con enormes posibilidades para encontrar perfiles adecuados a nuestras necesidades específicas. Foros, academias de actores, chats y sitios especializados en relación con la interpretación, páginas web de agencias, actores, representantes, etc., se encuentran a disposición del productor para realizar los contactos oportunos si se ve la conveniencia.
- *Tablones de anuncios de sindicatos de actores*. Como en las escuelas de arte dramático, las asociaciones profesionales de actores son un buen vivero donde situar nuestra convocatoria para la realización de una prueba de *casting*.
- *Guías de actores con fotografías y datos de sus representantes artísticos*. En casi todos los países existen publicaciones especializadas que recogen fotografías de multitud de actores junto con los datos necesarios para su contratación: representante, teléfono de contacto, correo electrónico, etc.
- *Productores del mundo del espectáculo*. Productores de teatro, de televisión, de cine, musicales, etc. Todos ellos pueden disponer de nombres de personas que pueden resultar útiles para la interpretación de los papeles de una determinada obra.
- *Grupos de teatro en colegios (para papeles de niños)*. Aunque las agencias especializadas disponen de niños con mayor o menor experiencia en interpretación, es conveniente recurrir a profesores que hagan teatro en los colegios y que pueden dar nombres de niños que pueden interpretar bien un determinado papel.
- *Otros*. En ocasiones, la observación de un jubilado en una residencia de ancianos o en una asociación de cualquier tipo; un individuo en un bar

que llame nuestra atención de forma determinante para un papel en concreto; actores o actrices retirados; portavoces de asociaciones ciudadanas, asociaciones políticas locales o sindicales, centros de ocio, etc. En todos estos lugares puede surgir un rostro, una persona que reúne las características adecuadas para la interpretación del papel que tenemos que solucionar. Basta hablar con ella, explicarle nuestro proyecto y, quien sabe, hay infinidad de ejemplos en el mundo audiovisual que han terminado con éxito.

1.5. Agentes y agencias

Algunas de las personas más influyentes y poderosas en el mundo del cine no aparecen nunca en los títulos de créditos de las películas y sin embargo ejercen una influencia decisiva en la industria audiovisual. Nos referimos a los directores de las agencias de actores (también suelen ser representantes de directores) más prestigiosas del mundo como la estadounidense *Creative Artists Agency* (CAA) que cuenta con algunos de los actores y directores más reputados en la actualidad.

La función de un agente o representante de actores es la de buscar contratos para sus protegidos y discutir las cláusulas con los productores. Busca nuevos talentos, tiene buen ojo para valorar si una estrella es duradera o efímera, negocia con conocimiento de causa la cotización de su cliente, conoce con detalle la situación y los mecanismos económicos de la industria y tiene conocimiento y olfato para decidir si la financiación de un filme es fiable o está sujeta simplemente con alfileres. Además, siempre podrá ser considerado un intruso en la producción audiovisual, una persona que se interpone entre ella y los actores.

Los agentes suelen presentarse como directores de la carrera de un actor animándoles a aceptar o a rechazar determinados papeles. Pueden deslizarse fácilmente hacia el paternalismo en su relación con ellos y pueden convertirse en determinantes para su trayectoria profesional. Cobran una comisión sobre el total contratado.

Existe la propensión, por parte de muchos productores, de negociar directamente con los actores sin pasar por el filtro (y el encarecimiento) de los agentes, pero esta actitud puede ser un arma de doble filo para los actores (pues los representantes pueden dejar de llamarlos para interpretar un papel), y también sobre los productores que pueden ser boicoteados por los agentes como represalia por haber prescindido de ellos en alguna ocasión.

Las agencias son empresas que representan a actores. Cuentan con todo tipo de actores (reconocidos unos y otros no tanto). Disponen de multitud de fichas de actores y actrices de diferentes características y sirven de gran ayuda para los productores puesto que son la fuente más empleada para proveer actores en las pruebas de casting.

Las agencias brindan un servicio inestimable cuando se buscan personas con determinados rasgos raciales, tipologías especiales, nacionalidades, acentos, deformaciones, etc. Por otro lado, muchas se han especializado en proveer público para la asistencia a determinados programas de televisión que precisan de su presencia.

Cobran un tanto por ciento sobre los honorarios del actor y su extenso fondo de actores es una garantía para encontrar aquellos que se ajustan al presupuesto de producción.

El productor tiene que negociar con los representantes de actores y con las agencias no solo los términos económicos relativos a la intervención de los actores en la obra, sino también todo lo que atañe a los derechos de los actores en la explotación comercial de la obra audiovisual.

2. La organización de una prueba de *casting*

Aunque ya en la introducción a este tema nos hemos referido a que las pruebas de casting no solo sirven para elegir el más adecuado para las necesidades de nuestro guión entre varios actores, presentadores o conductores de un programa, sino que también son útiles para, por ejemplo, encontrar el tono interpretativo de un actor ya elegido, aquí nos centraremos principalmente en la elección entre varios actores para un determinado papel. Este es un trabajo propio de la producción mientras que la búsqueda del tono más convincente es una responsabilidad que atañe casi en exclusiva al director o realizador.

No debemos olvidar, en este punto, que previamente a la realización del *casting* e incluso a su convocatoria partimos de una descripción de las características y tipología del personaje. De esta forma podremos efectuar un primer filtro de entrada que facilitará el trabajo de selección: la edad, la constitución física, las características raciales, el idioma, etc., son elementos definitorios y excluyentes para la realización de la prueba.

Para que los personajes se presenten habremos efectuado un trabajo previo de convocatoria siguiendo los cauces o fuentes habituales ya explicados. En función de las características de nuestra producción, del tiempo disponible, de nuestro presupuesto para el *casting* y del presupuesto general de la obra, dirigiremos nuestro esfuerzo hacia uno u otro método: agencias, anuncios en prensa o en revistas especializadas, academias de teatro, grupos teatrales de aficionados, páginas web dedicadas, etc. Conviene ser cautos y selectivos para no recibir una avalancha de solicitudes que desborde nuestras posibilidades de elección.

Por otro lado, no siempre se consigue dar con los actores adecuados en la primera prueba. En este caso se realizarán una segunda y aún una tercera, si fuera preciso, con los aspirantes seleccionados. Lo fundamental es que el actor, presentador o conductor de un programa, reúna los requisitos demandados por el director y para ello no deben escatimarse esfuerzos.

Ejemplo de oferta de *casting*[2]

Se buscan actrices entre 18 y 28 años de varios perfiles para la realización de un largometraje.

EVELYN:

Actriz colombiana que aparente 18 años o menos con experiencia como actriz y técnica interpretativa, porque el papel es complicado, con muchos momentos mentales y muchas transiciones de registros. Físicamente me la imagino menudita, flaquita, angelical. Alguien que transmita sinceridad, sin malicia alguna en la mirada, buena persona. Un ejemplo, podría ser esta actriz peruana:

www.youtube.com/watch?v=gqtKXkWhaAs&feature=fvst

2. Extraído de www.casting.es

MARGARITA:

Actriz colombiana de 24 a 25 años de rostro ovalado con técnica y muy buena actriz. Atractiva, pero no demasiado. Más maleada por la vida que su prima Evelyn.

AMANDA:

Es una mujer española alejada del cliché que tenemos de «prostituta mayor». Ella es joven, pero no tanto. Aparenta unos 30 años y digamos que en su día fue el primer plato de su marido, pero ya es el segundo, o el tercero. Es una mujer perversa, pero su maldad es la canalización del maltrato que recibe de Ricardo (su marido).

ELIZABETH:

Es una chica proveniente de Nigeria de 25 años. Tiene que ser flaquita también y que «rime» en pantalla con Evelyn. Es guapa pero tiene algo étnico que la hace diferente al tipo de físico de los blancos. Tiene que transmitir fuerza y fragilidad al mismo tiempo.

CARMEN:

Actriz de 60 a 65 años. Es maternal. Una mujer capaz de tragar mucho, de callar mucho, de comprender lo que pasa a su alrededor pero frustrada por no poder intervenir. Puede ser gorda, rubia teñida, con moño...

MAYRA:

Rumana, 25 años, rubia, ojos grandes y expresivos, mirada turbia. Probablemente es alcohólica o drogadicta, y en otro tiempo fue muy guapa, probablemente la anterior amante oficial de Ricardo. Rostro anguloso, muy cascado. Operada: tetas falsas, labios artificiales.

LUNA:

Brasileña o cualquier otra nacionalidad de 20 años.

Las pruebas se realizarán a partir de la semana que viene en Madrid.

Interesadas enviar CV, fotos de cara y cuerpo indicando en cada archivo nombre y apellido y el link de tu book en casting.es.

2.1. Convocatoria y citación de los aspirantes

Lo más habitual y recomendable es que los aspirantes hayan mantenido una conversación telefónica con el director de *casting* o, como es más habitual, con el productor o con alguno de sus ayudantes. En este primer contacto ya puede efectuarse un filtro si se advierte una incompatibilidad con la disposición de fechas, un problema idiomático, de edad o de complexión física, etc. Hay que resaltar que los actores, especialmente para papeles secundarios, suelen ser muy insistentes en su interés para presentarse a las pruebas de *casting*, dado que no en vano en esa profesión son muchos los presentados y pocos, muy pocos, los escogidos. También nos encontraremos con muchos aspirantes que no habrán sido sinceros sobre su profesionalidad o sobre su disposición para acometer el proyecto.

En este primer contacto por teléfono se toman los datos básicos de los aspirantes y se les comunica la dirección exacta donde se realizará la prueba, un teléfono de contacto ante cualquier incidencia, el horario (escalonado para no hacerles esperar demasiado tiempo), si se requiere algún requisito de vestuario y, si así se decide, las características del texto que han de declamar o representar. Es importante que este texto llegue a los aspirantes con tiempo suficiente para su ensayo. Lo habitual es enviarlo por correo electrónico y en caso de no disponer de este medio debe procurarse que el aspirante pase a recogerlo por la oficina de producción, o bien idear cualquier otro sistema para su disposición previa a la realización de la prueba.

Las agencias y los propios actores envían en muchas ocasiones (y si no, el correo electrónico y el contacto telefónico es un buen sistema para solicitarlo) fotografías y un currículum personal que pueden ser de ayuda no solo para la realización de la prueba sino también para futuras pruebas o audiciones.

2.2. Preparación de la sala de audiciones

En general servirá un recinto que disponga de una sala de espera donde los actores puedan ser atendidos cuando llegan y puedan estar cómodamente sentados o concentrados antes de la prueba. Es importante que el lugar disponga de servicios sanitarios y lavabos y una sala donde se realizará la audición. El espacio donde se desarrollará la prueba debe ser lo suficientemente amplio para que el director o realizador, el productor, el operador de cámara y el actor se sientan cómodos y donde los actores se muevan con facilidad. Dado que lo más aconsejable es grabar las pruebas en vídeo, deberá contarse con una iluminación adecuada para efectuar la grabación con la calidad suficiente.

Normalmente no es preciso disponer de un operador de cámara profesional para este tipo de audiciones ni de un formato de grabación de alta calidad. Básicamente, la cámara se mantendrá en plano general aunque conviene disponer de algún plano cercano para valorar mejor la expresividad y fotogenia del artista. Sirve cualquier formato digital de grabación.

Es preciso elaborar un plan de trabajo para el día o los días que duren las pruebas. Hay que establecer con el director el tiempo aproximado de duración de cada intervención y el número de actores por jornada. Es habitual la disposición de unos 15 minutos por prueba. Hay que decidir si, según las características de la prueba, es preciso dar pie a las intervenciones del actor. En este caso, el productor o uno de los ayudantes pueden realizar esta función.

No debemos olvidar disponer de provisión de agua y vasos para los actores y procurar adaptarnos al máximo al horario previsto. Aparte de incorrecto, hacer esperar a los actores más tiempo de lo comprensible denota una falta de profesionalidad por parte de quienes organizan la prueba.

Cuando los aspirantes terminen sus pruebas es muy importante agradecerles su presencia y su esfuerzo y, sobre todo, asegurar una fecha (lo más cercana posible) en la que se les comunicará el resultado de la prueba, si han sido rechazados, aceptados, o convocados para una segunda prueba de selección. Durante la realización de la prueba es muy aconsejable anotar alguna característica positiva de su interpretación que destacaremos con amabilidad en el momento de comunicar el rechazo. En una prueba de casting aparecen muchos tipos de actores que sencillamente no se adaptan a las características de nuestro personaje aunque puedan demostrar personalmente una gran calidad y capacidad para la interpretación.

2.3. Tipología de las pruebas

Para Michael Rabiger[3] las pruebas más aconsejables para valorar la idoneidad de un actor para la interpretación de un personaje son las siguientes:

3. Rabiger, Michael, 2000. *Dirección de cine y vídeo. Técnica y estética.* IORTV.

Monólogo:

Normalmente se le pide al actor que interprete dos breves monólogos de personajes muy distintos. Con ello, el director puede valorar:

- Si el actor está habituado a actuar solo con su cara o con todo el cuerpo.
- Qué tipo de presencia física, qué ritmo, qué nivel de energía tiene.
- Cómo es su voz (una buena voz es una ventaja inmensa).
- Qué amplitud de rango emocional puede producir.
- Qué considera el actor apropiado para él mismo y para la obra.

Lectura improvisada:

Se precisa disponer de varias copias de escenas diferentes preferentemente que no formen parte del guión para el que se les está probando. Según los actores presentes en la sala de espera, el director puede combinar dos hombres, dos mujeres, un hombre y una mujer, etc. A cada uno de los actores se le proporcionará un guión de la escena que estudiarán durante el tiempo de espera.

La lectura sin preparar permite:

- Ver a los actores pensando rápidamente.
- Observar cómo intenta dar vida al personaje que interpreta.
- Ver la misma escena con más de un grupo de actores.
- Comparar la rapidez, inteligencia y creatividad que en cada caso evocan las mismas palabras de cada página.
- Escuchar cómo cada actor utiliza su voz.
- Ver cómo algunos intentan movimientos.
- Descubrir quiénes hacen preguntas sobre su personaje o sobre la pieza de la que se ha tomado la escena.

En algunos casos, especialmente en las lecturas con dos personajes del mismo sexo, pueden intercambiarse los actores y leer de nuevo con lo que el director puede ver la calidad de los cambios interpretativos.

Lectura del guión:

Las pruebas anteriores suelen ser suficientes para una primera sesión de *casting*. El director puede evaluar las posibilidades de los aspirantes y descartar aquellos que no considera idóneos. En muchas ocasiones una sola prueba es suficiente para elegir a los actores más adecuados, especialmente para papeles secundarios, pero en otras es preciso estudiar más a fondo las posibilidades de aquellos que parecen mejor preparados para representar un determinado papel. En este caso se efectúa una segunda audición o prueba. El director puede inclinarse por elegir determinadas escenas del guión y efectuar una explicación breve sobre el trasfondo de la escena.

- Puede pedir a cada actor que interprete su personaje de una forma determinada. Después de las lecturas, puede dar a los actores un comentario y una dirección crítica para el desarrollo posterior de la escena.
- Puede pedirles que interpreten de nuevo la misma escena y comprobar lo que los actores añaden a sus interpretaciones iniciales, quedándose con lo que el director eligió y modificando fragmentos específicos.
- En un repaso posterior, puede pedir a cada actor un estado de ánimo o unas características diferentes para ver cómo interpretan a partir de unos principios completamente distintos.

Improvisación:

El director proporciona a los actores un breve esquema de los personajes que figuran en el guión y de una de las situaciones del guión en la que aparezcan.

- El director pide a los actores que improvisen su propia escena basándose en la situación que presenta el guión (que ellos no han visto). El objetivo no es ver si se acercan o no al original, sino qué tal se manejan cuando gran parte de la creación es espontánea.
- Después de que hayan realizado su versión, el director les da unas directrices sobre aspectos que considere están desarrollando en su versión y les pide una versión posterior que incluya algún cambio en el comportamiento y en el ánimo. Así puede el director ver no solo qué pueden crear por sí mismos sino también qué tal responden a la dirección.

Entrevista:

Esta prueba está destinada únicamente a aquellos candidatos que han pasado todas las pruebas, y para papeles de relevancia. El director proporcionará el guión a los actores únicamente para que se lo lean. Después de la lectura mantendrá una charla informal con ellos animándoles a que hagan preguntas y a hablar sobre el guión y sobre sí mismos. El director buscará la sinceridad, el realismo, la honradez y el interés genuino por la obra, como aspectos positivos, y desconfiará de los actores aduladores, pagados de sí mismos, superficiales, obcecados que pueden dejar entrever un ego problemático.

2.4. La elección

Finalmente se procederá a la elección de los candidatos mejor situados. Es una cuestión que atañe básicamente al director o realizador de la obra audiovisual en la que el productor solo debería intervenir si, por el desarrollo de las pruebas, descubre una posibilidad de problemas en el devenir posterior de la producción.

A partir de este momento, el productor debe cerrar los términos del contrato e informar al actor o a su agente, sobre el presupuesto disponible y el dinero que se puede gastar en su contratación. En algunos casos, el actor puede aceptar el trabajo por debajo de su caché habitual si se siente atraído por un buen guión que le permite demostrar su talento interpretativo. Puede darse incluso el caso de que un actor trabaje con directores o realizadores noveles sabiendo de antemano que la compensación económica puede ser escasa. En esta situación, la compensación para el actor, aparte de los posibles honorarios pactados, consistirá en aparecer en los títulos de crédito en la pantalla, disponer de una copia con el filme terminado, y tener cubiertos todos los gastos de transporte, comidas, vestuario, etc.

Seguidamente se tomarán sus medidas para confeccionar, alquilar o comprar su vestuario y cualquier otra necesidad que surja en el desarrollo de la producción. Según el método de trabajo del director o realizador, se le proporcionará el guión completo o sus separatas correspondientes para proceder a la memorización y estudio de su contenido.

Es muy importante disponer de actores de reserva por si, por los motivos que fueren, el actor tuviera que abandonar la producción.

FICHA DE VALORACIÓN PARA UNA AUDICIÓN

Actor/actriz: X. X. X.

	TIPO FÍSICO	FOTOGENIA	VOCALIZA-CIÓN	DRAMATI-ZACIÓN	DIÁLOGO	OPINIÓN PERSONAL
DIRECTOR	8	9	7	7	7	7
AYUDANTE DIRECCIÓN	7	10	6	8	8	8
PRODUCTOR	8	7	7	8	6	7

2.5. La contratación

Llegado el momento de realizar el contrato del actor con la productora habrá que pactar la respuesta a las cláusulas más habituales recogidas en él. Fernández y Barco[4] citan las siguientes:

1. *Objeto del contrato.* A partir del momento de la firma del contrato, el actor habrá contraído la obligación de interpretar a un determinado personaje en la obra que la productora va a producir. Y deberá hacerlo en las condiciones que hayan pactado. Los elementos esenciales a determinar en esta primera cláusula son:
   - El *nombre del personaje* que interpretará el actor, ya que será a ése y no a ningún otro al que deberá dar vida.
   - La *categoría del personaje:* protagonista, principal, secundario o cualquier otra.
   - *Características de la obra,* entre las que pueden incluirse el título (provisional o definitivo), la duración, el director y el guionista.
   - *Declaración del actor* referida al conocimiento que tiene del guión y que lo acepta. De esta manera, la productora pretende protegerse ante un actor que cambie de opinión y decida no interpretar al personaje alegando que el guión que tiene no es el que él leyó a la hora de aceptar la contratación. Por supuesto, la productora se reserva (y el actor lo acepta) que el guión pueda sufrir algunas pequeñas modificaciones que no afectarán sustancialmente al mismo.
2. *Vigencia.* Hacemos referencia al período de tiempo durante el cual el actor debe prestar sus servicios a la productora. A veces, esta vigencia se extiende algo más que las fechas en las que tiene previsto actuar (ya que debe acudir a ensayos, pruebas, lecturas de guión, etc.). Por esta razón es por la que se concreta que solo se consideran días efectivos de trabajo (o sea, las sesiones propiamente dichas) aquellos en los que esté físicamente en el rodaje.
3. *Servicios.* Cuando una productora contrata a un actor, se sobreentiende que éste no solo debe interpretar al personaje sino que también debe prestar otra serie de servicios. Entre ellos, podemos enumerar a título meramente enunciativo: pruebas de maquillaje y peluquería, ensayos, promoción de la obra y doblaje.

---

4. Fernández Díez, Federico y Barco, Carolina, 2009. *Producción cinematográfica. Del proyecto al producto.* FUNIBER. Díaz de Santos.

4. *Número de sesiones*. Concreción de una cifra que vendrá definida por el plan de trabajo. Se deberá intentar ser lo más preciso posible, ya que si se contrata al actor por un determinado número de sesiones y acaba haciendo menos, es posible que la productora esté obligada a pagar la sesión que contrató pero que no necesitó. Si, por el contrario, se contrata al actor por un número de sesiones inferior al que se necesita, luego puede aparecer un problema con la agenda del actor o que el precio que pida por la sesión adicional sea superior al de sus anteriores sesiones.
5. *Contraprestación*. Existen dos maneras de retribuir al actor por su trabajo: a *tanto alzado* y *por sesión*. En el primer caso, se acuerda una cifra global, lo cual no evita tener que concretar el número de sesiones que incluye ese precio. En el segundo caso se paga por sesión, de manera que el precio se establece por esa única sesión. El tanto alzado se utiliza en el caso de los actores que interpretan personajes protagonistas o principales (y de esta manera se puede conseguir una rebaja en el precio que cobrarían por una sesión individual) y la remuneración por sesión se utiliza en el resto de supuestos. Debe especificarse que el precio pactado es bruto, es decir, sobre el cual se efectuarán las retenciones debidas.

   Cuando se acuerda una cifra entre el actor y la productora, debe dejarse claro en el contrato qué engloba ese importe.

   Los conceptos por los que cobra un actor son:

   a) Su *interpretación*, así como el resto de servicios que debe prestar a la productora y a los que nos hemos referido antes: ensayos, pruebas de vestuario, etc.

   b) La *cesión de los derechos de fijación, reproducción y distribución sobre la obra*. Por esta cesión, el actor cobra un importe que equivale al 5% del total del salario pactado.

   c) La *indemnización por cese*.

   Y es también muy importante especificar si la comisión del representante está o no incluida en el precio que acordamos en el contrato.

   El importe de esta comisión será el que nos indique el actor o su representante, ya que es un acuerdo entre ellos en el que no interviene la productora.
6. *Jornada de trabajo*. Se determina en función de las necesidades de rodaje y podrá ser durante el día o la noche, cualquier día de la semana. Hay que respetar unos límites:

- No pueden transcurrir menos de doce horas entre la finalización de una sesión y el inicio de la siguiente.
- La convocatoria de trabajo será fijada al actor con una antelación mínima de doce horas.

7. *Desplazamientos. Dietas.* Si el actor debe desplazarse a un lugar distinto al de su residencia habitual, la productora corre con los gastos de desplazamiento, alojamiento y comida. Asimismo, se determina una cuantía en concepto de dietas.
8. *Cesión de derechos.* La productora debe obtener del actor la cesión en exclusiva, por el máximo tiempo que permite la Ley y para su explotación en todo el mundo, los siguientes derechos:
   - Derechos de *fijación.* Permiten la impresión de su actuación, incorporada a la obra, en un soporte o medio que hará posible su reproducción, comunicación pública y distribución.
   - Derechos de *reproducción.* Se entiende como la fijación de su actuación, incorporada a la obra, en un medio que permita por cualquier sistema o procedimiento su incorporación y la obtención de copias de la totalidad o de partes o fragmentos de ella.
   - Derechos de *distribución.* Consiste en la puesta a disposición del público de la fijación de la actuación en cualquier soporte, formato, sistema o procedimiento mediante su venta, alquiler, préstamo o cualquier otra forma de transferencia temporal o definitiva de la posesión o de la propiedad.
   - Derechos de *comunicación pública.* De modo que el actor autoriza a permitir que una pluralidad de personas tenga acceso a la obra sin que exista previa distribución de ejemplares de la misma.
   - Derecho de *disposición al público.* Para que pueda colgarse en Internet.
   - Derechos de *doblaje y subtitulado.* Permite hacer las necesarias adaptaciones para doblar o transcribir la versión original de la obra a cualquier idioma.
9. *Títulos de crédito.* Se concreta cómo aparecerá el nombre artístico del actor: posición, tamaño, si irá en cartón individual o compartido, si es colaboración especial, etc.
10. *Promoción.* El trabajo del actor no debería finalizar cuando termina sus sesiones, sino que es importante su colaboración en la promoción de la película. Esto tiene especial relevancia si contamos con un actor reconocido ya que su participación en las actividades de promoción puede

resultar de gran utilidad y ayudar a aumentar los ingresos de la película. La promoción de la película, frecuentemente, tiene lugar bastante tiempo después de finalizado el rodaje. Esto significa que, lo más probable es que el actor tenga otros compromisos que le impidan implicarse en dicha promoción al cien por cien. Por eso, y pese a que deba tener disponibilidad para la promoción, habrá que avisarle con la antelación suficiente y ponerse de acuerdo con él en las fechas.

Y tan importante como participar en el lanzamiento del filme es evitar que hable mal de él, ya que los comentarios negativos por parte de quien ha sido parte importante en la realización de la obra, pueden acarrear importantes perjuicios.

11. *Resolución del contrato.* Se enumeran los supuestos en los que se permita, por una u otra parte, resolver el contrato. Entre los habituales se encuentran los siguientes:
    - Impuntualidad reiterada e injustificada del actor en el rodaje, así como la no asistencia al mismo o presentarse en malas condiciones.
    - Que el actor no se someta a las instrucciones dadas por el director de la película.
    - Impago por parte de la productora de las cantidades adeudadas al actor por su trabajo.
12. *Elección de la jurisdicción competente.* En caso de conflicto en la interpretación de los términos del contrato o en su ejecución, deben quedar establecidos a qué juzgados y tribunales se acudirá para dirimir estas desavenencias.

Capítulo XIII

Contratos, derechos y seguros

1. Contratos y derechos

Las evoluciones tecnológicas que afectan al sector audiovisual y de la comunicación obligan a efectuar un esfuerzo de adaptación jurídica para dar respuesta a las nuevas necesidades creadas con la aparición o desarrollo de nuevos medios y formatos comunicativos. Por otro lado, las necesidades de contratación en el sector audiovisual y multimedia son muy variadas. No se refieren a una única categoría de contratos, sino a todos aquellos precisos para regular las relaciones entre las distintas partes implicadas en la producción de una obra, y estos pueden ser tantos como acuerdos pueda llevar a cabo el productor audiovisual.

Las estructuras de producción audiovisual no presentan una uniformidad respecto a sus tamaños, sus infraestructuras, sus tecnologías y sus métodos de trabajo. Encontramos una cierta estabilidad de plantilla en empresas con posesión de abundantes medios, especialmente en el caso de las televisiones y en algunas productoras de vídeo. Por el contrario, es habitual en el cine la existencia de productoras cuya actividad está condicionada a la disposición de financiación para acometer, en un momento dado, una determinada producción. Pero tanto en un caso como en otro siempre suele contratarse personal externo, profesionales, artistas, y aquellos que adoptan la forma laboral definida como *free lance* (personal que cotiza como autónomo) para un proyecto concreto. Estas personas, de muy distintos perfiles, trabajan en una producción, y tras su finalización vuelven a su situación laboral anterior a la espera de ser nuevamente contratadas. Precisan, por tanto, efectuar continuos contratos que garanticen su medio de vida.

La relación contractual está regulada por las leyes de cada país. En todos ellos existen leyes marco, normas específicas para distintos sectores de la producción, convenios colectivos de ámbito sectorial y territorial y, finalmente, convenios de empresa o acuerdos entre empresa y trabajadores que, en general, mejoran las condiciones mínimas establecidas por las leyes de mayor rango.

Los contratos laborales se atendrán al convenio colectivo de empresa en todo lo que el mismo contemple y habrán de recurrir a normas y leyes de ámbito superior en aquello que el convenio no contemple con claridad.

Las obras audiovisuales son complejas y fruto de la participación de muchas personas. En todos los países occidentales sus legislaciones reconocen la existencia de unos *derechos de autor* a algunas de las personas que contribuyen de manera creativa a la producción de la obra audiovisual. Estos derechos otorgan a sus titulares la facultad de explotar esta obra o su aportación con exclusión de todos los demás. En el ámbito audiovisual, estos derechos los ostentan los considerados autores de la obra, es decir, el director o realizador, el autor del argumento, de las adaptaciones, del guión y de los diálogos, el director de fotografía y el compositor de la música creada para esa obra. De ello se deduce que el productor solo tiene un derecho originario o propio sobre la grabación audiovisual.

Para poder explotar la obra audiovisual, el productor debe tener cedidos los *derechos de explotación,* es decir, los derechos correspondientes a la contribución de los autores que permiten la realización y la explotación del producto. Todo ello garantizado mediante el pago de una cantidad acordada entre las partes, de una sola vez, o mediante participación en los beneficios.

En toda producción se deben considerar aquellas cuestiones que requieren el permiso o la autorización de alguien sin los cuales podrían interponerse querellas contra los productores.

Las músicas, imágenes, localizaciones, el rodaje en la calle, etc., precisan de la obtención de un permiso que, mediante el pago o autorización gratuita, nos ceda el derecho de registro, emisión o manipulación.

Para ello hemos de tener una autorización expresa de los detentadores de los derechos, o de la propiedad, o de sus administradores. Esta autorización debe quedar reflejada por escrito, en forma de contrato, o simplemente como una autorización por el responsable.

El productor debe conocer los diferentes permisos y derechos implicados en cada una de las modalidades de utilización del producto ya que cada uso o aplicación tiene cargas distintas.

Del mismo modo, en la cesión de imágenes de una televisión se hace constar que el beneficiario se hace responsable de la obtención de permisos, del pago de derechos y de las reclamaciones a que hubiere lugar por parte de las personas que aparecen.

En caso de no incluir estas observaciones en los contratos o permisos, el productor igualmente debe conocerlas y respetarlas.

1.1. Formas de contratación

La producción audiovisual recurre a todo tipo de modalidades de contratación, tanto si cuenta con estructuras estables de producción (televisiones, productoras de vídeo o de cine), como si precisa recurrir a contratar personal para la realización de trabajos temporales y colaboraciones puntuales en proyectos concretos. El productor también se encarga de supervisar la contratación de todo el personal que interviene en cada proyecto, y debe conocer con precisión las modalidades de contratación y las leyes generales y particulares que afectan a su ámbito de trabajo. Por el buen fin del proyecto merece la pena que conozca y respete las normativas, convenios e incluso los *usos y costumbres* del personal que interviene en la producción audiovisual.

En una producción puede ser necesario contratar con la empresa televisiva o cliente que nos hace el encargo de la obra, con otras productoras en obras coproducidas, con los autores, negociar una obra preexistente, contratar al director/realizador, personal de dirección, equipo técnico, actores, compositor de música, casas discográficas o editores de música, comprar músicas que ya existen o encargar otras nuevas, alquilar salas de montaje y de postproducción, laboratorios de doblaje de sonido, dobladores, particulares y entidades públicas para localizaciones, entre muchos otros.

El productor ha de considerar las condiciones de los contratos laborales en la modalidad *por obra o servicio determinados, contratos eventuales*, etc. Deberá prestar especial atención a lo establecido respecto a los períodos de prueba (haciéndolo constar en el redactado del contrato y previendo la anulación por enfermedad), y a las especificidades que deben darse en el trabajo para que no se establezca una relación de dependencia laboral de la empresa, lo que podría dar derecho al contratado a convertirse en personal fijo de la misma.

Los contratos mercantiles o profesionales y los autónomos (o *free lance*), se establecen con profesionales que utilizan sus propios medios y que gozan de autonomía en la realización de su trabajo. Si trabajan con material de la empresa, en las instalaciones y a las órdenes del personal de la misma, el trabajo, en algunas legislaciones, puede considerarse no autónomo y puede dar lugar a reclamaciones legales.

Hay que conocer la reglamentación relativa a la duración del contrato, al período de trabajo, al tratamiento de las horas extras, de la nocturnidad, del tiempo de descanso, de la cotización a la Seguridad Social, etc.

En el caso de trabajar con menores de dieciséis años, han de respetarse e introducirse cláusulas especiales en sus contratos (reguladas y previstas por las legislaciones). Entre estas condiciones especiales cabe destacar la necesidad de autorización por las autoridades laborales, la limitación de la jornada, la cobertura de la formación escolar del menor, el permiso paterno, y la sujeción a la inspección de trabajo para evitar incurrir en la explotación del menor.

Si se trabaja con jubilados se debe de cotizar en la Seguridad Social por el tiempo que dure el contrato.

Cuando la colaboración es de un solo día, es obligatorio dar de alta en la Seguridad Social. Si bien en la práctica no suele hacerse, en caso de accidente del trabajador, la responsabilidad ha de asumirla la empresa.

El director de producción debe conocer todo lo referente a las condiciones de trabajo que quedarán establecidas en los contratos. Precisa de su conocimiento exacto para poder efectuar el presupuesto (especialmente en el apartado de costes del trabajo), también para diseñar el plan de trabajo sin incurrir en ilegalidad, y para planificarlo de modo que resulte rentable y eficaz para la produccion.

Especialmente compleja es la contratación de artistas puesto que a las condiciones de contratación hay que añadir las obligaciones referentes al *derecho de propiedad intelectual*. Existen asociaciones de autores que garantizan la gestión del cobro de derechos haciendo más fácil para los productores la gestión de los mismos.

1.2. Constitución de un contrato

En todo documento contractual existen unas cláusulas o estipulaciones comunes que suelen ser las siguientes:

a) La identificación de las partes.

b) El objeto del contrato.

c) El tiempo de duración del contrato.

d) La jurisdicción a la que se someten las partes.

e) La legislación aplicable.
f) La retribución acordada, con expresión de los distintos conceptos que integran la misma y la forma de pago.
g) Las obligaciones de cada una de las partes.
h) Las causas de resolución del contrato.

El director de producción ha de cuidar que el contrato incluya además un apartado de *condiciones específicas* de gran importancia, por ejemplo, en el caso de los actores:

- Que se obligue al actor a asistir a sesiones promocionales.
- Que no trabaje en otro lugar mientras no finalice su trabajo en la producción.

Y de *condiciones generales* como en el caso de los figurantes:

- Cesión y transferencia irrevocable a favor del productor, para todo el mundo y a perpetuidad, de cualquier derecho de interpretación que le correspondiera o pudiera corresponder por las acciones objeto del contrato.
- Facultad del productor para emitir, ceder, comercializar y exhibir en cualquier sistema de difusión, para todo el mundo y por tiempo indefinido, la grabación o programa en la que ha intervenido el figurante.

En el caso de los técnicos:

- Hay que prever una duración aproximada de su trabajo pero conviene introducir una posibilidad de extensión en caso de alargarse la duración prevista del trabajo para el que se le contrata.
- La publicidad que se hará a su favor.

Para el guionista:

- La fecha límite de entrega al productor del guión final (con fechas intermedias para la revisión del trabajo por el productor para asegurar que va en el sentido deseado por la producción).
- La cesión al productor de los derechos correspondientes por la contribución del autor y el permiso para la realización y la explotación del producto.
- La duración de esta cesión de derechos, normalmente treinta años, si es un filme, a partir de la aprobación del proyecto.

Para el director o realizador:
- Que las decisiones importantes se tomen de común acuerdo con la producción.
- La elección de los colaboradores principales, generalmente acordadas con el productor. A veces los directores tienen hábitos de trabajo con ciertos técnicos que demandan en forma imperativa y que deben constar en el contrato.
- Control o no del montaje final de la obra (cláusula de aplicación generalizada en la producción en los Estados Unidos).

Más adelante trataremos con más profundidad los aspectos que deben de constar en el contrato con estos profesionales.

Aunque en este apartado nos hemos referido exclusivamente a los aspectos de contratación laboral, los contratos de producción asociada entre una televisión y una productora, de coproducción entre productoras y/o televisiones, los contratos de compraventa de programas y de derechos de explotación e incluso el contrato con el propietario de una localización donde se ha de registrar, son, formalmente, similares.

En todos ellos, el director de producción ha de cuidar las condiciones específicas, previendo en el contrato todos los aspectos que puedan afectar a la economía, la buena marcha del trabajo (relación con los plazos establecidos), y a su buen fin, así como las repercusiones durante y después de la explotación del producto audiovisual.

Hay que prestar una especial atención a las cláusulas particulares asegurando que no entren en conflicto con la ley porque en ese supuesto podrían, en caso de litigio, ser causa de nulidad del contrato.

En el caso de subcontratación, el productor (o el jefe de personal u otra persona con poderes del productor) debe indagar para asegurarse de que la empresa subcontratada está al corriente de los pagos referentes a cargas sociales. De no ser así, el contratante podría tener que responsabilizarse del pago de las cuotas a la Seguridad Social.

Los contratos han de formalizarse por escrito, con varias copias, quedando un ejemplar para la parte contratante, otra para el contratado y una tercera para los organismos que regulan el empleo (Ministerio de Trabajo o sus extensiones encargadas de estos temas).

Las empresas de televisión, así como las productoras de vídeo y cine de cierta entidad y tamaño, disponen de departamentos de personal y de asesoría jurídica que se encargan de solucionar la mayor parte de estos temas. Ello no exime al equipo de producción de su conocimiento general y del cuidado en la aplicación de las condiciones de trabajo recogidas en las cláusulas del contrato.

1.3. Los derechos en la producción y compra de filmes o programas

En las emisoras de televisión es habitual la compra de obras audiovisuales de *producción ajena*, es decir, ya realizadas. La obra puede adquirirse para ser emitida tal como es, sin modificaciones, o bien pueden comprarse los derechos de la misma para incorporarla a una nueva producción de forma total o parcial.

Un filme o programa puede ser comprado por una televisión con cualquiera de los fines especificados en el párrafo anterior. Existen modalidades de compra sujetas a determinadas condiciones tales como el respeto a la integridad artística o técnica de la obra.

Las cadenas de televisión suelen comprar los *derechos de emisión de televisión* de una producción realizada enteramente por una productora determinada que no guarda relación con la empresa emisora. Suelen contratarse estos derechos antes de que la producción se haya realizado y se paga para un determinado entorno geográfico.

La adquisición de producciones ajenas va acompañada en muchos casos del coste añadido de doblaje o subtitulación.

En la modalidad de *producción asociada*, fórmula ampliamente empleada en la televisión, la entidad televisiva conserva jurídicamente la propiedad de la obra y todos los derechos de emisión y distribución derivados de ella.

En las *coproducciones*, que no son sino una colaboración entre varias productoras para repartirse los riesgos de una obra audiovisual, normalmente de alto presupuesto, cada una de las empresas se reservará los derechos de explotación y emisión en una determinada área geográfica de influencia y obtendrá unos beneficios establecidos, normalmente, según su aportación a la realización del proyecto.

Como anticipo de producción, algunas televisiones abonan a la entidad productora la *compra de derechos de antena* que son los derechos que adquiere una televisión sobre un filme para estrenarlo en televisión, después de que haya transcurrido el período de exhibición en salas cinematográficas que estipule el contrato de adquisición de los derechos. Asociados a estos están los *derechos de reposición* que se pagan por las emisiones sucesivas de un filme o programa después de la primera emisión. Normalmente, al comprar los derechos de antena se suele incluir en el contrato un determinado número de reposiciones durante un determinado período de tiempo. Los *derechos de reposición de protagonista* los percibe un actor o protagonista cuando se repone en televisión el filme o programa en que actúa de protagonista.

Las televisiones devoran filmes y programas de todo tipo y en todos los casos han de resolverse los problemas asociados a los derechos de emisión. Desde el punto de vista presupuestario es preciso contemplar los *derechos de retransmisiones deportivas* que pueden ser en directo o en diferido (mucho más baratos) y a su vez diferenciar entre los derechos para la *retransmisión total* o *parcial* del espectáculo deportivo. Añadimos los *derechos de retransmisiones deportivas*, los *derechos de retransmisiones taurinas*, los *derechos de retransmisiones teatrales*, los *derechos de agencias informativas* a otras televisiones o a agencias de información y, para terminar, los *derechos de grabaciones y cánones* que son los derechos para poder realizar un programa de televisión que es propiedad de otra cadena. No se compra exactamente el programa sino la idea. La cuantía que se paga por esos derechos recibe el nombre de *canon*.

1.4. Modelo de contrato para la grabación y difusión de un evento

Ciudad, fecha.

REUNIDOS

De una parte, TELEVISIÓN DE LAS COMUNIDADES, S.A. (En adelante TLC) con domicilio social en Barcelona, C/ León s/n y N.I.F. B-05/975643, representada en este acto por doña ...., en calidad de Directora de producción interna de la Entidad, de acuerdo a los poderes que tiene conferidos a tal efecto.

De otra parte, don......................., con domicilio en......................., con NIF............., que actúa en representación de los organizadores del XXI FESTIVAL DE SALSA DE RUBÍ. (En adelante EL ORGANIZADOR).

Ambas partes se reconocen mutuamente la capacidad legal y la representación mutua necesaria para otorgar este contrato, puestos previamente de acuerdo por su libre y espontanea voluntad,

MANIFIESTAN

Que EL ORGANIZADOR tiene previsto llevar a término la celebración del XXI FESTIVAL DE SALSA DE RUBÍ, con la participación de diversos músicos e intérpretes de salsa.

Que TLC está interesada en adquirir en exclusiva los derechos de grabación y difusión audiovisual de los diversos intérpretes que participarán en el citado FESTIVAL DE SALSA DE RUBÍ, en los términos y condiciones que más adelante se establecen.

Que al efecto de regular sus relaciones, las partes convienen en formalizar este contrato de cesión de derechos, que someten expresamente con los siguientes

PACTOS Y CONDICIONES

PRIMERO. OBJETO DEL CONTRATO

Por este contrato EL ORGANIZADOR cede en exclusiva a favor de TLC, los derechos de grabación, reproducción y difusión pública de las actuaciones del grupo SALSA PICANTE, incluidas dentro de la celebración del XXI FESTIVAL DE SALSA DE RUBÍ.

SEGUNDO. TITULARIDAD DE LOS DERECHOS

EL ORGANIZADOR garantiza de forma expresa que, en el momento de firmar este contrato, ostenta plenamente vigentes las facultades necesarias para obligarse a su complimiento, en nombre y representación de los intérpretes que participan en el Festival, cuyas actuaciones se encuentran sujetas a este contrato.

Del mismo modo, garantiza estar en posesión de los derechos que ceden, los cuales no han sido cedidos a terceros, y se responsabiliza ante TLC y ante terceros, de cualquier reclamación que pudiera originarse con motivo de la utilización por parte de TLC de los derechos conferidos.

TERCERO. GRABACIÓN DE LA ACTUACIÓN

EL ORGANIZADOR realizará todos los trámites que sean imprescindibles ante los organismos e instituciones que corresponda, con el objeto de que los equipos humano y técnico de TLC desplazados al lugar de la actuación, dispongan de las autorizaciones de todo tipo para llevar a cabo la grabación. Todos los gastos que se deriven de este concepto se suponen incluidos dentro del precio pactado en este contrato, abonado por TLC.

A tal fin, EL ORGANIZADOR se compromete a facilitar el acceso de los equipos de TLC y ofrecerles las mejores condiciones para que puedan efectuar la grabación con la máxima calidad artística para su difusión por televisión, con atención a la idónea ubicación de las cámaras, equipos de sonido y de iluminación, y, en general, la instalación de todos los elementos auxiliares en el recinto.

CUARTO. DERECHOS CEDIDOS A TLC

Los derechos cedidos por EL ORGANIZADOR legitiman en exclusiva a TLC para efectuar cuantas emisiones considere convenientes de la actuación grabada, por cualquiera de sus canales, y por el período máximo de cincuenta anos, desde la fecha de la grabación de la actuación que se llevará a término el 14 de mayo de 2011 en el local Nuevo Espona de Rubí.

QUINTO. IMPORTE

TLC abonará a EL ORGANIZADOR por la cesión otorgada por este contrato, la cantidad de DOCE MIL EUROS (12.000,-) más IVA, precio alzado y cerrado.

Este importe se hará efectivo en un solo pago a los treinta días, el primer día 15 del mes siguiente a la presentación de la correspondiente factura a TLC, una vez grabada la actuación, mediante trasferencia bancaria a la cuenta corriente .... a favor de Rubí Salsa Festival.

SEXTO. CONCEPTOS REMUNERADOS

La cantidad indicada en el pacto anterior, incluye toda la remuneración que en concepto de derechos de autor, artistas, intérpretes o ejecutores y otros derechos de Propiedad Intelectual corresponda a sus titulares por la cesión y ejercicio de los mismos, objeto de este contrato, con la única excepción de la remuneración de derechos de autor por la comunicación pública de las obras musicales integrantes de los espectáculos, que no se encuentren en dominio público y sean administrados por la SGAE u otras entidades de gestión facultadas al efecto.

SÉPTIMO. SUSPENSIÓN DE LA ACTUACIÓN

Si no se llegase a celebrar la actuación o TLC no pudiese llevar a término la grabación cualquiera que sea el motivo, no quedará obligada a abonar la cantidad indicada en el pacto anterior.

Si la suspensión fuese imputable a EL ORGANIZADOR, TLC podrá reclamar de este el abono de indemnización por los daños y perjuicios que le hayan causado.

OCTAVO. SOPORTE FÍSICO

El soporte físico de la grabación realizada quedará en propiedad de TLC, la cual no podrá hacer uso distinto del expresamente convenido en este contrato, si bien podrá realizar copias de la misma en los términos previstos en el artículo 31 de la Ley de Propiedad Intelectual.

NOVENO. DECLARACIÓN DE DERECHOS DE AUTOR

EL ORGANIZADOR se obliga a entregar a TLC una relación de las músicas y temas musicales interpretados en la actuación objeto de este contrato, indicando el título, el autor y la duración, a fin de que TLC pueda notificar a la entidad gestora de los derechos de autor que correspondan, las utilizaciones de los derechos en concepto de comunicación pública.

DÉCIMO. ARBITRAJE

Para la resolución de cualquier litigio que pudiera producirse, se someten al Tribunal Arbitral de Barcelona, encomendándole la designación de los árbitros y la administración del arbitraje, así como obligándose a cumplir la decisión arbitral.

Y en prueba de conformidad con el contenido del presente acuerdo, las partes lo firman por triplicado y a un solo efecto en el lugar y fecha indicados en el encabezamiento.

RUBÍ SALSA FESTIVAL TELEVISIÓN DE LAS COMUNIDADES, S.A.

2. Modalidades de contratación

Además de las cláusulas o estipulaciones comunes en todos los contratos, apuntadas en el núcleo anterior, existen unas cláusulas comunes en el caso de los contratos entre los autores de una obra audiovisual, que el productor debe de tener especialmente en cuenta para poder explotar la obra audiovisual sin problemas y obtener así el máximo rendimiento a la inversión.

Ecija & Asociados Abogados[1] consideran que entre los autores y el productor deben de tenerse en cuenta las siguientes estipulaciones:

- La cesión en exclusiva de los *derechos de propiedad intelectual* a favor del productor. Así, el productor se convierte en el único facultado para explotar la obra, frente a terceros.
- La cesión de la *facultad de cesión a terceros*.
- La cesión de todos y cada uno de los *derechos de explotación de la obra audiovisual* que tendrá en cuenta todas las modalidades de explotación: cinematográfica, televisiva, videográfica, Internet o por cualquier otro medio.

1 Écija Bernal, Hugo *et al.*, 2000. *Cómo producir, distribuir y financiar una obra audiovisual*. Ecija & Asociados Abogados. Madrid.

- El tiempo de *duración* de la cesión.
- El *ámbito territorial* de la cesión.
- La *remuneración* para cada una de las modalidades de explotación cedidas.
- La obligación del productor de *facilitar al autor*, anualmente, toda la documentación necesaria para que este último pueda ejercer los derechos que se deriven de la explotación de la obra.
- Los *derechos de imagen*. Aquí se acuerda el uso, por parte del productor, de la imagen del autor con el objeto de promocionar la obra. Se suele hacer referencia a la aparición del autor en actos públicos como ruedas de prensa, estreno (o preestreno) de la obra, entrevistas, promociones, etc.
- *Merchandising* o establecimiento del *grado de participación* de cada una de las partes en los posibles beneficios derivados de la explotación de productos derivados de la obra.
- *Dedicación exclusiva del autor*. Con lo que se pretende evitar que el autor realice la misma (o similar) actividad para terceros durante la vigencia del contrato.
- *Títulos de crédito*. Donde se detalla el modo en el que debe aparecer el nombre del autor en la publicidad y en los títulos de crédito de la obra, haciendo especial referencia al tamaño y el lugar de aparición de los mismos.
- *Aportación insuficiente*. Hay que tener en cuenta las consecuencias derivadas de la no finalización de la obra por negativa injustificada del autor, o por motivos de fuerza mayor. La ley permite al productor, en general, utilizar la parte ya concluida y a reclamar la indemnización correspondiente.
- *Promoción de la obra*. Además de la autorización para poder hacer uso de la imagen del autor, el productor también debe de obtener la autorización precisa del mismo, en el caso de pretender promocionar la obra mediante la utilización de fragmentos, resúmenes, fotogramas, extractos sonoros o musicales o fotografías de dicha obra.
- *Identificación de la obra audiovisual*. Se debe incluir el título de la obra. En caso de ser una serie, hay que especificar el número de capítulos que la compondrán, así como la duración prevista para cada uno de ellos.
- *Deber de confidencialidad*. Consiste en el compromiso de guardar la más estricta confidencialidad sobre la aportación que se realiza a la obra, así como del desarrollo del conjunto de la misma.
- Compromiso de no obstaculizar el ejercicio de los *derechos cedidos al productor*.

A continuación exponemos una variada tipología de contratos según Marc Goldstaub[2] donde se recogen las principales estipulaciones de los contratos de producción audiovisual más habituales:

2.1. Contrato de producción audiovisual

La finalidad de este contrato es la de ceder al productor los derechos de autor de los guionistas, adaptadores, dialoguistas y del director o realizador. En general hay que destacar los siguientes puntos:

- Las partes contratantes (productor y autor).
- La naturaleza del trabajo solicitado al autor: guión original, adaptación, diálogo, dirección, etc.
- El título del filme o programa, que puede ser provisional o definitivo.
- El nombre del director o realizador previsto (especialmente en las películas) aunque debe estar previsto su posible cambio.
- La fecha límite en la que el autor deberá entregar al productor su trabajo acabado. Conviene introducir entregas parciales en fechas intermedias para que el productor pueda juzgar si el trabajo se efectúa en la dirección por él deseada.
- La posibilidad de introducir si el productor lo desea otros coautores.
- El objeto del contrato que no es otro que la cesión al productor de los derechos correspondientes a la contribución del autor que permitan la realización y la explotación del filme o programa.
- La duración, en años, de la cesión.
- La cesión al productor de los derechos de reproducción en cualquier soporte y procedimiento.
- La cesión al productor de los derechos de representación para todo el mundo y en cualquier versión.
- La cesión de los derechos de utilización secundaria.
- La cesión de los derechos derivados.
- La cesión del derecho de *remake*.
- La posibilidad de retrocesión a un tercero por el productor de los derechos cedidos por el autor.

2. Goldstaub, Marc, 1987. *La direction de production*. Fondation Européenne des Métiers de l'Image et du Son. FEMIS.

- La garantía que el autor dará al productor de que la obra es original, no es plagio ni prestataria de obras ya existentes.
- Las condiciones generales que definen las relaciones entre el autor y el productor tales como la consulta al autor para cualquier transferencia sobre otro tipo de soporte que el original; que el productor procederá al registro de la obra en el depósito legal; que conservará el guión y la adaptación definitiva dialogada; que asegurará la explotación del filme o programa conforme a los usos comunes de la profesión; que dispondrá del negativo, internegativo y banda de sonido o del máster de vídeo, etc.
- La remuneración, si se trata de un tanto alzado o cantidad fija acordada, o si a partir de un mínimo garantizado recibe un porcentaje sobre todos los beneficios derivados de la explotación del filme o programa.
- Las cláusulas publicitarias a favor del autor.
- Una cláusula de rescisión.
- Una cláusula en consideración del caso de fuerza mayor.

2.2. Contrato con un director o realizador

El contrato entre un productor y un director o realizador contratado en calidad de técnico, debe recoger los siguientes puntos:

- Las partes contratantes (productor y realizador).
- El título del filme o programa (provisional o definitivo).
- Los servicios técnicos o artísticos que se requieren del realizador (colaboración en la escritura, realización del guión técnico, preparación, realización, montaje y acabado del filme o programa).
- La duración del contrato, desde el inicio hasta la entrega de la copia estándar o del máster.
- La fecha prevista para el principio del rodaje o grabación.
- La duración máxima de la fase de registro y, si procede, el monto presupuestario máximo.
- La necesidad de que las decisiones importantes se tomen de común acuerdo.
- La posibilidad de que el productor pueda intervenir en todo momento y que el realizador se comprometa a tener en cuenta sus observaciones.
- El compromiso del director o realizador de no introducir en su obra ninguna reproducción ni reminiscencia susceptible de dificultar la realización y la explotación del filme o programa.

- Las fechas previstas para el desarrollo de cada tarea para respetar la fecha prevista para la entrega de la copia estándar o del máster (disposición del guión técnico, preparación, ensayos, etc.).
- La duración del filme o programa.
- La cantidad de película virgen que el productor pondrá a disposición del director.
- La elección de los colaboradores principales, generalmente de común acuerdo. Si el director o realizador tiene la costumbre de trabajar con ciertos técnicos y los reclama, en ese caso pueden introducirse sus nombres.
- La remuneración y modalidades de pago.
- La publicidad que se hará a su favor.
- La introducción de una cláusula que permita al productor cambiar de director o realizador por una enfermedad o accidente así como, en esta hipótesis, las condiciones de su reemplazo.

2.3. Contrato con el personal técnico

Los puntos a precisar en un contrato entre un productor y un técnico son los siguientes:

- La función para la que es contratado.
- El título del filme o programa.
- Las poblaciones o lugares previstos para la grabación.
- La fecha del inicio de la grabación.
- La duración de la grabación, indicando la posibilidad de prolongar su duración su fuera preciso.
- La remuneración y las modalidades de pago.
- La publicidad prevista a su favor.

Para cierto tipo de técnicos es preciso prever en el contrato no solo el tiempo de grabación sino también el tiempo de preparación y ensayos.

Conviene precisar con el fotógrafo de foto fija que sus fotografías no merecen la consideración de creación artística y que pertenecen al productor.

Para simplificar la redacción de los contratos puede establecerse un *anexo de condiciones generales* para todos los técnicos que se añadirá a cada contrato. Normalmente estas condiciones precisan la categoría del técnico, las condiciones de trabajo, las condiciones de transporte, manutención y alojamiento (si se precisa), etc.

2.4. Contrato con el actor

Los puntos a precisar entre un productor y un actor son los siguientes:
- El papel para el que se le contrata.
- El título del filme o programa.
- El nombre del director o realizador.
- La fecha del comienzo del contrato.
- La duración del contrato (que normalmente se hace por jornadas o por semanas).
- La duración previsible y las fechas previstas para la sincronización sonora, si se requiere, de su interpretación.
- La remuneración y las modalidades de pago.
- El reparto de la remuneración según los diversos modos de explotación (salas de cine, teledifusión, explotación en DVD, otras).
- La remuneración de su agente o representante artístico también según los diversos modos de explotación.
- La remuneración en caso de sobrepasar la duración prevista tanto para el actor como para su agente o representante.
- La remuneración por jornada de doblaje o sincronización sonora.
- La publicidad prevista a su favor.
- Las poblaciones o lugares previstos para la grabación.
- Las condiciones de transporte y de alojamiento (cuando se graba fuera de la ciudad).

Además, habrá que añadir otros anexos como las condiciones de trabajo, la facultad del productor de poder explotar por todos los medios la prestación del actor, la exclusividad, los seguros, la subrogación del contrato, los casos de fuerza mayor, la resolución de litigios que puedan aparecer, etc.

2.5. Contrato con el compositor musical

Los puntos a precisar entre un productor y un compositor musical son los siguientes:

- El título del filme o programa.
- El compromiso para componer la música original del filme o programa de acuerdo con el director o realizador, el productor y, si se precisa, con el editor musical.
- La posibilidad de emplear en la banda sonora definitiva del filme o programa la totalidad o parte de la música compuesta.
- El reconocimiento para el compositor de todos los derechos propios de su obra.
- La remuneración real o simbólica.
- Que las decisiones concernientes a la música (composición de las orquestas, número de sesiones de grabación, etc.) tienen que tomarse de común acuerdo entre el compositor, el director o realizador, el productor y el editor.
- La libertad para el productor de elegir al editor.
- La publicidad prevista a favor del compositor.

2.6. Contrato con el editor musical

De hecho, el contrato realizado entre el productor y un editor es un acto de cesión al productor de los derechos del editor sobre la explotación de la música empleada en el acompañamiento de las imágenes del filme o programa.

En el contrato deben de constar los puntos siguientes:

- El título del filme o programa.
- El nombre del compositor (con el que el editor debe establecer un acuerdo bajo su responsabilidad).
- El reparto de los gastos ocasionados por la grabación de las músicas (músicos, estudios, etc.).
- El monto a satisfacer si las músicas no son exclusivamente originales y comportan derechos sobre músicas preexistentes sobre las que el editor no tiene derechos.
- La fecha en la que las músicas deben estar entregadas al productor.
- La cesión de derechos del editor al productor.

- El reparto de los ingresos generados por la explotación de las músicas.
- El derecho para el editor de explotar por procedimientos exclusivamente sonoros las músicas compuestas para el filme o programa.
- La publicidad a favor del editor.

2.7. Contrato de compra de músicas preexistentes

Para emplear en nuestra producción una música que ya existe, normalmente se puede establecer un acuerdo con la sociedad de autores existente (en España, la Sociedad General de Autores y Editores, SGAE) o directamente con los autores (compositor, intérprete y editor discográfico) en el caso que estos no hayan cedido sus derechos a la sociedad de autores. El canon se establece a partir de la duración de la música precisa y de su notoriedad.

En el contrato deben de constar los puntos siguientes:

- El título del tema musical.
- El título del filme o programa.
- La duración de la música referida.
- La cesión de derechos (por su acompañamiento a las imágenes del filme o programa, para todo el mundo, por una duración de *n* años, etc.).
- La publicidad que se hará sobre sus autores, editor, intérpretes, si así se pacta.
- La reserva de los derechos de los autores y del editor.

2.8. Contrato con un guionista

REUNIDOS

Por una parte, D. .... con NIF .... que en su calidad de apoderado interviene en nombre y representación de .... (en adelante LA PRODUCTORA) en virtud de las facultades que tiene otorgadas para obligarse, con domicilio social en ...., calle................................., número ....

Y por otro lado, D. .... (en adelante EL

CONTRATADO), con NIF .... que obra en nombre propio, domiciliado en...

MANIFIESTAN

Que se reconocen mutuamente capacidad suficiente para contratar y pactan el presente contrato al amparo de las siguientes:

CLÁUSULAS:

PRIMERA. El objeto de este contrato es la prestación de los servicios de creación escrita de seis situaciones ficticias de una duración individual de doce minutos destinada al acompañamiento de una serie previamente editada, dentro del marco de actuación marcado por el Director de Contenidos de LA PRODUCTORA.

SEGUNDA. El término de vigencia de este contrato se extenderá desde la fecha de la firma de este contrato hasta el momento en que LA PRODUCTORA dé por válidos los guiones entregados por EL CONTRATADO, estableciendo como fecha límite el día .... de .... del año ....

TERCERA. Por esta tarea EL CONTRATADO percibirá una remuneración bruta de .... Euros. De esta cantidad, LA PRODUCTORA hará las retenciones que legalmente correspondan en concepto de retención a cuenta del Impuesto sobre la Renta de las Personas Físicas (IRPF).

La remuneración establecida incluye la contraprestación por todos los derechos de propiedad intelectual cedidos por EL CONTRATADO según las cláusulas de este contrato.

CUARTA. EL CONTRATADO está obligado a guardar la confidencialidad y el secreto de los proyectos, métodos de trabajo y guiones a los que tenga acceso o escriba por motivo de la presente relación laboral.

QUINTA. Cláusula de propiedad intelectual:

1. EL CONTRATADO cede expresamente a LA PRODUCTORA, con carácter de exclusividad y con la facultad de cesión a terceros para cualquier título, total

o parcialmente, para su explotación a todo el mundo y por el tiempo previsto legalmente hasta el paso de la obra a dominio público, los derechos patrimoniales de explotación de la obra, incluyendo los derechos exclusivos para fijar y explotar la obra fijada, con exclusión de cualquier otra persona, comprendiendo el mismo cedente, y su explotación por cualquier sistema o procedimiento y en cualquier formato y soporte existente y/o conocido o no en la actualidad, con carácter gratuito o mediante contraprestación, y en particular, al que otorga expresamente las autorizaciones previstas en la Ley de Propiedad Intelectual (arts. 106 a 109), los derechos de:

1.1. Fijación (entendiendo la fijación de la obra en cualquier soporte o medio y por cualquier sistema o procedimiento, que permita su reproducción, comunicación pública y distribución).
1.2. Reproducción (entendiendo la fijación de la obra en cualquier soporte o medio que permita, por cualquier sistema o procedimiento, comunicarla y obtener copias de la totalidad, de partes o de fragmentos).
1.3. Distribución (entendiendo la puesta a disposición del público del original o copias de la obra en cualquier soporte, formato, sistema o procedimiento mediante la venta, alquiler, préstamo o cualquier otra forma de transferencia temporal o definitiva de la posesión o propiedad).
1.4. Comunicación pública (derecho de autorizar la comunicación pública de las actuaciones del artículo 108 de la Ley de Propiedad Intelectual).
1.5. Doblaje y subtitulado (entendiéndose como tal la realización de las adaptaciones necesarias para doblar o transcribir la versión original de la obra a otras lenguas).
1.6. Explotaciones secundarias, es decir, la utilización de extractos, resúmenes, fragmentos o fotografías de la obra para explotarla de forma aislada o mediante la incorporación en otras obras, producciones, publicaciones, emisiones, grabaciones o bases de datos, gráficas, sonoras o audiovisuales o de cualquier otra naturaleza.

2. En relación con los derechos cedidos, EL CONTRATADO se compromete a prestar su colaboración con LA PRODUCTORA en el ejercicio de las acciones que discrecionalmente ésta lleve a cabo para su efectividad y protección de eventuales perturbaciones por parte de terceros.

Asimismo, EL CONTRATADO autoriza a LA PRODUCTORA en la realización de grabaciones sonoras o audiovisuales en las que pueda aparecer su nombre, que tengan por finalidad la difusión del proceso de realización de la obra audiovisual.

Así lo pactan y en señal de conformidad firman por cuadruplicado en presente contrato en ...., el día ...... de .... del año ....

2.9. Contrato o recibo para figurante o extra

NÚMERO DE CONTRATO o RECIBO:

PRODUCTORA:

NOMBRE Y APELLIDOS DEL FIGURANTE:
Dirección:
Ciudad:
NIF:
Teléfono:
Nº Seguridad Social:

Honorarios: ....

Acepto la suma convenida, arriba indicada, como pago total neto por los servicios prestados a la Productora arriba indicada, durante el rodaje o grabación de la obra audiovisual cuyo título preliminar es ....
....

Las retenciones, impuestos y pagos a la Seguridad Social son por cuenta de la Productora que se compromete a realizarlo en los plazos legales.

Por todo ello, cedo a la Productora sin reservas de ningún género, con efectos de exclusiva a terceros, sin limitación de tiempo alguno y para todo el mundo, la integridad de derechos de propiedad intelectual y de imagen que me corresponden o pudieran corresponderme por el trabajo para el que he sido contratado, a través de la radiodifusión, televisión, proyección en salas públicas, transmisión captada mediante receptores de uso privado o público, Internet, distribución para uso doméstico y, en general, mediante la reproducción, distribución, transformación o comunicación pública, así como el doblaje o subtitulado a cualquier idioma o lengua vernácula de la obra audiovisual en cualquier sistema o formato, modalidad de procedimiento técnico o sistema de explotación.

En prueba de conformidad firman este contrato en .... el día .... de .... de

Por la Productora:	Firma del Figurante:
Firma y sello	O del padre, madre o tutor, si es menor de edad)

3. Los seguros

Dado que en la producción audiovisual se arriesga mucho dinero, intervienen gran número de personas y de material, y que en su proceso se está a expensas de la ocurrencia de los más diversos problemas, es inevitable recurrir a la contratación de seguros con los que paliar, en la mayor medida posible, las contingencias que puedan afectar a la ejecución de los proyectos.

El productor debe conocer su existencia, valorar su interés y adecuación al caso y, si los suscribe, estudiar atentamente sus condiciones para actuar correctamente en caso de siniestro y asegurar el cobro íntegro de la prima del seguro pactado.

Prácticamente puede asegurarse todo, pero corresponde al productor valorar el riesgo y el impacto sobre la economía de su producción, para actuar en consecuencia.

Las modalidades de seguro más empleadas en la industria audiovisual son las siguientes:

- Seguridad Social. Régimen general.
- Seguro de responsabilidad civil.
- Seguro de accidentes.
- Seguro de buen fin.
- Seguro de negativo o de máster de grabación de vídeo.

– Seguro de interrupción de rodaje.
– Seguro de reposición de materiales.
– Seguro meteorológico.

3.1. Régimen general de la Seguridad Social

En la mayoría de los países que cuentan con una prestación generalizada de la población a cargo del Estado suele existir esta modalidad general de seguro que cubre a los trabajadores y sus familias ante posibles enfermedades o accidentes que impidan la continuación en el trabajo. Asociados a la recaudación estatal en concepto de este tipo de seguros suelen estar las ayudas asistenciales para aquellas personas que tienen que recurrir a una jubilación anticipada y las prestaciones de todo tipo que reciben los jubilados.

En las estructuras audiovisuales en este concepto se introduce únicamente a aquellas personas que trabajan de forma permanente en las oficinas centrales de la productora. No entran los contratados para la grabación o rodaje en régimen temporal. En las nóminas se introducen unos descuentos y retenciones sobre el monto total del salario del trabajador.

3.2. Seguro de responsabilidad civil

Este seguro cubre daños a terceros que puedan producirse durante el rodaje. Cualquier daño que puedan sufrir las personas o enseres ajenos al rodaje que se produzcan como consecuencia directa o indirecta de la grabación o filmación puede ser compensado si se ha formalizado previamente este seguro. Es un seguro muy recomendable habida cuenta del volumen de actividades, movimientos, manipulación de vehículos y materiales, fijaciones de elementos, etc., que se efectúan en la tarea audiovisual.

3.3. Seguro de accidentes

Aunque la Seguridad Social de base estatal ofrece unas prestaciones por los accidentes que puedan producirse en el desarrollo del trabajo, muchas veces se considera insuficiente ante ciertos accidentes, por lo que se suscriben pólizas especiales que mejoran o complementan las prestaciones que dan la Seguridad Social u otros seguros obligatorios que puedan existir. Normalmente se suscribe para actores importantes y es muy habitual la suscripción de seguros de vida para los especialistas de riesgo. Hay actores y ciertos trabajadores que lo exigen de forma sistemática, y es muy recomendable cuando la grabación/filmación se hace en países extranjeros.

3.4. Seguro de negativo o de máster de grabación de vídeo

El negativo original de un filme o el máster de grabación de vídeo es el resultado final del esfuerzo de muchas personas y del uso de muy variados equipamientos, por ello merece la pena protegerlo porque cualquier contingencia que le afecte puede significar la repetición de la grabación o filmación.

Este seguro cubre los desperfectos que pueda sufrir el negativo, desde el inicio del rodaje hasta la terminación del filme. Es muy importante extremar los cuidados y precauciones en el trayecto desde el lugar de rodaje hasta el laboratorio, y debe hacerse con todas las garantías para evitar su veladura.

A veces se asegura únicamente el trayecto del plató hasta el laboratorio con el objeto de disminuir su coste. Se aconseja, no obstante, extender la duración del seguro a la estancia en el laboratorio para cubrir todos los riesgos del proceso. Hay que tener en cuenta que el laboratorio solo cubre la reposición del material deteriorado por una cantidad equivalente de material virgen y no tiene obligación de indemnizar por su pérdida o deterioro.

El riesgo es inferior cuando se trata de un máster de vídeo ya que no existen problemas de velado, por ello su coste es inferior a la película y es una costumbre escasamente practicada.

3.5. Seguro de interrupción de rodaje

Las personas más importantes para que un filme o programa pueda terminarse son los protagonistas y el director. El personal de producción, técnico o de dirección puede ser sustituible ante una contingencia grave pero la indisposición, enfermedad o muerte de los actores o del director pueden paralizar definitivamente la grabación o filmación.

Este seguro cubre en caso de interrupción del filme o programa los gastos fijos, las vacaciones de todos y la sustitución de la persona desaparecida o imposibilitada. Es lógico pensar que la compañía de seguros solo suscribe estas pólizas con personas cuyo historial médico y estado de salud ha sido sometido a un riguroso examen por parte de los peritos de la aseguradora.

En la historia del cine han existido actores y directores que han tenido que abandonar la interpretación y la dirección por su precario estado de salud o por su avanzada edad ya que los inversores se mostraban reacios a poner en marcha proyectos audiovisuales que consideraban de alto riesgo.

3.6. Seguro de reposición de materiales

Durante la grabación o filmación pueden producirse pérdidas, roturas o desperfectos de los materiales o equipos. Mediante la suscripción de este seguro podemos garantizar su reparación o sustitución. Normalmente se asegura lo más crítico, como la cámara, magnetoscopios y equipo más sofisticado y de coste más alto. Para realizar una valoración del coste de esta póliza suele tenerse en consideración el valor de los materiales y equipo asegurado así como el presupuesto del filme o programa y la duración de la grabación o filmación.

3.7. Seguro de robo

Cubre el robo (no el hurto) de los equipos propios o alquilados para la realización de una obra audiovisual. En el trabajo audiovisual es muy usual la recurrencia al alquiler de materiales para la realización del rodaje. Conviene asegurarse de la existencia de un seguro de robo, así como de un seguro de reposición de materiales, en la firma del contrato de alquiler. También merece la pena insistir en que el abandono y la falta de vigilancia de los equipos por parte de los responsables de la entidad productora da lugar, en caso de hurto de los mismos, a la pérdida de la prestación del seguro por parte de la aseguradora y a la asunción de la reposición del material por la entidad productora.

Si el robo se produce, hay que presentar inmediatamente la denuncia en una comisaría, dejando claramente registrado el hecho como robo y no como pérdida o cualquier otro concepto que presuponga descuido o abandono del objeto, ya que en ese caso, como hemos dicho, las compañías aseguradoras no se ven obligadas a responsabilizarse de los daños.

3.8. Seguro meteorológico

Puede afirmarse que cualquier cosa es susceptible de ser asegurada si la compañía de seguros advierte que las posibilidades de ganancia económica son superiores a las posibilidades de pérdida. Por ello existe este seguro que cubre las interrupciones de rodaje producidas por causas climatológicas.

Las compañías que ofrecen este tipo de seguros disponen de tablas meteorológicas de las localidades donde se sitúan los escenarios exteriores y las pólizas están sometidas a unas cláusulas especiales celosamente vigiladas. De esta forma podría decirse que, si se cumplen estrictamente las cláusulas del contrato, la producción tiene el «buen tiempo» asegurado.

3.9. Seguro de buen fin

Es un seguro de seguros y cubre los riesgos de los seguros anteriores (salvo el Régimen General de la Seguridad Social). Tienen la finalidad de asegurar que, pase lo que pase, el filme o programa se va a terminar. Para ello, la compañía de seguros garantiza la financiación y la sustitución de personas si fuera preciso para concluir la obra.

Es un seguro muy empleado en los Estados Unidos y que va imponiéndose progresivamente en muchos países. Suele ser una condición indispensable para la firma del contrato cuando, por ejemplo, una televisión anticipa financiación con cargo a los derechos de emisión, o para cerrar un contrato de preventa de un filme o programa a una distribuidora nacional o internacional por la que la productora recibe un anticipo económico. También es un seguro cada vez más exigido por los inversores, especialmente en las coproducciones internacionales.

La consecución de este permiso no es fácil. No todas las compañías aseguradoras se atreven a correr con el riesgo de garantizar a un inversor que el filme o programa se rodará tal como desean, con el presupuesto acordado y en los plazos de tiempo previsto. Por ello es muy oneroso y puede llegar a significar hasta un 6 % del presupuesto de la obra.

Las compañías de seguros que ofrecen este permiso suelen ser muy exigentes con la documentación del proyecto y con los detalles. Pueden llegar a investigar de forma exhaustiva a todo el equipo del programa e incluso pueden situar en el equipo a un productor a sueldo de la compañía de seguros con el fin de controlar la producción y la aplicación del plan de trabajo.

Capítulo XIV

El plan de trabajo

1. Confección del plan de trabajo

Los trabajos de desglose del guión efectuados a lo largo de la fase de preparación permiten extraer y clasificar todos los elementos necesarios para la realización del programa (personajes, decorados, localizaciones, etc.), agrupados en «secuencias de producción». A partir de este desglose se realizan las gestiones necesarias para asegurar su disponibilidad y, una vez conseguida, se elabora el plan de trabajo que refleja la programación de todas las actividades que comporta la realización de un programa.

Hasta llegar al diseño de un plan de trabajo hay que pasar por diferentes fases de desarrollo a partir del desglose del guión.

1.1. Estimación del tiempo de registro

La primera operación a realizar es la agrupación de secuencias por decorados. Se trata de agrupar todas las secuencias de producción que se hayan de registrar en un mismo decorado, con independencia del orden cronológico de aparición en el guión. Si bien es práctica común en las comedias de situación para televisión respetar el orden del guión literario para facilitar el trabajo a los actores, la posibilidad de rodar varias escenas en el mismo decorado supone un ahorro de tiempo y una optimización del decorado. A efectos prácticos, es conveniente no evaluar el tiempo de registro global de todas las escenas que se desarrollan en un decorado sino hacerlo por cada secuencia de producción considerada de forma independiente. Es mejor hacerlo así porque puede haber cambios en la aplicación del plan de trabajo, tales como problemas de disponibilidad de actores, intervención de diferentes técnicos, decisiones sobre los efectos especiales a desarrollar en la toma, y otros, para cada secuencia, aunque transcurran en un mismo decorado.

La evaluación del *tiempo de registro de la secuencia de producción* se hace sin contar la instalación de base, ya que se supone (y así ha de asegurarlo la producción) que el decorado, y los medios técnicos, la ambientación, etc., están dispuestos y listos para comenzar a trabajar. No obstante, habrá que considerar:

- El tiempo de adecuar y ajustar la iluminación.
- El tiempo de búsqueda del emplazamiento definitivo de la cámara y de determinación de su encuadre.
- El tiempo preciso para la instalación y ensayo de movimientos de cámara (*travelling*, utilización de soportes especiales o de *steadicam*, ensayo de movimientos de cámara y enfoque, etc.).
- La variabilidad de tiempo que la complejidad del texto, la composición de la escena, el número y colocación de los figurantes, la necesidad de disponer de sol, el ensayo de efectos en el rodaje, etc., necesitan.
- Los incidentes y contratiempos que pueden surgir, tales como cambios meteorológicos, problemas en la memorización de textos, ligeros cambios en la interpretación, etc.

El calculo se facilita enormemente si el director realiza los esquemas en planta de la escena con el mobiliario, la disposición de cámaras y personajes, y sus movimientos.

Estimado el tiempo necesario para el registro de una secuencia de producción tomada aisladamente, podemos saber, una vez sumadas todas las que se han de grabar en el mismo decorado, el tiempo máximo que se precisa para el rodaje o grabación en ese decorado.

Al elaborar el plan de trabajo hay que organizar los registros de modo que se optimice el tiempo de registro. El director de producción ha de programar las actividades considerando las jornadas de trabajo del personal, estableciendo las secuencias por jornada, y el orden de rodaje o grabación de los diferentes decorados.

1.2. Orden de registro

El plan de trabajo ha de indicar el trabajo previsto día a día a partir de una fecha de inicio prevista para el rodaje. Existen una serie de consideraciones que todo director de producción experimentado tiene en cuenta a la hora de hacer su programación:

1. *Actores*. Tendencia a agruparlos en la mayor medida posible.
2. *Jornada diurna o nocturna*. Si se rueda de noche será aconsejable que coincida con el fin de semana. Así, el próximo día podrá aprovecharse para descansar.
3. *Exteriores o interiores*. Los exteriores tienen prioridad porque son fácilmente intercambiables por interiores en caso de problemas climatológicos.
4. *Orden de rodaje/grabación*. En lo posible, el orden de los registros se asemejará al orden cronológico del guión. Así se evitarán problemas de continuidad o *raccord*.
5. *Rodaje con niños*. Se considerarán sus circunstancias especiales tales como reducción de jornada, probable ritmo más lento de trabajo, cansancio y concentración, etc.
6. *Cambios de época o de caracterización*. Implican cambios y adaptaciones de decorado, ajustes de iluminación, tiempo para la caracterización del actor o la actriz, etc.
7. *Epoca del año*. El verano es ideal para trabajar en exteriores. Si se trata de exterior nocturno es mejor en invierno.
8. *Condiciones climáticas*. En condiciones extremas (frío, lluvia, nieve, calor extremo) conviene introducir períodos de descanso.
9. *Efectos especiales y especialistas*. Requieren tiempo de preparación e implican riesgo y mucho ensayo. Por ello, es conveniente intercalar tomas sin efectos entre las mismas.
10. *Segunda cámara o segunda unidad*. Su trabajo debe estar perfectamente combinado con el de la primera unidad.
11. *Equipamiento especial*. Si se trabaja con grúa, *travelling*, *steadicam*, etc., debe contarse con el tiempo para su preparación y ensayo.
12. *Geografía de las localizaciones*. Habrá que cuidar los desplazamientos y evaluar su coste en tiempo y dietas ya que si el desplazamiento es superior a media hora ya se considera tiempo de jornada laboral.
13. *Otros*. Atención a los horarios, días libres de los trabajadores, fiestas locales, etc.

El plan parte, como hemos apuntado, de que todos los trabajos previos al día asignado para el registro se habrán realizado con anterioridad. Se habrá efectuado la reserva de material, el conocimiento del plan de trabajo por los distintos equipos, la convocatoria para los actores, etc.

Teniendo en cuenta, entre otras cuestiones, las consideraciones apuntadas, se determina el mejor orden de registro posible y se establece el orden de construcción de los decorados.

1.3. Redacción del plan de registro como parte del plan de trabajo

En el plan de registro suele haber dos tipos de variables, una temporal (plano vertical) y otra referida a los medios y a los contenidos (plano horizontal). Su cruce, en distintas casillas, facilita, de una ojeada, el conocimiento de todas las necesidades técnicas, materiales y artísticas para cada día de trabajo y para cada secuencia de producción. Puede leerse qué se registra, dónde y en qué fecha

Según el tamaño y el modelo de la producción se establecerán más o menos columnas. Podemos anotar el día de rodaje o grabación, la fecha, si es interior o exterior, el decorado, el número de secuencia, el número de plano, el número de página del guión, los actores que intervienen, los figurantes, el atrezo, el maquillaje, los animales, los vehículos, los efectos especiales, las anotaciones u observaciones pertinentes y cualquier otro aspecto que intervenga en el registro.

La elaboración del *plan de trabajo* de una producción audiovisual (en el que el plan de registro es solo una parte, de la máxima importancia, pero solo una parte) está lejos de ser una mera labor mecánica. Se trata de una auténtica programación con objeto de optimizar el tiempo y los recursos. Su interés es el de obtener el mejor producto en las mejores condiciones de plazo, coste y calidad. El plan de trabajo considera y organiza todas las fases de la producción, desde las tareas de preproducción, pasando por la preparación y adaptación de decorados y localizaciones, la realización de contratos con personal y proveedores, el plan de rodaje o grabación, la organización de la postproducción y de las fases de sonorización y doblaje o postsincronización, las tareas y procesos de cierre del registro y de la producción y, si fuera el caso, podría contemplar, tanbién, actividades de comercialización y de promoción del producto o programa.

El cumplimiento del plan de trabajo está sujeto a numerosos condicionantes. Los fallos por falta de previsión o por imponderables son posibles, los materiales no siempre están disponibles según lo previsto, etc.

Los factores que afectan al plan de trabajo son múltiples, las variables son numerosas y también las posibilidades de programación. Es conveniente, por ello, aplicar a su construcción técnicas extraídas de la ingeniería de proyectos. Diagramas de GANTT (para establecer el orden y duración de las actividades y para ver cuáles pueden darse al mismo tiempo), estudios propios del «camino crítico» que nos dan el plazo máximo de finalización de cada actividad, gráficos que nos describen cómo se ha de desarrollar el proceso indicando los márgenes temporales de cada actividad y cómo influyen mutuamente entre sí, el PERT/COST, que integra la programación y la contabilidad del proyecto con lo que se facilita llevar a un tiempo el control presupuestario, etc.

En la actualidad, el plan de trabajo se confecciona con la ayuda de programas informáticos. Los hay de carácter general que sirven para cualquier tipo de proyectos no específicamente audiovisuales, y también los hay dedicados o específicamente dirigidos a la producción audiovisual. El uso de unos u otros dependerá fundamentalmente de la preparación específica de los productores, de las características específicas del proyecto (es muy diferente la gestión de un videoclip, de un filme de animación en 2D o 3D, de una serie dramática, o de un documental, por ejemplo) y del tamaño o alcance del proyecto.

Lo evidente es que el uso de estos programas facilita la realización de cambios y el análisis de las relaciones entre las actividades.

Todos los planes de trabajo en su presentación gráfica temporalizada dan la impresión de una enorme organización, pero su forma no debe ocultar el fondo. El plan de trabajo es, en forma gráfica, el *proyecto del proceso de producción* en forma escrita. De su calidad depende la consecución de los objetivos del proyecto.

Durante la fase de preparación, el plan de trabajo pasa por diferentes etapas antes de su redacción definitiva. Las precisiones aportadas por el director, los decoradores, los encargados de accesorios, vestuario, efectos, los especialistas, etc., obligan a corregir las primeras redacciones. Cuando el plan de trabajo es ya definitivo, si está correctamente desarrollado, solo sufrirá modificaciones por contratiempos imprevisibles o por un cambio en los objetivos del proyecto.

Una vez aprobado, es el documento guía del proceso de producción a partir del cual se elaboran todos los documentos propios de la fase de ejecución (convocatorias, hojas de cámara, organización de la postproducción, etc.).

Modelo de plan de registro

TITULO

DIA RODAJE	FECHA	FECHA	FECHA	FECHA	DECORADOS	SECUENCIAS	P. COUNT	SEC X DIA	PAG X DIA	PERSONAJES	FIGURACION	ATREZZO	ANIMALES Y VEHICULOS	EFECTOS ESPECIALES	NOTAS
1	dia num mes														
2															
3															
4															
5															
6															
7															
8															
9															
10															
10															

Otro modelo de plan de registro

FECHA		23-Jun		24-Jun				25-Jun					26-Jun						27-Jun					
JORNADA		1ª		2ª				3ª					4ª						5º					
SEC.		4	5	1	23	3	22	13	15	17	19	21	7	10	9	8	6	11	2	12	14	16	18	20
NÚMERO DE PÁGINAS		8\8	3\8	4\8	3\8	19\8	6\8	5\8	8\8	1\8	1\8	3\8	2\8	2\8	8\8	3\8	3\8	1\8	5\8	3\8	5\8	1\8	1\8	3\8
INT/EXT-DÍA/ NOCHE		I/D	I/D	E/D	E/D	E/D	E/D	I/N	I/N	I\N	I/N	E/N	I/N	I/N	E/N	E/N	E/N	E/N	I/N	I/N	I/N	I/N	I/N	I/N
TÍTULO: La recaída DIRECTORA: Juana Remacha		bar	casa Jaime	camino tierra	camino tierra	plaza pueblo	plaza pueblo	casa abandonada	casa abandonada	casa abandonada	casa abandonada	balcón casa abandonada	casino	casino	puerta casino	calle pueblo	calle pueblo	camino tierra	casa Manolo	casa Manolo	casa Manolo	casa Manolo	casa Manolo	casa Manolo
PERSONAJE																								
Antonio	1				1	1	1	1	1	1	1	1			1	1	1	1						
Juan	2		2		2	2	2	2	2	2		2		2	2	2	2	2						
Almeida	3				3	3	3	3	3	3		3		3	3	3		3						
Néstor	4				4	4	4	4	4	4		4			4	4		4						
Paula	5				5	5	5	5	5	5		5												
Irene	6				6	6	6	6	6	6		6												
Ana	7				7	7	7	7	7	7		7												
Sara	8				8	8	8	8	8	8		8												
Alex	9						9												9	9	9	9	9	9
Boni	10						10													10	10			
Nacho	11	11					11						11	11										
Eduardo	12	12					12																	
Óscar	13	13					13																	

DOBLES ESPECIALISTAS	18																												
EXTRAS/ FIGURACIÓN	19	19					19	19								19	19												
FX	20													20															
ATREZO	21	21			21	21	21	21		21	21	21	21	21		21	21	21	21	21	21		21	21	21	21	21	21	
VEHÍCULOS/ ANIMALES	22						22																						
VESTUARIO	23	23	23			23	23	23		23	23	23	23	23		23	23	23	23	23	23		23	23	23	23	23	23	
MAQUILLAJE	24	24	24			24	24	24		24	24	24	24	24		24	24	24	24	24	24		24	24	24	24	24	24	
SONIDO	25	25	25		25	25	25	25		25	25	25	25	25		25	25	25	25	25	25		25	25	25	25	25	25	
EQUIP. ESPECIAL	26																												
NOTAS PRODUCCIÓN	27																												

2. Ayudas informáticas en la producción

El universo audiovisual combina en sus formas y métodos de producción tecnología de última generación junto con algunos trabajos de características artesanales. Las tareas que desarrolla el equipo de producción se inscriben de forma absoluta en el empleo de herramientas y sistemas informatizados que racionalizan la gestión y optimizan los resultados.

La informatización no es tanto un objetivo en sí mismo como una exigencia en la planificación y gestión de la producción. Es preciso, desde luego, salvaguardar el carácter artesano de algunas tareas, especialmente de las más artísticas y creativas, y al mismo tiempo, adaptarse a los imperativos de una industria que mueve cifras y presupuestos elevadísimos, mejorando la calidad del trabajo.

Las herramientas informáticas que afectan a las distintas fases de la producción audiovisual pretenden básicamente:

- Adaptarse al medio profesional para convertirse en herramientas auxiliares del trabajo más cotidiano.
- Ser intuitivas y de fácil manejo para que cualquier profesional pueda utilizarlas.
- Garantizar la flexibilidad suficiente para adaptarse a las muy diferentes formas y tipos de trabajo empleados en la industria audiovisual.
- Establecer el máximo grado de estandarización.
- Permitir la modulación o trabajo por áreas de trabajo que contengan unidades completas en sí mismas, facilitando el trabajo en red y por múltiples usuarios que intervengan en la producción.
- Finalmente, que sean integrables al máximo con otros sistemas de información.

Siguiendo estas especificaciones, existen todo tipo de paquetes de software que ofrecen respuestas eficaces para su uso en las distintas fases del proceso de producción audiovisual. Modularmente, hay sistemas de *gestión del guión* también llamados de *ingeniería del guión* que además de permitir escribirlo, como si de un procesador de textos se tratara, hacen posible la numeración de sus partes, gestionar múltiples documentos (sinopsis, recorte técnico, desglose), efectuar glosarios de personajes, decorados, numerar diálogos, combinar con *storyboard*, etc.

En la fase de valoración de la viabilidad del proyecto permiten hacer la preproducción a partir del guión, lo que posibilita la realización casi automática del desglose. En esta fase, una buena presentación del proyecto es un argumento de gran peso, y en ocasiones determinante, para venderlo a inversores y financieros. La informatización de una producción audiovisual aporta una cierta garantía de que los costes de la producción se pueden controlar de forma exhaustiva y permitir su seguimiento, además de implicar un lenguaje más comprensible para el inversor.

Las herramientas informáticas facilitan estructurar un guión de forma que sea posible leerlo en términos de tiempo y coste, lo que permite introducir alternativas para adaptar el presupuesto, haciéndolo mucho más flexible.

La tarea de preparación e incluso de registro, donde tiene lugar el mayor esfuerzo organizativo, sigue siendo la más difícil de solucionar por los paquetes informáticos. También es en esta fase donde se encuentran las mayores reticencias a su uso por parte de los profesionales, muy acostumbrados a considerar su trabajo desde una perspectiva muy individual. Los programas permiten la organización y planificación de la producción, su seguimiento, y la gestión económica, además del presupuesto definitivo. También se introducen posibilidades de optimizar los rendimientos mediante la simulación o el cambio de variables que, pueden verse instantáneamente reflejados en los gráficos de necesidades, ajuste del plan de trabajo y afectación sobre el presupuesto. Podemos analizar la presentación de un plan de trabajo mediante un programa de gestión de proyectos audiovisuales:

PELÍCULA: CERIL001	PLAN DE RODAJE	ORDENADO POR:
	ORDEN PA. => 1	

SEC	ELEMENTO	TEXTO	ORDEN PA.	INT	RI	HOR.	F.INI	F.FIN	E.H
6	$SECUENCIA	CONSTANTINO ENTRA EN EL CUENTO.							
6	03A-FAROLAS GEN	LA *CERILLERA* AL FONDO			10	2	02-05-10	02-05-10	8

8	030-FAROLAS	(LOC)BCN (EXT) (NOC) (EST) ACERA FAROLAS CASAS VICTORIANAS			10	1	02-05-10	02-05-10	7
8	$SECUENCIA								
8	03A-FAROLAS GEN	LA *CERILLERA* LO INTENTA EN LA CASA DE LA SEÑORA2 Y CONSTANTINO LO NARRA							
10	030-FAROLAS	(LOC)BCN (EXT) (NOC) (EST) ACERA FAROLAS CASAS VICTORIANAS			10	1	02-05-10	02-05-10	6
10	$SECUENCIA								
10	03A-FAROLAS GEN	LA *CERILLERA* HUYE DE CASA 2 MIENTRAS CONSTANTINO LO EXPLICA							
7	030-FAROLAS	(LOC)BCN (EXT) (NOC) (EST) ACERA FAROLAS CASAS VICTORIANAS			10	2	02-05-10	02-05-10	4
7	$SECUENCIA								
7	03B-PORTAL CAS1	LA *CERILLERA* LLAMA A LA CASA DEL *SEÑOR* DE LAS PANTUFLAS Y SE QUEDA BOQUIABIERTA VIENDO EL HOGAR ENCENDIDO							
9	030-FAROLAS	(LOC)BCN (EXT) (NOC) (EST) ACERA FAROLAS CASAS VICTORIANAS			10	2	02-05-10	02-05-10	2
9	$SECUENCIA								
9	03C-PORTAL CAS2	LA *CERILLERA* ACUDE A LA FIESTA EN LA CASA 2 DE LA *SEÑORA2*							
11	030-FAROLAS	(LOC)BCN (EXT) (NOC) (EST) ACERA FAROLAS CASAS VICTORIANAS			10	2	02-05-10	02-05-10	0
11	$SECUENCIA								
11	03D-FAROL CASA3	EL *NIÑO2* DE LA CASA 3 LE DA UNA VELA A LA *CERILLERA*							

12	040-ARRABALES	(LOC)BCN (EXT) (NOC) (EST) ARRABALES DE LA CIUDAD			10	2	03-05-10	03-05-10	8
12	$SECUENCIA								
12	04A-DESCAMPADO	LA *CERILLERA* AVANZA POR EL DESCAMPADO							
13	040-ARRABALES	(LOC)BCN (EXT) (NOC) (EST) ARRABALES DE LA CIUDAD			10	2	03-05-10	03-05-10	6
13	$SECUENCIA								
13	04B-REFUGIO	LA *CERILLERA* LLEGA A LA PUERTA DEL REFUGIO. SALE UN *PILLUELO* DESPEDIDO							
15	050-PLAZA MAYOR	(LOC)BCN (EXT) (NOC) (EST) PLAZA MAYOR DEL PUEBLO			10	1	03-05-10	03-05-10	5
15	$SECUENCIA								
15	05A-FUENTE	LA *CERILLERA* LLEGA A LA FUENTE							
19	050-PLAZA MAYOR	(LOC)BCN (EXT) (NOC) (EST) PLAZA MAYOR DEL PUEBLO			10	1	03-05-10	03-05-10	4
19	$SECUENCIA								
19	05A-FUENTE	LA *CERILLERA* MIRA HACIA EL VENTANAL DE LA CASA 4							
29	050-PLAZA MAYOR	(LOC)BCN (EXT) (NOC) (EST) PLAZA MAYOR DEL PUEBLO			10	1	03-05-10	03-05-10	3
29	$SECUENCIA								
29	05A-FUENTE	LA CERILLERA HABLA CON SU *MADRE*							
(...)									

El plan de rodaje presenta el orden de grabación de cada uno de los módulos secuencia-escena con las consideraciones de ritmo de grabación (RI), horas previstas para grabar cada módulo (HOR), fecha de inicio y de final, número de intervenciones de los personajes (INT)

La informatización de todos estos datos nos permite introducir cambios y que el programa recalcule un nuevo parámetro y su repercusión sobre todos los demás (fechas, costes, ritmo de rodaje, etc.) La columna (Orden PA) se refiere al orden de partida prioritaria, esto es el programa ofrece la posibilidad de hacer una reordenación del orden de grabación de secuencias (SEC/ESC) atendiendo a las prioridades que se imponen en cada producción, como puede ser la disponibilidad de un actor, de una localización, o el alquiler de una maquinaria muy costosa. Ello permite calcular de forma automática variaciones sobre las previsiones óptimas y así poder prever planes alternativos en caso de alteración de alguna circunstancia que afecte directamente al plan de rodaje o grabación: cambio de condiciones climáticas, fallo técnico, retraso en el ritmo de grabación, etc. Este trabajo de cálculo que la informática nos permite hacer de forma instantánea sería impensable hacerlo de forma manual, dado que podría conllevar jornadas de trabajo.

Podemos concluir con unas consideraciones sobre la incidencia creciente de las herramientas informáticas en el trabajo propio de la producción, donde el objetivo prioritario es el de preservar la unión entre el *guión*, el *desglose* y el *plan de trabajo*, haciéndolo en la forma más simple posible inspirada en los métodos tradicionales utilizados en la profesión. Puede asegurarse que la informatización en la producción:

- Disminuye los costes de producción o bien contribuye a hacer un mejor uso de los mismos fondos.
- Mejora directamente la relación entre la calidad del producto, el coste preciso para su obtención y la adecuación al mercado.
- Facilita enormemente la inversión al aportar términos y cuentas claras y estandarizadas, deducidas del propio guión, causando un efecto de disminución del riesgo en el inversor potencial.
- La homogeneización de métodos, de procesos y la universalidad del lenguaje informático es de gran ayuda para la coproducción entre diferentes empresas.
- Los ahorros de tiempo en el cálculo de procesos dejan más tiempo libre para el ejercicio de la creatividad. Las posibilidades de simulación agilizan la toma de decisiones.
- Favorece la integración con un entorno multifuncional que contribuye a la mejora del sistema.

2.1. Planificación del proyecto audiovisual con programas de gestión de proyectos

Como ya hemos señalado en repetidas ocasiones la producción audiovisual no deja de ser un proyecto industrial al que le son aplicables los métodos de gestión de proyectos.

La producción, como es sabido, no se limita al registro de imágenes y sonidos, aunque, como hemos visto, el plan de rodaje o grabación planifica en detalle exclusivamente esta etapa pero antes habrá sido necesario planificar la preparación para que todos los elementos requeridos por el plan de rodaje estén en lugar y tiempo previstos para permitir la realización.

En las páginas que siguen mostraremos mediante un ejemplo el proceso de planificación mediante un sencillo programa de gestión de proyectos.

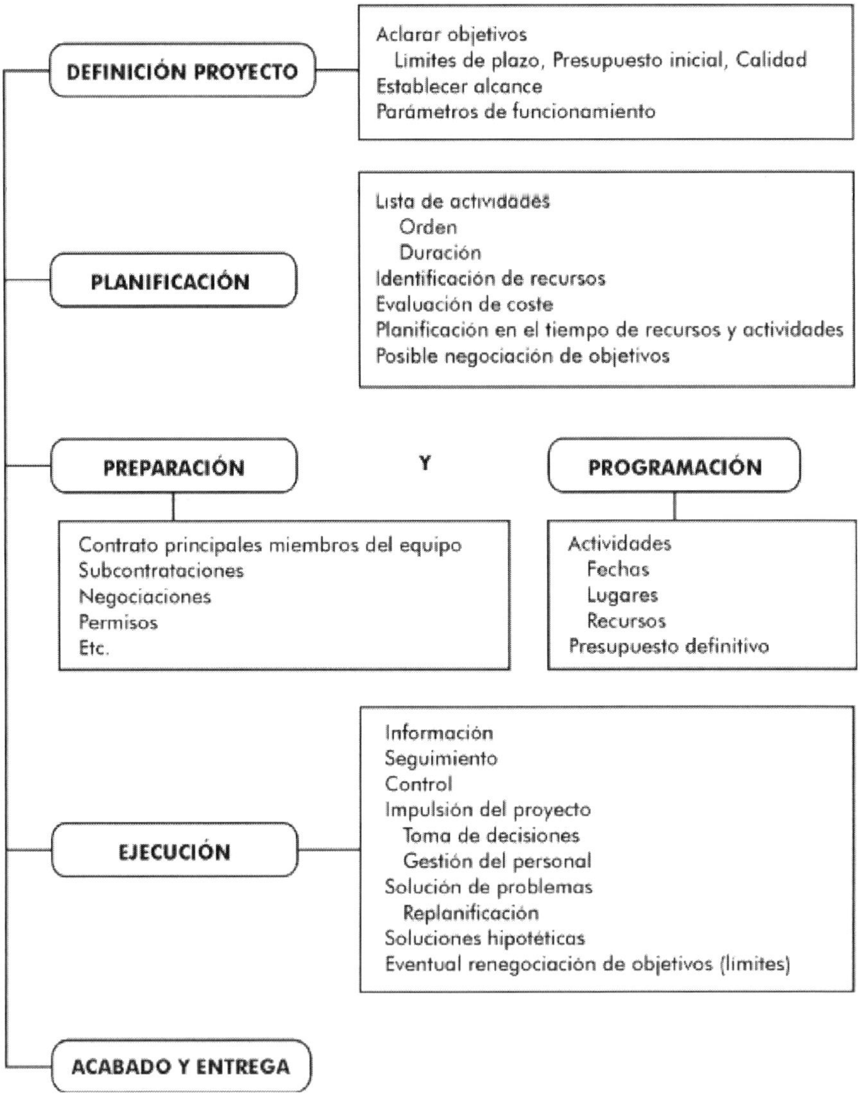

La figura muestra las fases de gestión de un proyecto desde su aprobación hasta la entrega del mismo, es decir todo su proceso. Aplicado al audiovisual, el plan de trabajo estaría incluido en lo que en el esquema esta nombrado como programación. La planificación, como vemos, abarca muchas cuestiones más que es necesario planificar y gestionar.

2.2. Desglose de tareas

En el momento de la primera estimación del proyecto, las previsiones presupuestarias se efectúan a una escala diferente que la que se emplea en previsiones posteriores, cuando ya existe un diseño detallado de producción.

Lo ideal sería conocer todas las tareas por anticipado con suficiente detalle, pero como eso no es posible sin disponer del diseño de producción, lo que se hace es seleccionar partes del proyecto suficientemente amplias y mensurables que suelen coincidir con unidades de fabricación.

Para esta primera estimación se subdivide el proyecto en tareas, actividades, o más normalmente, en series de tareas que constituyen una parte del proyecto. Cuando todas las actividades se han realizado, el proyecto se ha terminado y por ello la suma de todas las actividades constituye el *alcance del proyecto*.

El alcance del proyecto puede describirse con muchas o pocas actividades, según el nivel de detalle. En todo caso deben ser:

- *Significativas*. Que representen una parte del trabajo que se pueda medir.
- *Identificables*. De forma que existan procedimientos para su realización, un principio, un final y una duración.
- *Asignables*. A una persona, un grupo, a otra empresa.

En la producción audiovisual los grupos de actividades se clasifican en tres fases: preproducción, producción y postproducción. De ellas, la parte de producción o registro es la más variable y compleja, la que requiere mayor aporte de medios y personal, y también es la más difícil de estimar, por lo que la lista de tareas de esta fase suele hacerse con mucho más detalle que las demás, incluso en la realización de una primera estimación. De hecho, por ejemplo, en el cine, el plan de trabajo es, en el argot de la profesión, la programación de actividades de la fase de registro exclusivamente, y a partir de él y en función de él se planifican y programan las demás actividades del proyecto.

2.3. Alcance del proyecto (estimación del tiempo)

El *alcance del proyecto* se describe mediante la enumeración de los trabajos que es preciso realizar para su consecución completa.

La descomposición del proyecto en tareas significativas, identificables y asignables puede hacerse con muy diferentes grados de detalle; así, en una producción audiovisual sencilla, que requiera únicamente unas tomas en plató, el registro no se descompondrá en tareas detalladas, sino que el «registro en plató» se tomará como una única actividad.

Un subproyecto, o un paquete de actividades, pueden tener su propio responsable, el cual desglosará las tareas del apartado que le concierne y realizará las estimaciones oportunas que después hará llegar al jefe del proyecto. Este tomara el subproyecto o el paquete de actividades como una única tarea, con el plazo y coste estimado por el responsable del subproyecto o paquete de actividades.

El director del proyecto puede fiarse de las estimaciones realizadas por los encargados de paquetes de actividades, o puede aplicar fórmulas estadísticas para mejorar la fiabilidad de la estimación. Para ello, en lugar de pedir el plazo de realización del paquete de actividades solicitará:

- *El tiempo pesimista (p).* Cuánto se suele tardar cuando las cosas van mal.
- *El tiempo más probable (m).* Lo que se tarda normalmente.
- *El tiempo optimista (o).* En cuánto tiempo se haría si todo fuese perfecto.

Con estas estimaciones, el director del proyecto puede aplicar la fórmula del *tiempo esperado (e)* que obtiene la media ponderada de las estimaciones anteriores.

La aplicación de esta fórmula añade fiabilidad a la estimación y disminuye el riesgo. Por otro lado, permite calcular la probabilidad de finalizar en determinado plazo.

Se puede calcular la media y la desviación típica de los diferentes valores y, aplicando la teoría de la campana de Gauss (curva de distribucion normal), hallar la probabilidad de cumplir el plazo.

Conociendo la desviación típica y sabiendo el porcentaje de casos que según la distribución normal tienen esa desviación típica, tenemos que ese porcentaje nos da la probabilidad de que la actividad se realice entre el tiempo esperado menos la desviación típica y el tiempo esperado más la desviación típica.

Los mismos métodos pueden aplicarse a las estimaciones de costes. En una producción videográfica sencilla, partiendo de un guión técnico detallado, las fases típicas, para un caso concreto, podrían plantearse como sigue:

- Registro o grabación en plató (1 jornada).
- Registro o grabación en exteriores (2 jornadas).
- Elaboración de imágenes y textos por ordenador (2 $^{1/2}$ jornadas).
- Montaje o edición de vídeo (imágenes) (3 jornadas).
- Locución ($^{1/2}$ jornada).
- Mezcla de sonido (1 jornada).
- Repicado del máster y entrega del producto.

El conjunto de actividades o tareas constituye el alcance del proyecto. Si todas las actividades se realizasen linealmente una detrás de otra, el plazo de realización del proyecto resultaría de la suma de tiempos de cada actividad, pero esto casi nunca es así.

Si estas actividades se realizasen una detrás de otra se tardarían diez jornadas en acabarlas. Sin embargo, podría ser posible realizar en paralelo las tres primeras, con lo que el montaje podría iniciarse dos jornadas y media después de iniciar el proyecto.

Las demás actividades deben hacerse necesariamente en el orden previsto puesto que, para empezar cada una de ellas, la anterior debe estar concluida, así que precisaríamos cuatro jornadas y media más para acabar.

El proyecto podría hacerse en siete jornadas en lugar de diez. Para conseguirlo hemos tenido que considerar las prelaciones, entre actividades.

2.4. Prelaciones en el encadenamiento de actividades

Una vez descritas las actividades a realizar, y los recursos necesarios para realizarlas, debe procederse a determinar su orden de ejecución, para finalmente asignarles fechas concretas en la programación.

Cada actividad debe enlazarse con las siguientes en el orden más conveniente para cumplir los objetivos del proyecto, ajustándose a los límites de plazo, coste y calidad.

Algunas actividades del proyecto tienen un orden natural debido a que una no puede empezarse hasta que otra no haya concluido: no se puede editar hasta no haber registrado las imágenes que se han de montar, por lo que el registro precede necesariamente a la edición.

Hay actividades que pueden realizarse en paralelo con otras, pero en ocasiones utilizan los mismos recursos. Realizarlas en paralelo puede suponer un aumento de los costes. En definitiva, las prelaciones entre actividades vienen condicionadas por una serie de ligaduras.

Como se ha explicado en el capítulo dedicado a la gestión de proyectos audiovisuales, las ligaduras se clasifican en:

- *Potenciales.* Son aquellas que condicionan la posición en el tiempo de las actividades, bien por respeto a un calendario o por estar condicionadas a otras actividades.
- *Acumulativas.* Condicionadas por la disponibilidad de recursos (mano de obra, materiales, herramientas, etc.) que obligan a una limitación en la realización simultánea de tareas. Las ligaduras acumulativas pueden resolverse modificando turnos de trabajo, haciendo horas extras, subcontratando, etc. En la mayoría de los casos, la solución acarrea un mayor coste, aunque mejora el tiempo de realización del proyecto.
- *Disyuntivas.* Las ligaduras disyuntivas son un caso particular de las acumulativas, es cuando existe incompatibilidad en la utilización de un recurso caro o escaso en más de una actividad simultáneamente. La diferencia con las acumulativas está en su rigidez (imposibilidad de encontrar alternativa al uso en una única actividad a la vez) lo que implica un tratamiento diferenciado de este tipo de ligaduras y, por tanto, su distinción de las acumulativas.

En todos los proyectos suelen coexistir los tres tipos de ligaduras pero, dada la dificultad de solucionar las acumulativas y las disyuntivas, se intenta organizar las actividades de modo que se obvien en lo posible estas ligaduras, con lo que se reduce el problema a la solución de ligaduras potenciales.

La utilización del GANTT y del PERT en esta fase de la planificación resulta de gran ayuda para enlazar las actividades en el orden que más se adecue a los imperativos técnicos del proyecto al ajustarse a las limitaciones de plazo, coste y calidad.

Para obviar las ligaduras acumulativas se realiza un GANTT de recursos, y se parte de él para realizar la planificación de las actividades. Para evitar las ligaduras disyuntivas se elige un orden en el que no se entre en competencia.

Capítulo XV

El presupuesto

1. La gestión del presupuesto en las obras audiovisuales

La producción audiovisual es una actividad empresarial que persigue normalmente la obtención de beneficios cuando se enmarca en la gestión privada, y que requiere siempre un adecuado control del gasto y efectividad comunicativa aun cuando se trate de una gestión pública.

Para que una empresa funcione óptimamente se precisa el empleo de técnicas e instrumentos de gestión y la gestión presupuestaria es decisiva para la consecución de buenos resultados económicos.

Pero las obras audiovisuales, como sabemos, tienen particularidades propias relacionadas con elementos específicos como la incertidumbre existente sobre el resultado comercial puesto que no se trata de una ciencia exacta y nadie puede garantizar el éxito o fracaso de lsa mismas. Además, las obras audiovisuales se caracterizan por el alto riesgo económico asociado a su producción que siempre es de elevado coste. Su realización depende de un complejo proceso en el que intervienen un alto número de personas, equipos y servicios en tiempos muy breves, con intereses a veces enfrentados y culturas muy diversas (inversor, productor, director o realizador, cliente, etc.) que precisan una clara asignación de responsabilidades. Finalmente, la obra audiovisual, para ser rentable necesita, en muchas ocasiones, de una adecuada comercialización en diferentes soportes poniendo el acento, así, en una adecuada gestión de la planificación y el control de los ingresos que genera.

El presupuesto se convierte en un instrumento básico de la programación y gestión de las empresas y proyectos audiovisuales.

Sirve para organizar la empresa planificando el futuro puesto que el presupuesto se integra en todo el sistema de actividades a realizar por la empresa. Es, al tiempo, un instrumento fundamental de gestión de la empresa y forma parte prioritaria del sistema de información empresarial de la misma como uno más de los medios que se articulan para conocer con acierto la evolución de sus actividades.

1.1. El presupuesto como elemento de planificación y de gestión empresarial

Según Paco Poch y Xavier Cubeles[1], el presupuesto forma parte del sistema de planificación de cualquier empresa, sistema integrado por diferentes instrumentos encaminados a diseñar de forma anticipada las actividades que tiene que desarrollar la organización. En el contexto audiovisual, el presupuesto se enmarca en las actividades de programación y está precedido generalmente por:

1. *El calendario.* Que recoge las fases del proceso y las fechas principales de ejecución de las actividades.
2. *El plan de recursos humanos.* O previsión de todo el personal necesario para poder desarrollar todas las acciones programadas.
3. *El plan de utilización de espacios y de logística de materiales.* Localizaciones, decorados, recursos, transportes, desplazamientos, equipamientos, etc., previstos en el plan de trabajo del proyecto audiovisual.

Finalmente, podemos considerar el presupuesto como una síntesis cuantificada en términos monetarios de todas las actividades planificadas.

Para la gestión de una empresa y de un proyecto, el presupuesto es un instrumento básico. La gestión presupuestaria se concreta en el desarrollo de dos funciones fundamentales:

1. *La atribución de responsabilidades.* La elaboración del presupuesto permite asignar responsabilidades a los diferentes órganos gestores de una empresa o de un proyecto. Es un instrumento de responsabilidad por parte de los diferentes departamentos o responsables de la puesta en marcha ejecutiva de un proyecto audiovisual.
2. *La articulación de un instrumento de gestión y dirección por objetivos.* El presupuesto se convierte en uno de los puntos de referencia principales para

1. Poch, Paco y Cubeles, Xavier, 1998. *Curso de gestión de empresas audiovisuales. Periodismo y comunicación.* Institut d'Educació Contínua. Universitat Pompeu Fabra.Barcelona.

el seguimiento y control del desarrollo de las actividades del proyecto. Cumple, por tanto, una función de legitimación presupuestaria de todos los gastos e ingresos producidos durante la ejecución del proyecto y sirve para controlar con posterioridad los gastos e ingresos realizados permitiendo, así, extraer conclusiones para otras actividades o proyectos futuros.

A lo largo de la gestión de un proyecto, e independientemente de la calidad o adecuación a lo previsto en la consecución de sus objetivos comunicativos, el seguimiento presupuestario permite la detección a tiempo de desviaciones que podrían hacer peligrar la viabilidad económica del proyecto y su finalización. Todos los proyectos deben de contar con un grado de tolerancia que permita la recuperación de algunas desviaciones que se produzcan en su desarrollo pero es preciso determinar con precisión el margen de tolerancia óptimo que asegure su buen fin.

1.2. La información económica y la estructura de presupuesto

La empresa tiene la necesidad, tanto en el desenvolvimiento normal de su actividad cuando gestiona distintos proyectos, como cuando el punto de atención se pone en la gestión de un proyecto en concreto, de disponer de la información que le permita saber con claridad cuáles son las tendencias y la evolución del funcionamiento de la organización. Para ello, según Poch y Cubeles, la empresa se basa en tres instrumentos que le pueden proporcionar esta información: el balance, la cuenta de resultados y el presupuesto.

- El *balance* es un documento contable que refleja la situación económica de la empresa en un momento determinado. Los recursos totales de una empresa se pueden ordenar según:
  - a) Su procedencia u origen, es decir, el conjunto de obligaciones que tiene contraídas frente a propietarios y terceros (pasivo).
  - b) Su utilización, es decir, el conjunto de bienes y derechos poseídos por la empresa (activo).
- La *cuenta de resultados*. La marcha de una empresa supone la percepción de unos ingresos y la realización de unos gastos. De la diferencia entre ingresos y gastos se obtiene el resultado del período (beneficios o pérdidas).
- El *presupuesto*. Instrumento que, por un lado refleja en términos monetarios los objetivos y el plan de desarrollo futuro de la actividad empresarial

(presupuesto inicial) mientras que, por otro lado, durante y también al final del desarrollo de la actividad, el presupuesto es un medio de seguimiento y de evaluación del grado de consecución del plan inicial (liquidación del presupuesto).

Todo presupuesto se estructura en dos apartados principales: los ingresos y los gastos.

Existen muchas modalidades de producción de obras audiovisuales. Están las que se realizan por encargo de un cliente exterior, las que se ponen en marcha mediante la iniciativa de una entidad productora, las que se coproducen entre diferentes empresas asumiendo partes proporcionales de los riesgos y de los beneficios, las que se producen en el seno de una entidad de televisión, etc. En estas diferentes modalidades indicadas, y en otras no citadas, el apartado de ingresos puede adoptar formas muy distintas entre las que podríamos señalar:

- Pagos parciales y totales del cliente a la empresa productora.
- Subvenciones de instituciones públicas.
- Ingresos de exhibición en sala de cine.
- Ingresos provenientes de la comercialización en vídeo.
- *Merchandising* y otros ingresos comerciales.
- Ingresos por publicidad.

Una clasificación instrumental de los costes o gastos surge de relacionar el coste con la empresa y sería:

1. *Costes directos:* aquellos que pueden imputarse de manera inmediata al programa que se produce. Es un criterio objetivo.
2. *Costes indirectos:* aquellos que admiten vinculación con el programa estableciendo criterios más o menos subjetivos.

De la relación entre la cuantía del coste y la actividad de la empresa, podemos encontrarnos con la siguiente distribución de costes o gastos:

1. *Costes variables:* aquellos cuyo importe se altera al hacerlo la actividad medida. Están en estrecha relación con la duración del rodaje o grabación: derechos de autor, comunicaciones, alquileres de equipos técnicos, de iluminación, de estudios, vestuario, etc.
2. *Costes fijos:* los que resultan inalterados por el tiempo de rodaje o grabación: Seguridad Social del personal fijo, seguros del material propio e instalaciones, publicidad propia, sueldos del personal fijo, mantenimiento

de los propios estudios, instalaciones, vigilancia, limpieza, amortizaciones de capital, etc.

Entre los *gastos estructurales* de la empresa podemos citar:
- El personal de los servicios centrales y de dirección.
- Los servicios de mantenimiento, vigilancia, limpieza, suministros, etc.
- El mobiliario y los equipos informáticos.
- Determinados gastos periódicos de carácter general.
- Seguros generales.
- Asesoría fiscal.
- Gastos financieros.

Como *gastos por proyectos:*
- Guión y música.
- Personal artístico.
- Personal técnico.
- Escenografía.
- Estudios de rodaje y varios producción.
- Maquinaria, rodaje y transportes.
- Viajes, dietas y comidas.
- Película virgen, cintas de vídeo, tarjetas, soportes de almacenamiento.
- Laboratorio.
- Seguros e impuestos.
- Gastos generales.
- Gastos de explotación, comercio y financiación.

Y todos estos gastos pueden inscribirse en los distintos capítulos presupuestarios que componen cualquier modelo en uso.

Conviene resaltar en este punto que a lo largo del proceso de producción audiovisual de un proyecto concreto el presupuesto es materia de estudio prioritario en tres momentos distintos de la producción:
- El primero es en la fase de *análisis de la viabilidad del proyecto,* cuando en muchas ocasiones se acepta o se rechaza un proyecto por sus facilidades o dificultades de financiación.
- El segundo momento (y el más significativo) es a partir de la *disposición del plan de trabajo,* cuando se evalúa el coste total de las actividades previstas para la ejecución del mismo.

– Por último, *cuando el proyecto ha sido completamente finalizado,* se procede a un cierre del mismo o balance, donde se aprecian las desviaciones que hayan podido surgir entre lo previsto y la evolución real de los acontecimientos.

2. Elaboración del presupuesto definitivo

La elaboración del presupuesto es el trabajo que cierra definitivamente la etapa de preproducción en la gestión del proyecto audiovisual. Se trata de un trabajo arduo y fundamental para cumplir uno de los requisitos principales de todo programa que es el cumplimiento del coste y su adecuación al capital económico disponible, tanto si se ha obtenido una financiación previa como para evitar sobrepasar los gastos estimados de producción si se trabaja por encargo y mediante contrato establecido con un determinado cliente.

El plan de trabajo es el punto de partida fundamental para elaborar el presupuesto a partir del estudio del listado de necesidades humanas, materiales y logísticas que se recogen en este documento. En general, si el proyecto se ha desarrollado según los cauces correctos, lo normal es que exista una gran correspondencia, al menos en las cantidades finales, entre el estudio económico efectuado en la etapa de valoración de la viabilidad económica del proyecto, o en la presentación de la oferta al cliente, y el presupuesto obtenido a partir del análisis del plan de trabajo. Es de imaginar que si el monto económico ha variado sustancialmente sin que se hayan producido ampliaciones o reducciones respecto al proyecto original, significa que el trabajo de planificación no se ha llevado en la forma adecuada y deberá de modificarse en uno u otro sentido.

La tarea de valoración presupuestaria exige, por parte de la producción, un conocimiento profundo y actualizado de las ofertas y precios de mercado de la industria audiovisual y de las empresas auxiliares que con ella se relacionan. En este trabajo cuenta mucho:

– La experiencia personal del productor, su agenda y sus contactos.
– La ponderación de las relaciones establecidas en otros proyectos con determinadas empresas proveedoras y con profesionales técnicos o de cualquier otra índole.

- La situación del mercado laboral artístico y técnico.
- La capacidad para convencer y hacer compatibles los planteamientos económicos de las dos partes.
- Las dotes de negociación de los plazos de pago por los productos o servicios prestados.
- La habilidad para negociar contratos y precios de compra o alquiler.
- La disposición de catálogos y bases de datos actualizados.
- E incluso la información confidencial del comportamiento de personal artístico y técnico, si se trata de personas problemáticas que acostumbran a incrementar el coste.

Es habitual la práctica de solicitar ofertas a diferentes proveedores para cubrir todo tipo de necesidades humanas, materiales y logísticas y con frecuencia merece la pena solicitar dos o tres presupuestos para disponer de más elementos de juicio a la hora de seleccionar la oferta más adecuada que no siempre tiene que corresponderse exclusivamente con la más ventajosa en términos económicos. Condicionantes como la calidad, la experiencia previa, las relaciones anteriores y el grado de satisfacción alcanzado, la seguridad, la confianza, el currículum empresarial y personal, etc., son, en ocasiones, más decisivas que el precio para inclinar la elección a un lado u otro.

Conforme el equipo de producción va disponiendo de los datos que le permitirán hacer el presupuesto se deben relacionar en partidas presupuestarias estructuradas en agrupaciones distintas que obligan a diseñar o elegir un determinado modelo presupuestario. Hay diferentes modelos disponibles motivados, en ocasiones, por la dimensión económica del proyecto, por la cantidad de variables que lo integren o por la tipología de empresa en que se aplica. No requiere el mismo modelo presupuestario una producción efectuada por una entidad independiente (que debe alquilar muchos medios porque no se trata de una estructura estable de producción) que un proyecto interno de una empresa de televisión, donde habrá que consignar claramente la amortización de los equipos propios y la delimitación de gastos fijos que le corresponde a cada uno de los distintos proyectos que puede llevar la empresa a un mismo tiempo. Para cualquier empresa es prioritaria la clara demarcación de conceptos del presupuesto, dado que si no se ha hecho así, los distintos departamentos que la conforman pueden interpretar de manera diferente ciertas partidas presupuestarias o conceptos de gasto.

Partir de un modelo existente con un elevado número de ítems clasificatorios tiene la ventaja de facilitar su adaptación a proyectos más modestos. Nos permite emplear aquellos que se adaptan a nuestras necesidades y desechar los que no se ajustan. Por otro lado, la experiencia previa del productor y sus bases de datos de proyectos anteriores facilitan el comienzo de realización de un nuevo presupuesto. Es indicado partir, en ocasiones, de modelos presupuestarios empleados en proyectos ya realizados que guarden una similitud con el nuevo proyecto. De esta forma, se produce una transferencia de experiencia acumulada que ayuda a mejorar la rentabilidad.

Muchas veces, la determinación del modelo presupuestario, incluso en este estadio tan avanzado de la producción, puede estar afectada por la necesidad de conseguir parte de la financiación. Así, por ejemplo, cuando se trata de solicitar una subvención oficial, donde se exige el cumplimiento de unas determinadas normas a seguir para la presentación del presupuesto, dictadas por organismos tales como ministerios de cultura o gobiernos regionales regulados por el ordenamiento interno de cada país o región.

2.1. Partidas presupuestarias unificadas para cine, vídeo y televisión

A continuación, se expone un modelo de estructuración del presupuesto de una obra audiovisual propuesto por Antonio Guerra[2] en la estructura de su programa de diseño, control y gestión de la producción caracterizado por integrar en un único modelo presupuestario las necesidades presupuestarias de las obras de cine, vídeo y televisión.

Parte de la base de que el trabajo de producción de una obra tiene las ya sabidas cuatro fases bien definidas, preproducción, producción, postproducción y explotación y que un criterio acertado para establecer las partidas presupuestarias es el de que cada partida solo pueda pertenecer a una de estas fases.

Es prioritario ponerse de acuerdo respecto a los criterios de adjudicación de los gastos a unas u otras partidas. Una de las principales dificultades existentes para el entendimiento en términos presupuestarios entre empresas es la falta de claridad y definición de la situación exacta de las partidas que componen el presupuesto. Es habitual que no exista una concordancia entre empresas e incluso que dentro de una misma empresa se empleen criterios distintos para la

2. Guerra, Antonio. *Producción audiovisual: manual del Produsoft*. M-SOFT.S.L.

gestión de diferentes proyectos. Guerra considera que en toda obra audiovisual suele haber cinco grupos de partidas claramente diferenciadas:

1. Las partidas correspondientes a los *gastos iniciales* antes de la puesta en marcha del proyecto. Normalmente se incluyen en la fase de preproducción.
2. Las partidas que intervienen en el *rodaje o grabación* incluidas las que se comprometen antes de la puesta en marcha del proyecto y las que dependen del tiempo de rodaje o grabación. Se incluyen en la fase de producción, las primeras con el tratamiento presupuestario que corresponde a los gastos fijos y las segundas con el tratamiento de costes variables.
3. Las partidas de los *trabajos preparatorios del rodaje*. Se incluyen también en la fase de producción con el tratamiento presupuestario que corresponde a los costes fijos.
4. Las partidas de *postrodaje* en las que se incluyen las actividades conducentes a terminar la obra audiovisual. Se incluyen en la fase de postproducción.
5. Las partidas de *gastos generales y varios* de la empresa productora imputables a la obra y las que realice la productora para su comercialización y explotación. Se incluyen en la fase de explotación.

Merece la pena considerar las distintas posibilidades de computar los gastos según las diferentes modalidades pactadas y que forman parte de la tradición específica del sector. Básicamente existe la modalidad denominada *a tanto alzado*, cuando se trata de una cantidad fija pactada por el uso de un recurso humano o material (se emplea normalmente con los profesionales de más alta responsabilidad, o por el alquiler, por ejemplo, de una localización o de un determinado recurso); también se paga por *unidades* que pueden ser variables como hora, jornada, semana, mes, programa, cinta de vídeo, tarjeta de memoria, kilómetro u otras clasificaciones. En este último caso será preciso introducir el número de unidades de gasto y multiplicarlo por el precio de cada unidad.

En síntesis, Guerra agrupa todos los conceptos que definen un presupuesto en los siguientes doce grupos (en mayúsculas) y subgrupos:

010000. GUIÓN. MÚSICAS. COMPRA PROGRAMAS/ PELÍCULAS/ DERECHOS
010100 Guión
010200 Músicas
010300 Compra programas/ películas y derechos

020000. PERSONAL ARTÍSTICO
020100 Actores protagonistas. Presentador/ locutor TV
020300 Actores secundarios
020400 Pequeñas partes
020500 Figuración (extras de ambiente)
020600 Especialistas riesgo/ dificultad
020700 Coreógrafo/ bailarines/ cantantes/ orquesta en escena
020800 Profesores/ cantantes grabar playback
020900 Profesores/ cantantes grabar canciones/ músicas fondo
021000 Dobladores de diálogos
021100 Dobladores efectos sonoros
021200 Horas extraordinarias: personal artístico

030000. PERSONAL TÉCNICO
030100 Dirección
030200 Producción
030300 Fotografía. Grabación
030400 Decoradores. Personal que construye/monta escenario
030500 Sastrería
030600 Maquilladores. Caracterizadores
030700 Peluqueros
030800 Técnicos rodaje efectos especiales
030900 Cuidadores/conductores semovientes: animal/vehículos
031000 Técnicos de sonido rodaje/grabación
031100 Eléctricos. Maquinistas
031200 Conductores vehículos
031300 Personal complementario
031400 Segunda unidad de rodaje
031500 Montadores. Editores. Grafistas
031600 Horas extraordinarias: personal técnico

040000. CONSTRUCCIÓN DECORADO. MONTAJE INFRAESTRUCTURAS DE RODAJE
040100 Construcción de decorados
040200 Fabricación de maquetas/modelos
040300 Alquiler de estudios para construcción/ montaje

040400 Alquiler/ permiso de escenario natural para montaje
040500 Montaje iluminación
040600 Montaje videofrecuencia
040700 Montaje audiofrecuencia
040800 Montaje equipamientos complementarios y maquinaria
040900 Despliegue unidades móviles/enlaces de televisión
041000 Dotación infraestructuras de rodaje

050000. AMBIENTACIÓN: DECORACIÓN/ ATREZO/ ANIMALES/ VESTUARIO/ ROBÓTICA
050100 Decoración
050200 Atrezo
050300 Comidas en escena
050400 Jardinería
050500 Semovientes/animales/vehículos
050600 Vestuario
050700 Maquillaje/caracterización/peluquería
050800 Robótica: personajes no humanos con movimiento
050900 Material de efectos especiales

060000. GASTOS DE RODAJE/GRABACIÓN
060100 Alquiler de estudios para rodaje/grabación
060200 Alquiler/ permiso de escenario natural para rodaje
060300 Gastos varios rodaje/grabación

070000. EQUIPOS Y MAQUINARIA DE RODAJE/GRABACIÓN
070100 Equipos de cine
070200 Equipos autónomos grabación vídeo/ unidades móviles
070300 Accesorios para cámaras
070400 Equipos para toma de sonido y playback
070500 Material/ equipos de iluminación
070600 Equipos complementarios para rodaje/grabación
070700 Maquinaria de rodaje/grabación
070800 Enlaces de televisión

080000. VIAJES/ DIETAS/ TRANSPORTES EN PREPARACIÓN RODAJE/ GRABACIÓN
080100 Localizaciones
080200 Viajes rodaje
080300 Dietas rodaje
080400 Hoteles, comidas/catering en rodaje
080500 Transportes

090000. POSTPRODUCCIÓN: MONTAJE/EDICIÓN/SONORIZACIÓN
090100 Estudios montaje de cine
090200 Estudios edición de vídeo
090300 Estudios de sonorización. Grabación playback

100000. MATERIAL VIRGEN Y LABORATORIOS
100100 Negativos
100200 Positivos
100300 Revelado y tiraje de copias
100400 Trabajos de laboratorio
100500 Cintas de vídeo. Magnéticos, soportes varios

110000. GASTOS GENERALES. SEGUROS E IMPUESTOS
110100 Gastos generales empresa productora
110200 Seguros
110300 Impuestos y timbres

120000. GASTOS DE EXPLOTACIÓN, COMERCIALES Y FINANCIEROS
120100 Explotación: trailer/CRI/copias exhibición–emisión
120200 Publicidad
120300 Gastos financieros

Y para apreciar mejor el grado de detalle respecto a las partidas presupuestarias, exponemos el desarrollo completo del grupo 030000 referido al personal técnico.

030000. PERSONAL TÉCNICO

030100 Dirección
030101 Director
030102 1er ayudante dirección
030103 2º ayudante dirección
030104 Secretario rodaje/script
030105 Auxiliar de dirección
030106 Director reparto/casting
030107Asesor especializado
030108 Dibujante storyboard
030109 Meritorio dirección
030110 Apuntador. Pasa–diálogos
030111 Realizador TV
030112 1er ayudante realización TV
030113 2º ayudante realización TV
030114 Regidor plató TV

030200 Producción
030201 Productor ejecutivo
030202 Productor asociado
030203 Productor bartering
030204 Productor delegado
030205 Director producción
030206 Jefe de producción
030207 1er ayudante producción
030208 2º ayudante producción
030209 Regidor producción
030210 Auxiliar de producción
030211 Cajero–pagador
030212 Secretaria producción
030213 Recadero
030214 Meritorio producción

030300 Fotografía. Grabación
030301 Director fotografía. Iluminador jefe TV
030302 Operador cámara cine
030303 Ayudante/foquista cine
030304 Auxiliar cámara cine/TV
030305 Fotógrafo de escenas
030306 Técnico cámara cine
030307 Operador VTR en cine
030308 Jefe técnico estudio/unidad móvil TV
030309 Personal grabación imagen estudio TV
030310 Personal grabación unidad móvil TV
030311 Encargado/mezclador imagen
030312 Controlador de cámaras
030313 Técnico electrónico
030314 Operador cámara TV
030315 Operador cámara autónomo vídeo
030316 Operador VTR
030317 Especialista/oficial montaje
030318 Personal de un enlace TV
030319 Técnico de enlace
030320 Operador steadicam
030321 Ayudante/auxiliar steadicam

030400 Decoradores. Personal que construye/monta escenario
030401 Director artístico/decorador
030402 Ayudante director artístico
030403 Ambientador/jefe de atrezo
030404 Atrezista de ambientación
030405 Diseñador/grafista por ordenador
030406 Bocetista/dibujante por ordenador
030407 Grafista no electrónico/rotulista
030408 Constructor jefe
030409 Carpintero
030410 Pintor
030411 Jardinero

030412 Tapicero
030413 Fontanero
030414 Electricista
030415 Escayolista. Modelador
030416 Peón construcción
030417 Atrezista de rodaje
030418 Tramoyista/carpintero de rodaje
030419 Pintor de rodaje
030420 Maquetista/modelista
030421 Personal montaje videofrecuencia Estudio TV
030422 Personal montaje audiofrecuencia Estudio TV
030423 Personal montaje iluminación Estudio TV
030424 Personal despliegue unidad móvil TV
030425 Personal despliegue enlace TV
030426 Personal despliegue unidad móvil de sonido
030427 Personal despliegue unida móvil de comentarista

030500 Sastrería
030501 Figurinista. Encargado de vestuario
030502 Jefe sastrería
030503 Sastre
030504 Refuerzos sastrería

030600 Maquilladores. Caracterizadores
030601 Maquillador
030602 Ayudante maquillaje
030603 Auxiliar maquillaje
030604 Caracterizador/maquillador efectos
030605 Refuerzos maquillaje

030700 Peluqueros
030701 Peluquero
030702 Ayudante peluquería
030703 Auxiliar peluquería
030704 Refuerzos peluquería

030800 Técnicos rodaje efectos especiales
030801 Jefe/director efectos especiales rodaje
030802 Ayudante efectos especiales rodaje
030803 Auxiliar efectos especiales rodaje
030804 Armero

030900 Cuidadores/conductores semovientes: animal/ vehículos
030901 Encargado semovientes/vehículos
030902 Cuadrero
030903 Ramalero
030904 Cuidador animales
030905 Carrero
030906 Adiestrador
030907 Veterinario
030908 Conductor vehículos en escena

031000 Técnicos de sonido rodaje/grabación
031001 Jefe/ingeniero de sonido
031002 Ayudante/operador sonido. Microfonista. Jirafista
031003 Auxiliar/especialista/oficial montaje sonido
031004 Personal grabación sonido estudio TV
031005 Personal grabación unidad móvil de sonido
031006 Personal grabación unidad móvil de comentarista
031007 Operador de playback

031100 Eléctricos. Maquinistas
031101 Jefe eléctricos
031102 Eléctrico
031103 Personal iluminación estudio TV
031104 Jefe maquinista
031105 Maquinista
031106 Conductor grupo

031200 Conductores vehículos
031201 Conductor en plantilla
031202 Conductor con vehículo
031203 Conductor sin vehículo
031204 Coordinador/capitán de transportes

031300 Personal complementario
031301 Sanitario
031302 Guarda
031303 Peón
031304 Asistente/a limpieza

031400 Segunda unidad de rodaje
031401 Director 2ª unidad
031402 Jefe producción 2ª unidad
031403 1er operador cámara 2ª unidad
031404 2º operador cámara 2ª unidad
031405 Ayudante dirección 2ª unidad
031406 Ayudante producción 2ª unidad
031407 Ayudante cámara 2ª unidad
031408 Sastre 2ª unidad
031409 Maquillador 2ª unidad
031410 Peluquero 2ª unidad

031500 Montadores. Editores. Grafistas
031501 Montador cine
031502 Ayudante montaje
031503 Auxiliar montaje
031504 Montador de sonido
031505 Editor offline
031506 Editor online
031507 Técnico telecine
031508 Subtitulador
031509 Técnico infografía
031510 Técnico copias/repicados

031600 Horas extraordinarias: personal técnico
031601 Dirección
031602 Producción
031603 Fotografía
031604 Decoradores/constructores
031605 Sastrería
031606 Maquilladores
031607 Peluqueros
031608 Técnicos efectos especiales rodaje
031609 Cuidadores de semovientes/animales. Conductores vehículos en escena
031610 Técnicos de sonido rodaje
031611 Eléctricos/maquinistas
031612 Conductores de vehículos
031613 Personal complementario
031614 segunda unidad
031615 Montadores. Editores. Grafistas

2.2. Tipología de gastos en un presupuesto audiovisual

Tras la lectura de esta clasificación de grupos y subgrupos, podremos decir que existen cuatro grandes tipologías de gastos:

1. Derechos de propiedad intelectual.
2. Recursos humanos: técnicos y artísticos.
3. Recursos materiales, técnicos y logísticos.
4. Gastos generales, seguros, impuestos, comerciales y financieros.

Algunos de estos gastos están concentrados en determinados grupos (como sería el caso de los derechos de propiedad intelectual) pero hay otros, especialmente los recursos materiales, técnicos y logísticos, que se reparten en diferentes grupos y a los que hay que hacer frente en momentos variados del proceso de producción.

Una vez consignados todos los conceptos que integran el presupuesto se procede a su aprobación o modificación por parte de los responsables de la empresa (generalmente el productor ejecutivo) y, finalmente, se cierra. A partir de ese momento el equipo de producción dispone de toda la documentación que le permitirá realizar todas las gestiones ejecutivas del proceso de producción audiovisual: formalizar contratos con personas y proveedores, alquilar recursos, efectuar compras, reservar materiales, viajar, etc. En definitiva, comenzar el registro y garantizar su continuidad en las fases de postproducción y sonorización.

Miguel Sainz[3] recoge las diversas fórmulas posibles de obtención de recursos para la producción audiovisual:

- *Contratación*: acuerdo escrito entre las partes y sujeto a las leyes de la libre competencia.
- *Compra:* adquisición realizada aprecios de mercado.
- *Alquiler:* préstamo interesado de acuerdo a las reglas del mercado.
- *Trueque:* intercambio de medios entre empresas; lo normal es que esté sujeto a un contrato que especifique los bienes cedidos y su contraprestación.
- *Patrocinio*: puesta a disposición del equipo de producción de los recursos pactados que, una vez empleados, deben ser devueltos; debe establecerse el pertinente contrato de patrocinio.
- *Cesión temporal:* préstamo realizado desinteresadamente (debe estar reflejado por escrito).
- *Acuerdo de cooperación:* préstamo realizado a cambio de la participación en el proyecto.

2.3. La gestión económica de la producción

El presupuesto nos permite conocer con la mayor exactitud el coste total y por partidas de los diferentes conceptos que deberán acometerse para la realización de la producción. No obstante, del análisis superficial de cualquier presupuesto podemos deducir que, al tratar con múltiples proveedores y personal técnico y artístico, entre otros, va a surgir la necesidad de realizar un *plan de pagos,* escalonado y, sobre todo, compatible con las posibilidades de disposición monetaria del proyecto. Habrá que disponer de un *plan de tesorería* que tenga en cuenta la disponibilidad de capital necesario para afrontar los pagos inexcusables en cada momento. Un buen sistema es el de distribuir el presupuesto por semanas de forma que se recoja en cada grupo o capitulo presupuestario los momentos en que deberán imputarse los gastos.

3. Sainz Sánchez, Miguel, 2008. *El productor audiovisual*. Síntesis.

La disposición de este plan de tesorería está relacionada con la realización de posibles ajustes presupuestarios según la evolución de las entradas y salidas económicas en la gestión de la producción. Pueden ser necesarios ajustes temporales que obliguen a aplazar gastos o a solicitar nuevos recursos financieros en función de la evolución de los acontecimientos. Ello nos lleva a considerar el presupuesto como un elemento vivo y, en cierta medida, provisional que va a ser sometido a determinadas variaciones y ajustes durante su gestión aunque lo que normalmente deberá preocupar desde las responsabilidades de la producción ejecutiva es que, al final, aunque hayan cambiado algunas partidas o conceptos, las cifras generales no se alteren de forma significativa. El cierre definitivo de un presupuesto no admite, desde un punto de vista empresarial, aumentos del gasto en la producción que significarían una minoración del beneficio empresarial. Por otro lado, tampoco tiene demasiado sentido que el cierre final del presupuesto aporte un total inferior al presupuestado para la realización del producto ya que sería difícilmente justificable no haber empleado esos recursos económicos, ya comprometidos, en la consecución de una mayor calidad del producto.

Es preciso, también, contar con los *anticipos de producción*, es decir con los pagos en metálico que el equipo de producción debe afrontar diariamente. Lo más habitual es que este dinero lo gestione el equipo de producción aunque también pueden requerirlo otros profesionales. Para que estos gastos puedan computarse en las partidas correspondientes deben estar plenamente justificados e identificados mediante recibo o, mejor, con la correspondiente factura. Los datos a consignar son: identificación del expendedor; número de identificación fiscal; domicilio fiscal; detalle del servicio prestado o de los materiales; IVA o impuestos repercutidos; total; fecha; firma y sello.

Coste de una película según el ICAA

El coste de una película es la suma de los gastos necesarios para su realización. La inversión del productor en una película es el coste menos las ayudas y subvenciones de carácter público, o la participación de televisiones en calidad de coproductor en la misma.

Las empresas productoras que hubieran recibido ayudas del ICAA para la realización de sus películas, o deseen optar a ayudas para la amortización de las mismas, deben acreditar documentalmente su coste de producción.

Dicho coste está formado por:

– La suma de los gastos necesarios para su realización, incluido el de la obtención de la primera copia estándar.

– El gasto derivado de determinados conceptos que señala la normativa aplicable.

Los conceptos que integran el coste de una película se pueden consultar en el Artículo 6. 4 de la Orden CUL/3928/2006.

Puede solicitarse el reconocimiento del coste de una película cumplimentando la instancia y documento de coste existente al efecto y adjuntando cualquiera de los documentos siguientes:

– Informe especial de auditoría, realizado por un auditor inscrito en el Registro Oficial de Auditores de Cuentas.

– Adjuntando los justificantes de gastos mediante contratos, nóminas, facturas o documentos de gastos expedidos conforme a la normativa aplicable.

La inversión del productor en una película se determinará deduciendo del coste de la película:

– Las subvenciones y ayudas económicas de cualquier tipo, percibidas o concedidas y pendientes de percibir.

– Las aportaciones realizadas en concepto de coproductor o productor asociado por cualquier administración, entidad o empresa pública, o sociedades que presten servicios de televisión.

Estas circunstancias deberán ser declaradas ante el ICAA.

Para que una empresa pueda percibir ayudas para la producción de películas de largo o cortometraje, previamente debe acreditar ante el ICAA el coste de la producción. Si la ayuda percibida ha sido sobre proyecto, el coste debe acreditarse una vez realizada la película.

El coste e inversión del productor constituyen la base para el cálculo de las ayudas a la producción que puede recibir una empresa productora.

Fuente: Ministerio de Cultura

2.4. Modelo de presupuesto del ICAA

Vamos a presentar, a continuación, la *hoja resumen* de un modelo de presupuesto muy completo aunque no exhaustivo. Es el que exige el Instituto de la Cinematografía y de las Artes Aplicadas del Ministerio de Cultura español a las entidades productoras que solicitan algún tipo de subvención, y permite su aplicación a un gran elenco de producciones aunque centrado principalmente en los filmes de corto o largometraje. Puede ser excesivo en sus matices para producciones industriales de bajo presupuesto y, probablemente, insuficiente para una gran superproducción o para una serie dramática. Para su aplicación al vídeo o a la televisión basta con cambiar algunos conceptos que son eminentemente cinematográficos, por los propios del vídeo y la televisión. Así cintas de vídeo, dispositivos de almacenamiento, o tarjetas de memoria, sustituirían a película virgen y laboratorio, salas de postproducción a salas de montaje, etc.

No incluimos los datos correspondientes a los doce capítulos que contienen este modelo presupuestario por razones de ahorro de espacio. Acceder a la totalidad de este modelo presupuestario es muy sencillo: basta con entrar en la página web del Ministerio de Cultura de España y seguir la ruta de «Cine y audiovisuales».

Los presupuestos agrupan, normalmente, los *conceptos* (gastos unitarios concretos) en *partidas* (agrupación en categorías comunes) y éstas en *capítulos* (apartados contables). Podemos encontrar otras denominaciones de mayor a menor como *grupos, subgrupos*, y *conceptos*, o *grupos, capítulos* y *conceptos*, etc. En todos los casos se va siempre de lo mayor (capítulo, grupo) a lo menor (partidas, subgrupos y finalmente a gastos concretos e individualizados: conceptos).

RESUMEN *	ESPAÑA			
CAP. 01.- GUIÓN Y MÚSICA				
CAP. 02.- PERSONAL ARTÍSTICO				
CAP. 03.- EQUIPO TÉCNICO				
CAP. 04.- ESCENOGRAFÍA				
CAP. 05.- EST., ROD/SON. Y VARIOS. PRODUCCIÓN				
CAP. 06.- MAQUINARIA, RODAJE Y TRANSPORTES				

CAP. 07.- VIAJES, HOTELES Y COMIDAS				
CAP. 08.- PELÍCULA VIRGEN				
CAP. 09.- LABORATORIO				
CAP. 10.- SEGUROS				
CAP. 11.- GASTOS GENERALES				
CAP. 12.- GASTOS EXPLOTACIÓN, COMERCIO Y FINANCIACIÓN				
TOTAL				

Firma y Sello, ...

...., a .. de ....20.. .

*En caso de coproducción rellenar una columna por cada país

Capítulo XVI

El registro de imágenes y sonidos

1. La preparación del rodaje o grabación

Cuando comienza esta fase, en el proceso de producción de un programa, ya se han incorporado todos los componentes de los diversos equipos que intervienen en la realización del producto: técnicos, actores, efectos especiales, etc.

Desde el punto de vista de la producción, todo el trabajo de planificación efectuado durante la preparación ha tenido como objetivo que el devenir del registro suceda de forma lógica y organizada, siguiendo las pautas recogidas en el plan de trabajo.

La eficacia de una buena planificación va a comprobarse en este período. Cualquier error por una falta de previsión del equipo de producción tendrá, en esta fase, consecuencias catastróficas para el buen fin del programa. Durante el rodaje o grabación se produce la máxima confluencia de equipos y personas y se manejan el mayor número de recursos técnicos y humanos. Un fallo puede imposibilitar o retardar el trabajo de muchos profesionales lo que, además de romper el plan previsto, puede hacer peligrar la economía de la producción, por los cuantiosos gastos que, en general, conlleva cada hora de trabajo.

El equipo de producción pasa a un segundo plano. Su labor prioritaria ha estado en la fase anterior. No quiere ello decir que su trabajo se relaje pero, si la planificación ha sido eficiente, la producción se limita a efectuar un seguimiento de contraste con el plan de trabajo. Efectúa los ajustes oportunos, controla la logística del programa (viajes, transportes, alojamiento, manutención, *catering*, comidas), realiza los informes de grabación, custodia el material grabado o filmado, controla los gastos y el presupuesto, y prepara la fase siguiente de montaje, postproducción y sonorización. La responsabilidad primordial de esta fase recae sobre el director o realizador.

No obstante, antes de comenzar el rodaje/grabación, el equipo de producción debe haberse encargado de la preparación de todos los elementos que confluyen en esta fase, principalmente de todo lo relacionado con la construcción de decorados, el montaje de infraestructuras, los ensayos de actores, etc.

1.1. Infraestructuras para el registro

Ya sabemos que parte de los espacios escénicos precisos para la realización del registro pueden pertenecer a una de las siguientes categorías:

1. *Localizaciones*, o espacios naturales, exteriores o interiores, que hay que dotar de infraestructura.
2. *Decorados*, construidos con todos los elementos escénicos del guión en un estudio interior o exterior que normalmente dispone de todas las infraestructuras precisas para el desarrollo del registro. En estos casos, el inconveniente principal suele ser su elevado coste.

Pero en todos los casos será preciso completar la infraestructura con la maquinaria de rodaje idónea, con la iluminación y con elementos complementarios. Antonio Guerra[1] considera que la dotación completa de un escenario antes del inicio del registro debe constar de los siguientes elementos básicos:

1. Un *plató* de determinada superficie, situado en un estudio (si hay que construir decorado) o en un escenario natural que hace las veces de decorado. Los platós de televisión están situados en estudios acústicamente aislados, con una sala en la que se sitúa el control de realización y con áreas en que se sitúa (si se precisa) el público invitado.
2. Equipamiento para la *grabación de imagen* (videofrecuencia en vídeo).
3. Equipamiento para la grabación del *sonido* y el *playback*, la audiofrecuencia.
4. Un sistema de *iluminación*.
5. Equipos *complementarios* (marcadores, traducción simultánea, megafonía, intercomunicaciones, etc.).
6. La *maquinaria* de rodaje (*dollies*, grúas, *travelling*, etc.).

1. Guerra, Antonio. *Producción audiovisual: manual del Produsoft*. M-SOFT.S.L.

7. Una *infraestructura de servicios auxiliares* (camerinos, cantina, almacenes, despachos, garajes, etc.), que en televisión se completa con los *enlaces de microondas* necesarios para transmitir las señales.

Cuando se emplean *unidades móviles* solo se necesita el plató y la infraestructura de servicios puesto que la unidad puede llevar el resto de los elementos precisos para el registro.

1.2. Dotación de escenarios

Los elementos básicos que constituyen la dotación completa de un escenario, anunciados en el apartado anterior, requieren las siguientes actuaciones:

1. Construcción de decorados.

Incluye el diseño sobre plano de las características del escenario y su implantación en el plató o en el terreno donde está enclavado el escenario, si se trata de una localización. Los decorados tienen que ser muy controlados por el equipo de producción para asegurar el gasto estrictamente necesario para el papel que va a jugar en la producción. Primará el uso de materiales baratos y simulados, construyendo y pintando solo aquellas partes del mismo que aparezcan en pantalla.

Con frecuencia se emplean *forillos* o fondos pintados del decorado que simulan por ejemplo la vista que se ve a través de una ventana. También se emplean *fondos* lisos, de colores, neutros o para realizar el efecto electrónico de *Croma–Key* o incrustación electrónica de una imagen sobre un fondo normalmente de color azul o verde. Es habitual el uso de *cicloramas* o telas lisas que se cuelgan de un raíl en el fondo del escenario y que son desplazables, que suelen ser iluminados con proyectores específicos para ese fin.

En este apartado no puede olvidarse la necesidad de solicitar los correspondientes permisos municipales de obras cuando así lo requiere la producción y debe contarse siempre con la demolición o derribo del decorado a la finalización de su uso.

2. Construcción de maquetas o modelos.

Básicamente, se emplean para dos finalidades diferentes. Bien para constituir o sustituir a escala reducida un determinado escenario de rodaje con gran realismo, dado su carácter tridimensional o, también, para que el director artístico y el director de fotografía estudien las zonas útiles del decorado con la iluminación y los ángulos de cámara previstos. Normalmente las construyen empresas especializadas.

3. Alquiler de estudios.

En la producción audiovisual es frecuente la recurrencia al alquiler de estudios si no se dispone de los propios. Conviene diferenciar entre los estudios para cine y para televisión. En este último caso, suelen contar con una sala de control y con todas las instalaciones de vídeo y audio precisas para el registro. También existe la posibilidad de situar una unidad móvil exterior que hace las veces de sala de control. En cualquier caso es fundamental que dispongan de un buen aislamiento acústico del exterior y que están acondicionados acústicamente en su interior. Han de contar, además, con sistemas de iluminación, sistemas de acondicionamiento de aire y disponer de una buena infraestructura de almacenes, camerinos, talleres, salas de producción, etc.

4. Permisos o autorizaciones para localizaciones.

Tanto los escenarios naturales oficiales, públicos o particulares interiores o exteriores necesitan un permiso o autorización del propietario o de su responsable para que puedan ser grabados.

5. Montaje o adaptación del sistema de iluminación.

Aunque muchos estudios disponen de iluminación propia, es habitual la recurrencia a alquilar diferentes tipos de proyectores de iluminación que se adaptan con mayor exactitud a los requerimientos de una producción. Si se trata de una localización, el montaje de la iluminación es total y será preciso considerar la potencia eléctrica precisa para contratarla con la compañía eléctrica o emplear un grupo electrógeno con una potencia suficiente para sostener los equipos eléctricos empleados en el rodaje (básicamente la iluminación). Habrá que prever el ajuste de la iluminación poco antes del rodaje y su desmontaje.

6. Montaje o adaptación del equipo de videofrecuencia.

Los estudios de televisión suelen estar equipados con los elementos básicos de toma, registro y control de la señal de vídeo aunque es habitual incorporar determinados equipamientos que se adaptan a las características específicas de determinadas producciones. En este caso se recurre a su alquiler. En las localizaciones hay que dotarse de todo el equipo de videofrecuencia: cámaras, controles de cámara o CCU, generador de sincronismo, sincronizador de cuadro, monitorizado de vídeo, trípodes o pedestales de estudio, generadores de caracteres, monitor de forma de onda y vectorscopio para el control de la calidad de las señales, magnetoscopios, mezclador, cableado e interconexión, etc.

7. Montaje o adaptación del equipo de audiofrecuencia.

Como en el apartado anterior también cabe diferenciar entre la adaptación o uso directo de los equipamientos de que consta un estudio, o su montaje completo cuando se trata de una localización o un estudio de cine sin equipamiento de audio. En general se requiere de micrófonos, perchas, mezclador de audio, matriz de intercomunicación, reproductores y grabadores, equipos auxiliares de amplificación o distribución, monitorizado de audio, generadores de efectos, ecualizadores, cableado e interconexión, etc.

8. Montaje o adaptación de los equipamientos complementarios y de la maquinaria:

Básicamente todo lo relacionado con el montaje o con la adaptación de sistemas informáticos de marcadores, traducción simultánea, *teleprompter*, proyectores, murales o *vidiwall*, monitores de vídeo de gran formato, megafonía, intercomunicadores, etc., así como la maquinaria de rodaje, es decir, pedestales, trípodes, raíles, soportes de cámara, *steadicam, camera car, dollies*, grúas, *travellings*, etc.

9. Despliegue de unidades móviles y de enlaces de microondas.

Las unidades móviles sustituyen a los equipamientos propios de un estudio de televisión y son especialmente adecuadas cuando se debe montar una infraestructura de producción con multicámara en una localización o en un plató que no dispone de sala de control. Normalmente consta de los siguientes equipamientos: equipos de videofrecuencia para la toma y grabación de imagen, (cámaras con CCU, mezclador de vídeo, generador de efectos, magnetoscopios, monitorizado, cableado, etc.), equipos de audiofrecuencia para la toma y grabación de sonido (micrófonos, jirafas, mezclador, monitorizado, cableado, etc.), proyectores de iluminación con soportes, mesa de control y cableado, maquinaria básica (trípodes o pedestales) y equipos complementarios de transmisión, recepción y comunicaciones.

Los enlaces forman parte de la infraestructura de apoyo de las unidades móviles para la retransmisión en directo. Constan normalmente de una cabeza transmisora y cabeza receptora con cables a la unidad de mando, y de una antena parabólica y excitador con un soporte o torre. Tiene que ser desplegada en las proximidades del escenario de retransmisión.

10. Alquiler de la infraestructura de servicios.

Los estudios suelen disponer de infraestructuras de servicios precisos en los escenarios de registro como camerinos, bar, despachos de producción, garajes, almacenes, etc. No obstante, no todos los estudios están tan equipados y cuando se trabaja en localizaciones o escenarios naturales es preciso implementar todo este tipo de servicios: camerinos, caravanas, almacenes, restaurante, oficinas de producción, aseos, garaje, etc.

1.3. La ambientación

La construcción de los decorados tiene que ser complementada con la *ambientación*. La ambientación se refiere al vestuario y la ornamentación de los escenarios y de los actores. Los escenarios tienen que ser vestidos y adornados con los objetos que intervienen en la acción. Guerra, citado con anterioridad, con objeto de facilitar la elaboración del presupuesto de producción considera que forman parte de la ambientación los siguientes subgrupos:

1. Partidas básicas de ambientación del escenario: la *decoración*, muebles, cuadros, lámparas, cortinas, tapices, carteles, etc., es decir, objetos que visten el escenario decorado; también el *atrezo de actores* que son los objetos con los que juegan o interactúan los actores durante su interpretación.

   El mobiliario, como el atrezo de los actores, puede ser fabricado, comprado o alquilado. Los vehículos decorativos, como la armería decorativa o los semovientes y animales decorativos se incluyen en esta partida por su característica común decorativa, es decir, son elementos que no tienen que funcionar en escena. También se puede incluir en este subgrupo el grafismo no electrónico que pueda estar presente en un escenario: mapas, paneles, posters, etc.
2. Las partidas correspondientes a los medios y materiales para la realización de *efectos especiales* en escena.

Pertenecen a este apartado todos los materiales que se emplean para realizar efectos especiales durante el registro. Van desde los efectos más convencionales como el fuego, la lluvia, el humo, el viento, etc., a otros más específicamente cinematográficos como las transparencias, la proyección frontal o réflex, los fondos neutros, el empleo de espejos, la animación, los efectos de cámara, los de iluminación, el uso de maquetas, etc. Máquinas productoras de niebla y armas que funcionan en escena pueden integrarse en este subgrupo.

3. Las *comidas* en escena, que pueden pertenecer al atrezo pero que pueden figurar en una partida independiente.
   En ocasiones se emplea comida que se prepara a la vista del público aunque es frecuente el empleo de comidas sintéticas que conservan apariencia de frescura y naturalidad bajo el asfixiante calor de los focos. La cristalería, vajilla, loza, cuberterías, manteles, etc., pertenece también a este apartado.
4. La *jardinería* o alquiler, compra y mantenimiento de los jardines que aparezcan en los escenarios de rodaje.
5. Los *semovientes* o *animales* vivos y los *vehículos* que tienen que actuar o funcionar en escena. Tanto si se trata de vehículos de tracción animal, o que incorporan su propio motor. Estos elementos pueden ser comprados o alquilados y debemos consignar todos los accesorios precisos para su cuidado, mantenimiento y manejo durante el rodaje.
6. El *vestuario* que según las características de su empleo puede ser confeccionado, comprado o alquilado. Incluye los trajes, zapatería, joyas, complementos, tintorería, materiales de sastrería, etc.
7. El resto de partidas correspondientes a la apariencia física de los actores: *peluquería maquillaje* y *caracterización*.
8. Finalmente, en *robótica* se incluye la fabricación y caracterización de personajes no humanos (animales, muñecos, robots, etc.) aunque en su interior pueden llevar un actor que los acciona. *Marionetas* de todo tipo y robots forman parte, también, de este subgrupo.

2. Personal y medios en el registro

El personal que interviene en la fase de registro de un programa es muy variable. Depende del tamaño de la producción y, también, de la tecnología y sistema utilizado: cine, vídeo con una sola cámara, o televisión con varias cámaras (multicámara).

Anteriormente nos hemos referido a las funciones específicas y ámbitos de trabajo que intervienen en una producción. De forma sintética podemos decir que en la grabación pueden participar, entre otros, los equipos de dirección o realización, producción, interpretación, cámara, sonido, decoración o dirección artística, maquillaje y peluquería, eléctricos y maquinistas, efectos especiales, transportes, cocina móvil, etc. Si se trata de una producción televisiva en multicámara será preciso incorporar otros equipos específicos de carácter técnico electrónico como mezcladores, control de cámara, grafismo electrónico, etc. Una retransmisión en directo exigirá, además, personal que se ocupe de los enlaces móviles y fijos, unidades móviles, etc.

Se aprecia, pues, el esfuerzo de organización preciso para coordinar el trabajo de tantos medios y profesiones que intervienen en la toma de imágenes y sonidos.

La necesidad de todos estos profesionales habrá sido determinada por el trabajo de desglose del guión efectuado en fases anteriores. Además, habrán sido contratados en unas determinadas condiciones, para unas funciones concretas y por un tiempo delimitado. Este tiempo será coincidente, en la mayoría de los casos, con la duración del registro (salvo que se parta de una plantilla ya existente, como suele ser el caso de algunos programas realizados por televisiones y productoras de vídeo de estructura estable). El equipo de producción, responsable en última instancia de su contratación, deberá velar por el cumplimiento de las cláusulas estipuladas en los contratos. Su objetivo estará puesto en la optimización del trabajo, que repercutirá favorablemente en el balance general de la producción.

La diferente necesidad de utilización de medios técnicos, que suele ser mayor en la televisión que en el cine, hace que para referirnos a los medios técnicos aplicados a la fase de registro, partamos del funcionamiento de una emisora de televisión. Por reducción, será fácil deducir, en cuanto a la necesidad de medios técnicos, los requerimientos del trabajo de producción de vídeo con una sola cámara, o el trabajo cinematográfico.

Una estación de televisión convencional agrupa elementos estructurales, personal humano y medios técnicos suficientes para generar una cierta *producción* y con capacidad para su *emisión*. El productor ha de saber solicitar y aplicar con acierto los medios técnicos adecuados para hacer llegar a emisión productos con la máxima calidad, de acuerdo con los condicionantes que el tipo de programa y las prioridades de la emisora establecen.

Para producir programas, una empresa televisiva dispone, entre otros, de los siguientes medios: equipos ligeros, unidades móviles, estudios, equipos de grafismo, unidades de enlace, satélites de telecomunicaciones, salas de postproducción de imagen y salas de postproducción de sonido.

Solo una perfecta planificación basada en el conocimiento de los medios, el personal humano, los procedimientos y ritmos de trabajo, los canales de comunicación y el buen entendimiento con todos los miembros del equipo, permitirá el óptimo aprovechamiento de los recursos técnicos disponibles.

2.1. Medios para la producción de programas

Exponemos, a continuación, una clasificación no exhaustiva de medios empleados en la producción de programas de televisión.

1. Equipos ligeros.

Bajo esta denominación caben diferentes modelos según el tipo de producción a que se destinan. No será igual el equipo destinado a cubrir una noticia deportiva de corta duración que el que se dispone para realizar una corta dramatización con actores. Muchos de los programas grabados en plató, o asociados al uso de unidades móviles, requieren también tomas de exterior que se realizan con equipos ligeros. Es el caso de musicales, concursos, series y dramáticos.

Genéricamente, los equipos ligeros se componen de los materiales siguientes: camascopio (cámara con magnetoscopio incorporado), trípode, equipo de sonido, equipo de iluminación, vehículo, baterías, cargadores de baterías, equipos de monitorización (monitor de vídeo y monitor de forma de onda) y equipamiento auxiliar.

El consumo de cintas magnéticas, con creciente tendencia a ser desplazadas por otros soportes de almacenamiento informático, y las tarjetas de memoria empleadas en la grabación de programas de vídeo o televisión merece ser controlado por la producción. En el caso de las cintas, estas pueden llegar a constituir un gasto muy considerable que tiene que contemplarse y presupuestarse.

El cuadro que viene a continuación explica las diferencias que puede haber respecto al uso de equipos ligeros según las características del programa.

Características de los equipos ligeros según el tipo de programa

	INFORMATIVOS Y DEPORTES	MUSICALES, CONCURSOS, SERIES, DRAMÁTICOS
CARACTERÍSTICAS GENERALES	Operatividad y autonomía Poco peso y robustez	La calidad es el factor que prima dentro del marco establecido de operatividad y costos
CAMASCOPIO Y TRÍPODE	Camascopio sencillo	Cámaras de mayor calidad Uso de grúas
MAGNETOSCOPIO	Preferible integrado en la cámara Bajo consumo de batería Tarjeta de memoria	Prima la calidad sobre el peso y la autonomía
EQUIPO DE SONIDO	Micrófono de cámara, de mano, de corbata y, en ocasiones, inalámbrico	Amplias posibilidades de elección; se puede requerir gran cantidad de micrófonos y elementos auxiliares
ILUMINACIÓN	Equipo simple, integrado o no en la cámara Las baterías deben de proporcionar la suficiente autonomía	Puede llegar a ser de gran complejidad (dentro del marco de un equipo ligero)
BATERÍAS Y CARGADORES	Elementos fundamentales que requieren cuidados especiales. Los cargadores se llevan siempre en los desplazamientos y viajes	Solo se acostumbra a trabajar con baterías en los lugares en donde la conexión a la red eléctrica o al grupo electrógeno es complicada
MONITORIZACIÓN	Sencilla. Normalmente se emplea el visor de la cámara como único elemento de monitorización	Monitores de alta calidad, perfectamente equilibrados Son necesarios monitores de forma de onda y vectorscopios para el control de la calidad de la señal de vídeo
VEHÍCULO	Debe de ser amplio Se suele utilizar un turismo del tipo familiar	Se emplean furgonetas con gran capacidad para transporte de personal y materiales

2. Unidades móviles.

Ya hemos apuntado con anterioridad que la unidad móvil permite realizar programas mediante un control de cámaras, control de sonido y sistemas de registro. Todos los elementos están montados sobre la estructura de un vehículo amplio (camioneta o camión), y, con ello, se pueden trasladar las funciones de estudio a otros lugares. Suelen estar dotadas de todos los elementos técnicos de un estudio de televisión y de espacio suficiente para almacenaje de cámaras, trípodes, cables y demás elementos auxiliares. En el caso de retransmisiones hay que añadir un sistema de envío de la señal por microondas.

Según el programa se seleccionará una u otra unidad móvil. En los informativos se utilizan dos o tres cámaras en conexiones y seguimientos. En los deportes se necesitan, con frecuencia, unidades móviles pesadas con entre ocho y diez cámaras y a veces más. En las producciones audiovisuales el número de cámaras varía de forma considerable. Para un dramático simple puede ser suficiente con tres o cuatro cámaras, mientras que en conciertos o acontecimientos culturales su número aumenta.

Las denominadas PEL (equivalente a Periodismo Electrónico Ligero) son, en realidad, unidades móviles ligeras con los mismos elementos básicos que una unidad móvil pesada pero reducidos al mínimo para agilizar su funcionamiento.

En la selección de la unidad móvil hay que tomar en consideración, entre otros, los siguientes elementos: cámaras (tipo, tamaño, número de unidades y clase de óptica), trípodes, mesa de mezclas de vídeo (número de entradas y efectos disponibles), equipo adicional de vídeo (generador de efectos y tipo de titulador), magnetoscopios o soportes de almacenamiento y reproducción (tipo y número de unidades), equipo de sonido (micrófonos, mesa y equipo adicional), y distribución interior.

Muchas unidades móviles van asociadas a un *grupo electrógeno*, que puede ser pesado o ligero según las necesidades, encargado de suministrar la energía eléctrica precisa para el funcionamiento de la unidad móvil y especialmente de la iluminación asociada al espacio escénico. Aunque cada vez más se dispone de grupos menos ruidosos será siempre necesario alejarlo al máximo del lugar de grabación para no contaminar acústicamente el sonido registrado.

3. Estudios (platós).

El plató es la parte del estudio en donde se llevan a cabo los registros de imagen y sonido. El plató es un área cerrada, acústicamente aislada, en la que se instalan los decorados y actúan los actores y presentadores.

Asociado al plató se encuentra el *control de realización* o *sala de control*. Allí se sitúa el realizador con su equipo a fin de impartir las órdenes para el registro o emisión. Por lo general, en este control se cuenta con un mezclador de vídeo, un equipo de titulación y un generador de efectos digitales. En el mismo espacio se sitúa el control técnico (donde se controlan las cámaras, otras fuentes de imagen y la iluminación) y el control de audio (encargado de realizar la mezcla y la monitorización).

Según el tipo de producción es necesario valorar, entre otros, los elementos siguientes: tamaño del plató (espacio útil y posibilidades de público), equipos de iluminación (tipos de focos, cantidad, formas de montaje y desmontaje, mesa de luces y posibilidades), cámaras (grandes, pequeñas, número, clase de óptica y posibilidades de utilización de la grúa u otros sistemas de captación como cabezas calientes), mesa de mezclas de vídeo (número de entradas y prestaciones), equipo adicional de vídeo, magnetoscopios o sistemas de almacenamiento y reproducción asociados, equipo de sonido, posibilidades de premontaje, adecuación al directo y adecuación al diferido

La superficie del plató queda determinada por el tipo de programa. En la producción de informativos (tipo telediarios) se suelen utilizar platós de 150 m^2. Los debates y magazines se realizan en platós de 300 m^2. En las producciones de deportes los platós son similares, mientras que la producción de programas con público requiere platós de entre 300 y 1000 m^2 (según el público y la complejidad de las acciones en el decorado).

El estudio de televisión es, salvo casos excepcionales, el recurso más caro en una producción, con gran complejidad de equipamiento técnico, y en el que participa el grupo más numeroso de personal humano.

Es también el recurso del que se dispone durante menos tiempo puesto que la rentabilidad del mismo está condicionada a su óptimo aprovechamiento, que depende de su buena planificación.

4. Equipos de grafismo.

El equipo de grafismo, en continua evolución, tiene una importancia creciente en televisión. El grafismo es un elemento con casi infinitas posibilidades: creación de dibujos, generación de imagen sintética, animación, texturas, letras, entre otras disponibilidades. En esencia, el grafismo se utiliza sobre todo en las siguientes actividades:

- *Grafismo en informativos*: información meteorológica, gráficos descriptivos, soporte de imagen del presentador, complemento de noticias, caretas y elementos de identificación.
- *Grafismo en deportes*: rotulación de clasificaciones, presentación de datos durante las retransmisiones deportivas, soporte de imagen del presentador, gráficos, ayudas y complementos de imagen.
- *Grafismo en audiovisuales*: caretas, elementos de identificación, ayudas y complementos de imagen.
- *Archivo de imágenes*: una faceta de gran importancia, sobre todo en informativos. En un dispositivo de almacenamiento informático de gran

capacidad se almacenan imágenes que conforman una base documental, recuperable y accesible desde múltiples terminales en cualquier momento.

5. Unidades de enlace.

El transporte de programas de televisión entre centros de producción se efectúa mediante enlaces hertzianos que emplean bandas de frecuencias distintas a las destinadas para la radiodifusión (difusión de programas al público).

Los enlaces hertzianos constituyen el método más usado para transportar señales de televisión entre dos puntos distantes. Las antenas utilizadas son de tipo parabólico y de gran directividad.

Los enlaces de microondas, así llamados por la altas frecuencias en las que operan, tienen diferentes usos en la producción y en la difusión de programas de televisión. Se emplean generalmente como:

- Enlaces *entre los estudios y la emisora principal* (porque en general están situados en lugares distintos).
- Enlaces *entre emisoras* (forma habitual en que el programa producido en los estudios es enviado a todas las emisoras, de forma que pueda ser difundido simultáneamente).
- Enlaces *entre estudios* (las señales procedentes de los distintos centros de producción se envían a un control central de emisión).
- Enlaces *móviles* (que hacen de puente entre el lugar de la transmisión y la red de enlaces fijos).
- Enlaces *portátiles ligeros* (encaminan la señal desde el lugar en que se encuentra la cámara hasta un vehículo o un edificio donde se sitúa un enlace móvil).
- En la producción de programas surge, con frecuencia, la necesidad de utilizar señales que llegan al control central de la emisora mediante diferentes tipos de enlaces. La producción ha de detectar su necesidad y encargarse de las gestiones para disponer de ellos cuando se precisan.

6. Satélites de telecomunicaciones.

También es preciso tenerlos en cuenta como un medio técnico más puesto a disposición de la producción de programas. Es habitual la recurrencia a los mismos para la obtención de imágenes y sonidos provenientes de lugares distantes, así como para la realización conjunta de programas entre distintas televisiones. La producción deberá ocuparse de la gestión de su alquiler y de su disposición para un programa determinado.

2.2. Los equipos de cine

Los formatos más habituales de trabajo en cine son el 35 mm, el 16 mm y el Super 16 mm. En el cine más espectacular se emplean cámaras de 65 mm para el negativo que dan lugar a copias de proyección de 70 mm. El avance del cine digital realizado con *cámaras de vídeo de alta definición* transferido a película de cine o proyectado directamente en formato digital por proyectores digitales es imparable y puede apostarse por una práctica desaparición a medio y largo plazo del cine de base fotoquímica. Desde hace tiempo las cámaras cinematográficas disponen de una salida de vídeo para visionar en un monitor la imagen encuadrada, o para grabar en un soporte adecuado lo que se está filmando. El montaje se realiza siempre en *sistemas de edición no lineal* tanto si el origen es vídeo de alta definición, como si proviene de película de cine, ya que se produce una transferencia a soporte informático del copión cinematográfico, de tal forma que la tradicional moviola ha pasado a la historia.

El equipo de cámara de cine estándar consta del cuerpo de cámara, un objetivo zoom, una gama de objetivos de diferente distancia focal fija, el chasis para la carga de la película, baterías, un cargador y accesorios (saco negro, filtros de conversión del color, termocolorímetro, exposímetro, parasol, etc.).

Durante el rodaje es fundamental el control de la película virgen empleada y del material filmado. Diariamente hay que transportar hasta el laboratorio las latas de película con imagen latente, con todas las anotaciones, para que el laboratorio las revele y puedan ser visionadas por el director y sus principales colaboradores con la mayor urgencia posible.

3. Aplicación del plan de trabajo en el registro

El plan de trabajo adopta la forma de una matriz en la que se representan, en diferentes planos, el tiempo y los medios precisos para registrar los contenidos del programa. Este documento sirve de referencia general para la planificación del registro. No obstante, el plan de trabajo de una producción de cierta entidad se apoya en multitud de documentos. En la fase de rodaje o grabación todos los equipos de trabajo disponen de documentos parciales. En ellos se concreta con exactitud la responsabilidad de cada uno de estos equipos.

El día a día más específico se refleja en la *orden de trabajo diaria*. En este documento se recogen todos los movimientos, las llegadas de los diferentes equipos o profesionales según un horario escalonado, los lugares y horarios de cita, los números de planos o secuencias a registrar, el atrezo, material y transportes necesarios, etc. Esta orden de trabajo diaria, aunque prevista en el momento de la realización del plan de trabajo, se elabora y actualiza cada día, al término de la grabación.

Los distintos equipos llegarán escalonadamente, siguiendo las *citaciones* o *convocatorias* emitidas por el equipo de producción o por el ayudante de dirección o realización. Todos los equipos que intervienen en el programa (dirección, artístico, técnico, interpretación, etc.) estarán preparados a la hora exacta marcada en la orden de trabajo diaria.

Conforme avanza el trabajo diario, el equipo de producción atiende a la preparación del día siguiente. Normalmente, siempre queda algún miembro del equipo en el lugar de registro para solucionar cualquier contingencia surgida durante el rodaje.

El resultado del trabajo efectivo diario queda recogido en el *parte de cámara,* si se trata de cine, o en el *parte de grabación,* si el soporte ha sido videográfico, y también en el *informe diario de producción,* que efectúa el equipo de producción con la colaboración del ayudante de dirección o de realización y el *script*. Este informe es la concreción de lo que realmente se ha producido. En él se consigna desde el consumo de material al transporte utilizado, o las horas extras efectuadas. Este documento será la mejor base de partida para la preparación de la orden de trabajo del día siguiente. Sirve, asimismo, para controlar si el plan de trabajo se está aplicando tal y como se había diseñado.

ORDEN DE TRABAJO DIARIA

ORDEN DE TRABAJO N°

Para el día.........de .... Día .... de ....

Prod. n° ________ Título: _______________Director: _______________

Lugar de rodaje: ____________________ Decorado: ____________________

Planos n^{os} ____

Secuencias n^{os} ____

Hora de inicio: .... horas

PERSONAL ARTÍSTICO	Hora citación	Lugar	Hora rodaje	Vestuario
FIGURACIÓN	Hora citación	Lugar	Hora rodaje	Vestuario
Hombres				
Mujeres				
Niños				

PERSONAL TÉCNICO	Hora	Lugar	PERSONAL TÉCNICO	Hora	Lugar
Director			Dtor. Fotografía		
Ay. Dirección			Op. Cámara		
Script			Ay. Cámara		
Jefe de producción			Aux. Cámara		
Decorador			Foto–fija		
Ay. decoración			Jefe eléctrico		
Sastre			Eléctrico		
Maquillador			Maquinista		
Peluqueros			Técnico de sonido		

Atrezo y vehículos: ....

Material: ....

Observaciones: ....

PARTE DE CÁMARA

PARTE DE CÁMARA Hoja nº ....

TÍTULO____

DÍA DE RODAJE_____________________________________

DECORADO INT. ....

EXT. ....

DIRECTOR: ....

OPERADOR: ....

PELÍCULA ....

EMULSIÓN.................

Rollo nº	Plano nº	Muda o con sonido	Retakes	METROS O PIES				OBSERVACIONES
				Lectura inicial	Lectura final	Longitud de la toma	Metros a positivar	Se rodó el primer plano a las ....

Cortesía de Jonni Bassiner

HOJA DE GRABACIÓN Y MINUTADO

Prod. nº: ______________ Serie: ____

Capítulo nº______________ Título: ____________________________________

REALIZADOR: ______________ TÉCNICO VTR___________________________

Formato de Grabación:	❑ original	❑ PAL
	❑ copia 1	❑ SECAM
	❑ copia 2	❑ NTSC
	❑ copia 3	❑ 625
		❑ 525

Fecha: ______________ Lugar: ____

Cámara: ____ ▯ audio 1

Soporte almacenamiento: ___________ Duración: ______ ▯ audio 2

Observaciones técnicas: ____

MINUTADO

Empieza Time code		Acaba Time code		SEC.	PLANO	TOMA	Comprobación	NOTAS

Cortesía de Jonni Bassiner (adaptado)

INFORME DIARIO DE PRODUCCIÓN Informe nº: ____________________

Productora: ____________________ Semana de rodaje nº: ____________________

Prod. nº: ________ Título: ____________________ Fecha: ____________

Director: ____________________ Dtor. de prod.: ____________________ Día de rodaje nº: ______

Citación: _____ h. 1er plano: _____ h. 1er plano (después de comer): _____ h. Último plano: _____ h.

Finalización: _____ h. Horas extras hoy: ______ Total horas hoy: _____ Total horas semana: _____

Fecha de inicio: __________ Fecha estimada de finalización: __________ Total horas acumuladas: _____

DÍAS DE PRODUCCIÓN

LOCALIZACIONES LOCALES	PLAN T.	REAL	LOCALIZACIONES FUERA		
DÍAS DE ENSAYO			DÍAS DE ENSAYO		
DÍAS EN ESTUDIO			DÍAS DE VIAJE		
DÍAS EN LOCALIZACIONES L.			DÍAS DE LOCALIZACIONES F.		
DÍAS FESTIVOS			DÍAS FESTIVOS		
DÍAS INACTIVOS			DÍAS INACTIVOS		
TOTAL DÍAS AVANZADOS:		TOTAL DÍAS ATRASADOS:		DIFERENCIA:	

GUIÓN DIARIO	PAGS.	SEC.	PLANOS	MIN.	SEC. añadi.	MIN. añadi.	SEC. anula.	MIN anula.	RETA-KES
EN EL GUIÓN									
RODADO ANTERIOR									
RODADO HOY									
TOTAL RODADO HASTA HOY					NOTAS:				
QUEDA POR RODAR									

TRABAJO HECHO HOY

SEC. Nº	EFECTO	DECORADO	LOCALIZACIÓN

FILM	Stock previsto	Entregado	Gastado anterior	Queda en stock	A rev A pos	Mermas hoy	Gastado hoy	**Gastado hasta hoy**	Quedan en colas	**Quedan en rollos**	TOTAL
ASA 100											
ASA 400											
TOTAL NEGAT.											
POSITIVO											

GRUPO ELECTRÓG.	Horas grupo	Horas extras	Carburante	Km. exceso	**COMIDAS** Personas	Desayunos	Comidas	Meriendas	Cenas

ACTORES		**SITUACIÓN**											
V-Viaje, I-Inicio, E-Ensayos, T-Trabajo, F-Final, R-Retenido, P-Prevenido	**VIE TT RP**	**HORARIO**						**HORAS**			**DÍAS**		
		CITACIÓN	MAQ./VES	RUEDA	COME	VIAJE	FINAL	N.	EX.	ES.	TRA.	INA	TOT
FIGURACIÓN/DOBLES													

Director ______	Dtor. Foto ______	Ingeniero sonido ______	Equipamiento:	Vehiculos: ______
1er. Ay. Dir. ______	Op. Cámara ______	Microfon. ______	Cámaras ______	Cámera Car ______
2º Ay. Dir. ______	Ay. Cámara ______	Op. Play-back ______	Zomms ______	Cam. Trailer ______
Aux. Dir. ______	Aux. cámara ______	Maquill. ______	Dollies ______	Furg. Cámara ______
Script ______	Foto-fija ______	Ay. Maquill. ______	Grúas ______	Furg. Sonido ______
Jefe Prod. ______	Jefe Eléct. ______	Aux. Maquill. ______	Louma Crane ______	Camión ilum. ______
Aytes. Prod. ______	Jefe Maquin. ______	Peluquero ______	Steadicam ______	Camión grúas ______
Jefe loc. ______	Eléctricos ______	Ay. Peluq. ______	Equipo sonido ______	Camión deco. ______
Aux. Prod. ______	Maquinistas ______	Aux. Peluq. ______	Playback/pa ______	Camión vest. ______
Dtor. Art. ______	Refuerzo Elec. ______	Enc. Vestuario ______	Intercom. ______	Otros camiones ______
Ay. Dtor. Art. ______	Gruista ______	Jefe Sastre ______	Equip. Video ______	Autocares ______
Decorador ______	Ay. Grúa ______	Sastres ______	Ilumin. Esp. ______	Combis ______
Ayd. Deco. ______	Técnico VTR ______	Coordi. Trans. ______	Atrezzo Esp. ______	Coches prod. ______
Atrezzista ______	Jefe FX ______	Capitán Trans ______	______	Caravanas ______
Jefe Cons. ______	Op. FX ______	Conductores ______	______	WC carav. ______
Carpinteros ______	Ay. FX ______	______	______	Trailers ______
Pintores ______	Enc. Animal ______	______	______	Coches escena ______
Modeladores ______	Domesticador ______	______	______	______
Jardineros ______	Médico ______	______	______	______

Cortesía de Jonni Bassiner

INFORME DIARIO DE PRODUCCION

Cortesía de Jonni Bassiner

3.1. Los estudios y su explotación

El trabajo de producción televisiva en estudio posee particularidades que es preciso remarcar. En una cadena de televisión, la labor de producción se aplica también a la optimización de sus dependencias. Una de las más importantes son los platós. A lo largo de una semana existen programas que se repiten en un mismo lugar y, por ello, la organización de su uso se convierte en una prioridad para alcanzar un rendimiento óptimo. Un programa de periodicidad semanal, por ejemplo, no puede ocupar un espacio fijo en un decorado puesto que invalida la posibilidad de realizar otros programas en el mismo plató y las cadenas de televisión no disponen de un número ilimitado de estudios. Por esta razón, lo habitual es montar y desmontar diariamente los decorados de cada programa y los productores deben saber que, para cada programa, se producen las siguientes actividades:

1. *Montaje del nuevo decorado.*
2. *Montaje de la iluminación* (colocación de los proyectores aunque no quede perfilada la iluminación definitiva), cableado de audio e instalación de equipos auxiliares.
3. *Montaje del atrezo y de la ambientación* (colocación detallada de los objetos accesorios al decorado, plantas, cuadros, libros, etc.). Esta actividad se realiza paralelamente a la siguiente, pues ambas están ligadas.
4. *Ajuste de la iluminación.* Antes de empezar la grabación o la emisión es preciso perfilar la iluminación para crear los efectos adecuados utilizando, incluso, dobles de luces.
5. *Preparación técnica.* Consiste en el emplazamiento en el plató de cámaras, micrófonos, monitores con retorno de programa, altavoces, etc. También se efectúan, desde el plató, los ajustes de imagen y de sonido.
6. *Ensayo.* Cuando es posible (y siempre recomendable) se ensayan las situaciones de los personajes, sus intervenciones, los tiros de las cámaras, etc.
7. *Registro o emisión en directo.* Para esta actividad se han efectuado todas las anteriores. Es frecuente aprovechar el decorado montado para registrar más de un programa de las mismas características o serie.
8. *Desmontaje técnico.* Recogida de todo el instrumental y equipamiento técnico (cámaras, micrófonos, etc.).
9. *Desmontaje del atrezo y de la ambientación.*
10. *Desmontaje de la iluminación.*

11. *Desmontaje del decorado*. Esta actividad se realiza muchas veces de forma paralela al desmontaje del atrezo y de la iluminación. El decorado se almacena en el área de premontaje, si es preciso volver a utilizarlo en un futuro próximo, o en los almacenes del plató.

Tanto productor como realizador han de planificar al detalle sus tareas. Deben de comunicarse con el personal responsable para que todo esté a punto de acuerdo con el plan de trabajo, y han de comunicar con exactitud su plan a todos los equipos que integran el programa.

El conjunto de actividades enumeradas para la preparación del plató forma parte de la producción del programa. La responsabilidad la ostenta el equipo de producción. Dado que en el plan de trabajo de una producción no se consignan los tiempos de preparación de los escenarios, al documento que recoge los pasos escalonados en que temporalmente los diferentes equipos preparan el plató para el registro o emisión del programa podríamos denominarlo *escaleta de actividades en plató*.

El conjunto de las actividades enumeradas se denomina *ciclo*, y su duración cambia dependiendo de que se trate de:

- Un *programa variable*. Aquel para el que se monta y desmonta el decorado en cada sesión de directo o de diferido.
- Un *programa fijo*. Que cuenta con un decorado permanentemente instalado.

El diseño, construcción e instalación de decorados, el atrezo, el mobiliario, la preparación de medios técnicos, la iluminación, los ensayos técnicos y artísticos y demás operaciones precisas para que todo esté listo para proceder a su emisión o a su registro, exige del equipo de producción (y también del equipo de realización) un contacto directo con todo el personal implicado en los departamentos de *explotación* (control de medios técnicos y recursos humanos de una empresa televisiva) y *dirección artística*. La calidad del producto y su rentabilidad dependen del trabajo de todos.

Capítulo XVII

Acabado y presentación del producto

1. El proceso de montaje

En cine se entiende por montaje la operación física de ensamblar recortes escogidos de película cinematográfica para componer el rollo definitivo. Por extensión, se asocia este término al de edición en los sistemas de vídeo aunque en vídeo esta operación suele recibir el nombre de edición o postproducción.

El montaje juega un papel trascendente en el sistema estilístico de un filme o programa. Aunque el montaje no es la única técnica que define el filme o programa, es uno de los elementos más importantes para condicionar la experiencia de los espectadores pues contribuye en gran medida a la organización del filme y al efecto que su observación causará en los espectadores. Baste saber que un largometraje estadounidense contiene, por lo general, entre ochocientos y mil doscientos planos. Solo por ello, las técnicas de montaje, la combinatoria y el estudio de sus posibilidades constituyen uno de los elementos de primordial conocimiento para los creadores de programas audiovisuales y debe ser planificado y controlado con detenimiento por parte de los productores.

El director o realizador puede registrar en un mismo día la escena final del filme, una escena o parte del principio del mismo filme, u otra escena cualquiera. Dependerá, en cualquier caso, de la planificación que la producción haya diseñado ateniéndose a razones de rentabilidad y eficacia. Podría darse el caso, por ejemplo, de que varias escenas salteadas a lo largo del filme se desarrollasen en el mismo decorado y con los mismos actores, lo que haría factible su registro en continuidad.

El montaje se puede realizar también a partir de tomas no planificadas, obtenidas con urgencia, o con tomas de archivo. Organizar el montaje a partir de la existencia de un determinado material supone seleccionar y combinar imágenes relacionándolas de forma que configuren un todo con sentido. Esta forma de trabajo es propia de muchos documentales que se confeccionan en gran parte a partir de la recuperación de material de archivo.

Cuando se trabaja en *multicámara*, es decir, con varias cámaras sincronizadas recogiendo un acontecimiento en directo, el montaje se efectúa de forma instantánea. El realizador tiene que elegir en directo entre una u otra fuente de imagen sin apenas tiempo para decidir. A veces, se trabaja en multicámara sin la presión de la emisión en directo. En estos casos la eficacia de la producción estará en la consecución del mayor tiempo posible de grabación o en la menor repetición posible de bloques.

Si bien el montaje pensado por el autor se manifiesta por primera vez en el guión, y se aplica en el modo de registrar las tomas, la manera exacta en que se van a resolver las transiciones entre planos de edición no se suele establecer con precisión hasta el momento mismo del montaje físico en la edición

La historia del montaje se encuentra unida a la evolución del lenguaje audiovisual. El montaje supone la articulación de los fragmentos espaciales filmados, es decir los planos, según un orden y criterio que ha ido cambiando según los estilos, tendencias y el desarrollo comprensivo de los espectadores a lo largo del tiempo de existencia de los medios audiovisuales.

El equipo de producción tiene la responsabilidad de optimizar el rendimiento en esta fase para conseguir la mejor calidad en los plazos disponibles y con el mejor coste económico.

Durante el montaje se produce una reducción muy significativa del personal dedicado a la realización del filme o programa. En esta fase se produce una de las aportaciones fundamentales a la creatividad, expresividad y a la consecución de calidad del producto. La combinatoria del montaje y las infinitas posibilidades disponibles para resolver de una u otra forma el programa, exigen un estado de atención muy alto de quienes intervienen en esta labor.

1.1. El montaje clásico cinematográfico

Aunque el clásico montaje cinematográfico en *moviola* o *mesa de montaje* puede darse por desaparecido a efectos industriales, vamos a enumerar los pasos que tradicionalmente se han seguido en la cinematografía:

1. Se visiona el material rodado y se verifica su calidad. El visionado se realiza de la forma más rápida posible en el mismo laboratorio con la asistencia del director, el director de fotografía, el *script* y el montador.

2. Se clasifican las tomas elegidas en distintas bobinas agrupadas según criterio del montador. Se repica a magnético perforado el sonido grabado en el rodaje.
3. Se realiza un primer montaje con una primera selección de planos, descartando todas aquellas tomas que es seguro no serán incluidas.
4. Tiene lugar el montaje definitivo de las secuencias a la vez que se sincroniza la imagen con el sonido directo (si va a ser definitivo) o de referencia.
5. Una vez terminado el montaje de imágenes se montan los efectos de sonido así como se procede al doblaje de las voces si fuera necesario.
6. Se realizan las mezclas y se envían al laboratorio junto con el copión de imagen y todas las instrucciones precisas para que realicen los trucos.

Este proceso ha quedado absolutamente obsoleto en su empleo para el montaje de cine y ha sido sustituido por el siguiente proceso (con algunas variaciones):

1. Al mismo tiempo que se produce el rodaje, aprovechando la salida de vídeo de que disponen la mayor parte de cámaras de cine actuales, se registran en vídeo las imágenes y se produce una edición en cualquier sistema actual de edición no lineal (volcando las imágenes de vídeo en un disco duro de ordenador). La salida de vídeo permite valorar en el mismo lugar de rodaje la validez de las tomas de imagen y sonido.
2. La selección de las tomas grabadas en vídeo permite sacar un copión de las tomas seleccionadas (el copión es la copia en material positivo de las tomas buenas de imagen de la película), y con este material fílmico hacer un *telecine* (procedimiento consistente en transformar las imágenes de la película de cine en formato de vídeo) en un formato de vídeo de calidad suficiente para ser digitalizado y montado en un ordenador dotado de un programa de edición tipo Avid. Las copias de vídeo obtenidas en el telecine llevarán el código de pie *(keycode)* de la película y, a veces, el código de tiempos del negativo que se corresponde con el código de tiempos de la cinta de vídeo grabada, si la cámara de cine lo ha incrustado.
3. Se procede al montaje del filme aprovechando las numerosas ventajas que aportan los actuales sistemas de edición no lineal. Ya no es preciso archivar los recortes ni hacer empalmes físicos o manejar grandes longitudes de metraje de película. Pueden recuperarse versiones alternativas y trabajar con mayor profundidad la pista o pistas de sonido.

4. Una vez montado el filme puede visionarse en el mismo sistema de edición, o puede transferirse a vídeo. De cualquier forma se obtiene un disquete de ordenador con la lista de corte FCL (*Film Cut List*) de la película ya montada para cortar el negativo, y con las instrucciones para realizar los efectos ópticos que incorpore el filme.
5. El laboratorio producirá una copia de distribución de alta calidad para la proyección que incluye:
   - Ajustar (o cortar el negativo. El negativo original se corta y se empalma para que sea idéntico a la copia de trabajo de forma que puedan tirarse copias definitivas para la distribución del filme).
   - El laboratorio produce un negativo óptico (fotográfico) de sonido a partir de la grabación magnética original de la banda sonora completa y ya compuesta. Este negativo, combinado con la imagen, produce ya una copia compuesta.
   - Hacer una gradación del color del negativo de imagen (*etalonaje)* en colaboración con el director de fotografía para producir la primera copia (o copia de prueba).
   - Finalmente, se producen múltiples copias para la distribución

Pero el presente y el futuro del cine están en el mantenimiento de principio a fin de la aplicación de medios y tecnología digital en la toma, registro, postproducción y emisión o exhibición. Los sistemas de vídeo de alta definición han transformado radicalmente los procesos productivos. De forma progresiva se ha pasado de realizar el registro en sistemas de vídeo de alta definición, realizando la edición en estaciones de edición no lineal hasta la obtención de un máster que era transferido a película cinematográfica para su pase o exhibición por las salas de cine convencionales, a la disposición de salas dotadas con proyectores digitales que admiten la copia de exhibición en soporte digital, cerrando así el círculo digital y excluyendo cualquier utilización de la película clásica cinematográfica.

En este caso, el montaje y postproducción se produce exclusivamente, como sucede con toda la producción videográfica, en los sistemas de edición no lineal que comentaremos a continuación.

1.2. El montaje en vídeo

En la actualidad, la postproducción de programas de cine o el vídeo se realiza con *sistemas de edición no lineal* basados en la transferencia digital a un sistema de almacenamiento informático de las imágenes y sonidos originales. Se hace posible, así, el montaje informatizado y la obtención de la secuencia de montaje que gobernará la edición definitiva para la obtención del máster. De esta forma:

- Las imágenes y sonidos pueden ser transferidos al disco duro del ordenador con mayor o menor grado de compresión. A menor grado de compresión, mayor espacio ocuparán en el ordenador y más potencia se requerirá para su manipulación. La capacidad (y también el precio) de la tarjeta registradora determina la posibilidad de trabajar con mayor o menor compresión. En muchos casos es posible transferir toda la información del vídeo original y, en otros, es posible trabajar con resoluciones inferiores mientras se está montando el programa realizándose la edición definitiva en alta resolución una vez se ha dado el visto bueno definitivo al material trabajado.
- Se produce una constante evolución en los dispositivos de almacenamiento de imágenes y sonidos que tiene cada vez más capacidad y son más asequibles en términos económicos.
- Con cualquiera de los múltiples paquetes de software existentes (Avid, Final Cut Pro, Premiere, Edit, etc.) puede efectuarse una edición prácticamente instantánea (aunque se requiere un tiempo para *renderizar*, es decir, para conformar de forma definitiva el programa, proceso que se reserva generalmente para el final, cuando el proyecto se encuentra totalmente acabado. Las imágenes y sonidos volcados en el disco duro del ordenador pueden colocarse de forma inmediata sobre la *línea de tiempo* del proyecto de edición y pueden cortarse, realizar efectos, alargarse, manipularse, etc., como si de un procesador de textos se tratara. Además, pueden memorizarse y visionarse al mismo tiempo varios montajes diferentes de una misma secuencia.
- Admiten (si la tarjeta está preparada para ello) cualquier entrada de señal de vídeo (componentes analógicos o digitales, compuesto o vídeo separado) y cualquier transfer de cine a vídeo.
- Se pueden colocar múltiples pistas de sonido y determinar con antelación los niveles. Así se puede escuchar una sofisticada banda sonora construida durante el proceso de montaje.

– El proceso de edición es notablemente más rápido salvo para la edición de noticias por corte propia de los informativos de las cadenas de televisión.
– Todas las versiones se pueden almacenar en el disco (como proyectos alternativos en carpetas distintas), de forma que las versiones anteriores o las alternativas puedan revisarse en todo momento.

En los procesos de postproducción de vídeo se emplea una gama variable de *elementos periféricos* entre los que podemos enumerar:
– *Escáneres* para la captación de imágenes fijas generalmente tratadas con programas de retoque fotográfico de los diferentes entornos de trabajo. Como por ejemplo, el Photoshop.
– *Camera caption*, o cámara fija sobre un soporte empleada para la introducción de imágenes precisas para una determinada edición. Normalmente suelen incorporar un equipo de digitalización de señal.
– *Grafismo electrónico* o *infografía*, es decir, imagen sintética generada por ordenador.
– *Generadores gráficos* en 2D (dos dimensiones) o en 3D (tres dimensiones).
– *Generadores de efectos especiales* que, en muchos casos, están siendo suprimidos por paquetes de software específicos basados en la digitalización de la señal y en su manipulación.
– *Generadores de caracteres o teleprinter,* para confeccionar textos y gráficos de altas prestaciones con posibilidades de desplazamientos, giros, tipografías, bordes, líneas, etc.
– *Croma electrónico*, que permite la inserción de objetos o sujetos sobre imágenes de fondo de cualquier naturaleza.
– *Conversores de normas*, bien para introducir imágenes procedentes de países con norma de color distinta o como proceso final para entregar el máster en otra norma.
– *Sistemas para cambiar formato.* Cuando se precisa trabajar con imágenes provenientes de formatos diferentes al de trabajo y también para efectuar repicados y copias de presentación o de avance de trabajo.

Los avances más importantes en el campo de la postproducción se han relacionado con el tratamiento y la manipulación de la imagen expresada en forma digital. Las posibilidades creativas se han multiplicado. La digitalización o transferencia a valores numéricos almacenados en memoria, de la información analógica (señal eléctrica convencional) contenida en una imagen de vídeo, ha desplazado el punto de mira de la videografía hacia la adopción y búsqueda de una gama ilimitada de efectos especiales y de animaciones generadas por ordenador: la *infografía*.

Cabeceras y créditos; el diseño y la presentación de distintivos o símbolos de las emisoras; los elementos y fondos que acompañan a los decorados; el material gráfico para el contenido de programas, tomas fijas, ilustraciones, secuencias animadas y efectos gráficos; los dibujos animados infantiles y la presentación meteorológica, entre otras, son aplicaciones gráficas a las que ya estamos habituados. Y dan prueba del poder de la imagen sintética en las actuales estructuras productivas.

Desde la producción debe controlarse que los plazos, los presupuestos y la calidad final obtenida se conjuguen favorablemente respecto al plan de trabajo diseñado con anterioridad. Muchas producciones se han hundido en esta fase, cuando el director o realizador no han sabido imponer criterios de productividad.

1.3. Títulos y agradecimientos

Muchos filmes, documentales y programas suelen tener un título de trabajo que a veces es provisional hasta el momento en que finaliza el proceso de montaje. En ocasiones, el título se decide en el último momento porque lógicamente debe resumir las inquietudes e intenciones del filme o programa. Con frecuencia, el título se convierte en el único anuncio publicitario que ven los espectadores, por tanto, merece la pena dedicar una atención importante a este punto.

Existen corporaciones sindicales en algunos países que estipulan por contrato el tamaño y las letras de los títulos de crédito de los actores, director, productores, etc. En estos casos las observaciones tienen que respetarse.

Es muy posible que parte de la financiación haya sido conseguida bajo la obligación contractual de expresarla en los títulos de crédito de una forma preestablecida que también debe respetarse. Por otro lado, muchos favores que facilitan la financiación de un filme o programa pueden «pagarse» incluyendo el nombre de la persona u organismo benefactor en los títulos de crédito de nuestra producción. Por ello, el diseño y la ordenación de las personas o entidades que aparecen en los títulos de crédito ha de ser rigurosamente pensado.

El tiempo de permanencia en pantalla de los títulos debe de permitir que cualquier persona pueda leerlos (para eso se ponen). Aunque muy pocas veces se respeta, la norma aconsejable es que dé tiempo suficiente para leerlo en voz alta una vez y media al ritmo de lectura de una persona normal.

Los tipos de letra elegidos han de ser limpios y legibles, que encajen con el estilo del filme o programa y con la época.

Es importantísimo repasar la ortografía (acentos incluidos) por una persona experta, y especialmente, la forma en que se deletrean los nombres y apellidos de las personas.

Hay que solicitar los derechos de autor a las autoridades competentes (registro de la propiedad intelectual) e insertar el signo © y el año al final.

Es sabido que los títulos de crédito, especialmente los de presentación de una película, se convierten en verdaderos exponentes de la creatividad de los directores y que se realizan esfuerzos considerables en su realización. Todos conocemos ejemplos que demuestran que los títulos de crédito de la presentación están, en ocasiones, por encima de los filmes a los que preceden.

Por otro lado, conviene respetar el pase de los títulos de crédito en la emisión. Es habitual que muchas cadenas de televisión omitan su pase para «arrastrar» a los telespectadores al siguiente programa. También es habitual en las televisiones que los títulos pasen a una velocidad que los hace ilegibles. En todos los casos, estas prácticas pueden calificarse como mínimo de irrespetuosas para los profesionales, colaboradores, financiadores, etc., que han contribuido a su realización.

2. El proceso de sonorización

De la misma forma que la aparición del color contribuyó al realismo del cine, antes, la incorporación de la banda sonora, significó un salto expresivo de primer orden que contribuyó al desarrollo y madurez de la cinematografía. Desde una perspectiva actual, la banda sonora (palabra, música, efectos sonoros y ambientales y silencio) cumple una función de complementariedad respecto a las imágenes. La esencia del audiovisual impone el equilibrio entre sonido e imagen para construir mensajes comprensibles. El poder evocador de la música, la concreción de la palabra que marca el sentido exacto del discurso, el realismo que aportan los ruidos de ambiente, el dramatismo del silencio, etc., constituyen recursos expresivos que, como convenciones, deben ser usados con eficacia y profesionalidad por los constructores de mensajes audiovisuales.

La banda sonora condiciona activamente la forma en que percibimos e interpretamos la imagen. Imágenes iguales pueden interpretarse de forma distinta si cambiamos la banda sonora.

La banda sonora de un filme o programa audiovisual se puede componer por uno o por varios de los siguientes elementos sonoros:

1. *La palabra*, en forma de comentario o en forma de voces o diálogos sincronizados.
2. *La música*.
3. *Los efectos sonoros y ambientales*.
4. Consideramos, también, por su valor expresivo, *el silencio*.

2.1. La palabra

Dentro de este recurso expresivo diferenciamos entre el *comentario* y las *voces o diálogos sincronizados*.

1. El comentario.

Llamado también *voz en off*, es una expresión verbal que explica lo que la imagen no puede aclarar por sí misma al espectador. Se trata de un complemento eficaz del relato visual aunque siempre tiene que ser éste último quien desarrolle la historia.

El comentario puede venir de un narrador impersonal (utilizado especialmente en las producciones documentales) o de un narrador más literario capaz de dar un determinado sentido a sus palabras con el uso de inflexiones, modulaciones, tono y timbre específicos.

Se considera que los atributos principales del comentario son:

- Proporcionar datos o informaciones que ayuden a hacer más comprensible el desarrollo del filme.
- Conseguir un clima conveniente para introducir o culminar una temática.
- Guiar la atención del público para enseñarle aquello que interesa destacar.
- Servir como recurso de transición entre diferentes aspectos temáticos del relato fílmico.

Los géneros informativos de cine y televisión recurren generalmente a la voz en off de un locutor o del propio periodista que presenta la información.

En estos casos, el sonido directo goza de gran credibilidad y veracidad para el espectador.

2. Las voces y los diálogos sincronizados.

La acción y el diálogo son los pilares más importantes del guión. Por eso, en general, el diálogo es un componente principal de la banda sonora. La línea narrativa de la mayoría de los filmes se apoya en el diálogo o en manifestaciones verbales sincronizadas. Claro que estos elementos incluidos en la banda de sonido no se extienden siempre a lo largo de todo el filme, pero añaden realismo y riqueza a la obra y aseguran una variación continua de la banda sonora.

Los diálogos y las voces sincronizadas plantean el problema de mantener un perfecto *sincronismo labial* de forma que exista una correspondencia visual entre el movimiento de los labios de la persona que habla y la duración de su discurso.

Este problema no existe cuando se utiliza la técnica del *sonido directo*. Pero en un elevado número de filmes y programas, en directo se recoge tan solo un *sonido de referencia* que sirve exclusivamente para la postsincronización posterior que se realizará en la sala de doblaje. Es en este recinto, una vez se dispone del filme o programa videográfico ya montado, donde se procede al *doblaje*.

El sonido directo conlleva algunas dificultades. Es imposible eliminar los ruidos o voces parásitos (cláxones, truenos, aviones), tampoco pueden graduarse los volúmenes respectivos de las diferentes fuentes de sonido que en ocasiones se *empastan* o resultan inaudibles; presenta también el problema de la colocación de los micrófonos que deben prepararse de manera que no obstaculicen el registro de imágenes, lo que no siempre es tarea fácil. Además, los micrófonos no deben registrar el zumbido del viento en exteriores, por ejemplo.

El sonido doblado o postsincronizado resta espontaneidad a la dicción aunque lo que se pierde en espontaneidad se gana en control de la parte verbal de la interpretación y en la calidad técnica del registro. Este tipo de sonido permite una mayor creatividad. Pueden trabajarse separadamente las distintas bandas con mayor independencia, limpieza y recursos de los que permite la grabación directa. El doblaje puede corregirse, modificarse, hasta la consecución de lo que el director desea.

Normalmente, el actor que habla en una película es el mismo que vemos en pantalla, pero, por distintas razones, no siempre es así. A veces, se contrata a un actor extranjero por su físico, por su forma de interpretar o por las exigencias contractuales de una coproducción. En esos casos, solo quedan dos opciones: o se adapta el papel a las características idiomáticas del actor o se le dobla la voz con la de un actor del país.

Tanto en este caso como cuando se procede a la realización de doblaje entendido como traducción de un filme o programa a otra lengua, es fundamental conseguir un perfecto sincronismo labial, proceso lento y difícil apoyado, progresivamente, por nuevos sistemas técnicos que facilitan la consecución de esta sincronización.

En ciertas producciones, especialmente en la grabación o filmación de música y canciones, se utiliza la técnica del *playback*, método de registro de características opuestas al doblaje. La técnica consiste en grabar primero, en las mejores condiciones acústicas, la música y la canción. Más tarde, en el rodaje, esta grabación sonora se reproduce en el plató para que los artistas consigan, con la técnica del mimo, el sincronismo labial con el tema emitido.

El uso de esta técnica permite conseguir una mejora de la calidad del sonido, pues elimina problemas de control acústico. También libera, en cierta medida, al personaje al concederle la máxima libertad de movimientos.

El *playback* permite conservar la pureza y fluidez sonora, aunque los registros de imagen se efectúen en lugares plagados de ruidos parásitos o inaccesibles.

2.2. La música

La música es un extraordinario medio para ser asociado a la imagen fílmica o videográfica, pues presenta atributos muy variados que contribuyen a la apreciación de la obra para el espectador. Ayuda a la identificación con la trama ya que es un excelente vehículo para la creación de climas convenientes. Su intervención da fluidez al desarrollo de los acontecimientos, y su combinación con el narrador constituye una forma clásica para ayudar a expresar un comentario. Es muy eficaz como recurso para exponer situaciones sin explicación verbal, para introducir o culminar una exposición y para puntuar una acción o para marcar una transición.

La música ha sido, desde los inicios del cine sonoro, la parte más arbitraria de la banda sonora. Cuando no se integra en la narración, ya sea interpretada en vivo por personajes o escuchada por medio de un aparato reproductor de sonido, su grado de arbitrariedad, en el sentido de libertad de uso no unívoco respecto a las imágenes, es total.

En general, la banda musical de las producciones audiovisuales tiene distintas fuentes de origen: la *composición* concebida por un filme concreto o la selección y montaje de *registros de archivo*. Con mayor frecuencia se emplea la *música de librería* que son composiciones musicales, generalmente generadas informáticamente, compuestas por un músico que las vende a los productores junto con la cesión de los derechos.

En los medios audiovisuales se ha introducido todo tipo de música clásica y moderna, con resultados sorprendentes. La música ha salido también beneficiada de esta colaboración. Las bandas sonoras de numerosos filmes han constituido éxitos por sí mismas y se comercializan al margen de las producciones audiovisuales para las que han sido construidas.

2.3. Los efectos sonoros y ambientales

El ruido, los efectos sonoros y ambientales, contribuyen a la sensación de realismo tanto como la voz humana. El universo de pequeños sonidos que acompañan la vida cotidiana puede estar presente en un filme o programa para conseguir transmitir una máxima sensación de realidad.

Un filme de acción sin estos elementos perdería gran parte de su significado. Los ruidos subrayan la acción y evocan imágenes. Poseen un valor expresivo propio que se añade al de la imagen y la palabra. En ocasiones, sirven para efectuar transiciones imposibles de conseguir visualmente.

Ciertos efectos sonoros requieren, con frecuencia, la existencia de un perfecto sincronismo con la imagen. Es el caso de una puerta que se abre, una persona caminando sobre un pavimento ruidoso, el galopar de unos caballos, etc. Para situar estos sonidos sincronizados se procede de forma similar al doblaje, es decir, simultáneamente a la proyección de un fragmento (*take*) de película, un técnico especialista de sonido reproduce, generalmente con medios mecánicos, los efectos precisos en el momento que se corresponde.

Algunas producciones de largometraje emplean un elevado número de bandas para incorporar todos los efectos sonoros necesarios. Así es posible controlar el tono y el volumen de cada sonido para obtener una gran limpieza en el resultado final. Tanto en el cine de cortometraje como en muchas producciones videográficas de más bajo presupuesto ha de reducirse el número de bandas restando una cierta calidad al producto final.

2.4. El silencio

El silencio forma parte de la columna sonora, bien como pausa obligada que se establece entre diálogos, ruidos y músicas, bien como recurso expresivo propio. Cuando se emplea en este último sentido, el guionista ha de señalarlo expresamente el guión. Si el silencio se introduce bruscamente añade dramatismo, expectativa, interés a la imagen. Los silencios han de justificarse por exigencias de la naturalidad en el desarrollo de la historia, o porque se introducen como un elemento narrativo y temático.

Los filmes o programas construyen un contexto habitualmente sonoro y por ello, la ausencia de sonidos, o las pausas, contribuyen a condicionar determinadas situaciones, muchas veces de angustia, con una gran eficacia dramática cuando se emplea con corrección.

2.5. Los sonidos del rodaje o grabación

La consecución de la mayor calidad en la toma directa de sonido requiere un control de todos los elementos que rodean el ámbito de actuación de los protagonistas. Estas dificultades de control ambiental y contextual hacen que, en muchas ocasiones, se opte por la construcción de la banda sonora en un estudio de grabación. No obstante, durante el rodaje o grabación, aun cuando vaya a procederse a un doblaje posterior se pueden obtener los siguientes tipos de sonido:

- Sonido directo.
- Sonido reflejo.
- Sonido ambiente.
- Sonido de referencia.

Sonido directo.

Es el sonido que procede directamente de la fuente sonora que lo produce. Su grabación, como hemos apuntado, presenta a veces dificultades de control de todo el contexto que rodea a la actuación de los intérpretes. Los ruidos que pueden producirse durante el rodaje, generados por el equipo o por los alrededores del escenario de rodaje, pueden invalidar muchas tomas. Cuando se trabaja en un estudio insonorizado el control se hace mucho más fácil. En exteriores es más complicado, los ruidos del grupo electrógeno obligan a su alejamiento, el tráfico urbano, ladridos de animales, etc., exigen un conocimiento profundo y una gran profesionalidad en las técnicas de captación y en el uso de los micrófonos.

El sonido directo puede ser más natural y espontáneo que el grabado en estudio y si su control es factible puede ser muy interesante para la producción que se ahorra los costes del doblaje y su lento proceso. Para la grabación del mismo ha sido de gran ayuda la aparición de micrófonos muy direccionales dotados con grandes protectores contra el ruido del viento. La necesidad de sincronización con la imagen se ha resuelto gracias al empleo de grabadoras digitales tipo DAT, que incorporan dispositivos de código de tiempo que permiten una perfecta sincronización entre imagen y sonido.

Sonido reflejo.

Es el sonido que reflejan los objetos del escenario que rodean a los actores. Cuando se trabaja con sonido directo, el sonido reflejo puede ser interesante porque añade la sensación de perspectiva sonora. Es lo que sucede con el eco, o cuando se registra en una sala con mucha reverberación. Aunque la prioridad se le dé al sonido directo, el sonido reflejo, convenientemente tamizado, puede mejorar la calidad de la banda sonora.

Sonido ambiente.

En la toma directa de sonido se registra también este tipo de sonido que es el que procede de fuentes secundarias. Puede tratarse tanto de ruidos presentes en el escenario de rodaje, como puede ser el sonido de conversación de un bar o los gritos de los figurantes, o bien el sonido que proviene de fuentes no presentes que caracterizan al escenario en que se rueda, así el sonido de la sirena de un barco que se acerca al puerto, el ruido del tráfico, el sonido de los pájaros al amanecer, etc. En muchas ocasiones, este sonido lo registran en el mismo lugar de rodaje los técnicos de sonido, fuera del tiempo de rodaje aunque en muchos casos se recurre a sonidos de archivo que se incorporan durante el proceso de posproducción.

Sonido de referencia.

Es el sonido típico grabado cuando va a procederse posteriormente a un doblaje de las voces en estudio. Se trata de un sonido grabado en directo con la imagen, con baja exigencia de calidad que se empleará como referencia durante el montaje.

2.6. La construcción de la banda sonora

La banda sonora, como sabemos, está compuesta de palabra, música, efectos sonoros y, por ausencia de sonido, silencio, aunque a veces un sonido puede traspasar categorías. Los directores y realizadores han jugado siempre con estas ambigüedades en la construcción de bandas sonoras para sus producciones. De hecho, aunque normalmente no somos tan conscientes de las manipulaciones de la banda sonora, ésta requiere tanto control y elección como la imagen.

El montaje y construcción de la banda sonora es muy similar al montaje de imágenes. En el proceso constructivo se eligen los fragmentos sonoros más adecuados e incluso se introducen fragmentos sonoros no procedentes de la grabación. De la misma forma que existe la manipulación óptica, química y electrónica de la imagen existe, también, la manipulación de los sonidos para alterar sus características acústicas, pasarlos a primer plano, reducirlos a niveles inferiores, sobreponerlos con otros sonidos, etc.

De lo que se trata es de guiar la atención del espectador, o sea, clarificar y simplificar la banda sonora para que destaque el material importante. En general, el proceso es: el diálogo, el transmisor de la información de la historia, se graba y se reproduce por lo general con el fin de que tenga la máxima claridad. Las frases importantes no tendrán que competir con la música o con el ruido de fondo. Los efectos sonoros son, normalmente, menos importantes. Proporcionan la sensación global de un entorno realista y apenas se advierten; sin embargo, si se omitieran, el silencio sería molesto. La música está subordinada al diálogo, entrando durante las pausas en los diálogos o efectos.

Claro que esta jerarquía es perfectamente alterable. En las secuencias de acción, los efectos sonoros son fundamentales, como la música es protagonista en las secuencias de bailes, en las secuencias de transición o en los momentos cargados de emoción mientras dialogan los personajes.

En la creación de una banda sonora, el director o realizador debe seleccionar sonidos que desempeñarán una función concreta proporcionando, mediante su selección y combinación, un entorno sonoro más claro y simple que el de la vida real. La percepción humana elige, entre los múltiples sonidos que nos envuelven, aquellos que en un momento concreto son más útiles.

El micrófono capta todo el sonido que su capacidad o características técnicas le permiten y no discrimina, no es selectivo como nuestro sistema perceptivo. Todas las posibilidades técnicas propias de un estudio de postproducción de sonido, los blindajes de la cámara de cine que absorben el sonido del motor, los micrófonos direccionales y con protección, la ingeniería de sonido y el montaje, los archivos de sonido, las inmensas capacidades de los programas informáticos de postproducción sonora se ponen al servicio de los creadores para que puedan elegir con exactitud aquellos sonidos que requiere la banda sonora. En escasas oportunidades se colocará un micrófono en una escena para captar el sonido ambiente ya que difícilmente será lo suficientemente selectivo para captar lo más significativo de la escena.

El sonido se utiliza con profusión, de forma no realista, para dirigir nuestra atención a lo que es narrativa o visualmente importante.

La banda sonora no hay que considerarla como un grupo de diferentes unidades sonoras, sino como una corriente continuada de información auditiva.

Cuando se dispone de las tres bandas de sonido preparadas y sincronizadas, se procede a realizar el proceso de *mezcla*, trabajo que se desarrolla en un estudio de grabación y que consiste en la combinación de las diferentes bandas de sonido en una sola que será la definitiva que incorporará el filme o programa.

En el proceso de mezcla hay una primera fase que consiste en la unificación de las múltiples bandas que, en una producción de nivel profesional, componen cada una de las bandas claves (palabra, música y efectos). Ya nos hemos referido a que ciertas bandas con sonidos complejos, como la de efectos sonoros especiales, se componen de muchas grabaciones independientes que han de mezclarse entre sí para conseguir los efectos de combinación de volumen, efectos de eco o filtrado, etc. Se componen así tres *bandas máster* (palabra, música y efectos) de los sonidos fundamentales que ya permiten iniciar el proceso específico de mezcla para la consecución de una única banda de sonido.

En las películas y series de televisión dobladas, a veces no solo hay que reconstruir los diálogos, sino que deben reconstruirse también todos los ruidos, sincrónicos o no, que acompañan a las imágenes, es decir, pasos, aperturas de puertas, ambiente ciudadano, ruido de tráfico y de conversaciones, etc. Si la producción tiene pretensiones de ser vendida a otros países con diferentes lenguas que tendrán la necesidad de doblar la voz, la banda de efectos sonoros y la de música se mezclan en una sola, separada de la voz. Es la llamada *banda internacional de sonido, soundtrack,* o *banda de E & M,* de habitual realización en la mayoría de las producciones. Es frecuente que en muchas producciones cinematográficas antiguas no se conserve esta banda lo que obliga, en el procedimiento de doblaje, a reconstruir por completo toda la banda sonora con lo que ello significa de alteración de la estructura general del filme.

2.7. El proceso de doblaje o postsincronización

En las obras audiovisuales es frecuente la recurrencia al doblaje que es el proceso por el que se sustituye la voz de los personajes por otras voces grabadas en estudio. Suele producirse en los siguientes casos:

- Cuando se sustituyen las voces de los actores grabadas en directo durante el rodaje y de calidad deficiente (sonido de referencia), por otras de los mismos actores (u otros diferentes) grabadas con calidad óptima en el estudio.
- Cuando se sustituyen las voces de los personajes de un filme o programa en otra lengua por las voces de actores de doblaje en otro idioma.

Vamos a centrarnos en el proceso de doblaje de una lengua a otra distinta porque es el proceso más complejo y suficiente para comprender el primer caso.

Una vez llega la obra original a la empresa encargada de realizar el proceso de doblaje, se entrega una copia en DVD al *traductor.*

Este profesional traduce los textos a la segunda lengua de la forma más literal posible, guardando con la mayor fidelidad el espíritu de la obra y, al mismo tiempo, cuidando que la extensión temporal de las frases traducidas se corresponda al máximo con la duración de la lengua original, especialmente cuando el actor que habla está en pantalla y pueden verse sus labios.

Una vez se dispone de los textos traducidos, el protagonismo pasa al *director de doblaje* que es la persona que normalmente (aunque a veces lo hace otro profesional *(ajustador)* efectúa el ajuste. El doblaje es la sustitución de un texto por otro de longitud y construcción labial equivalentes. Esto se consigue a base de (cuando se precisa) sintetizarlo con sinónimos y reconstrucciones gramaticales. El ajuste es una operación muy especializada y delicada porque con facilidad puede traicionarse el significado o las expresiones de la obra original (un mal ajuste labial produce rechazo en el espectador).

El director de doblaje es el responsable del control de la calidad artística de la interpretación. Efectúa el *casting* de voces y elige a los actores de doblaje que considera más adecuados. Es responsable, también, de la sincronización de las *labiales* (la voz del doblador debe coincidir con la posición en la imagen de los labios del actor) y del mantenimiento del tono expresivo de los actores de doblaje que deben imitar al máximo a los actores originales. En los primeros planos el control de las labiales se acentúa pues cualquier fallo se hará evidente.

Una vez decidido quienes serán los actores de doblaje, el productor realiza las *citaciones* o *convocatorias* de los actores para la grabación sincronizada de las voces en el estudio de grabación.

Los *actores de doblaje*, siguiendo las indicaciones del director hacen su trabajo sustituyendo las voces de los actores originales. Trabajan por *takes* o fragmentos del filme original y se refiere al número de líneas de texto que el actor puede memorizar, para grabarlo de forma continua, en una sala de grabación.

Una vez doblado el filme se procede a incorporarlo a la banda sonora original. Si se trata de cine hay que mezclarlo con la banda de efectos y música antes de su transformación a sonido óptico o fotográfico que acompañará a la banda de imagen. En vídeo, puede optarse por bandas separadas grabadas en diferentes pistas o bien por su mezcla con los antedichos efectos y música.

2.8. Los recursos en la sonorización

Salvo cuando se trata de un directo en televisión, donde el realizador tiene que seleccionar las diferentes fuentes de imagen y sonido disponibles que son transmitidas de forma inmediata, la mayor parte de los procesos de creación de programas audiovisuales recurren a la sonorización o construcción de la banda sonora en el momento del montaje del programa. Con frecuencia, la sonorización constituye el último eslabón en la producción de un filme o programa.

Lo más habitual es recurrir al alquiler de una *sala de edición* o de *sincronización de bandas sonoras* que consiste en un local acústicamente acondicionado y dotado del equipo técnico necesario para la construcción de la banda sonora del filme o programa.

En este tipo de salas suele realizarse la mezcla final para lo que se requiere normalmente la disposición de un equipo de proyección en cine o de un magnetoscopio o cualquier sistema de reproducción de imagen con el máster de vídeo en cuyas pistas habrán de grabarse las mezclas.

Las mezclas tienen que realizarse con suma atención y cuidado. Para hacerse una idea de la importancia de este proceso baste decir que en un largometraje se invierte una media que oscila entre siete y diez jornadas entre premezclas y mezclas. Su coste es elevado y se encarece cuando se realiza en salas dotadas con sistemas sometidos al pago de licencias como el Dolby, para la reducción de ruidos. No todas las salas disponen de estas licencias ya que para conseguirlas sus instalaciones han tenido que recibir el visto bueno de los técnicos de la firma.

LO QUE DISEÑA ESTUDIOS	LO QUE MONTA INSTALACIONES	LO QUE DESEA EL CLIENTE

Problemas en la negociación de objetivos.

La fase de definición de objetivos y negociación de condiciones establece los objetivos, los procedimientos y la meta a conseguir en plazo costo y calidad predeterminados, lo cual permite una actuación programada y el seguimiento del modo en que se esta cumpliendo lo acordado.

A pesar de la importancia y la necesidad evidente de esta fase en la práctica no siempre se establece y formaliza suficientemente, o no se desarrolla como debiera por causas imputables al jefe del proyecto y al propio cliente.

Exponemos, en la siguiente tabla, algunos de los problemas más habituales detectados en la fase de negociación y definición de los objetivos del proyecto que acarrean consecuencias muy negativas en la entrega del producto.

PROBLEMAS DEL JEFE DE PROYECTO	**PROBLEMAS DEL CLIENTE**
No identificar con claridad al verdadero cliente.	No definir bien quien es el verdadero cliente o el representante autorizado.
Tratar problemas importantes con interlocutores de insuficiente nivel, capacidad o autoridad	No concretar bien sus deseos o necesidades o cambiarlos a lo largo del proyecto
No captar el problema del cliente, o adaptarlo a los propios gustos o conocimientos	No formalizar los objetivos y acuerdos
No tener los objetivos claros antes de comenzar	No cumplir puntualmente sus compromisos, especialmente los económicos

Comprometerse a lograr objetivos superiores a los que realmente puede conseguir	
No formalizar suficientemente los objetivos y acuerdos habidos con el cliente	
No planificar adecuadamente la operación	
No estimar certeramente los tiempos de dedicación, el consumo de recursos y los costes	
Aceptar cambios sobre la marcha sin un proceso formal de modificación de límites	

3.3. Condiciones de una buena presentación del producto.

Este tema afecta de forma muy importante al productor puesto que con frecuencia hace de contacto entre el cliente y la entidad productora, en ocasiones junto al director o realizador. Muchos productos audiovisuales se enseñan a los clientes en algunas de las fases de realización para obtener su aprobación sucesiva.

Conviene saber que, en general, el cliente no suele disponer de suficiente capacidad de abstracción para poder comprender un producto inacabado (sin sonorización adecuada, sin bandas sonoras construidas, sin efectos especiales de vídeo, etc.). El realizador y el productor pueden tener problemas para explicar y hacer comprender, en este estadio, el desarrollo del programa.

Para una supervisión por parte del cliente, suele ser norma presentar una *maqueta* (quizás en formato de calidad inferior al definitivo). Es muy recomendable que en el proceso de realización de un programa de vídeo para una empresa, organismo o institución, podamos llevar a cabo *presentaciones parciales o avances del producto* que estamos elaborando. Es una forma de conseguir involucrar al cliente en la producción del programa. De esta manera, con las correspondientes *aprobaciones parciales*, será muy difícil recibir una acogida negativa en la presentación del producto final.

No obstante, al final tendremos que presentar al cliente una obra definitivamente acabada. Merece la pena seguir algunas recomendaciones para transmitir la mejor impresión de nuestro producto.

Lo más importante es que las condiciones de recepción por el cliente sean *óptimas*. No tiene sentido presentar una producción profesional en un formato doméstico, o con un sonido deficiente. Una producción profesional hay que presentarla, a ser posible, en el mismo formato en que ha sido producida, en una sala adecuadamente acondicionada, y con las mejores condiciones de sonido. Para ello, muchas productoras disponen de salas de visionado acondicionadas específicamente para este fin.

Si esto no es posible, y la producción hay que presentarla en la sede de la empresa situada, por ejemplo, en otra ciudad, convendrá alquilar o trasladar sistemas de reproducción y visionado de la máxima gama posible, teniendo en cuenta tanto la imagen como el sonido.

Se trata de que el producto sea percibido tal y como es, en su máxima calidad, sin las compresiones que origina su repicado a otros formatos de gama inferior o la propia transmisión televisiva. Solo de esta forma, el cliente podrá valorar enteramente la calidad de nuestra obra.

Cuando el producto va a ser emitido por televisión ha de cumplir una serie de normas técnicas denominadas *PPD* (Preparado Para Difusión), o *PPE* (Preparado Para Emisión). Los productores deben conocer y hacer cumplir a los técnicos de postproducción de vídeo y de audio estas normas (referidas a niveles de sonido, tiempo de barras de color y de imagen en negro antes de comenzar el programa, contenido de las pistas de audio y sistema de sonorización, etc.). A partir de su entrega a una emisora de televisión, el producto entra en una cadena que el productor no controla. La calidad final de emisión ya no dependerá exclusivamente de la bondad del producto sino también del cumplimiento de estas normas.

Capítulo XVIII

Balance final y explotación

1. El balance

El proceso de realización de un filme o programa termina realmente después del visionado y aprobación definitiva del cliente o de la productora que ha financiado la obra. No obstante, desde la producción todavía queda una actividad fundamental: el *balance* y el *cierre definitivo*.

Se entiende por balance una reflexión minuciosa sobre el proceso constructivo que se extiende desde el momento en que se inició el proyecto hasta la presentación formal e institucional del filme o programa.

Se trata de reflexionar sobre las cosas que han ido bien y las que no han sido tan satisfactorias, de contrastar los objetivos fijados y los que realmente se han conseguido, de valorar la dimensión del trabajo y discernir si se ha ajustado o no al volumen de trabajo previsto, de situarse respecto a posteriores posibilidades de efectuar filmes o programas de características similares o distintas, de ver qué colaboraciones y de qué tipo hemos conseguido mientras se desarrollaba la producción. En definitiva, se trata de contestar todas aquellas cuestiones que nos pueden permitir, en el mejor de los casos, situarnos en una perspectiva más elevada a la hora de encarar la puesta en marcha de un nuevo proyecto.

Cerrar definitivamente un proyecto significa, también, dejar un buen sabor y un buen recuerdo en todas aquellas personas, empresas o instituciones que nos han ayudado y que han colaborado al buen fin del filme o programa. Es muy importante dejar siempre las puertas abiertas para futuras colaboraciones y a veces depende simplemente de pequeños detalles.

Si hemos prometido enviar una copia de nuestro programa hemos de hacerlo efectivo, debemos de enviar notas de agradecimiento e invitaciones al estreno o presentación de la obra, si es el caso, y hacer expresa la implicación de personas, empresas e instituciones que han prestado una ayuda más o menos desinteresada.

Se trata de aplicar los principios más simples (y los más complejos) de las normas que regulan las relaciones públicas

Con frecuencia, la frenética actividad que se ha llevado a lo largo de toda la producción hace que no se tengan en cuenta estos detalles que, si no se cumplen, pueden cerrar el paso a futuras ayudas y colaboraciones.

1.1. Gastos generales

La actividad de producción precisa de una infraestructura que no siempre es tenida en cuenta con la atención que se merece. Nos referimos a los *gastos generales* de la empresa productora, a las oficinas centrales de la empresa, a los viajes, comidas, hoteles, etc., ajenos a los gastos del rodaje o de la grabación.

Los proyectos no suelen nacer de manera espontánea. En general, las empresas tienen que invertir en el mantenimiento de la infraestructura empresarial, en comidas, desplazamientos, tiempo invertido, etc., para la consecución de un contrato. Los proyectos no nacen desarrollados y con frecuencia un buen número de proyectos en los que se invierte tiempo, esfuerzo y dinero no acaban de hacerse efectivos. Es habitual que una empresa o institución que ha previsto la realización de un vídeo corporativo o institucional pida presupuesto a diferentes empresas productoras para seleccionar la oferta idónea para sus intereses, y eso significa que el resto de las productoras habrán trabajado en balde.

Es fundamental para el buen funcionamiento de una empresa de producción que los gastos generales se repartan entre los proyectos de una forma proporcional. Estos gastos tienen que ser considerados desde el inicio del proyecto, es decir, desde el primer estudio de viabilidad económica, porque si no se hace de esta forma acabarán planteando problemas a la empresa que tendrá que afrontar su pago desde los teóricos y en este caso menguados beneficios.

Los gastos más habituales son:

- *Gastos asociados al diseño del proyecto de producción.* Es frecuente que los productores ejecutivos encarguen la realización del proyecto a un director de producción que suele cobrar una cantidad a tanto alzado por su confección. Un buen proyecto es garantía para que pueda llegarse a buen fin desde el punto de vista financiero. Para la realización de este proyecto puede llegar a profundizarse más o menos dependiendo de los datos disponibles y del tiempo. Lo normal es partir de un guión lo mejor estructurado posible y terminar con la entrega de un presupuesto.

- *Alquileres o amortización* de los locales de las oficinas centrales de la productora.
- *Gastos de personal.* Personal administrativo, telefonista, recepcionista, etc. Su nómina repercutirá proporcionalmente sobre cada proyecto.
- *Equipos de oficina, de escritorio, de imprenta, informática asociada, etc.* Papeleo, ordenadores, impresoras, efectos de escritorio, documentación con membrete de la empresa, tarjetas, diseño de carátulas, etc. Todo ello tiene un coste o, en el caso del equipo informático, si es comprado, una amortización.
- *Gastos de teléfono, líneas ADSL, fax, correos, etc.* Normalmente se trata de una partida que conviene controlar en toda empresa para que no se dispare hasta límites exagerados. La telefonía es una partida que puede dispararse sin medida.
- *Luz, agua, limpieza.*
- *Gastos de locomoción, taxis, mensajería.*
- *Viajes, hoteles y comidas ajenas al rodaje.*
- *Relaciones públicas de los ejecutivos de la empresa.*
- *Obsequios.*
- *Asesoramiento legal y fiscal.*
- *Realización de estudios, informes, dictámenes.*
- *Gastos de realización de capítulos piloto.* Se pueden considerar gastos de confección del proyecto. Este gasto es muy importante y no se realiza normalmente si no se tiene una importante garantía de contratación de la obra por parte del cliente.
- *Impuestos.* En una producción pueden surgir conceptos impositivos en cualquier ámbito: local, regional, estatal o internacional.

Los gastos generales tienen en cuenta la infraestructura general de las empresas de producción, sin la cual no podrían funcionar, y se han de considerar cuando se confecciona el presupuesto y en el cierre económico de la producción.

1.2. Gastos de explotación, comerciales y financieros

En toda producción existen unos gastos relacionados con la distribución, con la explotación y, en ocasiones, con los intereses de los capitales invertidos y de los préstamos que se hayan concertado.

Las producciones cinematográficas norteamericanas llegan a invertir en *promoción y publicidad* de los filmes una cantidad equivalente al coste de su producción, es decir, el 100 % del coste de la película. En Europa, esta costumbre no está tan extendida y, en el mejor de los casos llega a invertirse en promoción hasta un máximo del 30 % del coste del filme.

En relación con la publicidad hay más gastos como el gasto de la *agencia de medios* encargada de la realización de una campaña publicitaria, el coste de las *campañas de televisión o de otros medios de difusión*, los gastos de *publicidad de la productora* (fiestas, presentaciones, recepciones, regalos, carpetas de prensa, convocatorias, DVD de promoción, carátulas en papel para los DVD, material gráfico de acompañamiento, etc.

Respecto a los gastos de explotación conviene considerar, si se trata de cine, los gastos asociados a la realización de las *copias para distribución*, las que van directas a las salas cinematográficas para su exhibición. Es preciso contar con el gasto del *CRI* o *internegativo* que es un duplicado o copia del negativo de la película montada que se entrega a los distribuidores extranjeros para que tiren las copias en su lengua tras proceder al doblaje. Normalmente va acompañada del *soundtrack* o *banda internacional* separada de la banda de palabra (comentarios o voces y diálogos sincronizados).

También el *trailer* del filme o del programa de vídeo ha de ser considerado en este apartado. Ese resumen concentrado y sugerente del programa, realizado para producir en el espectador el deseo de visionarlo que normalmente realiza el montador o especialistas en la materia bajo la supervisión del productor. Las *copias del trailer* entran asimismo en este apartado.

En vídeo se contabilizan los gastos relativos al *duplicado del máster* que se entrega a quienes compran los derechos de emisión o de exhibición del programa. Una vez conseguido, se realizan copias para preservar el original. Normalmente, lleva en pistas de audio separadas el *soundtrack* y la palabra. Finalmente, para la distribución del vídeo, pueden tirarse copias del máster del vídeo dirigidas al público. Las grandes tiradas se efectúan en cadenas automáticas de duplicación que pueden llegar a duplicar miles de copias de forma simultánea.

1.3. Cierre de la producción

Desde el punto de vista *financiero*, en una producción es preciso efectuar un balance al terminar la fase de registro, y otro, definitivo, cuando se ha conseguido el producto.

La situación final da el *coste total de la producción*. A partir de él, pueden acometerse todas las operaciones económicas especificadas en los contratos de financiación.

Para hacer el balance se utiliza el mismo modelo aplicado en la elaboración del presupuesto. Allí se habrán anotado todas las operaciones económicas efectuadas durante el proceso de producción.

Los documentos del presupuesto clasifican los costes en capítulos, partidas y conceptos. Así, por ejemplo:

CAPITULO 2 – PERSONAL ARTÍSTICO

02.01 PROTAGONISTAS

02.01.01 Antonio Costelo
02.01.02 Verónica Verdaguer

02.02 PRINCIPALES

02.02.01 Pilar Sansebastián
02.02.02 Pedro Segundo
02.02.03 Etc.

El *personal artístico* es un capítulo que se subdivide en las partidas de protagonistas, principales, secundarios, etc., que a su vez comprenden los conceptos. Estos registran los pagos a cada personaje protagonista, principal, etc.

En cada capítulo se efectúa un seguimiento, anotando todo lo que se ha pagado, lo que falta por pagar, el coste total, lo que se había presupuestado, y lo que se ha sobrepasado o rebajado respecto al presupuesto.

Capítulo 2 – PERSONAL ARTÍSTICO	PAGADO	POR PAGAR	COSTE TOTAL	EXCESO	DEFECTO
02.01 Protagonistas					
02.01.01 Antonio Costelo 02.01.02 Verónica Verdaguer					
02.02 Principales					
02.02.01 Pilar Sansebastián 02.02.02 Pedro Segundo Etc.					

El *balance financiero final de la producción* es un documento indispensable para conocer lo que se ha gastado y la forma.

Durante el análisis del balance se acude a los documentos que han servido para el seguimiento y control de la realización. Allí puede observarse, en detalle, las causas de desviación del presupuesto reflejadas en los partes de incidencias, los informes diarios del *script*, el informe diario de producción, etc.

Su estudio detallado proporciona una enseñanza inestimable para la planificación de producciones futuras. Es un reflejo histórico de todo el proceso y una protección del productor contra posibles reclamaciones.

El seguimiento efectuado durante toda la producción mediante técnicas de planificación y control de proyectos (PERT/COST), permite observar qué actividades se han desviado de lo previsto y sus causas. De este modo se conoce qué proveedores y subcontratados cumplen los plazos fijados y cuáles han sido causa de problemas, qué actividades han llevado más tiempo o personal del previsto y por qué.

Con todos los datos sobre el producto final y su proceso, se procede a la evaluación, que permitirá conocer en qué medida se han conseguido los objetivos de plazo, coste y calidad.

Si el resultado es positivo, el balance final es el mejor aval para el productor, especialmente si el producto alcanza el éxito esperado. Aunque los errores cometidos son ya insalvables, el estudio de sus causas, junto al análisis de los aciertos, es la mejor enseñanza posible para el productor, que podrá acometer con mayores garantías futuros proyectos.

Sin embargo, cada proyecto es único y singular. Por ello, la experiencia no exime de aplicar, en cada caso, el rigor y la sistemática en la planificación, el seguimiento y el control, y las condiciones exigibles a los profesionales de la producción.

Con el pago de las facturas pendientes, el cierre de cuentas, el cumplimiento de los acuerdos pactados, la entrega de copias a los organismos oficiales para su registro, y los permisos de explotación, se da por finalizada la producción.

Aunque la producción haya concluido, la actividad del productor puede continuar en la publicidad gráfica y audiovisual del producto. La convocatoria de ruedas de prensa, distribución de *trailers* de cine, proyección para la crítica especializada, presentación a festivales, etc., son actividades dirigidas a aumentar el beneficio. Contribuyen a la optimización de la comercialización y explotación del producto y de sus derivados.

Las secuelas de la producción se extienden en el tiempo y ocupan parte de la actividad del productor, aunque este haya emprendido otros proyectos.

Para el productor, el apasionante trabajo de hacer corpóreos los sueños en la pantalla, no debe ser, en lo que respecta al proceso de fabricación, una arriesgada aventura. Y ello a pesar del componente emocional y artístico que confluye en esta actividad.

2. Actividades de promoción y lanzamiento de la producción

Según García Masagué,[1] «todo producto o servicio, desde su concepción, es diseñado para ser consumido por un público objetivo y, dentro de lo posible, persuadir a otras audiencias para que también lo adquieran y engrosen la lista de consumidores o usuarios. En el caso de una película, la tesitura es la misma. Dejando a un lado motivaciones artísticas que acompañan a su gestación, cualquier producción cinematográfica es un artículo presentado en un mercado concreto, enmarcado en una fuerte competencia y sujeto a un ciclo de vida corto y pautado. El cupo de estrenos semanales, las limitaciones en la exhibición y los plazos de cada ventana de explotación establecen unas oportunidades, que deberían ser recogidas en el correspondiente plan de comunicación para potenciar su éxito.»

En capítulos anteriores hemos comentado que el plan de comunicación debe iniciarse desde que se concibe la idea del producto y se ha decidido aco-

1. García Masagué, Mónica, 2009, en VV.AA. *Distribución y marketing cinematográfico*. Universidad de Barcelona.

meter su producción. Las actividades de promoción y venta del producto continuarán durante todo el proceso de producción y seguirán una vez que esta haya finalizado.

En este apartado nos centramos en las actuaciones relativas a la participación en mercados y festivales. Hay que señalar que, una vez se ha pactado la distribución, la distribuidora también interviene o es la principal decisora respecto a la presencia en certámenes y ventas en los territorios acordados.

El diseño de un buen *plan de comunicación* debe seguir las fases siguientes:

1. *Discriminación del público objetivo al que se dirige la comunicación.*

Son todas las personas y entidades que han de contribuir a la consecución de nuestros objetivos: inversores, distribuidores, espectadores, etc.

2. Meta u objetivo general a conseguir.

Se trata de posicionar nuestro producto frente a la competencia y crear expectativas que motiven a nuestros receptores.

3. *Objetivos específicos o terminales a conseguir.*

Acciones tales como obtener la financiación precisa, encontrar distribuidor, conseguir clientes, etc.

4. *Contenidos comunicativos y estrategias de comunicación.*

Tipos de mensaje y modo de comunicarlo.

5. *Selección de medios.*

Prensa, radio, televisión, Internet, etc.

6. *Actividades a desarrollar.*

Ruedas de prensa, intervenciones de los actores principales en promoción en radio, prensa y televisión, participación en festivales, etc.

7. *Establecer la secuencia de planificación y programación.*

Especificar las actuaciones y concretar lugar y fecha.

8. *Presupuesto.*

Valorar económicamente los costes de todas las actuaciones programadas.

9. *Búsqueda de financiación*

Conseguir financiación de las diversas fuentes posibles.

10. Mecanismos de seguimiento y control y evaluación de resultados.

Gestionar, coordinar y ejecutar las actividades programadas analizando y valorando sus efectos.

2.1. Mercados y festivales

Pese a que agrupamos en este mismo apartado los mercados y los festivales, debemos establecer entre ellos una clara diferenciación basada en su objetivo. El *festival* cumple la función de exhibir películas en las diferentes secciones de que se componga.

En cambio, el *mercado* pretende ser un punto de encuentro entre productores de distintos países para la puesta en común de sus diferentes puntos de vista, métodos de trabajo, intercambio de proyectos y búsqueda de financiación o distribución, entre otras posibilidades.

Lo que sucede a menudo es que, paralelamente a la celebración del festival, se convoca un mercado. Aunque, por supuesto, existen festivales sin mercado y no es necesario que se celebre un festival para que se convoque un mercado.

Existen multitud de festivales, tanto a nivel nacional como internacional. En algunos de ellos se puede participar con películas de todo tipo de género, otros son más específicos, por ejemplo aquellos que solo admiten comedia o cine experimental, cortometrajes o cualquiera que limite la participación según uno u otro criterio.

Cada festival tiene sus propias reglas específicas que hay que cumplir para acceder a él y optar a que una película sea exhibida en el mismo.

El Ministerio de Cultura ofrece un listado muy completo en materia de festivales. A través de su página web www.mcu.es se accede al apartado de «Cine y Audiovisual». Dentro de él, aparece la referencia a «Festivales y otras manifestaciones».

La división básica se estructura en «Festivales en España» y en «Festivales internacionales». Para los celebrados en territorio español, establece una clasificación por fecha, por comunidad autónoma y por modalidad. En cuanto a los internacionales, se dividen en «Festivales de Categoría A» y «Otros festivales internacionales». Para la mayoría de los festivales, tanto nacionales como internacionales, se proporciona un *link* que redirecciona a la página web del festival en cuestión.

Respecto a los mercados, al igual que sucede con los festivales, existen multitud de ellos siendo algunos más relevantes en cuanto al número de participantes (como, por ejemplo, los de Cannes, Berlín o el American Film Market).

Según Fernández y Barco[2] los principales beneficios de asistir a un mercado son:

- *Beneficiarse del intercambio cultural y de conocimientos.* Tener un punto de encuentro donde coinciden profesionales de distintos países o comunidades, con diferentes visiones sobre el proceso de producción de una película, maneras de financiarla, distribuirla, etc., enriquece mucho y proporciona un abanico de conocimientos que puede aplicar el profesional en sus futuras producciones.
- *Posibilidad de contactar con personas a las que resulta difícil acceder por otros cauces.* Es muy difícil llegar a tener una cita con algunas personas que ostentan un determinado nivel de responsabilidad en una empresa, sea de producción, distribución, emisión o cualquier otra. La participación en un mercado puede proporcionar la ocasión de acercarse a esa persona a la que de otra manera no se accedería.
- *Ofrece una visión de conjunto del sector.* Se tiene la posibilidad de conocer qué proyectos se mueven, qué volumen de presupuesto manejan, qué intérpretes o directores son los más cotizados, qué productoras tienen más presencia, así como otra serie de datos que, sin duda, ayudan a conocer mejor el mercado en el que los profesionales del audiovisual trabajan.
- *Facilita el contacto entre los participantes.* Bien sea este casual o con cita previa. Normalmente, antes de acudir a un mercado, quien decide asistir confecciona una agenda de reuniones, directamente o a través de un tercero. De esta manera queda relativamente asegurado que se va a poder hablar con la persona que interesa, claro que siempre cabe la posibilidad de que se produzca una anulación o cualquier otro imprevisto que impida la reunión. Sin embargo, a priori, el asistente puede saber con quién se va a ver y de qué proyectos van a tratar, sean propios o del otro.

Por todo lo anterior, cabe concluir que un productor, en un mercado, puede conseguir financiación, coproductores interesados en implicarse en su proyecto y distribución para su película. Por su parte, un distribuidor puede volver a su país con acuerdos de distribución para varias películas. Los emisores consiguen

2. Fernández Díez, Federico y Barco, Carolina, 2009. *Producción cinematográfica. Del proyecto al producto.* FUNIBER. Díaz de Santos.

también proyectos, formatos e información respecto a lo que programan otros canales.

Pero centrémonos en el productor: desde su punto de vista, el principal motivo para acudir a un mercado es vender. Si la película todavía no está hecha y lo que hay es solo un proyecto, se habla de *preventa*. Si la película está concluida, se habla de *venta* en sentido estricto.

2.2. Festivales y productores o distribuidores

Comparemos las necesidades de esta singular unión:

¿Qué quiere un productor o distribuidor?	¿Qué quiere un festival?
Un escaparate mundial	Una exclusiva
Promoción a bajo coste: críticas, publicity, etc.	Un productor mediático: glamour, conflicto, polémica, etc.
Un argumento de ventas: estímulo para la adquisición	Un creador: una nueva mirada
Efecto dominó: otros festivales, críticas, ventas, etc.	Un descubrimiento: tendencia, movimiento, un territorio, etc.
Transmitir su identidad corporativa	Transmitir su identidad corporativa
Prestigio	Actos paralelos

Cuadro elaborado por Mónica García Masagué

Según García Masagué,[3] los festivales para la productora y la distribuidora suponen una cita decisiva dentro de la vida pública de cualquier producción. Más aún, la presencia en el certamen debería ser la respuesta a la estrategia de festivales, que acompaña a su vez a la estrategia de distribución comercial.

Un festival es siempre un mercado, aunque no disponga de uno en el sentido estricto. En sus salas siempre se encuentra a otros programadores, agentes de ventas o futuros distribuidores, o bien éstos se informarán de los resultados de las proyecciones y fijarán su atención en aquello que ha sido escogido y, especialmente, en aquello que ha sido premiado. Así pues, el productor o distribuidor han de ser conscientes de que, en un certamen de estas características, tanto es posible que la película se pierda en la inmensidad de un programa de un gran festival como Cannes, por ejemplo (si no se dispone de los recursos

3. *Op. cit.*

para posicionarla en la mente de nuestro público objetivo —prensa y ventas—), como que esa proyección suponga el tiro de salida para la proyección internacional de la producción. En definitiva, diseñar una estrategia de festivales conlleva evaluar los posibles riesgos y beneficios de presentar un filme en un festival u otro y qué consecuencias tendrá este pase en el balance final.

El recorrido de una producción por festivales internacionales se extiende a lo largo de dos años. Durante el primero, la cinta agota sus opciones en los festivales de clase A y en aquellos que, sin ser adscritos a la FIAPF (Fedération International des Associations de Producteurs de Films), tienen un indudable peso para la industria cinematográfica (por su mercado, por su relación con galardones como los Óscar, por las garantías de distribución en el país, etc.).

A partir de este ciclo, la película entra en una espiral de certámenes competitivos y no competitivos, que pueden ayudar a tejer un currículum de nominaciones, pero que reportan exiguos beneficios económicos. Si el título en cuestión ha conseguido distribución internacional, cada responsable de territorio valorará si la exhibición en el certamen promueve o corta de raíz las opciones para la aparición en salas o en otras ventanas de explotación (DVD, plataformas digitales, etc.).

Tras esta segunda vuelta, la producción envejece a pasos agigantados y pasa a formar parte del catálogo, del olvido o, si el realizador lo merece, de retrospectivas, homenajes y muestras de carácter más cultural.

Para Fernández y Barco[4] a la hora de vender es conveniente tener claro lo siguiente:

1. *Qué producto se está vendiendo.* Si la película está acabada, ya sabemos qué producto tenemos entre manos. Pero si de lo que disponemos es solo un proyecto, el saber qué se va a hacer con él no es tan sencillo como puede parecer a priori. El productor debe estar siempre preparado para contestar a cualquier pregunta que se le haga sobre el proyecto, cómo se hará, qué *look* tendrá, en qué referentes se apoya... la mejor arma de venta es el conocimiento profundo del proyecto.
2. *A quién se quiere vender.* Un productor puede pasar horas y horas hablando con un posible comprador de lo maravillosa que es o será su película, pero si lo único que está interesado en adquirir ese comprador son comedias y lo que se le está ofreciendo es un drama, habrá perdido el tiempo y, tal vez, también la oportunidad de ofrecerle el proyecto a otra persona a la

4. *Op. cit.*

que podría interesarle el drama. Cuando se está frente al interlocutor hay que saber quién es, qué ha comprado en otras ocasiones, qué le interesa y cuáles son sus necesidades.

3. *Hacer atractivo el proyecto.* No hay que olvidar que el objetivo de un productor es idéntico al de muchísimos otros productores que acuden al mismo mercado, de modo que cada productor debe intentar diferenciarse del resto y conseguir atraer la atención de los compradores. Es el momento ideal para proyectar el *teaser* o el *trailer* de la película (una imagen vale más que mil palabras), colgar el cartel, fotografías, entregar *flyers* que contengan una imagen, sinopsis y ficha técnico–artística de la película, etc. Hay que crear expectación e interés, que quieran saber más, se acerquen, pregunten y, entonces, compren.
4. *Conseguir generar confianza en la otra parte* y ser capaz de transmitirle que participar en la película supone una gran oportunidad para él. Tan importante es tener un buen proyecto como que crean que se es capaz de llevarlo a cabo. Podemos utilizar la metáfora de que una película es como un puzle, se compone de muchísimas piezas y todas tienen que encajar para que el resultado sea el esperado. El comprador es una pieza de suma importancia, pero existen muchas otras. Así que el comprador tiene que tener la convicción de que si él pone su pieza, el productor será capaz de conseguir el resto y juntarlas para obtener el resultado que buscan. Si no se le transmite confianza, podemos estar seguros de que no se arriesgará.

A la finalización del mercado, un productor puede estar frente a tres escenarios diferentes:

- *Cerrar un acuerdo.* Lo habitual es que no se firme el contrato en el mercado, ya que hay una burocracia legal que cumplir y no se suelen llevar adosados a los departamentos jurídicos. Por ello, lo más frecuente es que las partes se pongan de acuerdo verbalmente o, a lo sumo, se firme un *deal memo* que recoge los aspectos fundamentales acordados, pero no todo el cuerpo del contrato. En esencia, ese *deal memo* recoge solo puntos clave del futuro contrato, como son la descripción de la obra, el precio, las obligaciones básicas de cada una de las partes o la entrega de materiales, entre otras posibles. Al productor le conviene que se deje constancia en ese documento de que las partes deciden que tenga carácter vinculante. De este modo intenta evitar que la otra parte se desdiga.

  Éste sería un escenario muy positivo.

- *No cerrar un acuerdo pero conseguir interés.* El productor ha hecho contactos que están interesados en que les mande más información del proyecto y a los que hay que mantener al corriente de los avances. En este caso, el productor deberá seguir hablando con ellos para que no pierdan el interés sino todo lo contrario, que cada vez estén más interesados. Si todo va bien, tal vez alguno de esos contactos iniciados en el mercado acabe con la firma de un contrato.
  Se trataría, pues, de un escenario positivo.
- *No cerrar ningún acuerdo ni despertar interés.* No cabe duda de que nos encontramos ante un escenario negativo. Pero de él puede extraerse algo positivo: la reflexión. El productor debería, con la cabeza fría, hacer una evaluación de su paso por el mercado y analizar por qué no ha conseguido despertar el interés de terceros, qué ha fallado, qué ha visto que funcionaba para otros productores y, en todo caso, tomar las medidas que considere oportunas para que la próxima vez que acuda a un mercado tenga éxito.

2.3. Explotación y comercialización

El producto audiovisual, filme, programa de televisión, o vídeo industrial o corporativo, se fabrica para obtener unos beneficios, que no siempre son de tipo económico directo (especialmente en el terreno industrial y también en el televisivo). En la cinematografía, dramáticos, y otros programas, es común comenzar la producción con una cierta garantía de recuperación de la inversión, y de obtención de beneficios.

En el caso de un vídeo industrial, publicitario o corporativo encargado por una empresa, la misión del productor acaba cuando se ha entregado el producto y se ha cobrado el importe total. A partir de ahí, es posible que la empresa lo utilice para su uso interno o en relación con la promoción, distribución, explotación y comercialización de algunos de sus productos.

En los programas de televisión destinados a su venta en mercados nacionales e internacionales, o en las producciones cinematográficas, la explotación y comercialización es mucho más compleja y suele estar prevista desde el momento en que se gestiona la financiación para iniciar la producción.

Cuando hablábamos de financiación señalábamos como un capítulo importante aquellos anticipos que el productor obtenía a cuenta de la futura explotación y comercialización. Citábamos, entre otros:

- Derechos de antena, o de emisión por televisión.
- Preventa del producto.
- Acuerdos de distribución cinematográfica.
- Distribución en DVD.
- Coproducción (con la fórmula de reserva de derecho de explotación en un territorio).
- Contrato de producción asociada (con cobro a la televisión de derechos sobre idea, y de los servicios y personal aportado).
- Cobro anticipado de patrocinio y espacios publicitarios.
- Ayuda de los programas nacionales y europeos a la exhibición.

Todos estos adelantos se realizan a cuenta de la futura explotación y comercialización del producto en:
- Difusión por televisión.
- Difusión en salas de exhibición.
- Venta en el mercado videográfico.
- Venta de derechos.
- Otros: difusión por otros medios, *merchandising* (productos derivados), etc.

Las televisiones suelen recibir financiación del estado, si son públicas, o simplemente ingresan por venta de espacios publicitarios, por patrocinio o por otras modalidades como suscripción o *pay per view*. Por ello, cuentan con una *dirección comercial* que se ocupa de la contratación publicitaria, de la comercialización y explotación de programas y de la explotación impresa, sonora o de cualquier índole de los programas y sus derivados.

Esta dirección, procura la obtención de ingresos mediante la explotación comercial de los programas producidos, adquiridos y emitidos por la televisión. Para ello, debe contar con una unidad de marketing, que se encargue de introducir los productos en los mercados internacionales existentes, y que explore vías de apertura de nuevos mercados.

La aparición de nuevos mercados, nuevas televisiones, distribución por Internet, el DVD de alquiler y de venta directa, el satélite y los nuevos servicios en el campo audiovisual (ocio, información, formación), motivan la renovación de los planteamientos y estrategias de la industria audiovisual. Es preciso encontrar continuamente nuevas vías de explotación y comercialización que sirvan para mantener un ritmo aceptable de producción y crecimiento.

Capítulo XIX

Bibliografía

Blasco, J. y Fernández, F., 1995. *Dirección y gestión de proyectos. Aplicación a la producción audiovisual.* UPC.

Bou Bauzá, Guillem, 1998. *El guión multimedia.* Anaya Multimedia.

Bou Bauzá, Guillem, 2003. *El guión multimedia.* Anaya Multimedia.

Calvo Herrera, Concepción, 2009. *Distribución y lanzamiento de una película.* Editorial Zumaque.

Cuevas, A., 1999. *Economía cinematográfica. La producción y el comercio de películas.* 2ª Edición actualizada a cargo de Ramiro Gómez Bermúdez de Castro, coeditado con Imaginógrafo.

De Mateo, R., Bergés, L. y Sabater, M., 2009. *Gestión de empresas de comunicación.* Comunicación social. Ediciones y publicaciones.

Écija Bernal, Hugo *et al.*, 2000. *Cómo producir, distribuir y financiar una obra audiovisual.* Ecija &Asociados Abogados.

Fernández Díez, Federico y Martínez Abadía, José, 1994. *La dirección de producción para cine y televisión.* Paidós P.C.

Fernández Díez, Federico y Martínez Abadía, José, 1999. *Manual básico de lenguaje y narrativa audiovisual.* Paidós P.C.

Fernández Díez, Federico, 2005. *El libro del guión.* Díaz de Santos.

Fernández Díez, Federico y Barco, Carolina, 2009. *Producción cinematográfica. Del proyecto al producto.* FUNIBER. Díaz de Santos.

García Masagué, Mónica, 2009, en VV.AA. *Distribución y marketing cinematográfico.* Universidad de Barcelona.

Goldstaub, Marc, 1987. *La direction de production.* Fondation Européenne des Métiers de l'Image et du Son. FEMIS.

Guerra, Antonio. *Producción audiovisual: manual del Produsoft.* M–SOFT.S.L.

Guía de producción audiovisual. Barcelona/Catalunya Film Comission, Generalitat de Catalunya y Ajuntament de Barcelona, 2010.

Hart, John, 2001. *La técnica del storyboard. Guión gráfico para cine, TV y animación.* IORTV.

Kienz, Albert, 1974. *Para analizar los mass media. El análisis de contenido.* Fernando Torres.

Kristof, Ray y Satran, Ami, 1998. *Diseño interactivo.* Anaya Multimedia.

Martín, Nacho B., 1998. *Guía visual de multimedia.* Anaya Multimedia.

Martínez Abadía, José y Serra Flores, Jordi, 2004. *Manual básico de técnica cinematográfica y dirección de fotografía.* Paidós P.C.

Martínez Abadía, José y Vila Fumàs, Pere, 2004. *Manual básico de tecnología audiovisual y técnicas de creación, emisión y difusión de contenidos.* Paidós P.C.

Marzal Felici, J. y López Cantos, F. (coords.), 2008. *Teoría y técnica de la producción audiovisual.* Tirant lo Blanch.

Matamoros, David (coord.), 2008. *Distribución y marketing cinematográfico. Manual de primeros auxilios.* Comunicación activa. Universidad de Barcelona.

Poch, Paco y Cubeles, Xavier, 1998. *Curso de gestión de empresas audiovisuales. Periodismo y comunicación.* Institut d'Educació Contínua. Universitat Pompeu Fabra. Barcelona.

Rabiger, Michael, 2000. *Dirección de cine y vídeo. Técnica y estética.* IORTV.

Sainz, Miguel, 1994. *Manual básico de producción en televisión.* IORTV.

Sainz Sánchez, Miguel, 2008. *El productor audiovisual.* Síntesis.

Saura, Carlos. *De Saura,* 1993. Filmoteca de Andalucía.

Seger, Linda,1991. *Cómo convertir un buen guión en un guión excelente.* RIALP.

Trueba, Fernando, Matji, Manolo y Meyjes, Menno, 1989. *El sueño del mono loco.* PLOT.

Vale, Eugene, 1985. *Técnicas del guión para cine y televisión.* Gedisa.